创新中国

国际视野
International Perspective

前瞻科学
Prospective Science

趋势分析
Trend Analysis

路径探索
Path Exploration

11001 INNOVATION

INNOVATION 100100 1001 0011 0110 11010 110

100100 1001 0011 0110 11010 11001 INNOVATION

100100 1001 0011 0110 110

11010 11001 INNOVATIO

100100 1001 0011 0110 11010 11001 INNOVATION

INNOVATION 100100 1001 0011 0110 110

11001 INNOVATIO

创新中国

科技创新
助力现代产业体系发展

SCIENCE AND TECHNOLOGY INNOVATION

张燕生　梁婧姝　逯新红◎著

SPM 南方传媒
广东经济出版社
·广州·

图书在版编目（CIP）数据

科技创新助力现代产业体系发展 / 张燕生，梁婧姝，逯新红著. —广州：广东经济出版社，2023.12

（创新中国）

ISBN 978-7-5454-8665-0

Ⅰ. ①科… Ⅱ. ①张… ②梁… ③逯… Ⅲ. ①产业体系—产业发展—研究—中国 Ⅳ. ①F269.24

中国版本图书馆 CIP 数据核字（2022）第 253062 号

责任编辑：毛一飞 冯 颖

责任校对：杨 蕾 陈运苗

责任技编：陆俊帆

封面设计：吴东贤

科技创新助力现代产业体系发展

KEJI CHUANGXIN ZHULI XIANDAI CHANYE TIXI FAZHAN

出版发行：广东经济出版社（广州市水荫路 11 号 11～12 楼）

印　　刷：恒美印务（广州）有限公司

（广州市南沙经济技术开发区环市大道南路 334 号）

开　　本：787mm×1092mm 1/16

印　　张：20.75

版　　次：2023 年 12 月第 1 版

印　　次：2023 年 12 月第 1 次

书　　号：ISBN 978-7-5454-8665-0

字　　数：362 千字

定　　价：98.00 元

发行电话：（020）87393830

编辑邮箱：664703063@qq.com

广东经济出版社常年法律顾问：胡志海律师

法务电话：（020）37603025

序言

新阶段科技创新助力我国现代产业体系发展

近年来，国际社会风云变幻，世界经济既面对一个极其不平凡的多事之秋，也进入一个大转折时期。从国际环境变化对我国科技创新助力现代产业体系发展影响的角度看，我们将面对重大变化。

其一，中美经济、科技、产业发展将不同步。

一个新现象是全球消失了30多年的通货膨胀回来了。当前，国内外对通货膨胀现象的看法存在分歧。这是新冠疫情、供应链中断、大宗商品价格飙升等因素导致一般物价水平普遍上涨的暂时性现象或阶段性现象，还是由于贸易全球化、生产全球化、金融全球化倒退，全球老龄化社会，大国博弈带来的长期抑制通胀的因素消失了带来的长期性趋势呢？这是否意味着1979年以来全球严格反通胀的时代结束了，我们将进入一个与通货膨胀长期结伴的新阶段？

在这个新阶段，中国稳增长和美国反通胀的宏观政策不同步有可能成为长期趋势。同样，中美科技政策、产业体系、数字化绿色化发展也出现了不同步的走势。

中美发展不同步时期要坚持做好自己的事情。新中国的前30年，取得了“两弹一星”、核潜艇、洲际导弹、人工合成胰岛素等先进科技成就，建立了独立自主的工业体系。改革开放45年间，为了发展市场经济、工业经济、外向型经济，我们至少有30年是通过参与国际经济大循环，嵌入到跨国公司国际工序分工体系，激发了干中学的内生动力，取得了显赫发展实绩。后15年，开始推动现代生产性服务业与传统制造业深度融合；新型城镇化与服务业、大宗消费、制造业转型升级深度融合；创新驱动与自主知识产权、自主品牌、自主营销渠道深度融合。尤其是2015年以来，全社会研发经费投入连续七年保持了10%以上的增长，境内有效发明专利等科技产出也保持快速增长。2022年，我国研发投入强度达到2.55%，研发经费投入超过3万亿元，在欧盟工业研发投资2500强、全球财富500强、科技创新指数等全球排名上都名列前茅。

我国科技创新与产业发展迅猛的同时，我国科技创新助力现代化产业体系还存在五个方面的短板：

一是基础研究尚很薄弱。美国基础研究占研发经费投入的比重为16%～18%，我国基础研究占比仅6.32%。国家制定了基础研究十年规划。预计我国基础研究提升上去需要30年坚持不懈的努力。二是龙头企业大而不强。我国在全球财富500强中的企业数多于美国，但上榜企业平均利润不到美国企业的一半。三是科技管理体制差距。我国2007年修订的《中华人民共和国科学技术进步法》首次以法律方式规定项目承担者依法取得财政资助科技成果所形成的知识产权；2015年修订《中华人民共和国促进科技成果转化法》；2021年第二次修订的《中华人民共和国科学技术进步法》重点强调项目承担者可以依法自行投资实施转化、向他人转让、联合他人共同实施转化、许可他人使用或者作价投资等。但仍很难取得预期效果，问题主要在治理体系和治理能力现代化上。四是人才和研究型大学的差距。五是风投、私募、直投等为创新融资提供创新激励上的差距。面对未来，中国经济长期发展潜力源于全要素生产率增长对产出增长的支撑作用。中美技术能力竞争的关键因素是相对全要素生产率的增长差距。持续提升TFP增长和人力资本增值是推动经济高质量发展、中国式现代化建设、中华复兴进程的关键因素。我国作为国内科技创新动能差异很大的国家①，科技创新助力现代化产业体系发展的制度基础是始终坚持改革开放，坚持以经济建设为中心，坚持实事求是的思想路线不动摇，我们将立于不败之地。

其二，全球化倒退是一个基本事实。

全球化时代有三个驱动力，即开放驱动、市场化驱动、创新驱动，因而全球化时期往往是世界经济贸易增长的黄金时期。从历史看，凡是把握住全球化开放机遇的经济体都进入了发展的快车道。但是，全球化有三个短板无法内在解决，即全球失衡与再平衡机制缺失、全球化损益调节补偿机制缺失、全球大国实力对比变化制衡机制缺失，使全球化无法继续前行。目前，世界百年未有之大变局意味着全球化停滞、逆转、倒退，世界经济贸易增长的黄金时代结束了。全球化倒退会带来四方面的挑战和机遇：一是基础研究、应

① 按照2020年我国全社会研发强度划分，我国区域科技创新可以分为三大板块。北京、上海、天津、广东、江苏、浙江的研发强度都超过2.88%，显著高于OECD平均2.47%的研发水平，发展动能处于科技创新助力现代产业体系建设的重要阶段。我国有12个省市研发强度位于1.64%～2.42%，发展动能处于从投资驱动向科技创新驱动过渡的重要阶段。我国有13个省区研发强度处于0.23%～1.52%，发展动能仍处于资源驱动阶段。

用基础研究、共性技术研究、开发试验研究等创新链转型升级[①]面对新阻力，大国之间从科技合作转向科技打压、阻遏、制裁，需要以创新思维重新思考如何在推动高水平科技自立自强的同时，推动科技创新的全方位国际合作。二是农业、制造业、服务业、基础设施等产业链从低成本转向高增值面对新压力，从互补结构到竞争结构、从相互依赖到平行体系、从自由便利到相互排斥、从嵌入到发包、从“引进来”到“走出去”、从制度对接到制度分离、从合作共存到打压制裁，需要从底层逻辑重新思考单向开放、单向执行、单项合作的可行性和实现路径。机遇在于数字赋能、绿色赋能、科技赋能打造新实体经济。三是现代金融和多层次资本市场体系要做到挂钩不脱钩、合作不对抗、共赢不共输，其唯一途径是全面深化金融改革开放。当前金融有三个世界：第一世界是美、英，第二世界是欧洲大陆和日、韩、澳、新，第三世界是中、印。从战略上用好国内香港和东南亚国家新加坡的金融优势，是中国新实体经济与美英金融优势深度融合的窗口和教室。四是合格员工、技能人才、专业人才、企业家、科学家等人力资源是我国人口红利从数量转向质量的宝贵财富。我国要促进人力资源合理配置、转型升级、开放合作。

其三，全球性政府直接干预成为新趋势。

乌克兰危机给予我们的启示：第一，要和时间赛跑，建立基于高质量发展的自立自强科技创新体系和现代产业体系。把有明确目标指向的基础研究、应用基础研究搞上去。第二，重构关键共性技术、基础共性技术、行业共性技术的国家技术服务平台和网络。研究建立类似台湾工业研究院、德国弗劳恩霍夫协会、华中科技大学东莞工业技术研究院等类型的共性技术研发服务机构。第三，加强国家战略科技力量。发展国家大科学装置和国家实验室等一批新型科研机构，推动科技创新、管理创新和商业模式创新，获得科技创新驱动现代产业体系的硬实力和软实力。第四，牢牢把握发展实体经济这个坚实基础的大方向不动摇。发展一流科技创新体系、一流现代金融和多层次资本市场体系、一流人力资本体系，实现科技强国、制造强国、质量强国的

---

① 英国为什么会错失新技术革命？拥有雄厚的理论科学基础，科学人才辈出，发明硕果累累，但为何从第二次工业革命开始落后了？研究发现，重理论轻实践，重学术轻技术；不缺优秀科学家，却长期缺少优秀工程师；军事科研占比过高；三大科研系统之间缺乏协调；税收负担重。

宏伟目标。第五，要推动科技创新助力现代产业体系发展的全方位开放合作：（1）推动高水平市场开放。发挥我国超大规模市场应用场景的独特优势，推动科技创新的国际合作。（2）推动高标准制度开放。构建科技创新和现代化产业体系的现代化制度基础。（3）推动高层次创新开放。从简单模仿到创造性模仿，从追随创新到并跑创新，从“中国大脑”到“世界大脑”，推进科学、技术、工程、数学的全方位国际合作。

本书由中国国际经济交流中心首席研究员张燕生、中国发展基金会梁婧姝博士、中国国际经济交流中心研究员逯新红博士合作完成。书中分十三章：第一章是提出科技创新助力现代产业体系的主要观点。第二章是从全球视野分析百年变局的国际经济、科技、产业、安全环境变化。第三章分析了我国制造业嵌入全球价值链的历程、现状、问题、原因及发展经验。第四章提出了我国建设现代产业体系的关键挑战。第五章分析了金融对企业科技创新的重要性，尤其对于创新人才的激励。第六章至第八章是从区域、行业企业、国际的角度实证研究我国科技创新助力现代产业体系建设的经验和前景。第九章是构建现代化经济体系的指标体系。第十章至第十二章主要探索科技创新助力现代产业体系发展的路径、人力资源和协同机制。第十三章重点比较了全球四次工业革命的异同、特点和影响。

衷心感谢各界朋友们的大力、无私的支持。他们是中国国际经济交流中心副理事长王一鸣、中国发展基金会理事长张军扩、北京大学国家发展研究院教授许宪春、清华大学苏世民书院院长薛澜、中国人民大学教授张杰、国务院发展研究中心对外经济研究部原部长赵晋平、商务部贸研院学术委员会副主任张建平、北京师范大学教授贺力平、中国银行首席研究员宗良、《宏观经济研究》杂志社社长刘中显、中国宏观经济研究院研究员杨长湧。还要真诚感谢出版社毛一飞编辑，没有她的极大耐心和辛勤努力，我们这部著作很难如愿完成。非常欢迎和感谢各位读者的批评和建议。

目录

第一章　科技创新驱动现代产业体系发展 …… 1
一、未来十年是国际环境变化和大国较量的关键时期 …… 2
二、未来中国经济的长期发展潜力 …… 5
三、我国科技创新已经进入发展的快车道 …… 6
四、借鉴国际科技创新经验，把握科技革命重大机遇 …… 20
五、推进高水平科技自立自强和全方位国际科技合作 …… 34

第二章　百年变局下的国际经济格局 …… 47
一、大变局下的全球治理新格局 …… 48
二、新冠疫情重塑全球产业链、供应链 …… 52
三、创新发展是引领世界经济持续发展的必然选择 …… 68
四、创新是培育制造业竞争新优势的根本出路 …… 71

第三章　中国制造业国际竞争力显著增强 …… 81
一、中国制造业出口增加值分析 …… 82
二、制造业中间品显性比较优势分析 …… 87
三、全球价值链嵌入分析 …… 89
四、中国制造业逐步摆脱低端锁定实现创新发展 …… 96
五、中国制造业创新发展的经验 …… 113

第四章　中国现代产业体系建设的关键挑战 …… 119
一、世界经济再平衡的冲击与影响 …… 120

二、中国建设现代化经济体系的核心障碍 …… 122

第五章 科技创新助力现代产业体系发展的金融分析 …… 135
一、金融支持现代产业体系建设 …… 136
二、金融与创新人才激励 …… 142
三、创新策源能力支持现代产业体系发展 …… 149
四、引导长期资本补齐产业链、创新链短板 …… 152

第六章 区域科技创新助力现代产业体系发展 …… 155
一、深圳和上海制造业创新发展模式的比较分析 …… 156
二、珠三角制造业创新发展模式的比较分析 …… 171
三、长三角制造业创新发展模式的比较分析 …… 172
四、未来展望 …… 175

第七章 行业科技创新助力企业转型发展 …… 179
一、新兴产业创新企业案例研究 …… 180
二、传统制造业企业转型升级案例研究 …… 188
三、小结 …… 195

第八章 全球视野科技创新助力现代产业体系 …… 197
一、美国制造业技术创新发展经验 …… 198
二、德国制造业技术创新发展经验 …… 209
三、日本制造业技术创新发展经验 …… 219

第九章 构建现代化经济体系指标体系 …… 231
一、指标体系说明 …… 232
二、指标体系框架 …… 233
三、指标计算及权重 …… 234
四、政策建议 …… 240
五、附表：现代化经济体系指标体系 …… 242

第十章　科技创新助力现代产业体系发展的路径 …… 249
一、继续扩大对外开放，夯实创新基础 …… 250
二、把握新科技革命发展机遇，推动制造业转型升级 …… 251
三、深化金融供给侧结构性改革，增加市场化长期资本供给 …… 251
四、培育内生增长动能，提升创新竞争力 …… 254
五、共建开放创新的世界经济 …… 255

第十一章　人力资源是科技创新和产业体系建设的第一资源 …… 257
一、建立中国特色的人力资本体系 …… 258
二、培养高素质的合格员工队伍 …… 262
三、吸引培养留住一流人才 …… 268
四、涌现一批有全球视野、全局观念及以人为本的优秀企业家 …… 271

第十二章　科技创新助力现代产业体系的协同机制 …… 275
一、构建战略、结构、区域和政策协同发展机制 …… 276
二、与发达经济体之间的发展战略 …… 283
三、与发展中国家构建共享型发展模式 …… 286
四、不搞赢者通吃、零和博弈、以强凌弱 …… 293

第十三章　全球工业革命的特点和比较 …… 295
一、第一次工业革命的特点与英国成为世界第一工业强国 …… 296
二、第二次工业革命的特点与美德崛起和英法衰退 …… 297
三、第三次工业革命的特点与美国成为世界科学中心 …… 298
四、第四次工业革命的特点与中华民族伟大复兴 …… 299

参考文献 …… 308

第一章

科技创新驱动现代产业体系发展

党的十九届五中全会提出了坚持创新在我国现代化建设全局中的核心地位，把科技自立自强作为国家发展的战略支撑。2021 年 5 月 28 日，习近平总书记在中国科学院第二十次院士大会、中国工程院第十五次院士大会、中国科协第十次全国代表大会上的讲话中指出，“我们充分发挥科技创新的引领带动作用，努力在原始创新上取得新突破，在重要科技领域实现跨越发展，推动关键核心技术自主可控，加强创新链产业链融合”。建设实体经济、科技创新、现代金融、人力资源协同发展的现代化产业体系，是实现中国式现代化的核心基础。实体经济是以现代化的工业、农业、服务业和基础设施为“四梁八柱”，通过数字经济、绿色经济、创新经济和实体经济的深度融合打造新实体经济。科技创新是在基础研究、应用基础研究、共性技术研究、开发试验研究基础上，通过企业家才干把科学家的科学发现、工程师的技术发明转化为新要素组合方式，促进新实体经济的发展。现代金融和多层次资本市场体系是为新实体经济、科技创新提供融资激励的重要部门。人力资源则包括合格员工、技能人才、专业人才、科学家、工程师、企业家所组成的人力资本。协同发展则是打造市场化、法治化、国际化营商环境，完善市场机制驱动效率提升，政府作用保证公平协调的体制机制，最终形成统筹协调实体经济、科技创新、现代金融、人力资源协同发展的产业体系。其第一动力是科技创新，第一资源是人才，第一要义是发展，增长潜力源于全要素生产率可持续增长。

一、未来十年是国际环境变化和大国较量的关键时期

第一，国际格局必然会发生巨变。不同国家基于安全、韧性、去风险而选边站队将成为世界未来一个时期的主流趋势。乌克兰危机再次塑造了美国全球领导力、北约安全保障力与西方盟国凝聚力“三位一体”的威慑力。同时，“全球南方”国家也正在走向成熟，开始更加积极主动谋求“一个更加平等、平衡且受包容性全球治理体系管理的世界”。未来国际格局是东升西降、南升北降还是相反，未来世界秩序是单极化、集团化还是多极化，未来十年将决定基本格局和大趋势的总体方向。

第二，全球科技必然会发生巨变。世界正在进入基于数字技术的新一轮技术能力竞争的斯普特尼克时刻①，科技创新浪潮和科技脱钩较量的相反趋势同时发生，中美在芯片和微电子、量子信息技术、人工智能等领域的技术能力竞争出现零和博弈的对抗情景。中美双方共同构造硬刹车机制，不仅是为了打破和阻止对抗的负反馈循环，而且是为了维护世界和平和发展的人类福祉，这是中美两个大国的共同责任。

第三，全球产供链必然会发生巨变。美欧为世界提供市场、技术和关键零部件生产，东亚为世界提供制造环节和劳动力，亚非拉为世界提供能源和资源的分工时代结束了。美欧制定印太经济框架（IPEF）、全球基础设施和投资伙伴关系计划（PGII）。中国则通过实施“走出去”战略构建 GNP 海外资产体系，将产供链高增值的根基深植本土，上下游、产供销、内外贸链条延伸到周边乃至全球，建立一个分工合作、包容共享、长期共存的新时代。

第四，全球安全形势必然会发生巨变。在经济全球化时代，全球开放形成了相互依存的“地球村”。然而，2008 年国际金融危机以来，尤其是 2018 年中美贸易摩擦以来，安全、韧性、去风险的重要性显著上升。无论是美欧等主要发达国家或地区，还是中国、印度等新兴大国，自立自强的战略自主的要求明显上升。地缘政治超越地缘经济利益、产业政策超越竞争中性政策、零和博弈超越开放包容共享，减少产供链、关键矿物、技术对外依赖成为了

① 1957 年前苏联斯普特尼克人造卫星上天，揭开了美苏高科技竞争的序幕，同时开启了美苏科技脱钩进程。这个转折点被称为斯普特尼克时刻。

行动选择。乌克兰危机发生以来，粮食安全、能源安全、矿物安全、产供链安全、金融安全、信息安全等都占据了更加重要的地位。

第五，全球开放形势必然发生巨变。新华盛顿共识批判市场总是对的、开放总是对的、增长总是对的、贸易总能带来包容性增长、涓滴效应等传统理念。然而在战略和政策实施上，靠的是保护主义的《通胀削减法案》和《基础设施法案》的投资，推动北美电动车市场发展与产业链本地化；靠的是《芯片法案》和印太经济框架（IPEF），确保美国半导体、清洁能源、关键矿物等建设能力、弹性和包容性。中国依然高举全球化大旗，推动更高水平的对外开放。然而，无论是流动型市场开放、制度型规则开放还是创新型技术开放，都面对着价值观选择和地缘政治障碍。单向开放面对脱钩断链、保护主义、单边主义的阻力。

第六，关键核心技术自主可控。我国解决关键核心技术问题，要靠十年磨一剑的战略定力，要靠久久为功的历史耐心，要靠万众一心的全方位协调，切实解决芯片和微电子、量子信息技术、人工智能等领域的关键零部件和材料、关键设备、基础软件和系统运转的维护能力。提升科技创新投入产出效率，改善科技创新生态和激励机制，解决科技成果转化的体制机制问题。解决好“有（自立自强）和没有（对外依赖）”“好（前沿品质）和不好（低端品质）”“用（应用研究）和没用（基础研究）”的三大问题，需要自立自强与全方位国际合作相平衡。

第七，时间是中华民族复兴的关键变量。赢得时间就赢得未来，透支时间就失去未来。同样，时间也是中美博弈的焦点。中美技术能力竞争既是时间的函数，也是智慧的函数。从时间的角度看，培养一流人才和一流研究型大学需要时间，构建现代金融和多层次资本市场体系需要时间，推进治理体系和治理能力现代化也需要时间。然而，从智慧的角度看，赢得尽可能长的和平发展时期需要大智慧；赢得人才，研究型大学、现代金融、制度和法律进入世界一流行列，需要大智慧；赢得李约瑟之谜、钱学森之问、历史周期律破题，需要大智慧。坚持不争论、不折腾、不打仗，一心一意抓经济建设，坚持不懈推进改革开放，万众一心为全面建设社会主义现代化国家而奋斗。

第八，中美技术能力竞争要坚持以我为主。在基础技术方面，如操作系统、数据库、AI 等领域，中美仍有较大差距；在新基建，如 5G 和星链、云计算、AI 大模型、算力算法、元宇宙等领域，中美差距有所缩小，但差距依然较大；在应用场景和平台，如跨境电商、灯塔工厂、工业互联网、智慧城市等领域，中美差距已经很小，差距主要在软实力；在连接和终端消费，如软硬件、信用等领域，中国形成了一定的优势。因此，中国技术竞争战略应是不求最先进求最适宜，不求最优解求满意解。基础技术跟上不掉队，新基建加快追赶，场景平台开放竞争，连接应用扬长避短。

第九，现代化产业体系的优势从低成本转向高增值。我国产业体系存在两大问题：一是大而不强。如截至 2022 年底，我国拥有 6577 家上市公司，占全球总量的 15%，市值、营收、利润分别占全球总量的 16%、19%、16%，综合规模占比为 17%；而美国拥有 5001 家上市公司，占全球总量的 11%，市值、营收、利润分别占全球总量的 41%、29%、31%，综合规模占比为 36%。论数量，我国在许多领域已经超过美国，但论质量和效益，我们仅占美国的一半左右。二是高中低赢者通吃。如联合国商品贸易数据库显示，2021 年我国在全球中间品出口中的份额为 12.9%，较 2017 年的 10.5%上升了 2.4%。其中，低技术制造业中间品出口份额从 14.2%升至 20.1%，上升了 5.9%，中高技术制造业从 16.7%升至 18.8%，上升了 2.1%。未来，提升我国产业的质量和效益，促进产业竞争力转型升级，为发展中国家让出低成本市场，是发展方向之一。

第十，中国式现代化战略要落地。中国式现代化包括人口规模巨大的现代化、全体人民共同富裕的现代化、物质文明和精神文明相协调的现代化、人与自然和谐共生的现代化、和平发展道路的现代化五大内涵。这不仅涉及拥有决定意义的话语权、定价权和规则制定权，而且要求成为一个负责任大国，即如何形成中国和世界的优势互补、合作互动、互利共赢。和平发展道路就是要维护世界和平与发展的国际环境不打仗，维护稳定的国际秩序不冲突，维护可预期的国际格局不折腾。从人类共同福祉的角度出发，构建人类命运共同体。

因此，新形势下中国将面对大国百年博弈。乌克兰危机启示中国要加快推动新一轮高水平对外开放。首先，如何避免陷入地缘政治冲突的困境，探索发展要安全、斗争要艺术、开放要自主的战略准备变得十分重要。其次，要把科技、产业、金融高水平自立自强摆在重要的位置上。持续提升科技、产业、金融国际竞争力，同时，统筹协调好高水平自立自强与全方位国际合作之间的平衡关系，统筹协调好科技、产业、金融的关键核心环节攻坚克难与放开搞活发挥市场机制、更好发挥政府作用之间的平衡关系。再次，要加快推进全方位国际合作。基于高水平科技自立自强的全方位国际合作是中国转型升级的重要途径。最后，博弈的重点领域是科技、产业、金融。这需要外交、安全、商务等分工合作，培育国际竞争与合作的新优势。

二、未来中国经济的长期发展潜力

在复杂多变的世界百年大变局中，中国经济长期增长潜力和前景怎么样，是人们最关注的问题之一。数据显示，2000—2014 年，我国全要素生产率占美国的比重从 29.7%提升到 43.3%，这个时期我国全要素生产率平均增速高于美国 2.73%。2015—2035 年，我国相对全要素生产率的比重能否继续保持 2.5%的增速？相对美国全要素生产率能否继续保持 1.5%以上的增速？我国能否尽早实现增长动能和方式的根本性转变，即增长方式从要素投入增长支撑产出增长转变到要素生产率增长支撑产出增长？很大程度上取决于技术创新的进步速度，取决于改革开放的推进速度，取决于教育、医疗、养老、技能等人力资本质量的提升速度。中美相对全要素生产率的增长差距，将决定中美技术能力竞争的最终结果。这个进程不仅将持续到 2035、2050 年，而且会继续持续到 2078 年。在后乌克兰危机时代，世界再次站在了十字路口。

中国经济未来的长期发展潜力主要源于相对全要素生产率的增长。改革开放以来，我们坚持了以经济建设为中心，坚持了改革开放，坚持了解放思想、实事求是的思想路线，大力发展市场经济、工业经济、外向型经济，年均经济增速达到了 9.1%，其中，全要素生产率的增长达到了 4%①。然而，以 2008 年国际金融危机爆发为拐点，全球化陷入停滞，全球经济贸易增长的黄金时代结束了。在这个时期，中美的全要素生产率增长都出现了不同程度的减速。未来，要充分释放我国经济增长的长期潜力和发展动力，就要大力推动三个方面的创新：一是推动科技创新，解决李约瑟之谜、钱学森之问、周期律等难题。二是推动制度创新，解决体制机制与国际高标准规则对接的问题。三是推动文化创新，解决中国式现代化进程与世界发展接轨的问题。未来重点是长期持续提升 TFP 和人力资本的结构和水平。

---

① 4%是北京大学光华管理学院院长刘俏教授的计算结果。国家信息中心祝宝良教授的计算结果为 2.9%。

三、我国科技创新已经进入发展的快车道

乌克兰危机所引发的制裁与反制裁、结盟与去风险化、零和博弈与合作，给中国上了一堂如何防范和化解西方制裁和冲突的重要一课。一方面，要辩证认识“我国发展仍处于并将长期处于重要战略机遇期。世界面临百年未有之大变局，变局中危和机同生并存，这给中华民族伟大复兴带来重大机遇。要善于化危为机、转危为安，紧扣重要战略机遇新内涵”①。另一个方面，要丢掉幻想，立足高水平科技自立自强，推动关键核心技术攻关克难，建立自主可控的高水平国家创新体系。同时要继续推动全方位国际合作，在科技和产业领域打造高水平对外开放新局面。我国现代化产业体系中的一些关键核心技术、设备、材料、零部件、软件仍然高度对外依赖，很容易成为“卡脖子”的环节和领域。是否要在关键核心领域做进口替代、自主创新、备胎准备，是否要做最坏场景的准备培育关键核心领域产供链自主开发能力等问题，需要有系统的应对预案。在全球市场竞争面前，不仅要解决“有没有”的问题，还要解决“好不好”的问题，最重要的是解决“用没用”的问题，即夯实我国基础研究和应用基础研究的短板，这必然是一个长期的基础性工作。

（一）坚持创新在我国现代化建设全局中的核心地位

2022 年我国 R&D 投入 30870 亿元，研发投入强度 2.55%，其中基础研究 1951 亿元，占全社会研发经费支出的 6.32%。从表 1-1 数据可以看到，我国研发经费投入金额仅低于美国。我国研发投入强度虽低于美日，但高于欧盟。如果按照购买力平价计算，我国研发投入折合 7367 亿美元，欧盟 2022 年研发投入折合 5416 亿美元，比欧盟高出 36%。2021 年我国 R&D 经费与 GDP 之比为 2.44%，接近经合组织（OECD）2.47% 的平均水平。2022 年我国和 OECD 的研发投入强度分别达到 2.55% 和 2.67%。从图 1-1 数据可以看到，自 2016 年以来，我国研发经费投入增长率一直保持着两位数的增长。如果我国能够保持研发经费投入的这个增长态势持续 20 年，到 2035 年我国将进入创新型国家行列。虽然我国研发投入强度超过主要发达国家的水平，但是在

① 引自《2018 年中央经济工作会议公报》。

人才存量、技术存量和知识存量等方面，我国和主要发达国家还是有相当大的差距。因此，我们至少需要30年坚持不懈的努力，提高研发创新投入产出效率，缩小科学、技术、工程、数学（STEM）等方面的差距，实施基础研究十年规划和科技体制改革三年行动方案，把基础研究、应用基础研究、关键共性技术平台搞上去，统筹推进高水平科技自立自强与全方位国际合作，建设科技强国和制造强国。

表1-1　2022年中美日欧盟研发经费投入比较

国家/地区	GDP/万亿美元	研发投入/亿美元	研发投入强度/%
中国	18	4590	2.55
美国	25.47	7132	2.8
日本	4.23	1354	3.2
欧盟	16.65	3780	2.27

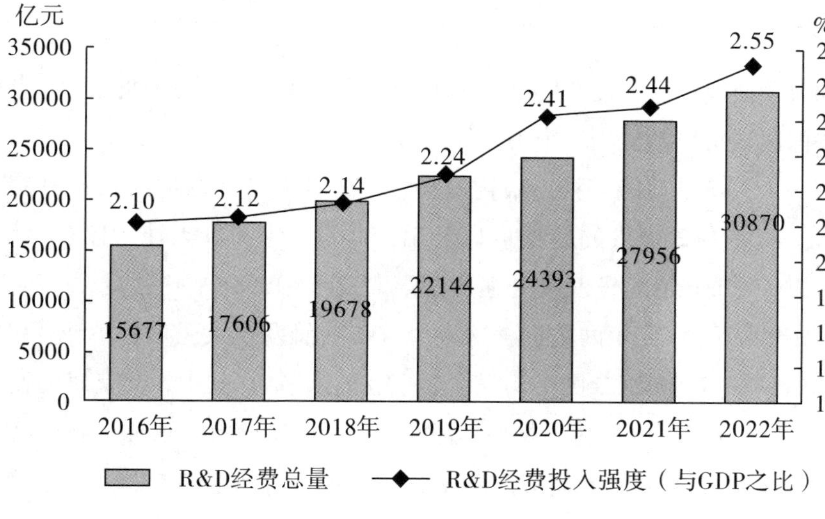

图1-1　2016年以来我国研发经费投入增长情况

表 1-2　2021 年全社会研发经费投入及强度

维度	研发强度/%	研发投入/亿元	研发占比/%	省区市的研发强度/%
全国	2. 44	27956. 3	100	—
创新驱动	2. 94-6. 53	14621. 9	52. 3	京 6. 53，沪 4. 21，津 3. 66，粤 3. 22，苏 2. 95，浙 2. 94
投资驱动	1. 7-2. 35	11494. 4	41. 1	陕 2. 35，鲁 2. 34，徽 2. 34，鄂 2. 32，川 2. 26，湘 2. 23，辽 2. 18，渝 2. 16，闽 1. 98，冀 1. 85，豫 1. 73，赣 1. 7
资源驱动	0. 29-1. 56	1840. 1	6. 58	宁 1. 56，吉 1. 39，黑 1. 31，甘 1. 26，晋 1. 12，滇 1. 04，蒙 0. 93，黔 0. 92，桂 0. 81，青 0. 8，琼 0. 73，新 0. 49，藏 0. 29

如果用研发投入强度作为重要指标来衡量我国区域发展动能、结构和模式，我国区域可以划分为三个不同发展阶段的板块。

第一个板块是动能转换、结构转换、模式转换已开始进入创新驱动阶段的地区。从表 1-2 提供的数据可以看出，北京、上海、天津、广东、江苏、浙江六省市 2021 年的研发投入强度都显著高于 OECD 平均强度 2. 47%的水平。（如果采用 2022 年的数据，这六个省市的研发投入强度都达到了 3%以上，依然显著高于 OECD 的平均强度 2. 67%的水平。）其中，北京研发投入强度超过 6%，建设了中关村、昌平、怀柔三个国家实验室，形成了新一代信息技术、科技服务业两个万亿级产业集群，医药健康、智能装备、人工智能、节能环保、集成电路五个千亿级产业集群。上海的研发投入强度达到 4. 2%，大科学设施已建成八个，在建六个。广东的研发投入强度达到 3. 22%，建设了鹏城实验室、广州实验室，研发经费支出约 4000 亿元。江浙的研发投入强度近 3%。我国第一方阵的六个省市下一步需要把握数字技术革命、新能源革命、绿色革命的重大机遇，积极推进新动能提升的改革攻坚战，进一步提升经济国际化、产业国际化、人才国际化、城市国际化，持续缩小人才存量、技术存量、知识存量与国际先进水平的差距。

我国科技创新第二板块有12个省市发展动能仍处于投资驱动阶段。从表1-2提供的数据看，这12个省市的研发投入强度尚低于OECD平均强度，但高于给定的研发投入强度1.7%的水平。这12个省市的排头兵已经开始向创新驱动过渡。如排在首位的是陕西省，2021年研发投入强度为2.35%，其聚集了100多所高校、1500多家科研机构、72位两院院士、200多万名专业技术人才。排在第二位的是山东省。山东原来名列第一方阵，但2017—2019年研发经费投入金额持续下降（见表1-3），研发投入强度从2017年的2.41%下降到2019年的2.1%。传统发展方式使山东很快遇到了增长极限。山东省从2018年提出实施新旧动能转换重大工程以来，开始扭转经济转型升级相对滞后的发展困境，2021年研发投入强度达到2.34%，研发经费投入金额达到1945亿元，是第二方阵的排头兵。安徽省的研发投入强度与山东并列第二，2021年研发投入强度也是2.34%。合肥综合性国家科学中心启动建设，全国首个国家级实验室落户安徽，已建在建拟建大科学装置12个，量子通信、量子计算、核聚变等领域原创成果世界领先，动态存储芯片、制版光刻设备、制造EDA软件等关键核心技术取得突破性进步。

表1-3　2016—2021年苏浙粤鲁全社会研发经费投入额与研发强度

年份	指标	全国	江苏	浙江	广东	山东
2016	金额/万亿元	1.5677	0.2027	0.113	0.2035	0.1566
	强度/%	2.11	2.66	2.43	2.56	2.34
2017	金额/万亿元	1.7606	0.226	0.1266	02344	0.1753
	强度/%	2.13	2.63	2.45	2.61	2.41
2018	金额/万亿元	1.968	0.250	0.145	0.270	0.164
	强度/%	2.19	2.70	2.57	2.78	2.15
2019	金额/万亿元	2.214	0.278	0.167	0.310	0.149
	强度/%	2.23	2.79	2.68	2.88	2.10
2020	金额/万亿元	2.4353	0.3006	0.1860	0.3480	01682
	强度/%	2.40	2.93	2.88	3.14	2.3

（续表）

年份	指标	全国	江苏	浙江	广东	山东
2021	金额/万亿元	2.7956	0.3439	0.2158	0.4002	0.1945
	强度/%	2.44	2.95	2.94	3.22	2.34

资料来源：2016—2021 年全国科技经费投入统计公报。

我国科技创新的第三板块有 13 个省区，其发展动能仍处于资源驱动阶段。从表 1-2、表 1-3 提供的数据看，这 13 个省区一年研发经费投入额还不到广东一个省一年投入的一半。其中，2021 年宁夏研发投入强度为 1.56%，吉林为 1.39%，黑龙江为 1.31%，甘肃为 1.26%，山西为 1.12%，云南为 1.04%，内蒙古为 0.93%，主要是分布在我国西北、西南、东北、中部等区域的资源型、沿边型、农业型省份。如何把握新能源革命、绿色革命、数字革命的重大机遇，借助全球国际绿色合作、新能源合作、数字技术合作之力，借助全国高质量发展和中国式现代化建设发展之力，借助新一轮改革开放之力，推动本地新旧动量转换、新旧结构转换、新旧模式转换，是科技创新驱动这些地区高质量发展的重大课题。这需要推动制度型开放，与国内先进地区对口支援合作，与国际高标准规则接轨；需要推动创新型开放，充分利用本地科技创新资源和创新体系，推动人才引进、培养和发挥应有的作用；推动流动型开放，主动参与全国统一大市场建设，优化营商环境，促进要素自由便利流动的效率和水平。

（二）我国科技发展和产业变革的历史进程

创新的最重要领域是制度创新、科技创新、文化创新。从中日比较可以发现，日本的成功经验，首先是推动了明治维新政治和社会改革，在政治、经济、军事、文化等领域都全面植入现代化改革。其次是全面引进西方文明，西方生活方式、文学艺术、行为规范、思维方式、价值观念、建筑、器用、饮食等现代文明要素，大大缩小了日本与西方文明的差距。再次是积极引进西方教育和科学技术，花了重金引进西方先进技术和设备，建立了本国官办的近代军工企业。西方列强对中国发动两次鸦片战争，用炮舰打开了中国市场的大门。虽然当时我国有志之士也试图发奋图强、强国富民，但由于政治和社会变革没有取得成功，即使花了重金引进西方先进技术和设备，建立了本国官办的近代军工企业，然而到了甲午战争时期，中日双方综合实力和工业发达水准仍出现巨大差距。1893 年，日本拥有十人以上工人的工厂共 3019 家，其中有 675 家使用蒸汽动力；工人 38 万人；铁路 2039.6 英里（1 英里≈1.609 千米），使用蒸汽动力的轮船 11 万吨。而中国官办工业企业仅有 24 家，私人资本兴办工业企业只有 100 多家。日本学西方制度、文明和技术，从明治维新开始步入现代化，而我国仅仅学西方技术、引进设备，最终一步一步地陷入半殖民地困境。旧中国的历史说明，不推动制度和文化变革，被迫开放最终依然是被动挨打。

中华人民共和国成立后的前 30 年，我们推动了社会主义革命和建设。在社会主义改造的基础上，建立起独立自主、自力更生、不依靠外援的工业体系。再偏远的农村都有小学校、赤脚医生、供销合作社。再小的国民经济门类都有共性技术服务平台、正规教育和职业教育体系，在一穷二白的基础上取得了“两弹一星”、核潜艇、人工合成胰岛素等重大科技成就。当时在国家重大工业领域的三项薄弱环节攻关，除了原定 1968 年完成的大型设备因“文革”拖延外，新型原材料和精密仪器仪表研制都取得了显著成就。然而，由于采取了计划经济体制和内向型经济战略，我们始终没有解决好老百姓的温饱问题，没有解决好社会生产力的发展动力问题。历史上的技不如人、器不如人、制不如人的状况，虽然和历史相比有了很大改善，但与世界发展的差距不但没有缩小反而进一步扩大。按照经济史学家麦迪森的研究，中国 GDP 占世界 GDP 的比重，1820 年是 32.9%，1952 年是 5.2%，1978 年是 4.9%。

改革开放 45 年，由于坚持以经济建设为中心，坚持解放思想、实事求是的思想路线，与时俱进，求真务实，中国经济和科技都获得突飞猛进的发展。但由于改革开放初期我们选择了不平衡发展战略，国内不平衡、不协调、不可持续的矛盾日益积累，迫切要求实现经济发展方式的转型；由于当时选择了参与国际大循环、嵌入国际工序分工体系的外向型经济发展战略，代工贴牌模式缺少自主知识产权、缺少自主品牌、缺少自主营销渠道的矛盾日益积累，迫切要求实现对外开放的战略性调整；由于当时选择了科技国际合作的发展模式，科技对外依赖和自立自强之间的矛盾日益积累，迫切要求实现国家创新体系的根本性转变。在推动中国式现代化建设、经济高质量发展和构建新发展格局的新发展阶段，加快推进科学、技术、工程、数学的发展，推动新产业、新平台、新业态、新模式的发展，解决关键核心技术攻关克难的问题，就成为高水平科技自立自强的战略重点。

（三）我国科技发展的短板和薄弱环节

我国科技发展有三大短板和薄弱环节：一是体制机制尚不能有效地激励科技创新和技术进步。这需要从体制上解决“李约瑟之谜”“钱学森之问”和历史周期律等长期问题，形成鼓励科技创新的有效激励机制和体制环境。二是基础研究、应用基础研究、共性技术研究相对薄弱。首先，基础研究、科学发现、原始创新是我国科技研发最主要的短板。这是决定我国高质量发展的前途和命运、决定我国经济增长的源泉。国家已制定基础研究十年发展规划，必须持之以恒地把科学发现搞上去。其次，应用基础研究已成为关键核心技术攻坚克难的主要领域。关键的瓶颈因素还是人才不足。再次，关键共性技术、基础共性技术、行业共性技术平台建设也在不同层面上推动发展。建议研究我国是否到了构建德国弗劳恩霍夫实验室、法国卡诺实验室同等水平的共性技术平台的阶段。三是营造科技创新的生态系统推动全方位国际合作机制。冷战时期美苏科技竞争的一个重要手段是科技脱钩，尤其是 1957 年苏联斯普特尼克人造卫星上天，加快了西方对苏东集团的科技和关键设备的封锁，迫使苏东集团不得不关起门来搞科技，导致科技差距越拉越大。因此，在中美科技挂钩与脱钩、开放与封闭、合作与对抗的战略博弈中，要始终坚持扩大对外开放和全方位国际合作，这将决定我国科技创新和技术进步的未来。要解决上述三大薄弱环节，我国全社会至少要沉下来十年甚至三十年，一步一步地把科学这块短板补上，把全社会科学意识和科学素质建立起来，推动科学、技术、工程、数学对外开放和转型升级，打造世界大脑。

我国科技发展的短板之一是基础研究相对薄弱。OECD 数据显示，近十年来，美国基础研究支出占 R&D 支出的比例稳定在 16%～18%之间，日本、英国和法国等国分别稳定在 12%、18%和 22%左右。美国 2020 年基础研究经费总量约为 1086 亿美元，约是 2000 年的 2.5 倍。与世界主要发达国家相比，2022 年我国基础研究经费占 R&D 支出的比例仅为 6.32%。虽然我国基础研究经费从 2012 年的 499 亿元增长到 2022 年的 1951 亿元，年均增长近 15%，但基础研究始终是我国科技发展的一个短板。从图 1-2 的数据可以看出，1995 年以来我国企业为主体的开发试验研究经费投入增长率是一条斜率陡峭向上的增长曲线，然而，基础研究和应用研究的经费投入增长率就要缓慢得多。而基础研究、科学发现和原始创新对我国建设科技强国是至关重要的，它是经济增长的最终源泉，也是应用研究、共性技术研究、开发试验研究的发展基础。对此，“十四五”规划明确要把基础研究经费投入占 R&D 支出的比例从 6%提高到 8%，并制定了基础研究十年发展规划。

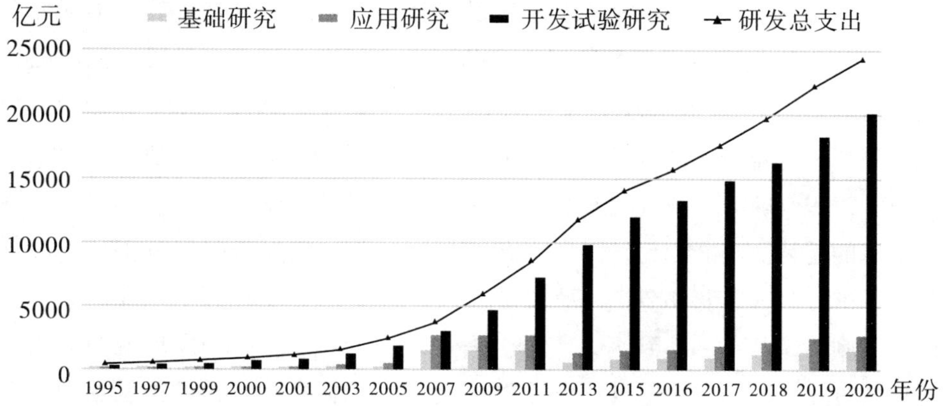

图 1-2　我国基础研究、应用研究、开发试验研究经费增长情况

数据来源：中国科技统计年鉴。

我国科技发展的短板之二是体制机制尚不能有效激励科技进步和科技创新。从科技体制机制和创新环境来看，从长期存在的拿来主义、简单模仿、对外依赖到“十年磨一剑”、长期主义、创造性模仿和自主创新，是一场观念变革、体制变革和治理变革。所谓观念变革，就是要在全社会形成“不唯上，不唯书，只唯实”的求真务实风气，推动尊重知识、尊重人才、尊重科学创造力的社会氛围。所谓体制变革，就是要创造高水平科技自立自强的激励机制和国家创新体系，同时，从体制和法律上促进科学自立自强和全方位国际合作，从政策和舆论上鼓励引进和培养全球一流人才，打造世界大脑。所谓治理变革，就是要把十八届四中全会的“三句话”落地，即法无授权不可为、法无禁止皆可为、法定职责必须为。其中，法定职责必须为，就是要建立基于市场化、法治化、国际化的创新环境，鼓励科学、技术、工程、数学等领域人才辈出，促进与之相适应的治理体系和治理能力现代化。在创新环境中，风投、私募基金和直接投资等对促进科技创新发挥了重要的融资功能和激励功能。然而，2023 年 8 月 9 日，美国拜登总统通过了限制美国风投和私募基金等投资中国的半导体和微电子、量子信息技术、特定人工智能的行政令。

其核心不仅仅是要切断我国科技创新的外来资金链，而且要试图切断中美全球一流前沿科技投资大脑之间连接的思想链。

危机驱动新旧动能转换、新旧结构转换、新旧模式转换，对促进科技创新具有十分重大的意义。其中，2008 年国际金融危机是一次重要的压力测试，在危机冲击大浪淘沙的考验面前，是腾笼换鸟、转型升级、创新前行还是因循守旧、故步自封、坐享其成？不同的选择做出七八年后就会有很不同的业绩。表 1-3 提供了我国四个经济大省的研发经费投入额和研发投入强度的比较。按照人均 GDP 排序为江苏、浙江、广东、山东。然而，研发经费投入规模和强度一直排第一的江苏却分别在 2016 年和 2018 年被广东超越。山东在 2017—2019 年期间，无论是研发经费投入金额还是研发投入强度都出现了逐年下降的趋势。与之相比，2016 年浙江、广东的研发投入强度分别比江苏低 0. 23%和 0. 1%。到 2022 年，浙江研发投入强度已与江苏持平，都是 3. 1%，而广东则反超江苏，达到了 3. 42%。为什么四个经济大省的发展业绩会出现这样的分化？其中一个重要原因是 2008 年国际金融危机，是否推动新旧动能转换、新旧结构转换、新旧模式转换的选择出现了地域分化。2008 年国际金融危机八年后的 2017 年，广东、浙江新动能、新结构、新模式的发展态势明显胜出。同时，广东、浙江也出现分化。在解决不平衡发展矛盾上，浙江在城乡差距、区域差距、社会差距上明显小于广东。这种差异反映在用市场无形的手解决效率和用政府有形的手解决公平上，“两手都要抓、两手都要硬”，在不同省域科技发展和经济增长出现了明显的差异。

我国科技发展的短板之三是科技成果转化的效率还有待进一步提高。2015 年 8 月修订后的《中华人民共和国促进科技成果转化法》，着力解决当前制约我国科技成果转化的突出问题。亮点之一是规定了国家建立和完善科技报告制度和科技成果信息系统并向社会公布。亮点之二是保障科研人员 50%的收益下限对科研人员的激励与分配。亮点之三是下放了科技成果处置权、使用权和管理权，明确科技成果转移转化所得收入全部留归单位，处置收入不上缴国库。这次修订的效果和影响，预期应能够超过当年美国的《拜杜法案》。在 1980 年之前，美国联邦政府持有近 2. 8 万项专利，但只有不到 5%的专利技术被转移到工业界进行商业化。出现了美国联邦政府拥有权力，但没有动力和能力进行商业化；私人部门有动力和能力实施商业化，但没有权力。《拜杜法案》生效后，美国大学专利转化率从不足 10%上升到约 50%，促进美国从工业经济时代跨入了知识经济时代。中国人民大学沈健教授（2020）曾将科技成果转化率限定为专利转化率，推算出中美两国的科技成果转化率数值分别为6%和50%；如以科技成果转化效率指标衡量则差距进一步拉大，两国的数值分别为6%和100%。他建议，一是把专利从政府政绩和研究业绩分开，回归研发应用本源。二是从专利转让的盈利动机转向专利许可的共享激励。三是让发明人专注发明创造、大学专注知识管理、企业专注成果转化。这里再补充一条，即推进市场化、法治化、国际化的规范科技成果转化的治理体系和治理能力现代化，把好事用专业化、职业化、法治化的方式做好。

（四）解决好我国科技发展和产业革命的三大关键因素

建设科技强国、实现高水平科技自立自强是推进中国式现代化、推动经济高质量发展、构建新发展格局的重要组成部分和坚实动力来源。而制造业是国家经济命脉所系，是立国之本、强国之基。建设实体经济、科技创新、现代金融、人力资源协同发展的现代化产业体系是科技强国和制造强国的重要支撑和坚实基础。其中，有三个关键因素将决定我们是二流科技强国和制造强国还是一流科技强国和制造强国。第一个关键因素是集聚和培养世界一流人才和研究型大学，这是建设科技强国和制造强国的基础条件和决定性因素。其中，打造“世界一流大脑”将面对如何解决好语言、文化、环境的国际化难题。这一定是个渐进的、差异化发展过程。首先在长三角地区、珠三角地区、北京及周边地区率先吸引和培养一流人才和研究型大学，打造“世界一流大脑”。然后逐步推进长江中下游、黄河流域，再逐步推进经济国际化、人才国际化、产业国际化、城市国际化进程。第二个关键因素是现代金融和多层次资本市场体系，这是建设科技强国和制造强国的重要融资功能和激励功能。其中，风投和私募等对世界前沿科技投资往往是新科技革命的风向标和驱动器。目前，我国香港是亚洲名列前茅的全球国际金融中心。如何推进香港国际金融中心进一步国际化、高端化、全球化，进入与纽约、伦敦并驾齐驱的国际金融中心地位，是助力中国式现代化的一个具有全局性、战略性、长期性的重要举措。第三个关键因素是构建世界一流的法治体系、制度规则和治理能力现代化。这是科技强国和制造强国建设的制度保障和法治基础。

解决好这三个关键因素，构成我国科技强国和制造强国建设的决定性因素。习近平总书记在2021年5月28日中国科学院第二十次院士大会、中国工程院第十五次院士大会和中国科学技术协会第十次全国代表大会上指出，我们牢牢把握建设世界科技强国的战略目标，以只争朝夕的使命感、责任感、紧迫感，抢抓全球科技发展先机，在基础前沿领域奋勇争先。为此，他提出了建设科技强国的五个重要战略部署。第一，加强原创性、引领性科技攻关，坚决打赢关键核心技术攻坚战。第二，强化国家战略科技力量，提升国家创新体系整体效能。第三，推进科技体制改革，形成支持全面创新的基础制度。第四，构建开放创新生态，参与全球科技治理。第五，激发各类人才创新活力，建设全球人才高地。这五个方面是支撑我国科技强国和制造强国建设的五根重要支柱。它不仅可以推动中国科技领域强弱项、补短板，与世界科学、技术、工程、数学挂钩不脱钩、开放不封闭、合作不对抗，走向高水平科技自立自强，而且将决定我国制造强国战略实施得到教育、科技、人才三位一体的坚实支撑，夯实数字化、网络化、智能化的现代化产业基础和能力，实现从科技大国到科技强国、从制造大国到制造强国的根本转变，缩小与世界主要国家的科技和产业差距，提升中国人民和世界人民的经济福祉，满足人民日益增长的美好生活需要。

学习借鉴日本、德国发展世界先进制造强国的发展经验。从表1-4的数据可以看到，2020年我国制造强国发展指数为116.02，位居全球制造强国的第三阵列。与第二阵列的德国和日本相比仍有一定差距，与第一阵列的美国相比还有较大差距。德国和日本制造强国的综合优势主要是先进制造业和现代服务业深度融合达到世界一流水平。首先，德国和日本都拥有世界一流的实体经济，包括现代农业、现代制造业、现代建筑业和现代生产性服务业。其次，德国和日本都拥有健全的职业教育和技术培训体系，其中最著名的就是德国的双元教育体系，正规教育和职业教育的比例大致为1：1。再次，德国和日本都有世界一流的科技体系。从基础研究、应用基础研究、共性技术研究到开发试验研究。如德国国家创新体系中，有马普学会、亥姆霍兹联合会、弗劳恩霍夫协会和莱布尼茨科学联合会等科技服务机构。马普学会有80个研究所从事尖端基础科学研究，资金的85%由央地政府提供。亥姆霍兹联合会拥有世界最先进和昂贵的实验设备，主要针对大型基础研究、预防研究和关键技术研究，70%经费来自政府。弗劳恩霍夫协会着重应用科学研究，为企业、政府提供技术服务。其科研经费1/3来自财政支付，为小企业提供技术服务；1/3来自公共经费，经过公开竞争机制选择合适的研发机构；1/3来自有偿的技术服务。弗劳恩霍夫协会成立于1949年，有75个研究所，接近3万名工作人员，一年预算接近30亿欧元，在七大领域为中小企业提供共性技术服务。法国卡诺实验室通过向德国学习，2015年已达到德国弗劳恩霍夫实验室的同等水平。

表1-4　2019—2020年各制造强国发展指数

年份	第一阵列	第二阵列		第三阵列				其他	
	美国	德国	日本	中国	韩国	法国	英国	印度	巴西
2019	168.71	125.65	117.16	110.84	73.95	70.07	63.03	43.5	28.69
2020	173.19	125.94	118.19	116.02	74.39	69.35	61.45	44.56	27.38

资料来源：《2021中国制造强国发展指数报告》，中国工程院战略咨询中心、中国机械科学研究总院集团有限公司、国家工业信息安全发展研究中心，2021年12月。

粤港澳大湾区的未来发展要对标国际三大一流湾区。从表1-5提供的数据可以看出，粤港澳大湾区需要攀登上三个大台阶。首先，粤港澳大湾区要实现人均GDP翻一番的目标，达到东京湾区人均GDP水平。能否攀登上这个台阶，将决定粤港澳大湾区先进制造业和现代服务业深度融合能否达到世界一流水平。其次，粤港澳大湾区人均GDP要实现再翻一番的目标，要达到纽约湾区人均GDP水平。这意味着粤港澳大湾区的现代金融和多层次资本市场体系要达到世界一流水平。再次，粤港澳大湾区人均GDP还要继续提升，达到旧金山湾区人均GDP水平。这意味着粤港澳大湾区的科学、技术、工程、数学发展要达到世界一流水平。东京湾区攀登上了第一个台阶，就没能够继续攀登后两个台阶，粤港澳大湾区为什么能够超越东京湾区而继续攀登后两个台阶呢？其中需要回答的问题是，粤港澳大湾区如何超越东京湾区，打造世界一流人才高地和研究型大学，打造世界一流的全球国际金融中心，打造世界一流的高标准制度规则、法治和治理能力现代化呢？在一定意义上，粤港澳大湾区要解决好如何创造性用好港澳和珠三角地区的各自独特优势，打造“一国两制”1+1>2的综合优势这个根本问题。

表 1-5 粤港澳大湾区与国际三个一流湾区的比较

指标	粤港澳大湾区	东京湾区	旧金山湾区	纽约湾区
GDP/万亿美元	1.68	1.8	0.76	1.77
人均 GDP/万美元	2.3	4.1	9.9	8.8
施引数/发明专利	0.75%	0.90%	2.93%	1.6%
施引数/PCT 专利	0.34%	0.78%	1.21%	1.14%
科技基础设施个数	8	31	34	16
全球科技公司市值 50 强个数	2	1	16	6
全球科技公司市值 50 强市值/亿美元	7232	976	60116	10647

全球现代金融和多层次资本市场体系是多样性的。一种模式是以德国和日本为代表的，以银行为主导、以服务实体经济为重点的现代金融体系；另一种模式是以美国和英国为代表的，以金融市场为主导、金融创新和金融自由化驱动发展的现代金融体系；还有一种是以伊斯兰银行为代表的，以类投行业务为主导、以服务穆斯林客户市场为重点的非西方金融体系。不同的金融体系为科技创新服务的功能和特点是不同的。如美英金融体系为科技创新的研发阶段、中试（中间试验）阶段、产业化阶段分别提供不同的风投、上市、银行贷款等融资工具组合。金融创新为科技创新提供了很强的融资和激励功能，尤其是风投和私募等专业化、职业化、国际化融资功能，为促进美国科技创新发挥着重要的早期发现、起步培育和重点金融支持的作用，大大激励了美国引领 IT 革命和 AI 革命及产业变革的浪潮。但同时，美国的金融创新也催生了科技泡沫、金融泡沫和房地产泡沫，最终导致美国经济和产业空心化的弊端。2008 年国际金融危机后，从奥巴马、特朗普到拜登都强烈意识到现代金融的双刃剑功能。美国总统国家安全事务助理沙利文就强烈批评了以为“市场总是对的、开放总是对的、增长总是对的”的传统理念，最终导

致美国工业空心化的问题[①]。西方金融发展的经验教训对我国以创新思维推动科技创新和金融创新有重要的借鉴作用。

（五）我国工业研发投入已占据世界第二位

中华人民共和国成立以来，我国科技创新的发展路径一直是一个波浪式发展、曲折式前进的过程。如 20 世纪 90 年代为解决科技机构与市场经济脱节问题，我们曾采取了将科研院所推向市场的改革举措。如 1999 年，国家经贸委 10 个国家局所属的 242 家科研院所转制为企业，对共性技术供给能力和技术扩散产生了不利影响[②]。2008 年国际金融危机爆发以来，我国经济和产供链体系开始从代工贴牌、全球低端、汗水驱动的模式推动腾笼换鸟、转型升级，对自主知识产权、自主品牌、自主营销渠道的需求大幅倍增。国家对基础研究、应用基础研究的经费投入开始增加，企业开发试验研究的经费投入快速上升，地方政府共性技术研究平台的经费投入明显增加，全社会对研发服务、技术服务、设计服务、资讯服务、专业服务、综合物流服务和供应链管理的需求显著上升，推动了我国科技进步和科技创新开始进入快车道。下一步如何持续激励科学发现、技术发明和成果转化，如何推动高水平科技自立自强与全方位国际合作协同发展，如何提升科技投入产出效率并落实到全要素生产率的持续增长，是科技进步和创新需要解决好的三个关键环节。

表 1-6 提供了欧盟 2022 年工业研发投资 2500 强的基本数据。美国入选企业 822 家，工业研发投资 4397 亿欧元，占全球入选企业工业研发总投资的 40.2%。中国大陆入选企业 678 家，工业研发投资 1959 亿欧元，占 17.9%。加上中国台湾入选企业 84 家，中国共入选企业 762 家，工业研发投资达到 2207 亿欧元，占比为 20.2%。从每家入选企业的平均工业研发投资金额来看，美国企业平均工业研发投资额为 5.35 亿欧元，欧盟为 5.34 亿欧元，日本为

---

① 2023 年 4 月 27 日，美国总统国家安全事务助理杰克·沙利文（Jake Sullivan）在布鲁金斯学会的演讲中提出了美国新的国内外经济政策，即所谓“新华盛顿共识”（new Washington consensus）。

② 1999 年 8 月发布文件《中共中央 国务院关于加强技术创新，发展高科技，实现产业化的决定》（中发〔1999〕14 号），认为国家经贸委管理的 10 个国家局所属科研机构已经实施企业化转制，为整体推进科研机构体制改革提供了有益经验。

4.88 亿欧元，中国大陆为 2.89 亿欧元，中国台湾为 2.95 亿欧元，韩国为 6.47 亿欧元。从中可以发现，主要发达经济体有更高的工业研发平均投入水平。

表 1-6　欧盟 2022 年工业研发投资 2500 强

国家/地区	入选数/家	研发投资额/亿欧元	占比	研发投资的优势领域
全球	2500	10939	86%	研发强度 4.7%，门槛值 4850 万欧元
美国	822	4397	40.2%	ICT 服务 33.1%、制造 22.2%、健康卫生 28.2%
中国大陆	678	1959	17.9%	ICT 制造 26.4%、服务 18%、建筑 12.6%
欧盟	361	1927	17.6%	德国 114 家，占 8.3%；法国 57 家，占 2.6%；荷兰 38 家，占 2.2%；瑞典 26 家，占 1.1%；爱尔兰 24 家，占 0.7%；丹麦 25 家，占 0.6%；芬兰 12 家，占 0.5%；意大利 20 家，占 0.5%；西班牙 12 家，占 0.4%；比利时 12 家，占 0.3%
日本	233	1138	10.4%	汽车 30.4%、ICT 制造 18.3%
其他	406	1518	13.9%	健康卫生、ICT、汽车等

四、借鉴国际科技创新经验，把握科技革命重大机遇

（一）把握全球新科技革命的重大战略机遇期

经济史学家麦迪森在《世界经济千年史》的研究中发现，人类发展的大转折时期在 1820 年。1820 年之前，全球人口增长了 4 倍，人均收入仅增长了 50%。1820 年之后，全球人口增长了 5 倍，人均收入提高了 8 倍。因此，1820 年后的两百年是全球收入增长最快、技术进步最快，人类社会、经济、政治制度变革推进最快的时期。表 1-7 给出了世界主要国家或地区 GDP 占全

球 GDP 的比重①。1820 年，中美经济规模分别占全球经济的 32. 9%和 1. 8%。由此可见，在人类发展大转折时期的起点上，中国是世界上经济最强大的国家，而美国则是世界上新兴经济大国。然而，在 1890 年美国经济反超中国。其间发生了什么？在 1820—1890 年间，世界发生了基于科学、资本密集型产业快速崛起的第二次工业革命，发生了人类社会第一次经济全球化，发生了以两次鸦片战争为代表的西方列强殖民扩张。中国经济没有把握住新科技革命和全球化的重大机遇而很快由盛而衰，而美国经济把握住这个重大机遇而迅速由弱而强，在 1894 年成为世界第一工业强国。到中华人民共和国成立之初的 1952 年，中美经济占全球经济的比重分别为 5. 2%和 27. 5%，按照麦迪森的数据，中华人民共和国成立之初的人均 GDP 仍停留在 1890 年的水平，60 年没有大的经济进步。1978 年中国改革开放之初，中美经济占全球经济的比重分别为 4. 9%和 21. 6%。此后，中国长期坚持以经济建设为中心，坚持实事求是、解放思想的思想路线，坚持改革开放，经济社会发展取得了显著的增长实绩。

表 1-7　1700—2003 年世界主要国家/地区 GDP 占全球 GDP 比重（%）

国家/地区	1700 年	1820 年	1952 年	1978 年	2003 年
中国	22. 30	32. 9	5. 2	4. 9	15. 1
印度	24. 4	16. 0	4. 0	3. 3	5. 5
日本	4. 1	3. 0	3. 4	7. 6	6. 6
欧洲	24. 9	26. 6	29. 3	27. 8	21. 1
美国	0. 1	1. 8	27. 5	21. 6	20. 6
苏联	4. 4	5. 5	9. 2	9. 0	3. 8

从科学发展的角度看第一次工业革命和第二次工业革命的性质有很大差距。第一次工业革命的技术进步是渐进式的，基于工匠技能而发展起来，主导产业主要是轻纺工业。当时科学理论并没有直接作为技术进步的理论、概念、范式对经济和产业发展进行指导和推动，技术创新、科学研究与产业发展之间的关系并不紧密。基础研究在当时缺少专业化和系统化的组织机构和

① 按照国际元比较各国购买力平价衡量的经济增长率。

管理，从事科学研究的团体主要是民间自发形成的，规模很小。如 1660 年成立的英国皇家学会直到 19 世纪才开始接受英国皇室的资助。当时，英国采取了各种禁止织布机和图纸离境，禁止纺织工人移民的措施。美国则采取各种合法或灰色手段试图获取英国的先进技术和工艺。然而，1790 年美国通过了第一部专利法，这标志着具有现代意义的美国专利制度的形成。美国专利制度通过专门法律授予发明者对其发明物拥有产权来激励创新活动，并获得长久的经济社会收益。潜在的发明者会因此受到利益激励，美国政府授予发明人专利发明一定期限的排他性权利，增进整个社会的创新意识和能力，促进经济发展（宋敏，张燕生，2023）。

19 世纪中期第二次工业革命爆发，当时尚处于工业化相对后进的德国、美国等新兴大国掀起了基于科学原理、以电气化为主导的新工业革命。19 世纪被誉为科学的世纪。物理学、生物学、天文与地球科学等学科理论不断发展，光学、磁学、热力学、化学等新兴学科和应用科学不断涌现。电磁感应现象和电磁理论是人类发明电动机、发电机、电报、电话等的科学理论基础，燃料与空气进行混合并燃烧以获取动力的概念，为发明内燃机提供了基础原理途径。元素周期表、气体化合体积定律、氧化学说、碳氢分析法、有机化学等化学理论，支撑了化学工业的建立。为了推动科学、技术、工程、数学的发展，德国化学家李比希于 1826 年创立首家实验室，并涌现出数十位诺贝尔化学奖获得者。1889 年拜耳公司建立了世界最早的工业实验室。1737 年设立了哥廷根大学，1810 年成立柏林大学，创造了科学时代。在这个时期，美国学习德国工业实验室、研究型大学等研发机构的发展经验，推动了美国基础研究、应用基础研究、开发试验研究的快速增长。当时英法两个霸权国家综合实力由盛转衰，美德两大新兴大国由弱转强。德国依靠电力、内燃机、化学及钢铁技术的快速发展，建立了强大的电力、发动机、化工、钢铁等重工业体系，经济实力逐渐超越英国，并在 20 世纪初成为欧洲头号强国。同期，美国大规模投资内燃机、电力和化学等新兴领域的研发和生产及商业化，成功实现了资本密集型产业和技术的快速发展及经济腾飞，1894 年美国的工业总产值便跃居世界首位。

在第二次世界大战之前，美国联邦政府在资助大学基础研究中的作用很有限，资助主要集中在应用农业和其他应用领域，如气象、地质和资源保护。美国所有认真负责的科学家都是在欧洲大学完成他们的研究。而大学更欢迎私人捐助研究，因为它能保障研发的独立性。在 20 世纪 30 年代，美国联邦政府 R&D 支出占比仅为 12% ～ 20%，工业部门占比为 2/3，其余来自大学、地方政府、私人基金会及研究机构。其中，地方政府对非农业的大学研究资助超过了联邦政府。工业部门内部的研发活动受益于美国联邦政府推动反托拉斯政策和专利保护政策，促进了企业内部研发投资机构替代发明家—企业家的传统模式的发展。一方面，美国反托拉斯政策倒逼了企业加大研发投资推动技术创新。另一方面，专利保护政策也激励了企业技术创新。尤其是在内部从事新产品专利保护，激励企业创新的技术发明（而非开发）变得极为重要。随着美国 1941 年参战，美国联邦政府在 R&D 支出中的作用开始转变，从 1940 年的 0. 832 亿美元增加到 1945 年的 13. 136 亿美元。同时，国防部研究费用从 0. 296 亿美元增加到 4. 236 亿美元。其中标志性事件是，历时 3 年的"曼哈顿计划"耗资近 20 亿美元，开启了美国大科学（Big Science）新时代。

OECD 数据显示，近十年来，美国基础研究支出占研发经费（R&D）支出的比例一直稳定在 16% ～ 18%之间，日本、英国和法国等国家也分别稳定在 12%、18%和 22%左右。主要发达国家基础研究投入总额也相应逐年增长，如美国 2020 年基础研究经费总量约为 1086 亿美元，约是 2000 年的 2. 5 倍。美国联邦政府研发预算金额全球第一。2020 年研发投入金额为 1674 亿美元，其中，美国国防部的研发资金占联邦政府研发资金的 41%，卫生部占 28%，能源部占 11%，航空航天局占 9%。国防部的资金主要由国防高级研究计划局（DARPA）、空军、陆军、海军等负责执行和管理。卫生部资金的 94%是由国立卫生研究院（NIH）负责管理和执行，其他的包括生物医学高级研究与发展局（BARDA，负责研发疫苗和药物）、食品与药物管理局（FDA）、疾病控制与预防中心（CDCP）以及医疗保健研究与质量局（AHRQ）。能源部的资金主要由国家核安全管理局（40%）和科学办公室（35%）负责管理和执行，其他的还包括能效与可再生能源办公室、核能办公室以及能源先进研究计划署（ARPA-E）。

（二）危机驱动、需求拉动、政府推动美国科学技术发展

美国国家创新体系不断前行的动力主要源于危机驱动、需求拉动、部门推动。如美德核试验竞争驱动的"曼哈顿计划"、苏联人造卫星上天驱动的斯普特尼克时刻、两次石油危机驱动的走出"滞涨"、"9·11"事件驱动的反

恐战争、国际金融危机驱动的去全球化等重大事件，都在推动美国科技创新阶段性发展中发挥了重要作用。第二次世界大战结束后，美苏冷战拉开了序幕，东西方两大平行世界经济体系开始形成。在这个阶段，有三个重大事件对推动美国科学发展、创新驱动、成果转化发挥了重要的促进作用。

第一个重大事件把美国科学和科学家的地位提升到一个新高度。1945 年，罗斯福的科学顾问万尼瓦尔·布什博士发布了一份著名的报告《科学——无尽的前沿》。这份报告的意义在于，它把美国战后科技创新发展的短板——科学和科学家推到了皇冠的崇高地位。秉承的一个基本理念是“基础研究是经济增长的最终源泉”，建议美国联邦政府对科学研究的支持应面向国家安全、国民健康和经济发展。这份报告的主要内容被后续美国总统接受，对推动战后 70 多年美国的科学发现、基础研究、原始创新领先于全球做出了重大贡献，促成世界科学中心从欧洲转移到美国。其中，他建议建立独立的联邦科学管理机构，以负责所有国防和非国防领域的基础研究投资。美国成立了国家科学基金会（National Science Foundation），成为推动美国基础研究和应用研究的强大引擎。虽然这份报告也受到各方面的批评并引发了长期争论，如科学重要，难道技术、工程、数学不重要吗？但应当承认，当时的美国基础研究长期搭欧洲便车的局面从此得到根本性改变①。

第二个重大事件是“斯普特尼克时刻”。即 1957 年 10 月苏联成功发射了斯普特尼克人造卫星，给美国敲响了警钟。当时，美国对苏联采取了用能力竞争来造成对方最大伤害的形式，尤其是基于技术能力的竞赛来占先。然而，苏联在斯普尼克号上天占先，震撼了美国。由此推动了 1958 年美国通过《美国国家航空暨太空法案》，创立了国家航空航天局（NASA）。艾森豪威尔总统于 1958 年在国防部建立了高级研究计划署（ARPA），职责是发展具有巨大技术回报潜力的创新性、高风险的研究思想，同时使国家注意力聚焦在国家危机上。同年，国会还颁布了《国防教育法案》，激励新一代学生投身于科学与

① 对布什博士《科学——无尽的前沿》的批评，如 1986 年，D. Sharpley 和 R. Roy 出版了《迷失在前沿：美国科学和技术政策的偏离》的著作，认为美国联邦科技政策遵循布什报告，强调自主的基础研究，只是一部分内容，而应用研究、工程、技术、科学教育以及基础与应用之间的相互联结被忽略了。他们认为，这每一部分都是重要的，应该平等对待。他们进一步提出了基础研究不仅仅是没有指向的，还有目标导向的基础研究。

工程学科。从1957年到1968年，美国进入一个科学技术发展的黄金时期。其特征：一是重视基础研究。如由国防部、国家科学基金会、国立卫生研究院、能源部、国家标准与技术研究院资助的研究，对磁存储驱动器、锂离子电池和液晶显示器等的关键技术突破起到巨大的促进作用。二是美国联邦政府R&D投资占据重要地位。美国工业R&D投资是随着商业周期变化的，更侧重于专有技术的发展，为工业投资带来私人回报。而基础研究则产生根本性知识，对基础研究的投资主要依靠联邦政府，由大学和联邦实验室执行。由此带来的技术进步将为经济产出增长做出重要贡献。三是美国联邦政府以实现公共安全和社会需要为目标而持续推动巨额R&D投资，源源不断地产出新知识和新观念。包括美国国防部、卫生与公共福利部、国家航空航天局、能源部、国家科学基金会和农业部，都在推动R&D投资方面扮演了重要角色。四是美国形成了分工明确、各司其职的国家创新体系。美国联邦政府负责推动重大R&D投资项目，研究型大学负责基础研究，联邦实验室负责应用研究和大科学研究，企业负责应用研究和开发试验发展，州政府则致力支持能够促进本地经济增长的研发活动。20世纪七八十年代美国工业界R&D投资已超过了联邦政府。

第三个重大事件是1980年出台《拜杜法案》。在《拜杜法案》之前，美国联邦政府资助的研发成果归联邦政府所有。截至1980年，美国联邦政府拥有28000项专利的所有权，其中只有不到5%的专利授权于工业界进行科研成果转化开发。美国大学每年获得的专利不到250项。《拜杜法案》彻底改变了这一局面。《拜杜法案》规定了由大学研发产生的、由联邦政府资助的发明创造向市场转移的基本法律框架。这一重大变化取得了科研成果转化的显著成效，助推了美国从工业经济时代向知识经济时代的转型。另一个组织是1974年组建的技术转移联邦实验室联盟（FLC）。1980年通过的促进技术创新法案，也被称为《史蒂文森-魏德勒法案》，于1986年正式成为《联邦技术转移法》。它要求所有联邦实验室都要设立技术转移办公室，相当于联邦实验室的《拜杜法案》。

（三）其他主要发达国家推动科技发展和产业变革的经验教训

始终令笔者感到困惑的是，英国为什么会错失新技术革命的机遇？英国引领了第一次工业革命，成为世界第一工业强国。然而，英国在其后几次工业革命中都是追随者。尤其是19世纪中后期的第二次工业革命，英国综合国力优势被新兴大国美德超越。英国拥有雄厚的科学理论研究基础、科学人才辈出、发明硕果累累，为何在新技术革命却落后了呢？首先，人们发现英国科学研究存在着重理论轻实践、重学术轻技术的倾向。这使得英国不缺少优秀科学家，但长期缺少优秀工程师。其次，英国的军事科研占比过高，民用科研占比过低。如1980年，英国军事科研经费占比达到了59%，比美国军事科研经费投入比重还高出5%。再次，英国国家科技创新体系的三大系统之间缺少协调。如教育科学部的五大研究委、研究型大学、政府所设研究机构之间各自为政，没有形成综合实力。最后，英国的资本增益税、财产税等对新创办企业的负担太重，影响了投资者投资科技及成果转化的积极性。为了改变这个被动局面，英国政府于2013年10月发布了2050年展望报告《制造业的未来：英国面临的机遇与挑战》，试图重振制造业和科技发展，提出了制造业不再是传统上的“制造后销售”，而是“服务再制造（以生产为中心的价值链）”。政府通过Smart计划向制造业企业提供科技创新财政支持，预期每资助1英镑科研经费投入，三年能够为企业新增14英镑销售额和1.4英镑利润。重点领域包括：干细胞和再生医学、未来互联网技术、塑料电子、可再生能源和气候变化技术、卫星通信技术、燃料电池、先进制造技术和复合材料技术等。提供鼓励推动中小企业与高校和科研机构合作的创新券。

法国奉行自由探索主义的科技创新之路。18世纪中后期，法国紧随英国技术进步前行的步伐，成为第二个完成第一次工业革命的国家、全球第二工业强国。然而，1870年的普法战争、1871年的巴黎革命以及殖民战争海外扩张等重大事件接踵爆发，使法国没能够把握住投资第二次工业革命技术和产业的重大机遇，从而在19世纪中后期，其全球地位开始下降，综合国力开始衰落。同时，法国长期以来也存在着科学与技术脱钩、基础研究世界领先但转化不足、义务教育普及缓慢等问题，没能够完成从世界科学中心向世界技术中心和世界产业中心的重要转移。法国奉行自由探索主义的科学精神，研究型大学和科学研究机构很发达。法国在航空航天、材料科学、能源等领域具有世界领先水平，在尖端工业、农产品加工业及服务业具有明显优势。如法国核能发电量占电力供应的75%以上，成为世界核电比例占能源供给总量最高的国家。截至2017年，法国水能、风能、太阳能和生物质能发电在法国电力结构中的占比分别为10.1%、4.5%、1.7%和1.7%。法国的科技创新在发挥政府和市场作用方面不够协调平衡，当需要国家出力时，科技创新项目执行得往往很成功，当需要市场出力时，项目执行往往略微逊色。材料科学是法国领先的民用核能、航空航天、交通运输和农业等领域的重要基础。法国向德国学习发展共性技术开发服务平台而创立了卡诺实验室，在2006—2015年该实验室已达到了德国弗劳恩霍夫实验室的同等水平。

日本全盘西化，引进西方先进科学技术并快速崛起。1871年日本效仿西方国家专利制度颁布了《专卖简则》，到20世纪初，日本近代专利制度正式确立。1877年日本创立了东京大学，建立了近现代教育体系。第二次世界大战结束后，日本利用美国的扶植性政策大量引进了西方先进技术。20世纪50年代前5年，日本引进了欧美20余年开发的主要先进技术。1956—1964年日本进一步引进了2600多项技术，1965—1970年日本年均引进新技术1350项，20世纪70年代初引进新技术达2000项。到1980年，日本提出了“技术立国”方针。一是加大基础研究。1987年基础研究经费占全社会研发经费的14.5%。二是发展高新技术。高新技术产业在制造业的比重由1982年的17%升到1992年的31%。三是推动自主创新、官产学协同、成果转化。日本政府大规模投资工业R&D，通商产业省直接提供资金“引导”日本半导体技术和消费电子产品赶超美国。1996年开始，日本每5年便出台1期《科学技术基本计划》。在2001年第2期的《科学技术基本计划》中，日本提出了50年内取得30个诺贝尔奖的目标。1949—2001年，日本有10人获诺贝尔奖。自2001—2018年，日本已有16人（包括2名美籍日裔）获诺贝尔奖。日本通产省20世纪70年代中后期组织了超大规模集成电路（VLSI）开发项目，为日后日本动态随机存取存储器（DRAM）产业发展奠定技术基础。20世纪80年代，日本DRAM份额达70%，1986年世界十大半导体公司中日本有6家。1995年制定《科学技术基本法》。

日本科技和产业快速的崛起引发了日美贸易摩擦。日本贸易立国战略种下了贸易摩擦的种子。1956年日本对美国棉纺出口超过了60%，1955—1971年美国对日纺织业实施贸易保护性措施。1969—1978年日本对美钢铁出口占美国钢铁进口的50%，1976年日本对美出口彩电达280多万台，美国分别对日本钢铁和彩电业实施贸易保护性措施。1979—1981年日本汽车在美国市场占有率达22%，美国对日本汽车业实施贸易保护性措施。1984年日本半导体产业在美国市场占83%，在欧洲市场占55%，在其他市场占47%，在日本本土市场仅占 11%。1982—1987 年美国对日本半导体行业实施贸易保护性措施，1989—1994 年推动市场开放综合谈判。日本应对贸易摩擦的措施，首先是采取自愿出口限制。其次是促进转型升级。如推动纺织业进入碳素纤维，推动家电、汽车、钢铁进入计算机、高精度设备、知识产业等行业。再次是 1986 年推动日本企业出海对外投资。最后是实施扩大内需战略。1971 年，日本第一次实施以掌握未来 30 年技术发展路径为目的的技术预见，为日本政府制定科技规划和政策提供相关依据。1994 年日本进行评估显示，28%的预见完全实现，36%的预见部分实现。

韩国发挥后发优势实现创新驱动。韩国是一个较为典型的政府主导推动创新发展的国家，政府主要通过宏观战略指导与协调、税收优惠政策支持、技术研发资金支持、成果推广支持等手段加以鼓励。韩国在 1982 年开始由“工业立国”逐步向“科技立国”转型，由出口驱动逐步向技术驱动转变。韩国政府提出优先发展高技术产业的战略，重点转向电子、机电一体化、精细化工、半导体、新材料等技术密集型产业。为了尽量避免低水平重复引进，政府规定，凡是国内能生产的禁止向国外购买，加强对引进技术的消化、吸收和再创新能力。为了推动产学研合作，发布《产业技术研究组合培养法》等法规及政策，促进企业、大学与国家科研机构合作开展技术研发。为了加大基础与应用研究支持力度，韩国大力发展国家科研机构。为了鼓励并支持企业发展研发机构，加强本土企业研发能力，韩国出台了相应措施。为了克服本土市场狭小的限制，韩国大力拓展海外市场，特别是开拓中国市场，如韩国三星不仅将中国市场视为其除国内市场以外的第二大内需市场，还利用中国丰富的人力资源，将中国作为全球性的生产和加工基地，获得最大经济剩余投入研发创新，见表 1-8。1991—2001 年，韩国研发投入年均增速 10.7%，2001—2011 年 10.5%。2001 年制定颁布的《科学技术基本法》是韩国科技领域的根本大法。成立韩国科学技术企划评价院（KISTEP），负责中长期科学技术预测、技术水平评价、国家研究开发计划评价等工作。如表 1-9 所示，韩国 2016 年 3 月至 2017 年 6 月完成的科学技术水平评价，对美国、欧盟、日本、中国和韩国进行了技术水平分析，主要涉及电子信息通信、医疗、生物等 10 大领域 120 项国家战略技术。设美国技术水准为 100%，2016 年欧盟 94.4%，日本 92.7%，韩国 78.6%，中国 71.1%，并定义先导集团为对标美国 81%~99%、追赶集团为对标美国 61%~80%、后发集团为对标美国 41%~60%、落后集团为对标美国 1%~40%。

表 1-8　三星的“中国战略”

国家/地区	主要战略	具体措施
韩国	全球战略本部	R&D；开发高附加值产品；开发国际经验资源
中国	第二基地	第二国内需求市场；全球生产基地；利用丰富的人力资源
日本	新技术展示中心、新出口市场	R&D 中心；现地营销中心
东南亚	生产基地	间接出口生产基地；为欧美地区提供配件；进口到韩国；设立调配和地区本部
美国	本土化营销 新技术情报中心	现地营销中心；R&D 中心
墨西哥	间接出口基地	中低端产品生产；生产、供给配件
欧洲	为确保进入当地市场建立生产设施	高端产品生产；R&D 和设计中心；地区营销中心；设立地区本部

表 1-9　韩国的科学技术水平评价

领域	韩国			中国			日本			欧盟			美国		
	所处集团	技术水平/%	技术差距/年	所处集团	技术水平/%	技术差距/年	所处集团	技术水平/%	技术差距/年	所处集团	技术水平/%	技术差距/年	所处集团	技术水平/%	技术差距/年
电子信息通信	先导	84.2	2.2	追赶	72.6	3.7	先导	90.3	1.4	先导	89.6	1.6	最高	100	0.0
医疗	追赶	77.5	3.8	追赶	69.5	4.8	先导	89.9	1.6	先导	92.7	1.2	最高	100	0.0
生物	追赶	77.4	4.3	追赶	69.4	5.8	先导	92.5	1.7	先导	94.5	1.2	最高	100	0.0
机械、工程、制造	先导	81.8	3.4	追赶	71.0	4.7	先导	95.7	1.0	先导	97.3	0.8	最高	100	0.0
能源、资源、极限技术	追赶	78.3	4.5	追赶	74.0	4.9	先导	93.1	1.5	先导	96.7	0.6	最高	100	0.0
航空航天	追赶	67.5	9.7	先导	81.5	5.2	先导	84.5	4.3	先导	93.1	2.0	最高	100	0.0
环境、地球、海洋	追赶	78.6	4.5	追赶	66.9	6.8	先导	94.3	1.4	先导	97.6	0.6	最高	100	0.0
纳米、材料	追赶	78.6	3.8	追赶	73.5	4.5	先导	96.4	0.7	先导	94.2	1.1	最高	100	0.0
基建、交通	追赶	79.6	4.2	追赶	70.1	5.9	先导	97.0	0.7	先导	97.0	0.6	最高	100	0.0
灾难、灾害、安全	追赶	73.5	5.4	追赶	65.7	7.0	先导	92.9	1.8	先导	91.2	2.1	最高	100	0.0

（四）中美面对新的斯普特尼克时刻

第四次工业革命是中美科技战略竞争的重地。近年在芯片和微电子、量子信息技术、特定人工智能领域，美国对中国采取了打压、制裁和阻遏。而中国则采取发奋图强、自主创新、开放合作的应对策略。中美之间的科技战略竞争将成为未来相当长时期的主基调。这很像1957年苏联人造卫星斯普特尼克上天的场景。一方面它激发美国航天等高科技领域的振兴，另一方面它成为冷战时期美苏科技脱钩的转折性事件。回到当下，中国如果关门搞研发，就可能重蹈苏联的覆辙，如果开门搞研发，在高水平科技自立自强基础上推动全方位国际合作，美国会用什么方式来面对中国开门搞研发？美国官员用了“一锅端”策略来加以描述，即全产供链、全科技链打压制裁阻遏。在芯片领域的中美竞争中，一方面我国芯片制造设备、材料和原料、工业设计软件、运营维护能力等还有相当大的差距，另一方面我国也面对着“有没有”（断供后如何提供可替代的产品和服务）、“好不好”（断供后如何提供与世界先进水平同质的产品和服务）、“用没用”（基础研究和应用研究如何解决关键核心技术攻关的底层逻辑）如何实现跨越的问题。这是一个严峻挑战。

看看现阶段中美独角兽企业发展的比较。从表1-10的数据可以发现，中国独角兽企业在先进制造、智能硬件、汽车交通、物流服务、本地生活等领域超过美国；在电商零售、体育等领域和美国有较小差距；在企业服务、金融服务、医疗服务、区块链、文娱传媒、房产服务、工具软件、教育、传统制造、广告服务、社交网络、农业、游戏等领域与美国有较大差距。由此可见，在现代服务业、现代农业等领域美国有更强的全球核心竞争力。从表1-11的数据可以看到，2020年前，中美在人工智能的独角兽企业数分别为13家和14家，可谓旗鼓相当。然而，在三年新冠疫情期间，中美分别为19家和50家，美国明显地把中国甩在后面。面对新形势，我国应以解决短期、中期、长期问题为导向，为中国独角兽企业创造更好的发展环境和前景。

表 1-10　中美独角兽企业的行业分布（单位：家）

国家	企业服务	医疗服务	金融服务	电商零售	区块链	先进制造	智能硬件	汽车交通	文娱传媒
中国	40	38	18	39	3	68	20	47	11
美国	223	82	71	42	40	25	18	16	16
国家	房产服务	工具软件	物流服务	教育	本地生活	传统制造	广告服务	社交网络	农业
中国	7	2	21	4	12	1	1	2	2
美国	15	15	14	12	11	11	10	9	7
国家	游戏	体育	旅游	—	—	—	—	—	—
中国	2	3	2	—	—	—	—	—	—
美国	6	4	2	—	—	—	—	—	—

资料来源：IT 桔子，2023 年。

表 1-11　中美人工智能独角兽企业数比较（单位：家）

时间	中国	美国
2020 年前	13	14
2021	6	21
2022	0	15
总计	19	50

如何把握第四次工业革命的机遇推动中国数字经济高质量发展呢？习近平总书记 2021 年 10 月 18 日在十九届中央政治局第三十四次集体学习时的讲话指出："要推动数字经济和实体经济融合发展，把握数字化、网络化、智能化方向，推动制造业、服务业、农业等产业数字化，利用互联网新技术对传统产业进行全方位、全链条的改造，提高全要素生产率，发挥数字技术对经济发展的放大、叠加、倍增作用。"从中可以领悟五个基本要点：一是数字经济的基本内涵是促进数实融合打造新实体经济。二是数字经济的发展方向是要推动数字化、网络化、智能化上三个台阶。三是数字经济的发展重点是推动制造业数字化、服务业数字化、农业数字化、建筑业数字化等产业数字化发展。四是衡量数字经济的关键指标是提升全要素生产率。五是数字技术对

经济发展将发挥放大、叠加、倍增作用。由此可见，这五个要点把我国数字经济未来发展的内涵、方向、重点、衡量标准和效益都提出来了。下一步全面准确贯彻落实的关键环节是尊重数字经济内在发展的常识、规律和基本逻辑，把握数字经济发展的重大机遇，真抓实干，落在实处。

比较中美前十大数字平台企业，可以看出一个重要差异，即美国有七家是大力发展硬科技创新的企业，而中国有七家是更加注重商业模式创新的企业。为什么会出现这样的差异呢？中国科学院大学的一位教授研究表明，中美在数字平台的基础技术方面有较大差距，如操作系统、数据库、AI 等领域；在新基建方面差距有所缩小，但中国依然落后，如 5G 和星链、云计算、AI 大模型、算力算法、元宇宙等领域；在应用场景和平台方面，中美差距进一步缩小，基本上接近于并驾齐驱，如跨境电商、灯塔工厂、工业互联网、智慧城市等领域；在连接和终端消费方面中国则反超，如软硬件、信用等领域。因此，中国发展数字经济和数字技术的基本战略，首先，不求最先进但求最适宜，即不在美国基础技术、原始创新、科学发现等优势最显著的领域与其竞争，而应立足于自身优势，扬长避短。其次，不求最优解但求满意解，即坚持长期主义，从实际出发，渐进式缩小差距。再次，在基础技术领域，坚持跟上世界技术迭代前进的步伐不掉队；在新基建领域，加大投资力度缩小差距，加快追赶步伐；在应用场景和平台领域，加强全方位系统协调支持开发新应用场景，开放平台竞争与合作；在连接和终端消费领域，充分发挥我国超大规模市场的综合优势，扩大领先优势、扬长避短。最后，最重要的是赢得时间。为此，需要管控好大国竞争和无序冲突，继续保持参与和跟上全球技术迭代前进的步伐，持续缩小与世界主要国家数字经济领域的发展差距。

开辟第三方科技合作渠道。2023 年 8 月 9 日，拜登宣布了行政令，禁止或者限制美国对我国实体产业在半导体和微电子、量子信息技术及特定人工智能领域的投资。投资类型包括私募股权、风险投资、并购、合资企业等。在非经济因素的影响下，中美双向投资已经受到严重影响。荣鼎咨询统计显示，2022 年美国对中国的直接投资为 82 亿美元，跌至 20 年新低；美国对中国的风险投资降至 13 亿美元，为 10 年来最低。高新技术产业双向投资限制对我国未来发展的影响不可低估。20 世纪 80 年代以来，美国风险资本助推了新经济蓬勃发展，助推了硅谷科技创新繁荣。世界科技创新的两种融资模式：一种是以德国和日本为代表的、以银行为主导的金融结构；另一种是以美国和英国为代表的、以金融市场为主导的金融结构。在美国，银行完成了1/3的融资，英国为80%以上，德国为92%，西班牙为96%。创新分为研发阶段、中试（中间试验）阶段、产业化阶段，每个阶段的融资特点都不相同。如研发阶段依赖于风险投资，中试阶段风投和银行贷款组合，产业化阶段上市或银行贷款。美国的风投、私募基金等投资领域集聚了一大批对世界科技发展前沿最敏感、最专业、最职业化的人才，他们对世界科技发展大潮的专业化、职业化、前沿化信息的共享对我国科技发展是最重要的。怎么办？开辟第三方市场合作。因此，第三方市场是否被限制对我国数字经济和数字技术发展空间至关重要。

五、推进高水平科技自立自强和全方位国际科技合作

（一）在“卡脖子”重点领域推动科技自立自强，取得实质性突破

关键核心技术领域“卡脖子”已经成为中美制裁和反制裁的焦点之一。关键核心技术“卡脖子”的环节主要在哪里？董洁林教授（2022）研究构建了一个现代产业体系结构。从表1-12可以看到，产业生态系统的第一层是服务层，第二层是基础设施层，第三层是设备层，第四层是零部件层，第五层是材料和能源层。“卡脖子”的领域主要卡在材料和能源层、零部件层、设备层。如汽车零部件约有2万个，而手机零部件达20万个，缺少一个零部件则整个设备就停工。如果卡住的部位是关键材料、关键零部件和关键设备，往往在中短期是很难替代的。调查研究发现，一些关键设备、关键材料、关键软件断供，就相当于零和博弈的战争行为，会使我们丧失参与全球技术迭代的能力，阻延技术产品更新换代进程，如果没有基于底层逻辑的应对策略，则可能会缺席数字技术革命。日美半导体产业冲突的最后结果就是日本企业出局。对于我国可能被卡住的关键设备、关键材料、关键软件、关键人才和关键配套能力，从进口依赖到自立自强，在最理想的场景下预计仍需5 ～10年的时间。由于这是企业不到万不得已的地步，很难做出为应对脱钩断链的复杂情景做最坏准备的决定。因此，这需要对当前形势和任务做出准确判断，以便企业做出发展要安全的成本大幅增加的准备。其次，要争取和赢得转型

升级的重要战略机遇期。如果双方博弈的负反馈机制下滑得很快，则企业不可能做出准备和反应。如华为长期以来一直有备胎的战略准备，但中美科技战略竞争的态势远超过华为能够做出最坏场景的判断和准备。因此，危机管控和赢得时间的重要性远大于防患于未然的准备，为战争做准备的综合成本无限贵。再次，各方面力量需形成合力推动关键核心技术高水平自立自强。同时，要创造开放不封闭、挂钩不脱钩、合作不对抗、有饭大家吃、有事共商共建共享的发展环境。中美科技竞争既是机遇也是挑战。

表 1-12　产业生态系统

层级	技术产业体系	信息技术产业
第一层	服务层：航空公司、车站、加油站、电话公司、电商等	服务层：游戏、社交媒体、电商、金融服务等
第二层	基础设施层：铁路网、公路网、电网、互联网、物联网等	基础设施层：互联网、物联网、电信网络等
第三层	设备层：飞机、火车、汽车、发电机、机床、计算机、路由器、交换机、手机等	设备层：计算机、路由器、交换机、手机、半导体设备等
第四层	零部件层：轮子、螺丝、电池、内燃机、芯片、电子器件等	零部件层：芯片、电子器件、集成电路、脑记录系统等
第五层	材料和能源层：能源——初级和次级能源；材料——金属、无机、有机、化石、半导体等	材料和能源层：金属、无机、有机、化石、半导体等

资料来源：董洁林《“卡脖子难题”：历史轨迹及破解》。

（二）在中美科技竞争条件下推动全方位国际合作

第一，要确定“科技要安全、创新要自主、产业要升级”的基本原则。“科技要安全”，即提升科技生产力和科技竞争力是最重要的安全保障屏障，而不是封闭搞科技创新。提升科技生产力和竞争力的最有效途径是创造开放竞争的环境，共享思想的生态和全方位合作的氛围。为此，要树立现代科技安全观，在涉及国家重大战略性科技领域方面要建立安全规则和纪律。同时创造尊重知识、尊重人才、尊重科学创造的开放氛围。“创新要自主”，即最重要机制是落地 2021 年修订的《中华人民共和国科学技术进步法》及 2015 年修订的《中华人民共和国促进科技成果转化法》。利用财政性资金设立的科学技术计划项目所形成的科技成果，在不损害国家安全、国家利益和重大社会公共利益的前提下，授权项目承担者依法取得相关知识产权，项目承担者可以依法自行投资实施转化、向他人转让、联合他人共同实施转化、许可他人使用或者作价投资等。可见，最重要的是制定中国版的《拜杜法案》，创造创新成果转化的体制机制环境。“产业要升级”，最重要的条件是创造产业和企业转型发展硬科技、绿色发展、履行社会责任的体制机制和创新环境。从发展硬科技角度看，重点是持续改善基础研究、应用研究、共性技术研究、开发试验研究的生态系统和激励条件。

第二，坚持“开放不封闭、挂钩不脱钩、合作不对抗”的战略取向。“开放不封闭”，就是要在开放条件下推动全方位国际合作。一是推动国内开放的科技创新生态和环境。包括创造吸引和培养一流人才和研究型大学、一流国家实验室和科研机构、一流创新型企业和非营利研发机构的创新激励条件；建立高效自由便利的人才和高质量要素流动机制，关键核心技术攻关的合作协调机制，成果转化共享和激励的开发机制、融资机制和产业化发展机制。二是要建立与全球华人科学家、工程师和企业家科技合作的机制，建立与全球新兴市场和发展中国家的科学家、工程师、企业家科技合作的机制，建立与发达国家科学家、工程师、企业家合作的机制，构建多层次科技研发创新合作联合体。三是建立国家、地方和企业多层次的科技研发创新外包合作机制。把应对气候变化、绿色发展、民生改善、能源节约、疫情防治等公共性科技研发创新的课题向全球发包，吸引全球一流人才、一流研究型大学、一流金融机构、一流创新型企业、一流社会活动家共同开展全方位国际合作。四是挂钩不脱钩的最有利途径是全面深化改革和扩大对外开放，推动科技研发创新的高水平制度型开放，与国际高标准规则对接，构建与打造世界科技大脑相一致的体制机制和法治环境。

第三，面对中美在半导体芯片和微电子、量子信息技术、人工智能等关键核心技术领域的战略博弈，这里再次强调要统筹协调好“有（进口替代）与没有（对外依赖）”“好（前沿高端）与不好（中低端）”“用（应用层）与没用（基础层）”的三个基本问题。所谓“有和没有”，即当美国筑起一道“小院高墙”并准备建设“大院高墙”技术封锁壁垒的时候，中国别无选择，只能推动自主创新和高水平科技自立自强。这就需要采用研发经费支持、政府采购订单、供应链协同创新等策略支持自主创新，以解决“有与没有”的问题。所谓“好与不好”，即自主创新与科技高水平自立自强如何达到国际竞争力前沿的水平。如果国产设备、材料、零部件、软件解决了“有与没有”的问题，而没有解决“好与不好”的问题，则意味着使用国产设备的企业的国际竞争力会下降，如果不能解决技术动态迭代的问题，终究将被市场竞争淘汰。要解决好的问题，就必须在开放竞争与合作、全方位推进国际合作、开放共享研发创新成果等方面综合施策来帮助企业渡过难关。所谓“用与没用”，即创新链必须解决基础研究、应用研究、共性技术研究、开发试验研究的协同，缺一不可，这要有长期主义的历史耐心、战略定力、持之以恒的信念。所以，坚持高水平科技自主创新和自立自强，要营造以市场为基础、以企业为主体、以开放为手段的科技创新发展生态环境，推动全方位国际合作，实现“科技是第一生产力、人才是第一资源、发展是第一要义”的落地。

第四，要解决“0-1”“1-100”“100-N”三个层次的科技创新开放合作的问题。在原始创新取得重大突破的“0-1”的层次，现阶段要集中有限的优质资源和人才，选择以解决关键核心技术为导向的基础研究问题，遵循科学规律、常识和基本逻辑，坚持“十年磨一剑”的战略定力，排斥各种干扰，把经费和资源用在刀刃上，吸引和培养一流人才和研究型大学、一流国家实验室和一流创新型企业、一流融资、法治和国际合作平台进入科学发现的主战场。在未来10—15年，我国将进入“0-1”取得重大突破的发展时期。在集成创新取得突破的“1-100”层次上，表1-13给出了我国19家进入2022年欧盟工业研发投资2500强前100名的企业名单。其中既有科技硬件和设备厂商，如华为、中兴通讯等，也有数字平台企业，如阿里巴巴、腾讯、百度、美团等，还有传统产业，如上汽集团、中国建筑、中国铁路总公司、中国铁建、中国交建等，以及台湾企业，如台积电、鸿海、联发科等。在未来10—15年，我国将有一大批战略性新兴产业企业进入“1-100”的行列，支撑起中国式现代化、经济高质量发展的新局面。在引进消化吸收再创新、集成创新、原始创新取得进步带动下的“100-N”层次，我国将有更大的独角兽企业、全球隐形冠军和制造业单项冠军、“专精特新”小巨人企业。

表 1-13　中国 2022 年进入研发投资 2500 强的前 100 名企业

排名	公司	总部所在地	行业	研发投入/亿欧元	研发强度/%
4	华为	中国大陆	科技：硬件和设备	195	16
17	阿里巴巴	中国大陆	软件和计算机服务	76.9	6.5
18	腾讯	中国大陆	软件和计算机服务	71.9	9.3
34	中国建筑	中国大陆	建设和材料	55.1	2.1
48	台积电	中国台湾	科技：硬件和设备	39.8	7.9
53	百度	中国大陆	软件和计算机服务	34.6	20
54	中国铁路总公司	中国大陆	建设和材料	34.3	2.3
55	鸿海	中国台湾	电子和电气设备	33.5	1.8
56	中国交建	中国大陆	建设和材料	31.1	3.3
59	联发科	中国台湾	科技：硬件和设备	30.6	19.5
61	上汽集团	中国大陆	汽车和零件	28.5	2.8
62	中国铁建	中国大陆	建设和材料	28.1	2
70	中兴通讯	中国大陆	科技：硬件和设备	25	16.3
82	美团	中国大陆	软件和计算机服务	22.5	9.1
85	中国电建	中国大陆	建设和材料	22.3	3.6
91	中国中冶	中国大陆	工业	21.9	3.2
92	中国石油	中国大陆	石油和天然气生产	21.1	0.6
94	快手	中国大陆	媒体	20.6	18.3
98	网易	中国大陆	软件和计算机服务	19.5	16.1

第五，我国科技创新生态培育。一是要充分发挥我国超大市场规模的优势，打造产供链上下游、产供销、内外贸、大中小协同发展的创新联合体，培育国内供货商、“一带一路”供货商、日韩供货商、美欧供货商网络。这是近年来的一个新变化。合则共生，散则共损，耗则共亡。二是要培育由龙头企业牵头共同打造关键核心技术、设备、材料、零部件、软件的科技自立自强体系和网络。这对中国而言，既是一个极其严峻的重大挑战，也是千载难

逢的机遇。利用东西南北中的巨大科技和产业差异化优势，创造分工合作、错位竞争、差异发展、开放共享的科技创新利益共同体。三是要以创新思维构建研究型大学、科研院所、工业研究院、企业内部研究院四位一体的全创新链优势。创新主体是企业、创新才干是企业家精神，企业研究院的使命是把全球科学发现和技术发明成果转化为新产品、新市场、新要素组合方式。工业研究院是科学发现、技术发明、成果转化的第四支科研力量，它的特点是非营利研发机构，职能是解决中小企业缺技术的难题。然而，我国台湾“工研院”作为公共创新平台培育了全球顶级半导体人才和企业，如台积电、联发科等。同样，德国弗劳恩霍夫协会作为非营利公共技术服务平台有 70 多个研究所，为助力德国工业企业走出从大学实验室到企业商业化的这段被称为“创新死亡峡谷”的中间地带做出了重大贡献。我国深圳、苏州、武汉等地都探索出跨越创新死亡峡谷的经验、模式和案例。

（三）新形势下重塑我国科技创新优势

美国科技遏华战略是把中国作为假想敌，通过中美科技战略竞争使美国再次强大。它试图通过两种方式加以实施：一是试图限制中国的增长；二是重振美国在关键领域的竞争力。美国确实具有明显的先发优势。美国的科技和产业优势是在 1945 年之后逐步发展成为世界科学中心、技术中心、创新中心所形成的。它的综合优势构筑在价值观、盟国体系、全球公共产品重要供给者的基础之上，并逐步获得了全球话语权、定价权和规则制定权。

中国是一个有数千年历史的文明古国，有百年中国共产党的领导和 45 年改革开放的发展业绩。自身发展存在多样性，有发达地区、中等发达地区、发展中地区，这就要求从实际出发，因地制宜地推动科技发展和产业变革。从国人的视野出发，“合作是解决中美两个大国唯一正确的选择”，中国既不愿意和美国争“老大”“老二”，也不愿意使世界中国化。中国式现代化是人口规模巨大的大国现代化、全体人民共同富裕的现代化、物质文明和精神文明相协调的现代化、人和自然和谐共生的现代化、走和平发展道路的现代化。中国被动卷入大国竞争，一旦进入紧张局面，扛外力打击的内在韧性是很强的。

美国的制度优势筑造了全球霸权地位，中国的制度优势创造了悠久独特的文明，两种制度优势会激烈碰撞，但一定会走向合作共存。中国的制度优势是能够集中优质资源打歼灭战，科技和产业发展具有很强的内在韧性、耐力和活力。同时，中国有很强的从长计议的历史耐心、战略定力和持之以恒的信念。从年度计划、五年规划到十年以上远景展望，既是凝聚共识的过程，也是相互协调的试错，还是求真务实的精神。1990—2020 年的 30 年，日本 GDP 占美国 GDP 的比重下降了 31 个百分点，德国下降了 11 个百分点，中国上升了 71 个百分点。而美国的制度优势从“五月花号”为起点，形成了全球独特的美国精神，是吸引全球一流人才云集最重要的力量。美国从第二次世界大战参战到战后的马歇尔欧洲复兴计划，用新型“胡萝卜加大棒”为工具构建了以美国为首的西方盟国体系。从这次乌克兰危机中，美国、北约、盟国三位一体的力量可见一斑。但中美在“一带一路”倡议与全球基础设施和投资伙伴关系计划（PGII）、区域全面经济伙伴关系协定（RCEP）与印太经济框架（IPEF）、亚欧大陆桥与印欧经济走廊，两个大国在引领全球话语权、定价权、规则制定权方面的较量拉开了序幕。

中国科技制度存在的问题，主要是如何解决好李约瑟之谜、钱学森之问、历史周期律。李约瑟之谜是由英国学者李约瑟在他编著的 15 卷《中国科学技术史》中提出来的。他说，“尽管中国古代对人类科技发展做出了很多重要贡献，但为什么科学和工业革命没有在近代的中国发生?”要破解李约瑟之谜，就要在实践层面上解决中国的科学学科、科学精神、科学发现如何取得重大突破的问题。如用大约 30 年的时间把基础研究投入占比，从 6%提高到世界主要国家 16% ～ 18%的同等水平。同时改革科学、技术、工程、数学的发展生态和制度环境、激励机制，真正培养一大批愿意十年磨一剑献身科学事业的一流人才。钱学森之问，即为什么我们的学校总是培养不出杰出的科技创新领军人才？要从实践上回答钱学森之问，就要推动教育体制改革，建立能够培养出一流人才和一流研究型大学的科学、教育、人才发展的制度环境。历史周期律，即 1945 年著名民主爱国人士黄炎培应邀前往延安考察，他问毛泽东，无论是个人还是团体乃至国家，都是其兴也勃焉，其亡也忽焉。即都难长期兴盛下去。毛泽东回复说，民主建设、人民监督。改革开放实践探索出一条可能途径，如以经济建设为中心、实事求是、改革开放。然而，改革开放 45 年我国的科学、技术、工程、数学等发展仍处于爬坡阶段。历史上的“技不如人、器不如人、制不如人”，最关键的环节是解决“制不如人”，建立尊重科学常识、技术规律、创新基本逻辑的现代化科学技术体制机制和生态环境。

美国科技制度存在的问题，即资本和金融的力量过于强大，很容易在长期的某个阶段，将科技创新引向科技泡沫，金融创新引向金融泡沫，产业创新引向产业泡沫，最终导致经济和产业的空心化。但美国战略性、微观性、协调性的能力很强。无论是国会、国防部、能源部、国家科学技术基金会、国立卫生研究院、国家标准与技术研究院，还是企业研究院、社会非营利组织、国际合作组织，都各行其责，组成了一个庞大高效的科技创新机器，使之科技链上的每一个环节都很强大。1945 年《科学——无尽的前沿》报告确立了科学崇高地位，1957 年斯普特尼克时刻激活了创新，1980 年《拜杜法案》推动了美国科技成果转化。但 1980 年以来，美国资本和金融的力量显著上升，既促进了 IT 革命、AI 革命的发展，也带来了科技泡沫、金融泡沫。中美科技竞争，很大程度上是为了再次激活美国的科技创新活力，中国只要能够扛住美国的打压制裁，中美科技创新最终将进入长期合作共存阶段。

（四）总结：我国科技创新前景和未来发展路径

1. 中美科技呈现出双方竞争博弈的长期态势

我国科技发展和产业变革如何能够采取适应性强的方法来应对未来挑战并把握机遇呢？芯片和微电子、人工智能和量子信息技术等事关新科技革命、数字革命、绿色革命、新能源革命大局的领域如何能够改善决策和决策过程，避免产生不符合预期的结果呢？这是我们必须回答的问题。

一是要向对方学习。美国处于领先位置，并善于下先手棋，这将是未来的一个长期态势。这就要求下后手棋的一方要止损，吃一堑长一智，不犯过去曾犯过的错误。二是要始终坚持以经济建设为中心、科技是第一生产力、人才是第一资源、发展是第一要义的理念，并落在实处。尊重知识，尊重人才，尊重科学常识、规律和基本逻辑。三是建立芯片和微电子、人工智能、量子信息技术的“国家队”“地方队”“民间队”。重点是打造一流人才和研究型大学，一流应用场景和科研院所，一流关键共性、基础共性、行业共性技术服务平台，一流企业研究院协同发力的创新联合体。四是充分发挥中央科技委的作用，统筹推进国家创新体系建设和科技体制改革，研究审议国家科技发展重大战略、重大规划、重大政策；统筹解决科技领域战略性、方向性、全局性重大问题，研究确定国家战略科技任务和重大科研项目；统筹布局国家实验室等战略科技力量；统筹协调军民科技融合发展。五是中美科技竞争要避免出现不符预期的结果，要反教条主义，“不唯上，不唯书，只唯实”，反官僚主义、高高在上、脱离实际、脱离群众，反形式主义、只说不做的错误倾向。坚持求真务实，一步一个脚印地把科学、技术、工程、数学发展上去。

2.“硬科技”是中美竞争的主战场也是中国后发优势的突破口

“硬科技”是基于科学发现和技术发明之上，经过长期研发积累而形成的，具有较高技术门槛和明确应用场景的，能代表世界科技发展最先进水平、引领新一轮科技革命和产业变革，对经济社会发展具有重大支撑作用的关键核心技术。如芯片和微电子、人工智能、量子信息技术、航空航天、生物技术、信息技术、新材料、新能源、智能制造等。目前，我国发挥集中力量办大事的制度优势，构建新型举国体制，推动关键核心技术攻关。重点是强化国家战略科技力量，大幅提升科技攻关体系化能力，把政府、市场、社会有机结合在一起形成合力。

首先，要切忌操之过急。如希望我国数字平台公司像美国那样发展硬科技，这是不现实的。其次，要切忌一哄而上。我国关键核心技术攻关的人才、资源和技术存量明显不足，各地一哄而起，出现了力量分散、恶性竞争、相互钳制的局面。再次，要切忌形式主义。我国东数西算工程，是通过构建数据中心、云计算、大数据一体化的新型算力网络体系，将东部算力需求有序引导到西部，优化数据中心建设布局，促进东西部协同联动。战略设想是好的，但如何避免各地各部门数据中心和算力投资过度而产生不应有的浪费，是一个值得重视的大问题。最后，要做好挂钩不脱钩的工作。最好的挂钩是深化改革。

3.化危为机、转危为安是应对美国科技打压制裁的有效手段

在美国看来，中国的困难是其封闭系统缺乏开发和实施最复杂、最尖端的制造工艺所需的多种战略投入。而西方拥有这个优势，所有制造半导体所需的精密工具和机器的公司都位于美国、荷兰、德国和日本等。限制向中国出售此类设备的出口管制政策会大大减缓中国在所有芯片节点（先进和传统）的半导体生产独立化进程。上述观点是有道理的。美国及盟国把先发优势武器化，逐步升级对我国技术、设备、材料、零部件、软件出口限制，对我国

科技自立自强会造成极大的困难。对此，我们要把坏事变成好事，把挑战化为机遇，激发我国科技自立自强的发展动力并提升自主创新能力。

首先，要把东西南北中的人才、资源和能力齐动员。如西部发展材料，东部发展软件，南部发展激光，北部发展设备，中部发展工具，形成一个全国一盘棋的类全球创新体系。其次，团结一切可以团结的力量。把全球华人动员起来，把金砖国家和发展中国家人才吸引过来，把美日欧韩人才的联系建立起来，构建关键核心技术的世界大脑。再次，只做不说保持低调。一些媒体为了提振信心，往往把小的进步说成大的进步，大的进步说上天，导致美国和盟国加大打击力度，我们的合作空间迅速缩小。应改变这种不协调局面。最后，要充分利用经验丰富的人才智慧。把 60 ～ 80 岁退休的顶尖科学家、工程师、企业家、政府高官、专业人才调动起来，为国家观大局、出大策、谋大势。

4. 中美政策博弈的焦点是制裁和反制裁

美国为了阻遏中国科技发展，正在将出口管制、外国直接产品规则（FDPR）等武器化，上升到多管齐下的“一锅端”策略，上升到中国国运和美国存亡之高度①。对此，赢得更长的机遇期和合作窗口，是我们优先重点考虑的因素。

首先，从舆论、规则、道义方面加强应对。其次，采取借力拆垒战略。如芯片和微电子、人工智能、量子信息技术，借此攻克难关。再次，避免制裁层层加码。层层加码会严重挤压中国未来成长空间。要主动开辟多层次沟通协调管道，延缓出口管制、外国直接产品规则出台和加码，避免形成制裁—反应的过激机制，构筑起对华制裁壁垒。

5. 制定聪明有效的产业政策应对美国科技战略竞争

基于西方规则发展自由贸易、科技合作的时代已翻篇。美国认为这套规则有利于中国、不利于美国。而制定基于对等的公平贸易规则，却出现了奥巴马的 TPP 规则版本、特朗普的贸易战规则版本、拜登的价值观规则版本。其一致性是要求中国与美国对等，放弃发展中国家的特殊差异化待遇，承担

① 转引自《纽约时报》网站 2023 年 7 月 13 日刊登的文章《“这是一种战争行为”：解码美国对华芯片封锁行动》。

为全球提供公共产品的责任；要求中国采用美国规则以实现公平贸易。因此，美国需要有重点的产业政策，解决美国工业空心化，确保美国关键供应链的安全，保障美国稀土等关键矿物的生产和储存。欧盟也宣布碳边境调节机制（CBAM，简称“碳关税”）生效。对此，我国要研究哪些变量可能导致产业政策在某些领域比其他领域更有效，我国如何利用这些产业政策为新兴产业和未来产业提供科技支撑能力和未来发展潜力。随着时间的推移，这些产业政策可能会有哪些风险？这些风险可能会开始得很好，但会长期失败吗？这些产业政策的审查、研究和论证将为我国发展硬科技、推动关键核心技术攻关提供更好的制度和政策支持。

6. 提升现代金融和多层次资本市场的融资激励效率

金融是决定我国为一流还是二流、三流科技强国和制造强国的一个关键因素。美国直接融资渠道非常发达。美国银行完成了 1/3 的融资，英国 80% 以上、德国 92%、西班牙 96%。如果用 IMF 危机数据库的数据，OECD 成员平均每 43 年会遭遇一次系统性危机，英美更容易发生系统性危机，如英国每 17 年发生一次系统性危机。一方面，危机源于过度举债并形成金融对实体经济的巨大冲击，另一方面，危机也造就了美国金融和货币的全球领导力和制度韧性、弹性、柔性。从 2008 年国际金融危机和 2019 年 12 月新冠疫情危机中发现，美国的应对策略有宏调升维的创新变化[①]。国际清算银行（BIS）前行长安德鲁·克罗克特认为，事实上，风险在经济上行时积累，在金融失衡时加剧，在经济衰退时显现。房地产泡沫往往是在一场金融危机来临前最后一个登场的，结果是造成利润私有化、损失社会化（丹尼尔森，2023）。如何深化房地产市场改革和金融改革，避免利润私有化、损失社会化，避免科技创新泡沫化、政绩化、表面化是一个重要课题。

7. 建立科技产供链合作和区域合作体系

我们要研究采用什么样的产业政策和区域政策来构建全球华人、金砖国家和“全球南方”国家、发达国家的科技合作和产业联系联合体。中国是一个大国，科技和产业都具有多样性的特征。因此，要建立基于市场经济规则、

① 这次美国应对新冠疫情危机所采取的前期海量刺激和后期激进加息，成功渡过危机，实现经济软着路。

绿色发展理念、开放共享发展模式的利益共同体。一是共建“一带一路”，要探讨与金砖国家和“全球南方”国家及第三方合作共同建立基于成熟技术的互补型科技和制造业合作体系。二是在近岸制造区域中心，如墨西哥、中东欧、越南和印度等地，建立覆盖北美、欧洲和亚洲的中间贸易和资本品贸易综合物流枢纽和供应链管理中心。三是与发达市场建立基于先进技术的互补型制造和服务相结合的产业体系。四是与全球华人建立本地化的现代化产业体系。五是通过数字赋能、绿色赋能、科技赋能，建立基于开放包容共享的新型科技和产业合作体系。

第二章

百年变局下的国际经济格局

当今世界正经历百年未有之大变局。从国际看，世界政治经济格局深刻调整，新冠疫情影响广泛深远，加剧了国际环境的复杂性和不确定性。从国内看，中国全面建设社会主义现代化国家迈上新征程，经济进入高质量发展阶段，同时，发展不平衡不充分问题仍然突出，重点领域关键环节改革任务仍然艰巨。全球变局与中国经济转型升级的历史性交汇是中国实现中华民族伟大复兴的重大历史背景。我们要在变局中开新局，于危机中育先机，就要把握创新发展机遇，广泛激发社会创造潜能，努力实现高水平科技自立自强，以科技创新的主动赢得国家发展的主动，依靠科技创新塑造发展新优势。

一、大变局下的全球治理新格局

自 2008 年国际金融危机爆发后，全球市场需求明显萎缩，世界经济增速不断探底，以贸易保护主义和保守化倾向为主的逆全球化思潮逐步抬头。特别是 2016 年以来，英国“脱欧”，美国频频“退群”，甚至一意孤行挑起中美贸易摩擦和科技战，国际经济秩序遭受了较大冲击。加上 2020 年年初暴发的新冠疫情至今，世界正置身于前所未有的大变局中。世界之变，促使全球治理体系发生深刻变革，体现为全球层面治理机制的革新、区域层面治理的深化和整合，大国国内政治与国家政策变化引领全球治理迈向新的平衡。

（一）国际力量对比发生深刻变化

百年变局中最为关键的变量在于世界上主要国家之间的力量对比。21 世纪以来，经济全球化的深入发展使善于利用自身比较优势的部分后发国家真正迎来发展的契机，以中国为代表的新兴市场国家实现群体性崛起，西方国家相对式微，国际力量对比发生前所未有之大变化。

中国赶超与美国守成成为当前世界格局中的显著现象。一方面，改革开放 40 多年来，中国通过与世界经济深度融合保持了经济高速增长，综合国力不断增强。根据国家统计局数据，按年平均汇率折算，2021 年，中国人均国内生产总值超过 1.2 万美元，与高收入国家的差距进一步缩小；中国对世界经济增长的贡献率超过 30%，持续成为推动世界经济增长的主要动力源。这些发展成绩和赶超势头，极大提升了中国的国家实力和国际地位。另一方面，自美国国内次贷危机引发国际金融危机以来，大量增发货币损毁美元国际信用、推行贸易保护主义和逆全球化政策遭到众多国家的反对和反制。美国社会治理能力遭到严重质疑，极大地削弱了其国家实力和国际声誉（陈宗海，2021）。可以预料到，由于两国历史积累和发展程度不同，加之国际形势的不稳定性和不确定性，中国赶超与美国守成之间的格局将更加复杂多变。

（二）国内和国家间贫富差距拉大

主权国家内部和国家间的贫富差距拉大，滋生逆全球化和反全球化力量，致使民粹主义在全球盛行。当前经济全球化引发经贸不平衡、经济失衡和分配不公等问题，造成主权国家内部不同群体之间、地区之间的贫富差距拉大（杨娜 等，2020）。100 年以来，全球主要经济体的财富分配趋势不容乐观。美国和英国等发达国家、日本和韩国等东亚国家、巴西等拉美国家、中国和印度等各种发展类型和阶段的国家，几乎都在 20 世纪 70 年代以后开始出现财富分配的持续分化，这些国家最富的 1%人口所拥有的财富占全国总财富的比重持续上升。根据皮凯蒂（《21 世纪资本论》作者）等人推动的 World Inequality Database 项目所调查的数据，各国最富有的 1%人口，持有的财富占全国总财富的比重都在 20%以上，俄罗斯超过了 40%，美国高达 39%，印度达到 31%，中国为 30%；前 10%的居民持有的财富占比都在 50%以上，最低的是法国，达到 55%，俄罗斯、美国都在 70%以上，韩国、印度也都在 60%以上，中国为 67%。而财富的另一端——贫困，世界银行 2018 年发布的全球贫困监测数据显示，按照 2011 年国际购买力平价（PPP）每人每天 1.9 美元的极端贫困标准估算，全球贫困发生率已从 1990 年的 35.9%下降到 2017 年的 9.3%，降幅达 70%以上。但由于新冠疫情大流行的影响和气候变化问题的雪上加霜，极端贫困人口数量或将激增，全球人类发展进程 30 年来首次出现倒退。贫困人口遭受多方面的剥夺，如消费水平低、缺少教育机会和基础设施服务。值得注意的是，与以往收入不平等现象不同的是，中产阶级的消失可能是收入分配的新特征，传统的社会安全网、福利主义特别是关注最底部人群的社会政策似乎难以解决中产阶级困境。

在全球化进程中利益受损的群体汇聚起来，形成反全球化和逆全球化力量，进而导致民粹主义盛行。西方发达国家的民粹主义已达到继 20 世纪 30 年代以来的最高点。民粹主义不仅促使各国政府更加“向内看”，还侵蚀着国家间的政治互信基础，扰乱了全球化秩序，给全球治理增加了新的阻力和不确定性。

（三）世界面临的挑战与风险更为复杂

世界面临的挑战与风险更复杂、应对的难度倍增。当前国际社会不仅要解决尚未得到根治的传统政治难题，更要面对由全球化负面效应引发的各种非传统安全风险。而且，相较于以军事冲突为代表的政治问题，此类全球性问题涉及领域更加多元、波及范围日渐广泛、潜在危害更高，单凭一个或几个国家无法有效解决。国际金融协会（IIF）发布的报告《全球债务监测》显示，2021 年全球债务总额达到 303 万亿美元。日本、美国债务率创新高，全面超过“二战”结束后的最高水平。债务政策一直无法达成合作，货币政策常态化引发世界范围内的通胀。

此外，新冠疫情的全球大流行致使全球风险叠加，导致全球多元议题相互交织。此次疫情暴发伊始，各国和相关国际组织都缺乏有效的应急策略，与医疗相关的物资紧缺，全球产业链收缩趋势明显。疫情使得内外需求锐减，全球经济陷入困境。经济衰退、失业率上升，一些国家国内治理不力，企图将国内矛盾向外转移，地缘政治竞争随之加剧。疫情导致全球风险愈益复杂化，多种风险和难题叠加在一起，不仅使得解决问题的难度不断上升，还加深了一些国家之间的矛盾，阻碍了彼此合作。

（四）全球治理体系发生重大调整

百年未有之大变局之下，从国际体系到国家行为、从宏观国际机制到微观问题领域都发生了巨大变化，治理在全球、地区、国家、国内等多个层级亦发生诸多改变。

第一，全球层面治理机制的革新。特朗普执政以来，美国相继退出多个国际组织和国际多边机制，导致一些重要的全球治理机制陷入困境。美国作为全球性大国，退出巴黎气候协定、联合国教科文组织和伊朗核协议等，极大地影响了传统安全和非传统安全治理进程，长此下去恐导致某些治理工作停滞甚至倒退。因此，全球治理体系亟待重构。国家间权力重新分配，现有治理机制难以回应新兴经济体的利益诉求，故对其进行改革的呼声强烈。国际货币基金组织中成员的投票份额做了调整，却仍未能改变美国主导决策的现实；世贸组织面临运行效率有待提高、上诉机构停摆等问题，目前改革缺乏实质性进展。基于此，新兴发展中国家探索创建更加公正、平等和高效的新型全球治理机制。亚投行是亚太地区的多边合作机制，旨在促进本地区的互联互通，以资金支持本地区发展中国家加强基础设施建设。《区域全面经济伙伴关系协定》在东亚主要国家的协力推动下顺利达成，通过削减关税和非关税壁垒，建立以共同市场为基础的自贸网络。这些新型治理机制以新兴发展中国家的共有观念和共识为基础，既讲求运转效率，又兼顾成员的共同利益。全球治理新机制并不寻求与既有机制在理念和规则上发生冲突，而是力求与之形成互为补充的关系，在制度建设层面促进南北合作。

第二，区域层面治理的深化与整合。经济全球化遭遇挫折，多边主义和自由贸易体制受到冲击，和平赤字、治理赤字、发展赤字和信任赤字有增无减，不稳定不确定因素增加，全球治理的能力亦受到质疑，逆全球化浪潮此起彼伏。区域一体化是应对逆全球化的有力工具。区域层面治理发生的变化表现为：一是全球治理机构重心向地区转移，如安理会维和行动更多授权区域组织；二是国际关系主要行为体在地区范围重新整合，如东盟、欧盟等地区组织分别召开区域合作抗疫特别会议。区域治理不同于全球治理体系的松散联系，也不同于国内治理的高度同质化，区域内行为体互动的频密程度明显高于全球体系。同一区域内，国家间贸易相互依存度高、经贸投资的联系密切，且大多拥有业已存在的、不同程度的协调机制，为地区一体化的深化提供了制度基础。例如，美洲的《美墨加协定》（USMCA）、“非洲发展新伙伴关系”之下的“非洲基础设施发展计划”（PIDA），以及《区域全面经济伙伴关系协定》（RCEP）。这些地区经济治理机制各有侧重且各具特色，如能在世界贸易组织的既有框架下协调经贸规则与行业标准，这种“地区—全球”的治理思路相对于世界贸易组织与其成员逐一协调可能更为有效，还能避免全球治理的日益分散化和碎片化。在地区层面协调多样化的成员利益，由地区治理机制将成员利益的最大公约数统一输出为本地区的共同利益，进而与其他地区治理机制乃至全球层面治理机制通过讨价还价，协力促成更广范围的合作。

第三，主权国家在全球治理中的地位和作用经历了先削弱再增强的过程。多元主体协作是全球治理的主要特征之一。在全球化时代，除主权国家外，国际组织、跨国公司、社会团体等都是全球治理的重要行为体。国家是多个治理主体之一，且全球性问题单靠国家无法解决。然而，随着全球化的深入发展，全球性问题不仅没能在非政府组织的协调下得以解决，反而愈加复杂交织。由此，全球治理常被批评低效甚至无效。在全球化大势未变的情况下，“找回国家”的呼声强烈，国家的地位和作用在全球化时代不仅没有消退，反而凸显出来，各国欲利用国家竞争优势以占据全球化有利地位。为应对此次新冠疫情，各国政府纷纷采取自救措施，民众对本国政府的期望和信任度维持在较高水平。政府借抗疫之机收回更多权力，建立“大政府”；扩展到全球卫生治理领域，国家因掌握医疗资源且获得国内民众的支持，成为应对此次公共卫生危机的主要力量。在一体化程度最高的区域组织欧盟，成员国各自采取措施应对疫情以及由其引发的经济社会问题，共同体通过筹集资金、组建专家组等途径发挥协调配合的作用。

二、新冠疫情重塑全球产业链、供应链

新冠疫情导致全球经济“停摆”，大国博弈、技术革命与产业链安全因素共同推动全球供应链、产业链结构深度调整。总体来看，疫情对全球产业链、供应链的系统性影响将呈现三大趋势：一是全球产业链、供应链区域化、本地化、多元化格局将进一步强化。疫情冲击下，三大生产网络力量对比和相互依存关系发生深刻改变，世界舞台中心逐渐向东亚转移。二是疫情加速全球供应链数字化转型，引领供应链、产业链、价值链分工重构。三是中美关系存在不确定性，政治极端化及自主可控政策导致的“去中国化”战略、“中国+1”战略，威胁中国在全球生产网络中的地位和作用。短期看，疫情使全球化出现回归经济主权的趋势，全球化进程放缓；长期看，传统全球化难以为继，新型全球化应运而生，但新旧全球化交替仍需长期的过程。

（一）疫情冲击下全球供应链加速重组

疫情冲击带来世界经济萎缩，生产与服务产出显著下降，贸易和投资环境的不确定性增强。如表 2-1、图 2-1 数据显示，2020 年全球商品贸易、外国直接投资总额急剧下滑，而新冠疫情造成的人力、社会和经济损失仍在不断上升。

表 2-1　新冠疫情以来全球商品贸易同比增长情况（%）

地理范围	出口					进口		
	2019 年 Q4	2020 年 Q1	2020 年 Q2	2020 年 Q3	2020 年 Q4	2020 年 Q1	2020 年 Q2	2020 年 Q3
世界	−2	−6	−21	−4	−3	−5	−21	−6
北美洲	−1	−2	−32	−11	−5	−5	−23	−7
南美洲和中美洲	−9	−7	−19	−10	−8	−6	−26	−23
欧洲	−1	−5	−24	−2	−3	−6	−22	−3

（续表）

地理范围	出口					进口		
	2019 年 Q4	2020 年 Q1	2020 年 Q2	2020 年 Q3	2020 年 Q4	2020 年 Q1	2020 年 Q2	2020 年 Q3
亚洲	-1	-7	-10	2	-3	-4	-17	-6
其他地区	-9	-16	-39	-23	5	-4	-24	-13

资料来源：WTO。

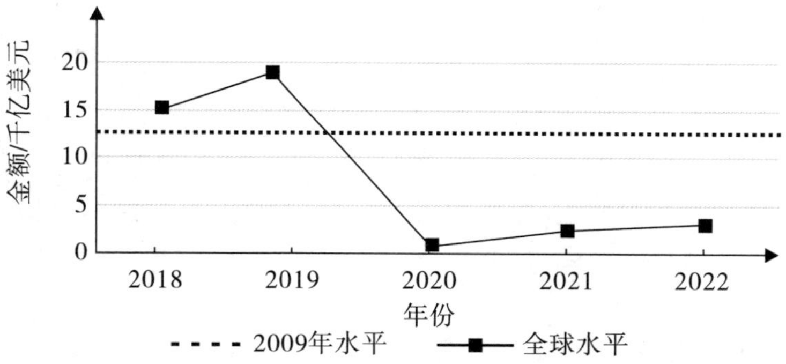

图 2-1　外国直接投资（FDI）流入总额

资料来源：联合国贸易和发展会议（UNCTAD）。

全球供应链演化至今，主要有三个驱动力量：互联网技术的出现快速提升了信息传递效率，国际局势缓和给发展中国家加入全球化提供了机会，以及股东利益至上的经营理念驱使发达国家向外转移制造业。然而，近年来贸易保护主义抬头，重大的技术变革尚未出现，全球供应链的扩张和深化遇到了现实瓶颈。此次新冠疫情的全球大流行，更加暴露了既有供应链、产业链的脆弱性，为应对供应链中断风险，各国政府和企业基于安全性、稳定性纷纷对供应链、产业链的全球布局进行调整，国际生产体系面临转型，呈现出生产布局本地化、区域化、多元化趋势。

疫情冲击让国家和企业更加重视生产本地化，减少生产外包，降低经济对外需的依赖度。用生产效率换取生产的稳定性成为应对不确定性风险的重要抉择。此外，需求端个性化定制和快速交付的需求，供给端智能制造和自动化生产技术降低对廉价劳动力的依赖，也加快了产业链回流、生产布局本地化趋势。生产本地化主要影响技术含量较高的价值链密集型产业，结果是价值链更短更集中。

疫情使供应链从全球布局转为区域布局，区域化生产推动形成区域性供应链中心。生产区域化将促使某些全球性效率驱动型投资转变为区域范围内的市场驱动型投资，部分对全球价值链各垂直环节的投资将转变为更广泛的产业基地和产业集群类型的投资。在这一趋势下，全球性的联系将减弱，商品、人员、资本等线下的生产要素在全球层面的流动放缓。而区域一体化会向纵深发展，区域贸易协定数量将显著增加（见图 2-2）。

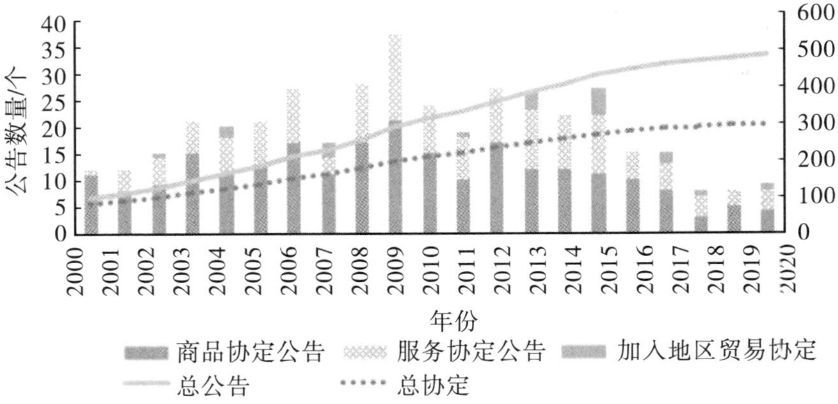

图 2-2　2000 年以来贸易协定数量变化

资料来源：WTO，数据截至 2020 年 12 月 20 日。

疫情冲击让各个国家和企业更加重视分布式供应链的重要性。跨国企业通过提高供应链的多元化，降低对单一供应商的依赖，确保关键原料和零部件的稳定和灵活供应，提升了与供应商的谈判议价能力。生产布局多元化将主要影响服务业和复杂价值链制造业，未来经济活动的地理分布将更加广泛，全球将形成多个完整产业链中心，多元化会增加经济体和企业参与全球价值链的机会。

疫情对全球经济的影响从商品贸易进一步传导到服务贸易（见图 2-3、图 2-4）。一是由于全球人员跨境流动受阻，跨境服务贸易规模显著下降，特别是以消费终端导向的航空运输和旅游业的下滑给产业链上下游带来重创。二是以中间投入品为主的生产性服务业受全球实体经济发展态势影响而呈现分化趋势。具体而言，疫情冲击造成部分国家生产停顿，商业服务、航空运输需求下降。金融服务、知识产权服务受疫情影响较小，总体表现好于预期。

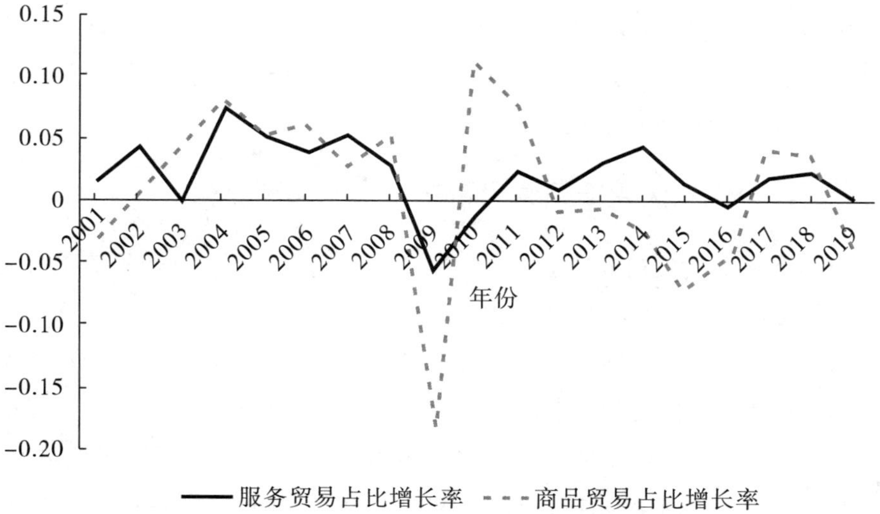

图 2-3　服务贸易和商品贸易增长率对比

资料来源：世界银行数据库。

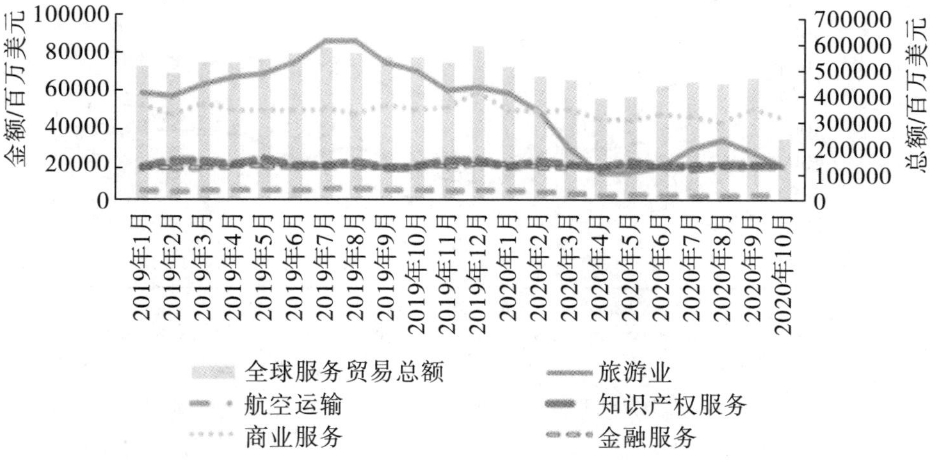

图 2-4　疫情对服务贸易分行业的影响

资料来源：WTO。

与此同时，疫情加速了服务贸易的数字化转型，改变了服务的生产和交付模式，催生了服务贸易领域诸多新业态新模式，例如数字旅游、数字教育、数字医疗、数字金融等。考虑到此次疫情波及范围大，未来世界服务贸易格局或将发生显著变化。一方面，数字技术让越来越多的服务可贸易，降低了跨境服务贸易成本，一个高效率的全球服务市场即将到来，服务贸易将继续引领世界贸易增长。另一方面，受单边主义和贸易保护主义的影响，围绕服务贸易领域的争议将显著增加，服务贸易壁垒带动服务贸易成本回升态势逐步显现。各国更依赖国内有效供给的增加来满足服务消费需求的增长，从而加速产品或服务的进口替代。

（二）全球三大生产网络力量对比发生深刻变化

2020 年的新冠疫情开启了一个全新的大国竞争时代。全球价值链分工格局下，供给和需求互相叠加冲击，三大生产网络的力量对比、在国际分工体系中的地位也将有所调整。短期内疫情对区域价值链中心国家的冲击影响最大。从中间品供给角度看，中国和美国是简单全球价值链（GVC）网络的中心国家，而美国和德国是复杂 GVC 网络的中心国家。从中间品需求角度看，美国和德国分别是简单 GVC 和复杂 GVC 网络的中心国家[①]。三国既是中间品的主要提供者，也是中间品的主要需求者，因此三国的疫情发展与防控对稳定全球的供应链体系具有极其重要的影响。从图 2-5 可以看到，自 2019 年 11

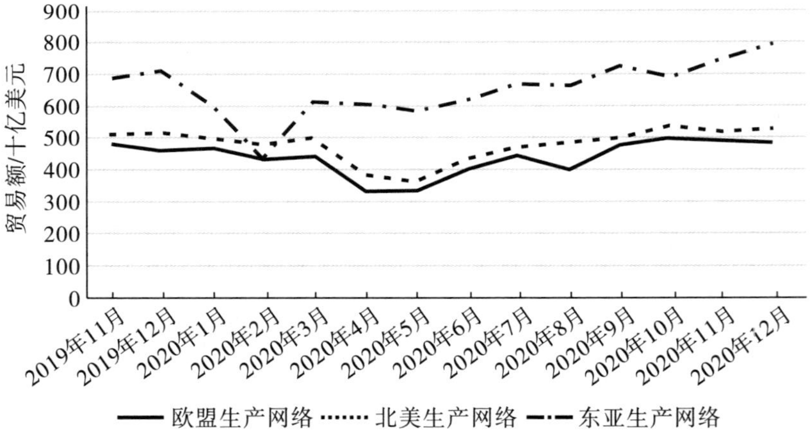

图 2-5　疫情对全球三大生产网络[②]的影响

资料来源：UN Comtrade。

---

① 对外经济贸易大学全球价值链研究院：《后疫情时代的全球供应链革命——迈向智能、韧性的转型之路》，http://rigvc.uibe.edu.cn/kyde/lwfb/81bad700c4604afeab3aa515f3eab4d5.htm，2020 年 9 月。

② 北美生产网络：美国、墨西哥、加拿大。东亚生产网络：中国、日本、韩国、蒙古。欧盟生产网络：欧盟成员国、英国。

月以来，全球三大生产网络的贸易额出现不同程度下降，后疫情时代的经济复苏时间与能力也不尽相同。虽然自 2020 年第 3 季度以来全球经济呈现复苏态势，但美国和欧盟的疫情防控形势依旧严峻，全面复工复产尚待时日。与之相比，东亚生产网络的中、日、韩等核心国家疫情控制良好，东亚生产网络实现了率先复苏。

考察三大生产网络制造业[①]在国际分工体系中的特点可以发现（见图 2-6、图 2-7、图 2-8），自 2001 年以来，以中、日、韩为代表的东亚生产网络的低技术商品出口额占世界比重从 27%上升至 34%。与东亚生产网络不同的是，欧盟生产网络低技术商品出口额占比从 51%下降到 42%。欧盟生产网络中低技术商品出口额占世界比重从 50%下降到 46%，东亚生产网络中低技术商品出口额从 21%上升到 28%，赶超速度加快，但与欧盟生产网络相比差距仍然明显。北美生产网络中低技术商品出口额占世界比重有所下降，从 2001 年的 19%下滑到 2019 年的 11%，但仍高于低技术商品出口额占世界比重。2001—2019 年，欧盟生产网络高技术、中高技术商品出口额占世界比重领先其他两大生产网络，东亚生产网络保持缓慢稳定增长，与欧盟生产网络的差距逐渐缩小，北美生产网络占比则表现为逐年递减。在全球技术变革的背景下，这种变化也投射出三大生产网络在高技术、中高技术制造业领域竞争不断加剧，高技术产业向东亚生产网络转移的明显趋势。

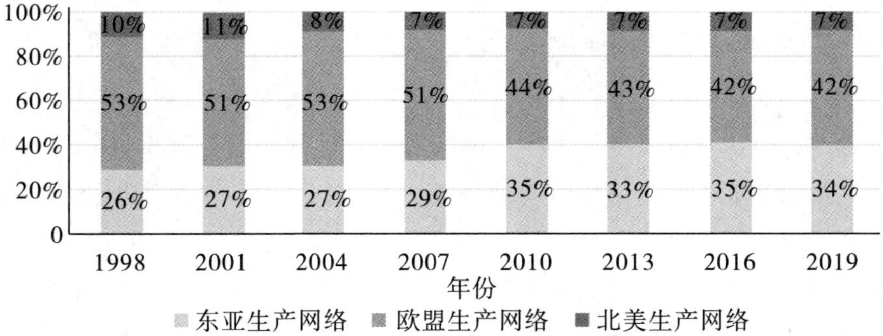

图 2-6　1998—2019 年三大生产网络低技术商品出口额占世界比重

资料来源：UN Comtrade。

① 参照经济合作与发展组织（OECD）《欧盟经济活动分类统计标准第一版》（NACE1）中的统计分类，将制造业划分为高技术制造业、中高技术制造业、中低技术制造业和低技术制造业四大类。

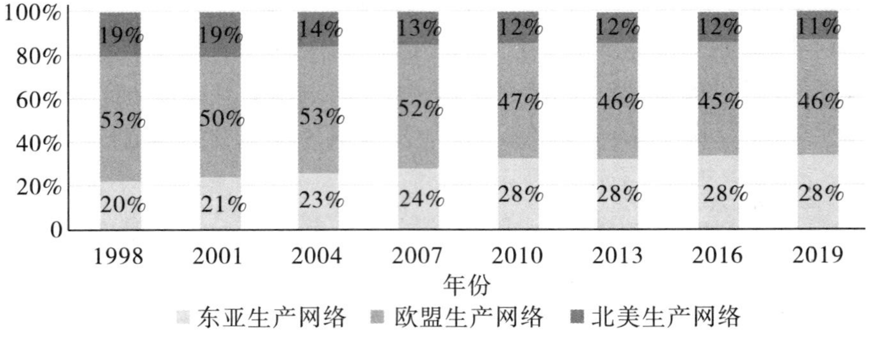

图 2-7 1998—2019 年三大生产网络中低技术商品出口额占世界比重[①]

资料来源：UN Comtrade。

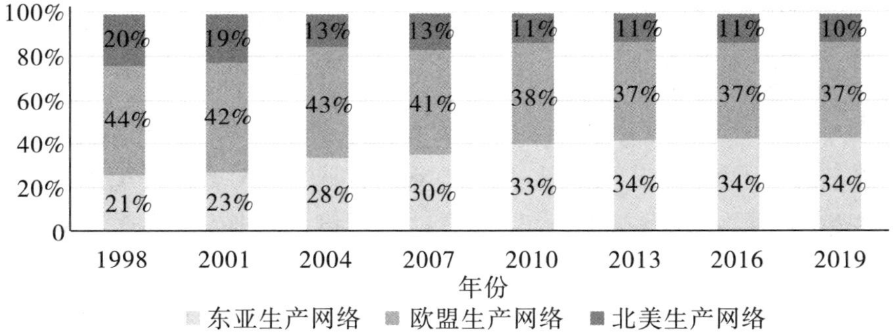

图 2-8 1998—2019 年三大生产网络高技术、中高技术商品出口额占世界比重

资料来源：UN Comtrade。

此次疫情深刻改变了三大生产网络的相互依存关系。2020 年以来，欧盟生产网络对东亚生产网络的进口依赖度保持高位，对北美生产网络的市场需求有所下降（见图 2-9）。欧盟统计局最新数据显示，2020 年前三季度，中国已替代美国成为欧盟的最大贸易伙伴。在新冠疫情的影响下，欧洲制造业和服务业停顿，导致欧盟对外贸易、美欧贸易关系停顿。随着中国与欧盟市场互补性不断增强，未来中国与欧盟的经贸关系将变得更加紧密。

① 图 2-7、图 2-8 以东亚、欧盟、北美三大生产网络为统计范围，未涵盖全球。

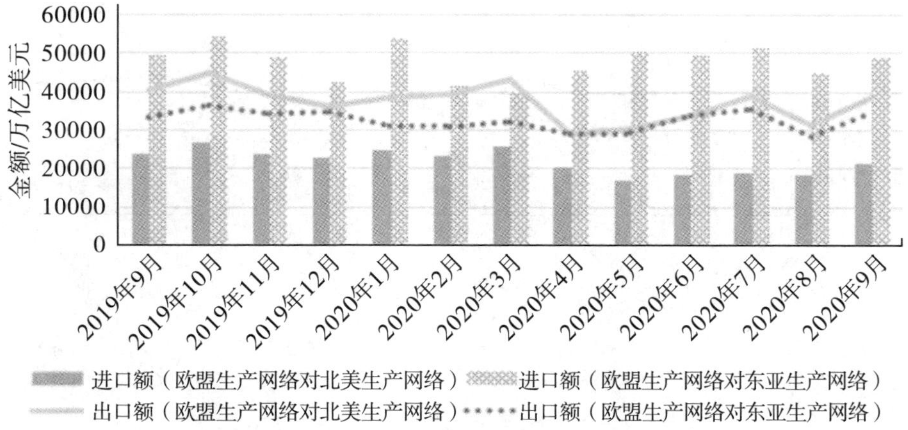

图 2-9　欧盟生产网络对其他生产网络的进出口额

资料来源：UN Comtrade。

北美生产网络对东亚生产网络的商品进出口额保持稳定，对欧盟生产网络的出口额显著下降（见图 2-10）。

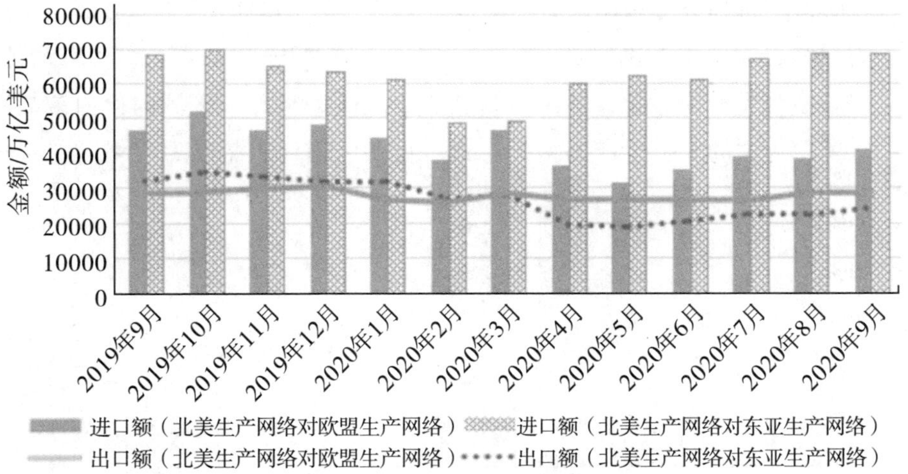

图 2-10　北美生产网络对其他生产网络的进出口额

资料来源：UN Comtrade。

东亚生产网络对欧盟生产网络、北美生产网络的进口额呈均衡分布，出口对北美生产网络的依赖仍维持高水平。2020 年东盟历史性地成为中国第一大贸易伙伴，形成了中国与东盟互为第一大贸易伙伴的格局。随着东亚经济率先复苏，《区域全面经济伙伴关系协定》（RCEP）达成，东亚产业链的联系将更为紧密，其全球产业链中心地位的属性会进一步显现。

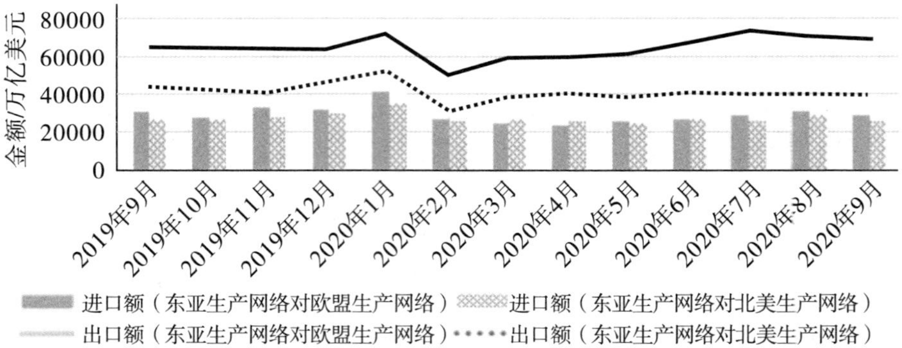

图 2-11　东亚生产网络对其他生产网络的进出口额

资料来源：UN Comtrade。

自金融危机后，三大生产网络的对外贸易依存度①就开始出现较大调整（见图 2-12）。欧盟生产网络的对外贸易依存度平稳上升，超过金融危机前水平。东亚生产网络对外贸易依存度显著下降，北美生产网络对外贸易依存度也呈现缓慢下行趋势。对比来看，2019 年欧盟生产网络的对外贸易依存度最高，为 89%，东亚生产网络的对外贸易依存度为 47%，北美生产网络最低，为 29%。受疫情影响，预计各国的制造业回流政策将加快区域内价值链的发展。以美国为主的北美生产网络，自给自足的内循环趋势在后疫情时代将进

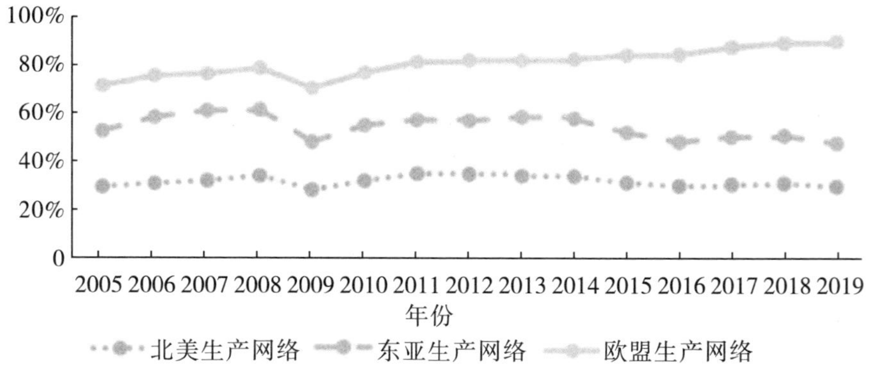

图 2-12　三大生产网络的对外贸易依存度

资料来源：UN Comtrade。

① 对外贸易依存度：一国的进出口总额占该国国民生产总值的比重。

一步加强。过去东亚生产网络对美国市场的依赖较高，随着中国不断释放消费潜力，东亚生产网络内部的循环将更加通畅，东亚生产网络的对外贸易依存度将会继续下降。

（三）数字化重塑全球供应链、产业链、价值链

疫情倒逼技术创新，加速全球供应链、产业链、价值链的数字化转型。新一代信息技术正在改造全球产业链的内涵与外延，数据成为引领价值链分工的重要创新要素。新冠疫情在短时间内促使全球范围内远程办公、学习和电子购物成为新生活方式。依靠技术，物理空间的人际互动正在被转移到网络空间。疫情蔓延深化成为推动人工智能、大数据和机器人服务的驱动器，刺激数字经济增长提速。

1. 数字化提升供应链柔性和韧性

数字化技术能够基于多种模式全面影响供应链。第一，以快速响应多样化市场需求为核心的柔性制造模式，打破了传统制造企业单向流动的企业客户关系，满足了消费者的个性化定制需求。第二，以供应链优化为核心的网络协同制造模式，将最大限度消除信息不对称性，企业整合供应链上下游的信息、物品、技术等资源，在线分享和优化，实现上下游多用户、多任务协同。第三，数字化技术有助于建立产品全生命周期可追溯模式，打造具有信息自动感知、自动决策和自动执行等功能的先进制造体系，提高生产精确度和产品质量水平。

2. 数字化为中小企业提供更多发展机遇

数字化打破了大企业对价值链不同价值创造环节的垄断，为中小企业参与价值链分工竞争提供了可能。数字经济不再是一些科技巨头的特权，而是已经成为各领域产业共享的权利，越来越多的小公司有机会利用亚马逊、阿里巴巴和微信等大平台实现自身在全球业务的拓展。随着数据要素的资本化及价值的充分开发与利用，由于产业数字化引领的新一轮产业革命，将进一步推进数字化程度较高的中小企业参与全球价值链分工的重构。

3. 数字化重塑全球贸易格局

疫情冲击下，数字贸易成为全球贸易中最具活力的贸易形式，推动传统贸易转型升级。各国通过数字平台融入全球价值链，享受数字贸易带来的经

济全球化的便利与商机。随着数据价值链的形成，与之相关的数字基础设施、数据流动监管、知识产权、隐私和个人数据保护制度也成为影响一国数字贸易比较优势的重要来源。数字资源禀赋成为国际分工合作的新依据，发达国家之间基于数字资源禀赋形成的合作关系将使其与发展中国家在分工关系上相对割裂。受资本和技术等多重因素的制约，发展中国家将面临“新数字鸿沟”问题。

（四）政治极端化及“自主可控”政策对全球产业链、供应链的影响

1.“自主可控”政策对全球产业链、供应链的影响

此次新冠疫情进一步加深了各国对于供应链安全的重视程度，全球各主要国家纷纷出台相应政策，力求保证供应链的可控、安全。长供应链与紧急状态下的重要行业将产能预备的本土化或周边化提上日程。制造业和高科技产业回流政策进一步导致全球范围内撤资和投资转移。很多发达国家对一些高科技产业的高精尖零部件进行出口管制，导致中下游国家无法正常进行生产组装和出口，导致产业链断裂或者产业（产品）质量降级。

分国家来看，美国一直都十分重视供应链的安全，早在 2012 年，当时的美国总统奥巴马就签发了《全球供应链安全国家战略》，提出“促进商品的高效与安全运输”和“培养一个有弹性的全球供应链”两大战略目标。2020 年以来，美国商务部修改了长臂管辖原则，将管控范围从美国技术占比的 25% 降到 10%，对中国企业华为、TikTok、微信进行全方位封杀（黄娅娜　邓洲，2020）。美国白宫还呼吁所有在中国的美国企业都撤离，返回美国和东南亚国家，由此产生的所有搬家费用全部由美国政府承担。随着拜登政府的上台，预计美国政府持续加强供应链战略的趋势不会改变。日本将构建全球供应链作为重要经济发展战略，积极推动区域经济战略合作。2020 年以来，日本政府开始鼓励高附加值产品生产基地回归国内，附加值低的生产基地向东南亚转移。日本经济产业省推出“改革供应链”项目，并列出专项资金用于资助日本制造商将生产线撤出中国，以实现生产基地的多元化，减少对中国供应链的过度依赖。由于新冠疫情带来的不确定性，德国也开始采取预防性措施以保障供应链安全，重新审议《对外贸易和支付法》，意图保护德国企业不被外资恶意收购（魏际刚　刘伟华，2020）。虽然德国在供应链安全问题上做出

了一定的政策和立法准备，但是具体到将供应链自中国撤出这一问题，目前还处于观望状态。中国目前在高端制造产业中的研发、制造能力还较为欠缺，给德国相关产业提供了广阔的市场空间与盈利可能。在上下游产业领域，中国与德国之间也形成了极为紧密的合作关系。英国致力建立长期且全面的供应链发展战略，重视特定产业的发展状况；以创新驱动供应链发展，着力提升制造业竞争优势；通过金融支持、产业合作，提升中小企业在供应链层面的竞争力。英国与中国在供应链方面联系相对不及德国紧密，但在属于第三产业的金融、教育、旅游等领域，英国与中国联系密切。由于英国与美国历史上的特殊关系，英国未来的动向值得关注。不过鉴于中英两国在制造业领域合作不够紧密，即使英国将供应链撤出中国，对中国的影响也将比较有限。

2. 中美关系对全球产业链、供应链的影响

疫情期间中美之间的贸易依然活跃（见图 2-13）。由于两国疫情控制和复工复产进度不同，整体来看，中国对美国的出口继续保持正增长，特别是

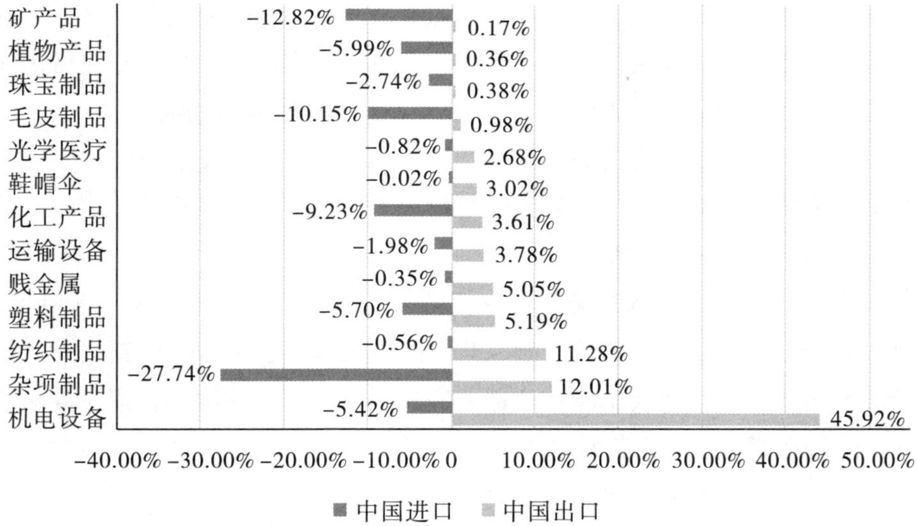

图 2-13　疫情以来中美贸易结构比较（2019 年 10 月至 2020 年 10 月）[①]

资料来源：海关总署统计数据。

① 产品进口比例=该类产品进口额÷总进口额，产品出口比例=该类产品出口额÷总出口额。

机电设备、杂项制品、纺织制品占比提升较快。中国对美国的进口产品中，杂项制品、矿产品、毛皮制品等占比下降明显。后疫情时代，中美之间除了经贸摩擦之外，地缘问题、科技博弈也将显著升温。未来全球供应链的演化路径存在不确定性，而中美关系是其中的核心变量，主要通过两个机制影响全球产业链、供应链。一是企业通过产业转移规避贸易摩擦的冲击；二是中美通过直接减少双边贸易规模来降低增量风险。概括而言，拜登政府上台后，中美关系存在两种可能性：一种是关系趋于缓和，全球产业链、供应链维持当前的格局；另一种是关系恶化，中美全面脱钩，全球产业链、供应链出现分化和对立。

（1）场景一：中美关系趋于缓和。

中美关系缓和场景下，随着全球经济活动逐渐恢复到正常状态，全球供应链依然沿着产品内分工的路径不断深化。但值得注意的是，在中美综合实力差距日益缩小的背景下，两国之间的利益博弈仍具有长期性和复杂性，结构性矛盾依然突出，局部脱钩将继续深入展开。

①产品内分工继续深化。全球价值链主导新一轮产业转移方向，整体产业链转移难度不断加大，细分产业局部产业链转移成为主要趋势，全球供应链将沿着产品内分工继续深化。跨国企业将更加重视供应链多元化战略，继续在全球寻找综合成本洼地和市场潜力最大的地区进行投资布局。

②中美科技竞争均势发展。伴随全球化的演进，中美技术关联程度进一步加深。双方互持的专利数量将明显增加。双向技术交流逐渐取代单向技术交流，双方在科技领域的细分行业中各占优势。

③局部脱钩继续深入展开。在中美博弈长期存在的背景下，市场制度、竞争机制差异将推动局部脱钩继续深化。除了技术创新和商业创新之外，制度创新将成为后疫情时代影响产业链、供应链布局的重要因素。企业将基于对一国经济发展前景、营商环境信任度决定去留。

（2）场景二：中美关系继续恶化。

中美关系恶化场景下，疫情后美国将进入对华全面遏制的新阶段，两国政治和经济完全脱钩，全球产业链断裂可能会发生。一方面，美国升级中美贸易摩擦，增加关税、扩大出口管制，阻断中美经贸往来。另一方面，随着中美在高端智能制造供应链的博弈升级，科技领域的竞争日趋激烈，进一步推动全球产业链的分化和对立。此外，美国对中国实施精准打击，利用自己的优势地位逼迫全世界其他国家都参与对中国产业链的封锁，在世界范围推行“去中国化”战略。

①中美贸易摩擦升级。美国通过对自中国进口产品增收关税减少对“中国制造”的依赖。这将提高来自中国的商品价格，削弱其竞争优势。受此影响，为应对双边贸易摩擦，各国将改变其进口产品和出口产品的来源国和目的地国的结构。这种贸易转移增加了与转移市场相关的成本。中国在东亚供应链涉及对美出口份额会进一步下降，供应链向东盟及中国以外国家转移趋势明显，中国规模庞大的制造业将面临失去重要外部市场的挑战。为了解决供需矛盾，中国将实施扩大内需战略，夯实国内产业基础，强化对“一带一路”沿线地区的生产投资布局。

②中美科技脱钩。中美科技关系进入竞争形态，美国强行推动中美科技脱钩将导致中美之间在全球高科技分工合作方面发生结构性变化。一方面，阻断中美科技产业链合作将迫使双方改变产业链相互依赖的模式，美国科技企业可能彻底失去中国市场，这将减少美国科技企业的盈利流入，降低企业投入前沿技术研发的意愿和能力。出口限制只会把市场拱手让给其他具备同等技术的国家及公司，在激烈的竞争中，美国企业垄断全球技术的现状将被改变。另一方面，中国企业为了维持生产将提升自主研发能力和进口替代。未来底层技术的国际标准可能成为双方脱钩的重要领域，中美通过双边和多边的方式推行本国主导的规则和标准，将使世界出现相互竞争、彼此隔离的两个科技市场。

③“去中国化”战略。美国推行“去中国化”战略由来已久。早在2013年奥巴马执政时期就曾启动《跨大西洋贸易与投资伙伴关系协定》（TTIP）谈判，意在通过加强美欧合作提振经济实力，抢占贸易规则制定权，应对以中国为代表的“非西方”世界崛起的影响。2020年5月，美国拟推动经济繁荣网络计划，这是由美国发起建立的一个由“值得信赖的伙伴”组成的联盟，该联盟主要是由美国、日本、澳大利亚、印度、韩国和越南等国组成，联盟成员将遵循同一套标准，通过协调规划减少对中国的依赖。当前，美国对华战略已明确将中国作为战略竞争对手，未来美国政府可能会选择重新融入全球政治经济体系，在全球产业链分工中重夺主动权，构建由美国主导的新的全球供应链。为此，美国政府可能会在与其盟友签署的双边及诸边协定中塞入“毒丸条款”，并将其模板化，巩固以美国范式为基础的全球经贸规则体系，将中国排除在外，促成其他国家与中国规则脱钩。

（五）全球化未来发展趋势

回顾历史上的三次全球化浪潮，技术革命都发挥了重要作用。第一次是由工业革命推动的，以战争手段作为扩张方式的殖民经济形态的全球化。1945年后，在全球地缘政治重建的基础上，由第二次工业革命推动的第二次全球化浪潮兴起。20世纪90年代，在综合运输和通信技术革命推动下，以发达国家跨国公司为载体、以资本为纽带的全球产业链、供应链、价值链体系逐渐发展壮大，全球迅速进入以产品内贸易为主导的新一轮全球化时代。进入21世纪，特别是国际金融危机之后，以新一代信息技术等引领、以新科技革命和新产业变革为主要特征的新工业革命正在全球范围蓬勃兴起，世界进入智能时代，分散化、本地化生产模式成为主流。在此背景下，以美国为首的发达国家纷纷实行"制造业回流""世界经济再平衡"战略，既有的全球价值链和产业链分工与贸易体系开始面临逆转挑战和风险，全球化正在走进一个低谷期和调整期（见图2-14）。

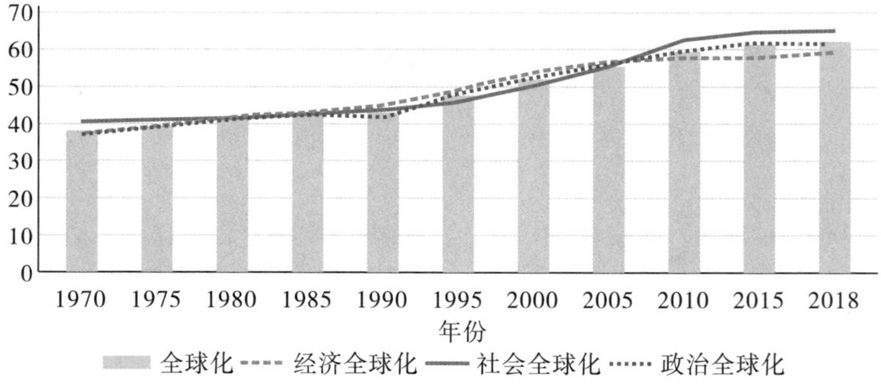

图2-14 KOF全球化指数①

资料来源：KOF Swiss Economic Institute。

新冠疫情的暴发正值全球化剧烈调整的时刻，疫情的外部冲击和全球化自身的内部结构性调整交织在一起，使其呈现出速度放缓、内容变化、格局

① Savina Gygli，Florian Haelg，Niklas Potrafke and Jan-Egbert Sturm，"The KOF Globalisation Index - Revisited，" *Review of International Organizations* 14，No. 2（2019）：543-574.

分化、规则重构的新特点。从短期看，疫情使本已不景气的全球经济雪上加霜，全球化将回归经济主权时代。从长期看，传统全球化难以为继，新型全球化应运而生，但新旧全球化交替仍需要长期的过程。

1. 全球化短期发展趋势

短期来看，此次疫情暴露了全球化长期存在的问题和矛盾，全球化进程放缓不可避免。一是经济全球化与政治主权之间的矛盾。经济全球化深度发展的同时，主权国家政治协调化进展缓慢，跨境贸易和投资的协调机构尚缺少普遍认可，贸易争端解决机制不畅。二是生产要素开放不协调。目前商流、物流、资金流、技术流、信息流的高度开放和自由流动与人流有限开放不协调，造成技术密集型和劳动密集型产业发展失衡，技术工人和普通工人的收入差距扩大，诱发贫富分化和民粹主义，形成反全球化浪潮。三是国内政策与对外政策不一致。随着全球产能普遍过剩，国际贸易和国内政策关联度提高。由于国际治理和 WTO 改革滞后，未能推动成员方及时调整政策，导致贸易不公平竞争现象长期存在，阻碍了全球化进程。四是疫情后各国会把和自己的国家安全与基本民生紧密相关的生产部门掌握在自己手里，让供应链、产业链服务于整个国家和社会的需要，回归经济主权时代。

2. 全球化长期发展趋势

技术进步、资本扩张、市场开放是全球化的根本动力。随着疫情得到有效控制，疫苗研发取得突破性进展，经济复苏逐步加快，长期来看，全球化将在曲折中前进发展，并呈现以下特征：一是伴随新兴市场国家和发展中国家群体性崛起，继续推进的全球化将不再是美国等发达国家主导的全球化，而是东西方共商、共建、共治的新型全球化（从发达国家和地区发展中国家和地区消费情况可看到这一特征趋势，见图 2-15、图 2-16）。二是未来一段时期由各主要大国主导的区域化、碎片化分工模式将逐步替代全球分工模式。部分大国将关键产业链布局在周边地区，实施供应链多元化战略，建立更加完备的区域产业链体系。小国继续参与大国主导的区域产业链，谋求产业升级和经济发展。三是技术变革将更加深刻地影响全球化进程，重塑新型全球化。以人工智能、新材料、生物工程等为突破口的新技术革命导致不同生产要素的相对重要性发生变化，进而导致不同国家间的资源禀赋优势发生变化，最终影响全球产业分工格局的形成。

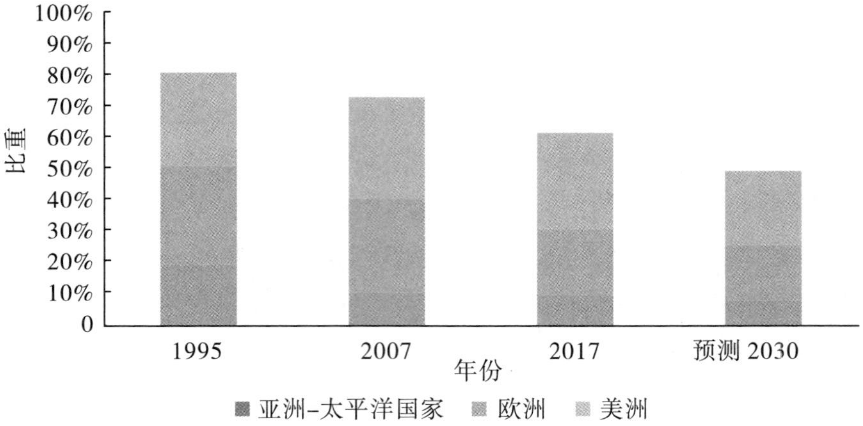

图 2-15　发达国家和地区消费占全球的比重情况

资料来源：麦肯锡全球研究院，《全球化大转型，贸易和价值链的未来在何方》。

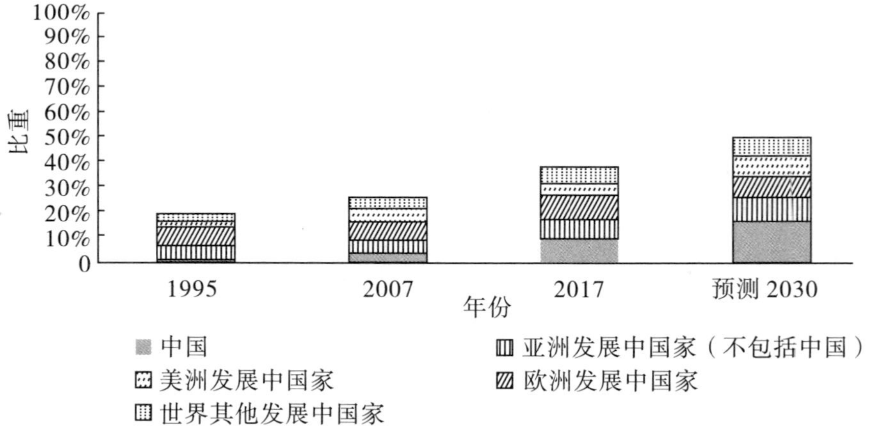

图 2-16　发展中国家和地区消费占全球的比重情况

资料来源：麦肯锡全球研究院，《全球化大转型，贸易和价值链的未来在何方》。

三、创新发展是引领世界经济持续发展的必然选择

21 世纪以来，全球范围内生产率增速持续下滑成为常态。特别是国际金融危机后，一些国家的全要素生产率甚至出现了负增长。技术长周期理论认为，经济周期等于技术革命的周期。国际金融危机以来，世界出现总需求萎

缩和资本、技术与劳动力在全球宏观配置失衡的局面，本质上是 20 世纪 90 年代以来互联网带来的增长热潮与下一轮增长点之间的断代。因此，世界经济要想走出衰退泥沼，唯有寄望于科技创新创造的新经济增长点，正如习近平主席强调的："创新发展是引领世界经济持续发展的必然选择。"

科技创新是经济发展的原动力。技术创新是现代经济发展的主导力量。进入 21 世纪以来，全球科技创新空前密集活跃。以人工智能、量子信息、移动通信、物联网、区块链为代表的新一代信息技术加速突破应用，以合成生物学、基因编辑、脑科学、再生医学等为代表的生命科学领域孕育新的变革，融合机器人、数字化、新材料的先进制造技术正在加速推进制造业向智能化、服务化、绿色化转型。新一轮科技革命和产业变革正在重构全球创新版图，成为现代经济发展的主导力量，主要表现在以下几个方面。第一，科技创新是提升资源利用效率的主要途径。一方面，科技创新可以提高资源利用效率，拓展生产可能性边界；另一方面，技术创新突破资源供给限制，优化资源利用结构。第二，科技创新是促进产业结构优化升级的助推器。各国工业化进程表明，一国经济持续、稳定、协调发展依赖于产业结构升级。随着新技术的扩散应用，生产要素、生产条件、生产组织重新组合，新兴产业得到培育和发展，落后产业逐渐被淘汰，新旧动能的交替为经济增长注入活力。第三，科技创新是推动经济增长方式转变的主要动力。科技创新可以从根本上解决粗放式高投入、高消耗、低产出、低投入的发展矛盾，实现高效率资源配置、内涵式增长，通过提升科技创新在经济增长中的贡献份额，实现增长集约化。

技术创新是提升国家竞争力的关键。当今世界，科技创新已经成为提高综合国力的关键支撑，成为社会生产方式和生活方式变革进步的强大引领，谁牵住了科技创新这个"牛鼻子"，走好了科技创新这步先手棋，谁就能占领先机、赢得优势。近代世界历史表明，技术创新是现代化的发动机，是国家进步和发展的重要影响因素。技术创新能力强的国家往往在世界经济中发挥着主导作用。随着知识经济时代的到来，基础科学研究作为历次产业革命的先导，在各个工业与科技强国中一直被看作综合国力竞争的战略制高点。2015 年美国发布了《美国国家创新战略》，提出了包括六大要素的美国创新生态系统的新政策。德国制定了引领制造业创新发展的"工业 4.0"计划，旨在促进通信技术同传统制造技术进行深度结合，以保持德国制造业的世界领先地位。2016 年日本制定了《第五期科学技术基本计划》，发布了《科学技术创新综合战略 2016》，旨在构筑创新所需的人才、资金和知识环境，完善创新推进机制，提高创新竞争力。2018 年全球主要国家的研发投入数据显示，大国间科技竞争态势更趋激烈，各国在基因编辑、量子、人工智能等颠覆性技术领域和信息、能源、先进制造等基础性科技领域均纷纷加强战略性和针对性布局，确保紧跟新科技革命浪潮、把握发展先机，以期形成非对称战略优势。世界经济持续发展必须依靠创新。

通过创新培育新产业、新业态、新模式，找到引领经济发展的新引擎。在新一代信息技术革命、新工业革命以及制造业与服务业融合发展的背景下，以现代信息技术广泛嵌入和深化应用为基础，培育新产业、新业态、新模式，是引领经济发展的新引擎。以新一代信息技术、生物技术、新能源、新材料技术等多领域集群式技术创新和扩散应用为核心，以新一代信息技术与制造业深度融合为主线，以可再生能源的分布式高效利用为支撑，将带来新一轮创新驱动、绿色低碳、优质高效、可持续的经济增长，加速推动经济结构转型升级。随着新产业、新业态的发展壮大，将加速经济发展新旧动能的接续转换。麦肯锡全球研究院曾预测了影响未来的 12 项颠覆性技术，包括移动互联网、云计算、物联网、先进机器人、自动驾驶汽车、3D 打印、可再生能源等，并估算到 2025 年这些技术对全球经济的直接影响将达到 14 万亿～ 33 万亿美元。此外，在大数据、互联网、人工智能与实体经济深度融合的背景下，电子商务、分享经济、工业互联网、远程医疗、在线学习等数字经济新业态正在形成对传统经济的倍增效应。世界经济论坛的分析表明，数字化程度每提高 10%，人均国内生产总值（GDP）将增长 0.5% ～ 0.62%。

通过创新开发绿色能源和节能技术，更好地破解资源环境难题。在资源环境约束不断加强的背景下，科技创新是解决难题的有效途径与方法。资源的合理开发利用取决于人类开发已认识资源的能力和认识未来资源的能力。科技创新不仅拓展了可利用的资源领域，而且对开发新型资源、废物的资源化、加强可再生资源可持续利用，以及对不可再生资源的替代，都提供了强大的技术支撑。一方面，用人造资源替代稀缺自然资源，用储量丰富资源替代短缺资源，用各种再生性能源替代化石能源；另一方面，节能减排技术的突破将有助于减少资源浪费，提升资源利用效率，以较少的资源投入、污染排放和环境损害推动经济社会可持续发展。

通过创新重塑全球经济结构，推动世界经济更加均衡、包容地发展。科技创新正在推动社会产业体系的深刻变革，并将引发新的产业变革（革命），对全球创新、产业分工、价值链、贸易、投资等带来全面而深刻的影响。首先，随着产业数字化的发展，数字技术蕴含的价值在产业价值链中所占比重逐步提升，传统制造技术优势所占比重逐渐减少。未来 15 ～ 20 年，科技创新将加快全球技术进步并将引发全球产业变革。互联网、物联网等大大增强了要素的流动性和“连接”，人工智能（机器人）快速替代劳动甚至被称为新的生产要素，数字技术提升了研发速度从而推动技术进步加快。世界范围内的生产和投资布局，研发、制造、产业组织和分工、投资、贸易等均将围绕新的技术体系和生产要素进行重构。其次，以中国为代表的后发国家崛起将改变国际经济格局中的实力对比，世界经济向更加均衡的方向发展。科技创新的加速迭代加快了新兴经济体的追赶速度，新兴经济体与发达国家的差距将缩小。国家间的比较优势从传统资本、工业技术、劳动力等转向数据、数字技术、网络市场，软件开源、数字学习等技术的发展降低了新兴经济体参与新一轮竞争的门槛，为新兴经济体“换道超车”追赶发达国家提供了机遇。

四、创新是培育制造业竞争新优势的根本出路

改革开放后，中国制造业嵌入全球价值链，参与全球分工，建成了全球规模最大、配套最完善的工业体系，中国制造业具有较强的国际竞争力，成为推动中国经济高速发展的重要力量。随着中国工业化水平的不断提高，制造业传统要素条件和优势亦随之发生变化，同时还面临更加复杂的全球竞争形势，以及融入新一轮科技革命和产业变革下国际分工新格局的挑战。对此，中国制造业必须加快转型升级，不断提高发展质量，在巩固传统竞争优势的同时培育新的竞争优势。

（一）制造业传统优势呈现新趋势

第一，要素成本优势弱化。长期以来，依靠劳动力、土地等要素成本优势，中国抓住了发达国家产业转移的发展机遇，成为“世界工厂”。然而，近年来中国制造业人力成本持续上升、环境约束逐渐加大，这使中国劳动密集

型产业面临前后夹击的窘境。在先进制造业领域，中国不但没有成本优势，而且存在较为沉重的成本负担，特别是高素质人力资源供给不足已经成为中国制造业转型升级面临的巨大挑战。

第二，市场规模优势日益凸显。尽管在全球产业分工不断深化、全球市场持续一体化的背景下，制造业是可以利用国际市场获得发展的，但是在理论上，本土市场的互动效应、市场规模的诱致效应、本土市场规模的终端需求效应会对本土产业升级产生更重要的积极影响。目前，中国的市场需求规模不断扩大，已成为全球第二大消费市场，汽车、家用电器等家庭耐用消费品销售量已居世界首位。随着经济新常态下内需驱动力的进一步增强及人均GDP 水平的提高，庞大的中等收入群体的消费潜力将逐步释放，消费升级步伐加快，新业态、新模式快速发展将为中国制造业发展提供强大的本土市场优势。

第三，完备的产业链配套优势将会持续。我国已形成涵盖各类加工制造业和装备制造业比较完备的制造业体系。全产业链综合优势一方面使制造业发展有其上下游辅助配套和需求市场，优化了制造业的产品结构；另一方面则意味着不同类型、不同要素密集度的加工、生产、组装等制造环节相辅相成并各自发挥作用。完备的产业链配套，显著缩短了中国制造业创新的产业化周期，加速了技术创新成果转化，这对于技术密集型产业特别是新兴产业来说是十分重要的优势。整体上看，除了少数先进制造业的装备、零部件和材料配套能力相对较弱外，中国制造业产业链配套能力处于全球前列。此外，完善的产业配套优势在一定程度上产生了产业锁定效应。一方面，与发达国家相比，尽管发达国家的技术能力与商业环境可能相对更好，但其制造成本可能高于中国，而且几十年来的产业外迁所带来的制造业空心化，无法为多数传统制造产业的发展提供完整的产业配套。发达国家产业回迁面临的问题，除了劳动力成本上升之外，还有零部件的外包中中国产业链环节加工和成品返销中国市场的问题。另一方面，企业的生存与发展需要一个良好产业生态圈的支持。对发展中国家来说，20 世纪中后期中国凭借低成本优势吸引发达国家与地区制造业大规模向境内迁移的成功模式可能已经难以复制。

第四，不断完善的产业基础设施优势增强。经过持续多年的大规模基础设施建设，目前中国产业基础设施水平处在发展中国家前列，在部分领域甚至超过一些发达国家，这为中国制造业发展提供了极大便利。以 5G 基础设施为例，中国每 10000 人平均拥有 14 个无线蜂窝基站，美国只有 4.7 个。中国每 10 平方英里（1 英里合 1.6093 公里）拥有超过 5 个基站，美国的这个数字只有 0.4 个①。在与制造业关联最紧密的电力基础设施领域，中国在发展中国家处于领先地位；在电网发展最前沿的智能电网建设中，中国处在与发达国家并肩的位置；中国物流方面硬件基础设施的质量较高，在发展中国家和新兴经济体国家中位居首位，包括海关通关等物流服务在内的物流综合绩效领先所有发展中国家。

第五，空间梯度发展优势潜力巨大。空间梯度是大国综合特征的重要表现。东中西部的发展不平衡既是中国推动区域协调发展的难点所在，又为中国经济的持续发展提供了更长久的增长过程，以及更广阔的空间纵深。这种梯度差异具体表现在：一是要素价格梯度，即土地价格、劳动力价格在东中西部存在显著差异；二是市场需求梯度，即不同地区间的人均收入、消费水平和需求层次明显不同；三是产业结构梯度，即中国中东西部甚至区域内产业表现出多样化、阶段化的特征。具体而言，在东部地区劳动密集型产业已不具备优势的情形下向中西部转移，可以在生产流程改进升级的基础上维持并强化比较优势。

第六，产业集群集聚优势需进一步升级。产业集群集聚现象会促进制造业企业知识生产能力和知识转移能力的提高，从而为制造业发展提供良好的知识交流和技术创新环境。具体到中国的情况，技术水平相对较低的行业处于低集聚状态，技术水平较高的制造业的集聚程度则高一些。但与发达国家相比，中国能对全球产业发展产生重要影响的世界级产业集群还比较少，很多同类企业只是聚集在临近的地理区域，相互间的知识交流、资源共享并不多见，因此，如何提升产业集聚区的知识交流强度和知识生产能力，形成根植于产业集群的竞争优势，是中国制造业未来发展的一个重点。

（二）全球制造业竞争形势呈现新特征

一方面，以美国为代表的发达经济体认识到离岸外包造成的产业空心化危害，以及制造业对支持创新、促进就业的重要作用，纷纷提出重振制造业

---

① 引自全球电信研究公司 Analysys Mason 2019 年 4 月发布的独立报告《5G 全球竞争》。

的战略，促进制造业回流。比如，美国2009年以来接连发布《重振美国制造业框架》《美国制造业促进法案》《美国先进制造业领导战略》等；德国发布的《国家工业战略2030》草案亦提出，2030年，其工业增加值占GDP的比重要提高到25%。另一方面，一批发展中国家加快基础设施建设步伐，加大招商引资力度，积极承接劳动密集型产业国际转移。具体而言，全球制造业发展主要有以下几个基本特点：

一是劳动力成本更低廉的发展中经济体对制造环节的吸引力增强。近年来，印度、东盟国家、拉美国家以更低的人力成本和资源成本快速抢占了全球中低端制造业市场。受中美贸易争端以来“转出口”效应及部分产业链和投资转移的影响，以越南为代表的东南亚国家有着相对较好的表现。越南对中国出口的替代作用逐渐显现。跨国企业开始意识到，地缘政治对经贸活动的影响甚于以往，通过提升供应链弹性来应对可能出现的国际情势变化成为跨国公司投资布局的新逻辑。

二是发达国家“再工业化”政策不断加码。国际金融危机后，发达国家政府纷纷制定“再制造业化”战略，不是要实现传统制造业的简单再回归，而是要进一步增强自己在传统制造业优势环节的竞争力，尤其是创造出更高端的、具有更高附加值的新兴产业，抢占21世纪先进制造业制高点，从而快速增强国内实体经济的实力。概括而言，发达国家的“再工业化”政策主要包含以下几个方面：一是改造制造业发展的人力资源和基础设施。如美国和日本就出台政策为员工技能提升提供补贴。二是改善新兴产业的融资条件。如法国政府采取措施引导金融机构加大对制造业贷款力度，扶持中小企业上市融资。三是支持鼓励研发创新活动。《2009年美国复苏与再投资法案》（简称《复苏法案》）安排了180多亿美元用于资助研发，对研究与实验给予永久性税收抵免。四是扩大出口、限制进口，增加本土制造的市场机会。美国《复苏法案》规定了“购买美国货”的条款。很多发达国家通过反倾销、反补贴等贸易救济措施保护国内市场。

三是制造业的智能化水平不断提高。当前，智能制造已经成为各国制造业竞争的重要领域。美国、德国、日本、中国等都把智能制造作为制造业发展的主攻方向，加大研发投入，构建以智能制造为重点的新型制造体系。据不完全统计，截至2019年上半年，全球人工智能领域共获融资超过109亿美元。预计到2025年全球智能制造的产值将超过6万亿美元。智能制造已成为重塑世界各国产业竞争力的关键因素。智能制造全面提升供应链管理和服务能力，智慧虚拟供应链实现快速反应，内外部网络集成实现供应链功能拓展。智能制造重塑产业链竞争优势，加速产业链调整，用户导向成为产业竞争的核心，推动全球价值链产生结构性变化。

在此背景下，中国提出高质量发展，促进产业加快转型升级，在质量变革、效率变革、动力变革方面取得明显进展。主要表现为：一些存在短板的产业基础领域（如工业元器件、新材料）有了明显进步，减轻了对进口的依赖；在高科技最终产品上取得重大突破，比如掌握自主知识产权的“复兴号”高铁实现了量产；一些高技术消费品的技术水平、市场份额、品牌影响力显著提高；数字经济领域的技术创新和商业模式创新处于世界领先地位；新一代信息技术在各行业的应用持续推进，制造业的生产效率和服务能力显著增强；经济的绿色发展水平明显提升，节能环保等绿色产业快速增长；等等。

1. 创新是现代化经济体系的客观要求

自 2008 年国际金融危机以来，全球经贸治理体系出现深度调整，贸易保护主义抬头，全球市场需求疲弱使得全球价值链面临停滞和倒退的风险。面对发达国家的掣肘以及发展中国家制造业的竞相崛起，中国在全球价值链的地位正遭受双面夹击。在新常态下，实现经济全面转型、培育内生增长动能、推动制造业技术创新成为中国经济持续发展的必然选择。

从历史的角度来看，全球科学和技术领域以及教育和人力资本领域的投资格局在过去几十年间发生了重要的积极转变。如今，少数几个高收入经济体（如美国、日本和部分欧洲国家）垄断研究与开发的时代已经结束。研发创新已成为大多数经济体的共同追求和提升国家竞争力的关键要素。对中国而言，特殊的国内发展阶段和严峻的国际形势将科技创新提到了前所未有的高度。科技创新不仅是创造财富、实现可持续发展的第一动力，而且是提升全球价值链地位、参与全球财富分配的重要资源，更是不受制于人自立于民族之林的根本保障。

当今世界正经历百年未有之大变局，中国经济已由高速增长阶段转向高质量发展阶段，原来与欧美发达国家形成的分段互补产业链合作模式正在转变为主导权与制高点的争夺而具有短兵相接的态势。在这种形势下，基于“链”运行的竞争与合作也呈现出新的特点：一方面，链上各方协同合作可以形成利益共同体，合作共赢符合共同利益；另一方面，链上各环节又相互制约、相互竞争，每个企业和国家都力图占据主导地位并尽量排除其他环节的威胁。这种竞争合作新态势日益凸显出创新的重要性。推动创新链和产业链精准对接、双向融合，激活与之配套的金融链、服务链、人才链，是提升中国全球价值链位置、实现经济高质量发展的必然选择。

2. 创新是现代化经济体系的战略支撑

党的十九大报告明确指出，创新是引领发展的第一动力，是建设现代化经济体系的战略支撑。需要加快完善国家创新体系，提高科学技术的生产和配置能力，为现代化经济体系提供有力支撑。

（1）要深刻认识科技创新对建设现代化经济体系的战略支撑作用。

中国现代国民经济体系建设始于新中国初期，改革开放以来逐步发展和完善。新时代要建设的现代化经济体系，是在世界新一轮科技革命和产业变革背景下，以全面建成社会主义现代化强国为目标，对传统经济体系的转型升级。在发展方式上，要实现从数量速度型向质量效益型转变；在经济结构上，要实现产业体系特别是供给体系迈向全球价值链中高端的结构优化；在增长动力上，要实现从依靠要素投入转向依靠创新驱动和全要素生产率提升的转换。这些都必须紧紧依靠科技创新。

首先，科技创新是实现经济发展方式转变和增长动力转换的战略支撑。贯彻落实创新发展理念，坚持质量第一、效益优先，推动经济发展质量、效率、动力三大变革，提高全要素生产率，实现经济高质量发展，增强经济创新力和竞争力，必须依靠科技创新。

其次，科技创新是实现经济结构优化和提升产业竞争力的战略支撑。加快建设制造强国，发展先进制造业，推动互联网、大数据、人工智能和实体经济深度融合，促进传统产业优化升级，培育和发展新动能，构建创新引领、协调发展的现代产业体系和经济体系，必须依靠科技创新。

最后，科技创新是深化供给侧结构性改革的战略支撑。增加有效供给，提高供给系统质量，扩大优质增量供给，加快建设美丽中国、健康中国、平安中国，保障和改善民生，满足人民日益增长的美好生活需要，满足快速升级的全方位、多样化、个性化社会需求，必须依靠科技创新。

（2）加快建设创新型国家和世界科技强国，为建设现代化经济体系奠定科技基础。

纵向看，中国科技创新的确发生了历史性变革，取得了历史性成就，成为全球创新版图中日益重要的一极。横向比，中国距发达国家还有很大差距，特别是基础研究短板突出，重大原创成果缺乏，关键核心技术长期受制于人。“求木之长者，必固其根本；欲流之远者，必浚其泉源。”中国已明确提出“三步走”战略目标，正在加快建设创新型国家和世界科技强国，必将为建设现代化经济体系提供坚实的科技基础。

加强基础研究和应用基础研究，培育和发展颠覆性技术创新，提升原始创新能力。基础研究是整个科学体系的源头，也是建设世界科技强国的根基。基础研究薄弱、原始创新能力不足是中国科技创新的最大短板。要瞄准科技前沿，强化对基础研究的前瞻布局和稳定支持，构建以中央财政为主、企业和民间资本多元参与的投入机制。聚焦关系根本和全局的重大科技问题，加快组织和拓展实施国家重大科技项目，集结精锐力量，加强应用基础研究，实现系统性突破。此外，颠覆性技术创新具有开辟新的技术方向和市场价值体系、形成“非对称”能力和实现竞争格局突变等优势，应高度重视，大力培育和发展。要区分科学与技术、一般技术与颠覆性技术，把握规律、精准支持，并从学科、队伍、基地建设和创新生态等方面综合施策、厚植土壤，提升基础研究水平和原始创新能力。

加强国家创新体系建设，提高创新体系整体效能。国家创新体系整体效能不强、创新资源分散重复低效问题，长期制约中国科技发展。应加强顶层设计，厘清国家科研机构、国防和行业科研机构、高校、企业、地方科研机构等创新主体功能定位，构建分工合作、优势互补的协同创新体制机制。依托最有优势的国家科研机构和国防创新力量，高标准建设国家实验室，统筹推进大科学计划和国家重大科技基础设施、综合性国家科学中心、关键共性技术服务平台等建设，强化国家战略科技力量。推动科教融合、军民融合、科技和金融结合，放大协同集成效应。在区域创新体系上，加快京津冀、长三角、粤港澳大湾区等科技创新中心建设，集聚全球高端创新要素，打造重大原始创新策源地。同时，总结推广自主创新示范区、高新区和全面创新改革试点经验，优化区域创新要素布局，打造各具特色的区域创新增长极，促进区域协调发展。

强化企业主体地位，大幅提升企业技术创新能力。当前制约中国企业创新能力的主要因素：一是研发投入特别是基础研究投入不足，像华为那样实施“针尖式”战略、持续进行高强度研发投入的企业很少；二是知识产权战略薄弱，尤其是海外专利布局能力不足，缺乏国际竞争力；三是对技术的专注与积累不够。欧美知名企业平均寿命约40年，日本长达50多年，且大多专注某一领域，对尖端技术的掌握越深，创新能力就越强；而中国中小企业平均寿命约2.5年，集团企业约7年，很多企业实行多元化战略，一些高技术企业甚至进入投资、房地产和保健领域。要引导支持企业专注行业前沿科技，持续加强基础研究和源头技术研发；支持中小企业特别是“独角兽”企业创新发展，鼓励有条件的企业“走出去”，加快建设一批全球百强创新型企业。

深化科技体制改革，营造良好的创新生态环境。科技领域是最需要不断改革的领域。改革的根本任务是坚持问题导向、需求牵引，营造鼓励创新、宽容失败、良性竞争、信任激励的生态环境。当务之急是改革科技评价制度，建立健全以创新能力、质量、贡献为导向的分类评价体系，对前沿基础研究应坚持国际化和同行评价，对应用研究和技术研发应以市场和用户评价为主，从根本上解决“一刀切”、人情化、数论文、数奖项等突出问题，改变“短平快”和“跟班式”等不良现象。

发挥好市场和政府在创新中的作用。市场是推进创新的决定性力量，新技术、新产品只有得到市场认可、获得市场回报，才能真正体现价值，实现持续创新。当前，中国各类创新活动受到一些体制机制因素的束缚，各类创新主体的积极性和潜能还没有得到充分释放。要通过全面深化改革推进制度创新，破除制约市场主体自主创新的体制机制障碍，有效激发市场主体自主创新的活力和积极性。与此同时，很多重大基础性、战略性和前沿性创新任务是企业和市场难以承担的，技术创新面临的共性和普遍问题需要政府统一规划，提供资金、制度支持。因此，需要更好发挥政府在推进关键共性技术创新方面的组织、协调、服务功能。

培养大批具有专业技能与工匠精神的高素质技术工人。德国、日本都是制造强国，两国高级技术工人占产业工人的比重分别为50%、40%。中国是制造大国并正在向制造强国迈进，但高级技术工人占产业工人的比重仅为5%左右，高级技术工人缺口达近千万人。发挥科学技术对建设现代化经济体系的战略支撑作用，必须加快培育大批具有专业技能与工匠精神的高素质技术工人，切实做好技术技能培训、工匠精神培育等基础工作。

发挥科技创新的战略支撑作用是一项艰巨复杂的系统工程，涉及科技和经济社会的各个层次和方方面面，需要全社会持续协同努力。中国具备较好的科技基础和经济实力，拥有巨大的市场优势、资本优势、人力资源优势和独特的体制优势、改革优势，发挥好科技创新的战略支撑作用，一定能加速建设高质量现代化经济体系，如期全面建成社会主义现代化强国。

发挥科技创新的战略支撑作用是一项艰巨复杂的系统工程，涉及科技和经济社会的各个层次和方方面面，需要全社会持续协同努力。中国具备较好的科技基础和经济实力，拥有巨大的市场优势、资本优势、人力资源优势和独特的体制优势、改革优势，发挥好科技创新的战略支撑作用，一定能加速建设高质量现代化经济体系，如期全面建成社会主义现代化强国。

第三章

中国制造业国际竞争力显著增强

通过对中国制造业嵌入全球价值链的历程进行分析，我们发现尽管很多研究认为发展中国家被动嵌入全球价值链会带来低端锁定现象，但基于中国的实践，我们认为嵌入全球价值链对中国制造业的低端锁定现象只发生在特定阶段。中国长期积累的技术能力、人力资本、产业配套体系、庞大的国内消费市场以及优越的制度等因素共同促成了动态比较优势的建立，中国制造业探索出一条摆脱低端锁定、实现创新发展的升级路径。

一、中国制造业出口增加值分析

自2001年年底加入WTO以来，中国对外贸易增长迅速。出口总额与GDP的比率一度超过30%，2006年的比率高达35%。进出口总额与GDP的比率在2005—2007年超过了60%，甚至一度引起了中国外贸依存度是否过高的争论。受2008年国际金融危机的影响，2009年中国出口总额及出口总额与GDP的比率均骤降，之后出口逐渐恢复，出口总额持续稳定提高，2009—2014年均增速13.7%。但2015年、2016年受全球经济增长放缓、国际需求不振的影响，中国出口总额持续下降，且自2010年以来出口总额与GDP的比率总体下滑。2020年中国出口总额与GDP的比率下降至18.0%，中国对外贸易发展呈现逐渐放缓趋势（见表3-1）。

表3-1　中国对外贸易总体走势

年份	进出口总额占GDP比重/%	出口总额/亿元	出口总额占GDP比重/%	进口总额/亿元	进口总额占GDP比重/%
2000	39	20634.44	21	18638.81	19
2001	38	22024.44	20	20159.18	18
2002	42	26947.87	22	24430.27	20
2003	51	36287.89	26	34195.56	25
2004	59	49103.33	30	46435.76	29
2005	62	62648.09	33	54273.68	29
2006	64	77597.89	35	63376.86	29
2007	62	93627.14	35	73296.93	27
2008	56	100394.94	31	79526.53	25
2009	43	82029.69	24	68618.37	20
2010	49	107022.84	26	94699.50	23
2011	48	123240.56	25	113161.39	23
2012	45	129359.25	24	114800.96	21

（续表）

年份	进出口总额占 GDP 比重/%	出口总额/亿元	出口总额占 GDP 比重/%	进口总额/亿元	进口总额占 GDP 比重/%
2013	44	137131.43	23	121037.46	20
2014	41	143883.75	22	120358.03	19
2015	36	141166.83	21	104336.10	15
2016	33	138419.29	19	104967.17	14
2017	34	153309.43	19	124789.81	15
2018	34	164127.81	18	140880.32	16
2019	32	172373.63	17	143253.69	15
2020	32	179326.36	18	142230.57	14

资料来源：国家统计局。

改革开放以来的很长一段时期，中国贸易结构中的加工贸易占出口比重较高。加工贸易需要进口很多中间投入品，在中国组装、加工后再出口制成品。因此，如果以贸易增加值核算，出口对中国经济增长的贡献率远不如传统贸易统计体现的那么大。国际金融危机后，中国进出口贸易结构逐渐优化，一般贸易出口增加值显著高于加工贸易，制造业转型升级进程加快（见表3-2）。

表3-2　中国出口增加值变化趋势

年份	出口增加值/亿美元	加工贸易出口增加值/亿美元	一般贸易出口增加值/亿美元
2010	10984.4	2867.8	6683.5
2011	13244.6	3239.7	8467.2
2012	14937.7	3448.5	9850.3
2013	16399.1	3391.7	11190.4
2014	17163.1	3472.7	12058.0
2015	17567.8	3273.9	12522.9
2016	16347.4	2918.6	11728.3

（续表）

年份	出口增加值/亿美元	加工贸易出口增加值/亿美元	一般贸易出口增加值/亿美元
2017	17540.7	3106.0	12745.0
2018	19493.8	3297.6	14257.4

资料来源：《全球价值链与中国贸易增加值核算研究报告》，2019 年 10 月。

UIBE 数据库测算出了 2000—2019 年隐含在中国制造业出口中的增加值及所占比例。将 2000 年、2007 年和 2014 年对比，我们选取衡量企业出口到国外并被国外吸收的国内增加值率（DVA）、返回并最终被本国吸收的国内增加值率（RDV）、国外增加值率（FVA）几个指标（见图 3-1）。

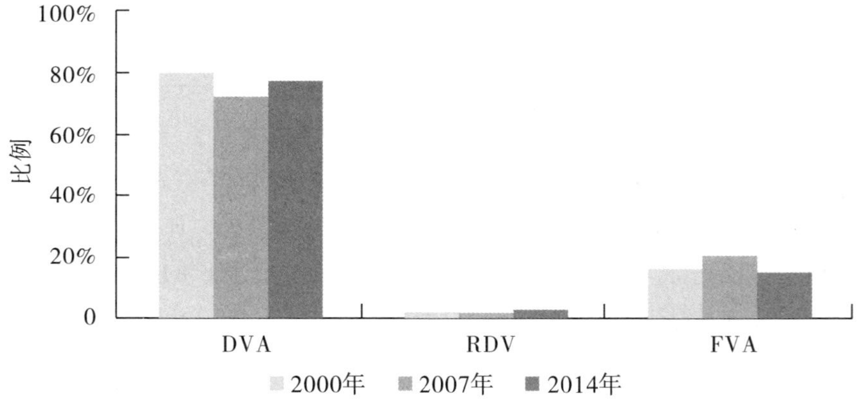

图 3-1　中国制造业出口增加值分解指标

资料来源：UIBE 数据库。

中国制造业出口中 DVA 直接体现中国制造业出口增加值，在国际金融危机前呈现上升趋势，受国际金融危机影响一度下降，但国际金融危机后逆势上升。一定程度上反映出中国制造业嵌入全球价值链的程度不断加深的事实。中国制造业出口中的 RDV 在 2007 年后缓慢上升，但占比较小。中国制造业出口中 FVA 占比总体呈现先升后降的趋势，这表明加入 WTO 后，中国制造业通过进口中间品、资本品提升了产品的技术含量和质量水平，出口产品中的国外增加值不断增加。然而，2008 年国际金融危机后，贸易总量下降，贸易保护主义盛行，发达国家采取更加严厉的出口管制和技术封锁，全球价值链的分工格局被迫调整，全球价值链缩短背景下，中国制造业出口中 FVA 占比也有所下降。

2016年发布的世界投入产出数据库（WIOD）包含了43个国家56个部门从2000年到2014年的投入产出数据，采用了最新的国际行业分类标准（ISIC，Rev4），我们参照经济合作与发展组织（OECD）按照《欧盟经济活动分类统计标准第一版》（NACE1）统计分类，将制造业划分为高技术制造业、中高技术制造业、中低技术制造业和低技术制造业四大类（见表3-3）。

表3-3　WIOD制造业产业代码、NACE代码、产业名称及技术类别

产业代码	NACE代码	产业名称	技术类别
c3	15t16	食品、饮料制造及烟草业	低技术制造业
c4	17t18	纺织业	低技术制造业
c5	19	皮革及鞋类制品业	低技术制造业
c6	20	木材加工及木、竹、藤、棕草制造业	低技术制造业
c7	21t22	造纸及纸制品业、印刷和记录媒介的复制业	低技术制造业
c8	23	石油加工、炼焦及核燃料加工业	中低技术制造业
c9	24	化学原料及化学制品制造业、化学纤维制造业	中高技术制造业
c10	25	橡胶及塑料制品业	中低技术制造业
c11	26	非金属矿物制品业	中低技术制造业
c12	27t28	金属制品业	中低技术制造业
c13	29	通用专用设备制造业	中高技术制造业
c14	30t33	电气和光学设备制造业	高技术制造业
c15	34t35	交通运输设备制造业	中高技术制造业
c16	36t37	其他制造业及废弃资源和旧材料回收加工业	低技术制造业

按不同技术密集度对产业进行分类，我们发现中国低技术制造业出口中DVA占比最高，且上升趋势明显（见表3-4）。改革开放以来，在外向型经济发展战略下，中国东部沿海地区的企业积极融入全球价值链，建立起完整的供应链、产业链体系，生产的制造业产品物美价廉，在国际市场中具有较高竞争力。高技术制造业和中高技术制造业RDV呈现逐年下降趋势，在制造业

出口中的占比都有上升趋势，其中高技术制造业上升幅度最大，表明技术密集型制造业嵌入全球价值链的程度明显高于其他制造业，这反映出中国高技术行业通过参与全球分工实现了快速发展。在FVA占比中，高技术制造业占比最高，中低技术制造业占比相对较低。说明中国高技术行业的进口依存度高，关键核心技术无法实现自给自足，技术受制于人的问题依然严重。

表3-4　不同技术密集度产业的出口增加值分解

产业	年份	RDV	DVA	FVA
高技术制造业	2000	8.58%	73.70%	26.30%
	2007	6.00%	63.45%	36.55%
	2011	5.98%	71.82%	28.18%
	2015	5.25%	80.74%	19.26%
	2019	4.74%	81.44%	18.56%
中高技术制造业	2000	10.96%	83.26%	16.74%
	2007	12.12%	76.11%	23.89%
	2011	12.01%	79.15%	20.85%
	2015	8.24%	86.52%	13.48%
	2019	7.74%	87.09%	12.91%
中低技术制造业	2000	3.43%	83.92%	16.08%
	2007	10.32%	75.84%	24.16%
	2011	12.14%	75.96%	24.04%
	2015	7.53%	84.54%	15.46%
	2019	6.34%	85.01%	14.99%
低技术制造业	2000	7.25%	85.19%	14.81%
	2007	6.30%	83.48%	16.52%
	2011	6.07%	85.93%	14.07%
	2015	4.12%	90.93%	9.07%
	2019	3.87%	91.36%	8.64%

资料来源：UIBE数据库。

二、制造业中间品显性比较优势分析

随着国际贸易由产业内贸易向产品内贸易深化和拓展，中间品贸易日益受到广泛重视。通常情况下，一国中间品贸易的增加值越大，其越接近全球价值链的高附加值环节，在全球价值链分工中的位置越高。为了考察中国制造业在全球价值链的位置，我们对比了中国、德国、日本、美国制造业显性比较优势（见图 3-2、图 3-3、图 3-4、图 3-5）。结果显示，中国制造业显性比较优势主要集中在低技术制造业领域。纺织服装制品制造、家具制造和橡胶塑料制品制造等制造业显性比较优势数值较大，这些行业具有一定的国际竞争力。在高技术制造业领域，中国出口规模较大的电气设备制造、机械设备制造等行业国际竞争力较弱。日本和德国制造业总体竞争力水平较高，制造业优势产业涵盖了中高技术制造业和高技术制造业领域。在电气设备制造、机械设备制造等行业，日本和德国竞争力优势明显。除此之外，日本制造业在计算机光电设备制造、橡胶塑料制品制造等行业，也表现出较强的竞争力优势；美国在中高技术制造业、高技术制造业领域具有显性比较优势，这反映出美国制造业领域的高生产率使其在中间品出口方面具有较大优势。值得注意的是，中国的劳动密集型行业中间品出口与美国的差距在扩大，而中高技术制造业如机械设备制造和电气设备制造等行业的中间品出口与美国具备相当的竞争优势。在高技术制造业和中高技术制造业领域的电气设备制造、机械设备制造等行业，美国制造业显性比较优势低于日本和德国，高于中国。由此可见，中国制造业整体水平和具有优势的制造业在全球市场上的竞争力有了明显提升，产业分工向价值链上游攀升，但与欧美发达国家相比，在高端制造业以及零部件方面尚有差距，制造业出口增值能力尚有提升的空间。

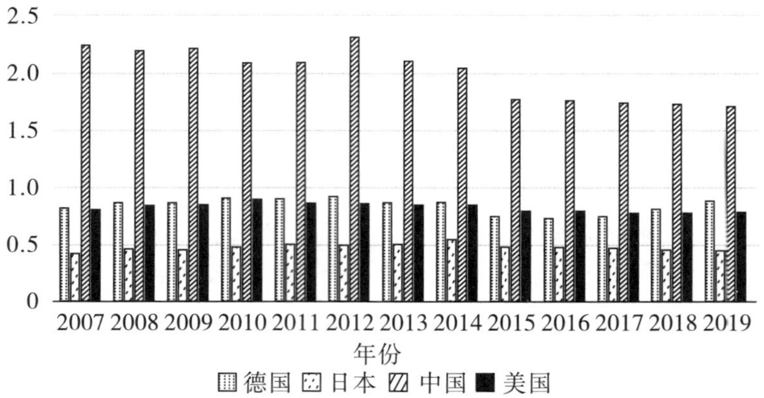

图 3-2　各国家低技术制造业显性比较优势

资料来源：UIBE 数据库。

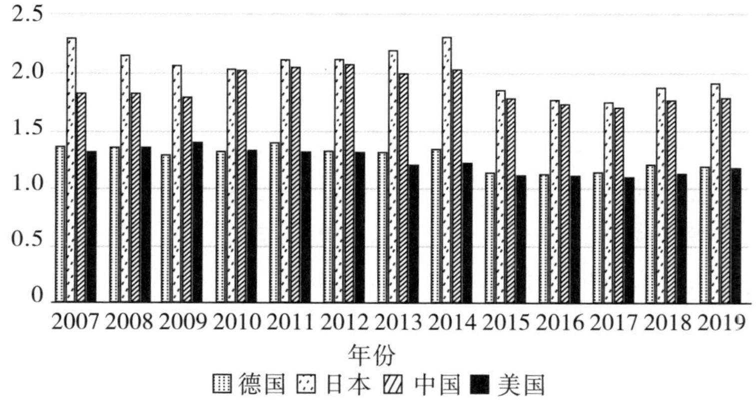

图 3-3　各国家高技术制造业显性比较优势

资料来源：UIBE 数据库。

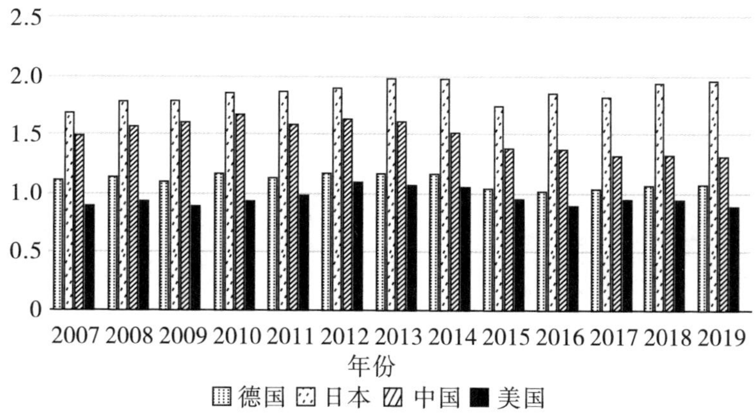

图 3-4　各国家中低技术制造业显性比较优势

资料来源：UIBE 数据库。

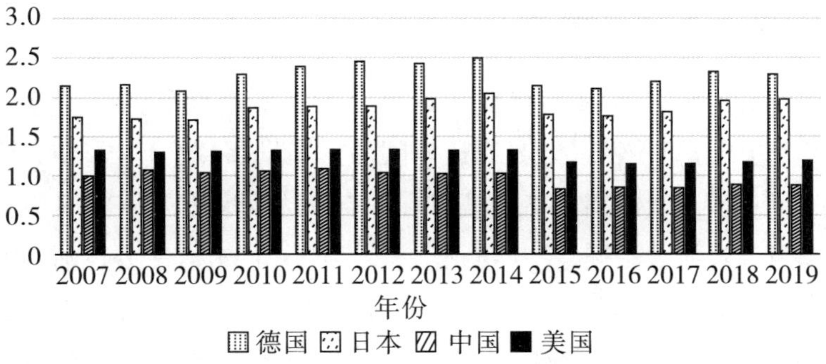

图 3-5　各国家中高技术制造业显性比较优势

资料来源：UIBE 数据库。

三、全球价值链嵌入分析

20 世纪 80 年代，哈佛教授波特最早定义了价值链概念，认为价值链是不同生产环节的价值创造的动态链条，为研究全球贸易背景下的价值链体系奠定了相关理论基础。波特（Porter）等（1998）进一步将价值链理论拓展为纵向价值链即企业上下游供应商和分销商之间的合作与竞争，横向价值链即企业与竞争对手之间的联系。波特的价值链理论揭示了企业之间的竞争不只是某个环节的竞争，而是全价值链的竞争。Gereffi（1994）首次提出全球商品链（GCC）的分析框架，该框架将价值链分为购买者驱动型全球商品链和生产者驱动型全球商品链。后来 Gereffi 等（2001）在分析全世界的产业升级和产业相互联系的现象时，又发展了新的概念——全球价值链（GVC）来代替 GCC。Gereffi 等（2011）将全球价值链定义为“公司和工人将产品从概念带到最终用途以及其他方面所做的全方位活动”。联合国工业发展组织 2002 年将全球价值链定义为将生产产品的不同价值增值环节联系起来的网络组织，包括产品的研发设计、生产制造、市场营销、售后服务，以及最终消费和回收处理整个过程。这一定义中提到了全球价值链的嵌入环节可分为低端、中端和高端，发展中国家融入全球价值链一般从中低端部分开始，实现全球价值链的产业升级一般要经历工艺流程升级、产品升级、功能升级和链条升级四个阶段，而技术创新是突破常规升级轨道的重要途径。

（一）参与度指数分析

UIBE 数据库将 GVC 参与度分为前向参与度和后向参与度，这两个指标本质上是以一国进口中间品还是出口中间品为出发点测度该国参与 GVC 的程度。从中国制造业总体 GVC 参与度来看，与发达国家主要以前向参与度为主的 GVC 参与方式显著不同，中国制造业参与 GVC 的方式主要以后向参与度为主（见图 3-6），也就是说，我们主要通过进口中间品进行加工生产，附加值主要在国外。近些年来，虽然中国的前向参与度有所提升，但整体水平并不高。2008 年国际金融危机影响了中国 GVC 参与度，前向参与度和后向参与度均出现不同程度的下降，前向参与度相对稳定，反映出中国制造业积极推动产业转型升级，提升产品附加值，转变外贸结构，有效抵御了国际金融危机的不利影响。与此同时，所有后向参与度下降，说明 GVC 的分工格局在国际金融危机后被动调整，通过完善国内产业体系，培育内生增长动能，中国制造业对 GVC 的依赖程度有所减弱。

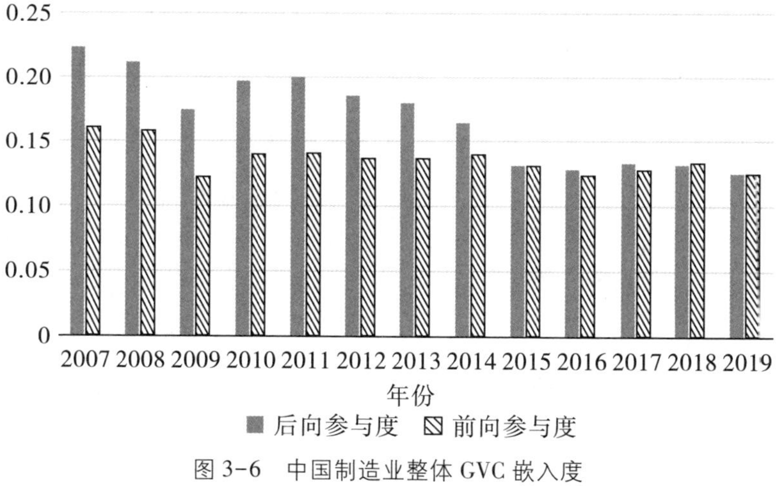

图 3-6 中国制造业整体 GVC 嵌入度

资料来源：UIBE 数据库。

对中国与美国、日本、德国制造业 GVC 参与度进行比较分析可以发现，与低技术制造业相比，高技术制造业生产工序复杂、加工环节多、产业链长。中国高技术制造业总体参与度程度较高，但主要是由后向参与度贡献，以进口中间品为主，扮演“加工组装”的角色。在低技术和中高技术制造业领域，中国具有一定的比较优势，中间品出口具有较强的竞争力。日本和德国在高技术制造业参与度方面大体相当，美国次之。数据显示：GVC 前向参与度方面，四国在中高技术和高技术制造业领域参与度高于低技术制造业；低技术制造业前向参与度指标均低于 0.15。值得注意的是，中国低技术制造业前向参与度高于美国、日本和德国，但高技术制造业前向参与度低于其他三国。GVC 后向参与度方面，中国高技术制造业参与度高于其他三国，参与指数值为 0.29，美国、日本和德国该类制造业参与度约为 0.15。美国、日本、德国在高技术制造业领域方面，前向参与度远大于后向参与度，这些国家更专注于对高端制造业的控制能力，为世界其他国家提供大量中间品生产，扮演"中间品出口国"的角色，在高端制造业出口上获取了丰厚的贸易利益。在中高技术制造业领域，日本、德国前向参与度和后向参与度均高于美国。原因在于，2008 年国际金融危机之前，美国长期实施的制造业外迁致使空心化比较严重。

按照行业技术密集度，我们将制造业分为低技术、中低技术、中高技术、高技术几类，分别分析其参与度情况（见图 3-7、图 3-8）。

图 3-7　分行业 GVC 前向参与度指标

资料来源：UIBE 数据库。

图 3-8 分行业 GVC 后向参与度指标

资料来源：UIBE 数据库。

对于低技术制造业而言，前向参与度普遍较高。2000—2019 年间，纺织业、纸制品业的前向参与度提升较大，但受国际金融危机的影响，波动较明显。低技术制造业的后向参与度在 2007 年之前呈上升态势，但在 2007 年后开始波动下降，说明 2001 年加入世贸组织后，中国低技术制造业迅速参与到国际分工网络中，具备一定的竞争优势，然而，近 20 年间低技术制造业的后向参与度与 2000 年相比显著下降，这不得不引起我们的注意。低技术制造业解决了大批就业，但粗放式发展模式并没有提升产业在价值链中的分工地位，特别是食品、饮料、烟草产品、纺织业的低端锁定问题依然突出。

中国中低技术制造业的前向参与度整体呈现缓慢上升趋势。细分行业看，橡胶塑料制品行业、金属制品行业在该类行业中遥遥领先，说明由于行业自身的技术积累，与国际水平差距不大。中低技术制造业后向参与度整体呈下降趋势。石油加工行业、金属制品行业的后向参与度相对较高，非金属矿物产品的后向参与度较低。

中高技术制造业中，GVC 前向参与度高的行业是化学原料及化学制品。中高技术制造业后向参与度是行业分类中最高的，从 2000 年以来稳步提升，国际金融危机后下降明显，其中运输设备行业保持较高的后向参与度。

高技术制造业的 GVC 前向参与度自 2000 年后快速上升，国际金融危机后有所波动，但整体保持上升态势。与其他行业一样，高技术制造业的 GVC 后向参与度也呈现逐年下降趋势。这反映出中国高技术制造业产业升级效果显著。

（二）全球价值链生产位置指数分析

从制造业整体全球价值链生产位置指数看，2000 年之后中国制造业的价值链地位明显提升（见图 3-9），这主要是由于加入 WTO 后，中国的劳动力成本优势为吸引外资、促进出口发挥了重要作用，使中国制造业在短时间内全面嵌入全球价值链的生产和分工中，一跃成为“世界工厂”。

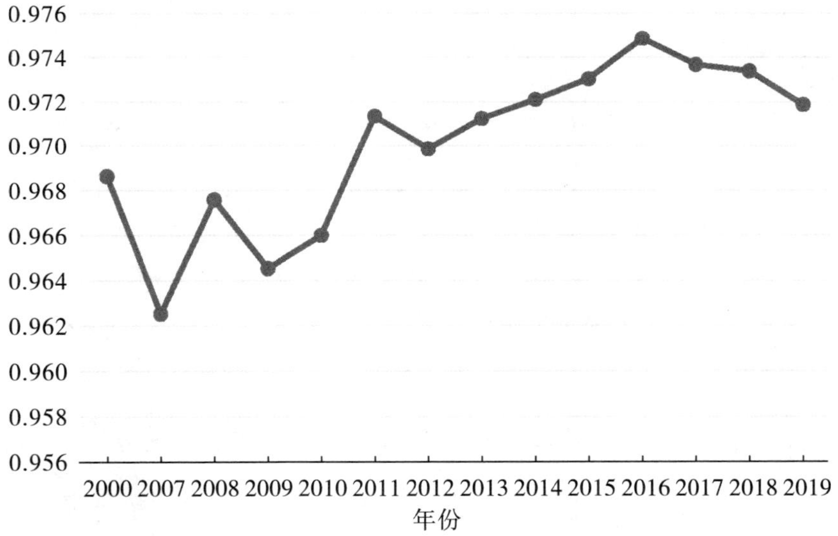

图 3-9　制造业整体全球价值链生产位置指数

资料来源：根据 UIBE 数据库计算而得。

从低技术、中低技术、中高技术、高技术制造业看，中国低技术制造业的价值链生产位置指数最高（见图 3-10），说明中国高技术制造业分工地位有所提升，但总体仍然以低技术和中低技术制造业为主，中高技术制造业的竞争力仍有待提升。2010 年前，低技术、中低技术、中高技术、高技术制造业生产位置指数都处于上升区间。2010 年后，低技术和中低技术制造业的全球价值链生产位置指数继续保持上升态势，高技术和中高技术制造业全球价值链生产位置指数呈波动上升趋势。在低技术制造业中，食品、饮料、烟草产品行业位置最高。在中低技术制造业中，石油加工行业的位置最高。在中高技术制造业中，通用设备行业位置最高。

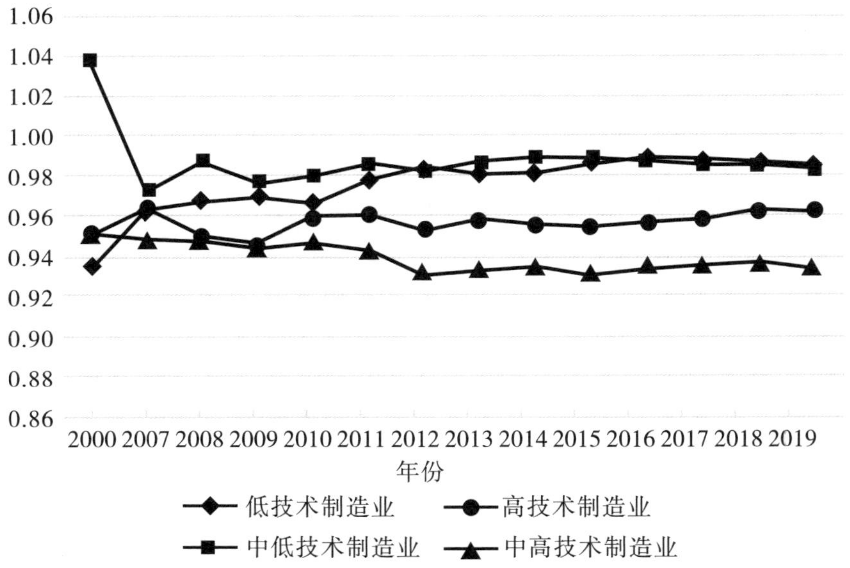

图 3-10　分行业全球价值链生产位置指数

资料来源：UIBE 数据库。

（三）中国制造业嵌入全球价值链的低端锁定问题分析

自从英国工业革命把制造业从传统农业和初级产品生产中彻底分离后，不同类别经济活动在全球贸易中所表现出来的不同经济意义日益显著，从事高端经济活动所获得的收益要超过低端经济活动（Reinert，1995）。2014 年世界贸易组织发布的报告中对低端锁定进行了定义，是指在参与全球价值链的过程中，发达国家掌握着核心技术和专利，利用其核心技术压制发展中国家的知识创造和竞争力提升，使发展中国家的企业丧失核心竞争力而被限制在价值链的低端环节。中国制造业处于全球价值链低端环节的原因主要有以下几个方面。

第一，发达国家主导全球价值链。20 世纪末以来，在全球化背景下，跨国公司推动的全球生产网络逐渐形成，发展中国家也被纳入全球生产分工体系，中国自2001年加入WTO以来，不断加深对全球生产网络的融入程度。然而，我们必须清晰地认识到，全球价值链体系是由发达国家的跨国公司主导的，所有的规则都是基于发达国家利益最大化构建的，发展中国家的企业加入其中必然遭遇不公平的待遇。一方面，发达国家将低附加值制造环节向外转移，使其集中精力开展研发、设计、营销等高附加值环节，不断巩固自己在技术创新领域的优势地位，向全世界输出技术，获取更大的垄断利润。在这样的全球价值链治理模式下，发展中国家嵌入全球价值链实现过程或产品升级较容易发生，但功能升级和部门间升级却非常困难。另一方面，受制于发达国家严格的环保政策，很多资源消耗大、环境污染严重的制造业被转移到发展中国家，破坏了当地的生态环境，不仅影响经济社会可持续发展，而且民众的生命健康也遭受威胁。所以，中国自加入全球生产网络后，虽然制造业产品和过程升级已经实现，但向价值链高端迈进却十分艰难。

第二，对外开放的作用。在研究全球价值链与技术创新关系时，外商直接投资被看作技术溢出效应的主要作用机制。然而，很多研究发现，外国直接投资会通过“市场窃取效应”对非合资企业的技术创新的溢出产生显著负向影响，使得同行业的本地企业被低端锁定。与此同时，伴随全球价值链的垂直分工细化程度加大，技术外泄效应增加，不利于形成本国完善的供应链体系，抑制了本地价值链的拓展。因此，我们发现，日本、韩国在嵌入全球价值链时刻意保持与外资的距离，采取派出学习和逆向工程等方式提升技术能力。

第三，制造业创新能力弱，生产率低。中国制造业的技术创新能力弱、劳动生产率较低是全球价值链低端锁定的主要原因。在劳动生产率的国际对比中，中国还远远落后于发达国家如美国、德国、日本，2018年中国劳动生产率相当于美国的25.7%、日本的38.6%、德国的32.3%、世界平均水平的80.5%，这说明我们的技术能力还有待提升。

表3-5　劳动生产率的国际对比（单位：美元/人）

年份	世界	中国	美国	日本	德国
2000	24212.06	6470.40	92140.94	66277.22	82267.77

（续表）

年份	世界	中国	美国	日本	德国
2001	24455. 67	6999. 85	93123. 63	66869. 47	83450. 91
2002	24820. 27	7607. 93	95311. 81	67722. 50	83914. 29
2003	25387. 02	8330. 81	97782. 01	68853. 72	84061. 51
2004	26258. 78	9086. 94	100333. 50	70228. 45	86102. 96
2005	27023. 87	10050. 36	101982. 00	71102. 65	85661. 28
2006	28018. 25	11256. 29	102986. 40	71803. 88	87229. 72
2007	29055. 13	12775. 48	103962. 80	72513. 45	88006. 35
2008	29538. 62	13987. 09	103766. 20	71851. 96	87918. 29
2009	29314. 02	15267. 68	104657. 10	68922. 04	83010. 62
2010	30534. 13	16830. 28	107882. 70	72101. 09	85500. 64
2011	31406. 41	18347. 07	108666. 70	72143. 36	86557. 40
2012	32069. 28	19731. 53	109142. 10	73422. 17	86373. 15
2013	32751. 53	21209. 34	109752. 70	74234. 21	85870. 05
2014	33467. 00	22718. 78	110642. 20	73962. 07	86898. 33
2015	34175. 05	24266. 74	112080. 30	74642. 36	87941. 90
2016	34867. 22	25878. 25	111941. 30	74617. 14	88612. 20
2017	35650. 07	27644. 87	112677. 30	75235. 02	89748. 20
2018	36639. 88	29498. 54	114990. 00	76418. 96	91357. 92

注：表中数据以2011年政府和社会资本合作模式（PPP）不变价格统计，即不变价格GDP与就业人口之比。

数据来源：国际劳工组织网站。

四、中国制造业逐步摆脱低端锁定实现创新发展

中国制造业嵌入全球价值链可以分为两个阶段。第一个阶段是2008年国

际金融危机前，制造业整体技术水平较低，对国外进口中间品的依赖度高，国内企业不重视自主研发，低端锁定问题较为突出。第二个阶段是 2008 年后，在中国经济发展模式深刻调整的背景下，制造业转型升级加速推进，中国长期积累的技术能力、人力资本、产业配套体系、庞大的国内消费市场以及优越的制度等因素共同促进了动态比较优势的建立，制造业探索出一条摆脱低端锁定实现创新发展的升级路径。

（一）中国制造业企业技术创新情况分析

创新的概念源于经济学家熊彼特，他认为创新就是在生产中引入原材料和生产要素的新组合，形成新的生产函数。新的生产组合包括：产品创新即引入具有新特征的产品，工艺创新即新的生产方法，市场创新即新的市场开发，供给创新即新的要素供给来源，组织创新即实行新的管理模式。索罗(进一步将创新分为两个阶段：第一个阶段是新思想的来源，既可以是内部的创意，也可以是来自外部的学习；第二个阶段是对以后阶段的实现和发展。林恩认为，技术创新包括对技术的商业潜力评估、商业化生产等过程。弗里曼将技术创新定义为新产品、新技术、新工艺的运用实现商业化应用的全过程。国内学者柳卸林认为，创新是指与新产品的制造、新工艺过程或设备的首次商业应用有关的技术的、设计的、制造的及商业的活动，包括产品创新、过程创新、技术扩散。成思危将技术创新分为三类：一是跟随创新，在他人的基础上继续发展出新的产品市场。二是集成创新，是对已有技术的重新组合，创造出新产品。三是原始创新，是从一种发明开始，从一种全新的东西开始进行创新。基于已有文献，本书认为技术创新是指创新主体通过技术上的发明或改进，提供新的产品或生产方式。技术创新是为了追求生产率的提升和创新成功后的垄断利润。技术创新是从简单到复杂不断发展的动态过程，创新本身具有异质性和复杂性。

技术创新的分类方法有很多。其中有代表性的是 March（1991）将创新分为突破式创新和渐进式创新。突破式创新是开辟了一个新的技术轨道，形成产品和核心专利，而渐进式创新只是在现有专利基础上进行改进。突破式创新需要雄厚的资金、长期积累和专业人才，体现企业的自主创新能力；渐进式创新投入少、成本低、强调对已有技术的消化和吸收，是小规模的技术改进，体现企业的模仿创新能力。对创新研究做出重要贡献的克里斯坦森，在其1997年出版的《创新者的窘境》一书中，基于创新价值网络，提出了维持性创新和破坏性创新。其中破坏性创新分为对低端市场的破坏和对新市场的破坏。对低端市场的破坏是指生产物美价廉的新产品来吸引新消费者，以此蚕食现有企业的市场份额。这类产品虽然技术不成熟且性能较差，但因为具有不可取代的优势满足了消费者的需求，因而在不断进行的技术迭代中取得成功。依据中国所处的创新发展阶段，本书从技术创新成果反映技术创新能力的视角进行分类，将技术创新分为模仿创新和自主创新。模仿创新即企业在原有技术基础上进行的创新，具有周期短、成本低、难度小的特征。自主创新即实现一种根本性的创新，具有周期长、成本高、难度大的特征。

技术创新是一个相对抽象的概念，当前学术界主要从投入、产出和效率三个方面来衡量。第一种是研发投入，用研发人员数量或研发支出作为创新活动的衡量指标，这种方式反映了创新的投入，但这种衡量方法无法反映产出，是对创新的间接衡量（Feldman，1994）。第二种是专利申请和授权。相对于研发投入，企业的专利活动被认为是企业创新活动更好的代理变量，因为如果公司的创新研发能力不足，即便有更多的研发投入，也不能说明企业的创新能力强。近年来，随着专利引用数据的可获得性，很多学者用专利的引用次数来衡量创新产出的质量。当然，用专利活动来衡量创新也存在局限性，尤其是不同行业特征的公司存在很大差异。同时，由于专利申请虽然会得到法律的保护，但如果将技术细节予以公布，对很多企业而言会造成竞争者的模仿和搭便车，因此很多创新能力强的企业并没有很大的动力申请专利。第三种是从创新效率的角度进行衡量，通常采用数据包络分析（DEA）方法计算创新的投入（产出）效率或者用全要素生产率（TFP）技术进步来度量。尽管技术进步与技术创新存在差异，但技术创新是技术进步的重要组成部分，能够反映技术创新的结果和实效。

研究与试验发展经费投入强度（研究与试验发展经费投入/国内生产总值）以直观的量化方式比较各个国家和地区的基础研究资助强度差异，是国际上用于衡量一个国家和地区在科技创新方面努力程度的指标。2020年，中国研究与试验发展经费投入强度为2.2%，全球排名与法国、荷兰并列第12位，较2019年（第15位）上升了3位，已达到中等发达国家水平。按活动类型来看，全国投入基础研究经费1467.0亿元，比上年增长9.8%；应用研究经费2757.2亿元，增长10.4%；试验发展经费20168.9亿元，增长10.2%。基础研究、应用研究和试验发展经费所占比重分别为6.0%、11.3%和82.7%。

国家统计局公布的数据显示，2008年以来规模以上工业企业的研发（R&D）企业数量逐渐增多，有R&D活动的企业从2008年的6.18%上升到2020年的36.70%；R&D人员全时当量增长较快，说明制造业企业加大了研发人员的引进；企业的R&D经费占比虽然也有所增加，但投入强度还处于较低水平（见表3-6）。原因是大部分企业的盈利水平尚未达到大规模研发投入的水平，无力进行研发。

表3-6　规模以上工业企业研发情况

年份	有R&D活动企业数/个	有R&D活动企业所占比重/%	R&D人员全时当量/（年·万人）	R&D经费支出与主营业务收入之比/%
2008	17075	6.18	54.20	0.56
2010	36387	8.48	144.70	0.69
2012	47204	13.70	224.62	0.77
2014	63676	16.90	264.16	0.84
2016	86891	22.95	270.25	0.94
2018	104820	28.00	298.12	1.30
2019	129198	34.20	315.18	1.32
2020	146691	36.70	346.00	1.41

资料来源：国家统计局网站。

（二）制造业技术创新投入分析

从2004、2015、2020年中国规模以上工业企业的研发投入经费占主营业务收入的比重数据来看（见表3-7），嵌入全球价值链背景下，中国规模以上工业企业创新投入逐年增加。其中增长较快的是低技术和中低技术行业企业，高技术行业企业的研发强度增长率最低，一定程度上说明全球价值链嵌入对高技术行业企业存在抑制效应。

表 3-7 规模以上工业企业研发强度（%）

年份	低技术	中低技术	中高技术	高技术
2004	0.24	0.36	0.95	1.05
2015	0.50	0.70	1.60	2.10
2020	0.81	1.12	2.25	2.76

资料来源：《中国科技统计年鉴》。

数据显示，2011 年之前中国企业将大部分研发经费用于技术改造经费支出，2011 年后工业企业的研发经费支出开始超过技术改造经费支出（见图 3-11），标志着中国企业逐步从模仿创新进入自主创新阶段，自主研发的重要性逐渐得到企业的认可。

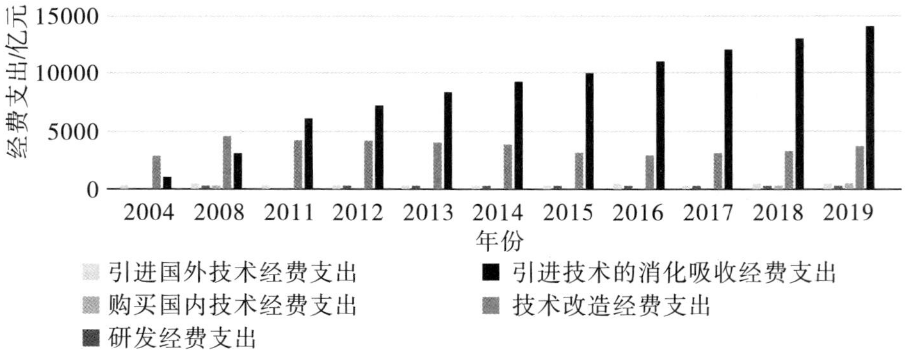

图 3-11 规模以上企业研发经费投入情况

资料来源：国家统计局网站。

行业研发经费排名中，计算机、通信和其他电子设备制造业排名第一，电气机械和器材制造业与汽车制造业排名第二和第三（见表 3-8）。前十大产业中，大部分是新兴产业，传统产业只有黑色及有色金属冶炼和压延加工业研发经费较多，其他传统产业研发投入较低，特别是中低技术产业的研发投入积极性仍然不高。这一方面是中国客观的资源禀赋带来的必然结果，另一方面我们也要意识到中低技术产业在创新路径和战略方面有别于高技术产业，应采取适宜的政策鼓励而不是抑制其持续创新的动力。

表 3-8 2020 年研发经费排名前十的行业

产业	研发经费投入/亿元
计算机、通信和其他电子设备制造业	2915.20
电气机械和器材制造业	1567.10
汽车制造业	1363.40
通用设备制造业	977.90
专用设备制造业	966.00
黑色及有色金属冶炼和压延加工业	799.30
化学原料和化学制品制造业	797.20
医药制造业	784.60
金属制品业	561.90
非金属矿物制品业	513.10

资料来源：根据国家统计局网站数据整理。

2020 年全国研发强度约 2.23%。分地区来看，东部地区的研发强度大多高于全国平均水平，北京、上海、天津的研发强度较高，但福建、河北的研发强度较低，海南的研发强度低于西部省份青海，在全国的排名中靠后。其次是中部地区，湖北、安徽的研发强度表现突出。西部地区的研发强度整体较低，只有陕西、重庆、四川的研发强度较高。东北地区的研发强度也低于全国平均水平（见表 3-9）。地区研发强度体现出中国创新经济区域发展不平衡的现实。

表 3-9 2020 年各地区研发强度（%）

东部地区	研发强度	中部地区	研发强度	西部地区	研发强度	东北地区	研发强度
北京	6.31	湖北	2.09	内蒙古	0.86	辽宁	2.04
广东	2.88	湖南	1.98	广西	0.79	黑龙江	1.08
江苏	2.79	山西	1.12	重庆	1.99	吉林	1.27

（续表）

东部地区	研发强度	中部地区	研发强度	西部地区	研发强度	东北地区	研发强度
山东	2.10	安徽	2.03	四川	1.87	—	—
浙江	2.68	江西	1.55	贵州	0.86	—	—
上海	4.00	河南	1.46	云南	0.95	—	—
海南	0.56	—	—	西藏	0.26	—	—
福建	1.78	—	—	陕西	2.27	—	—
天津	3.28	—	—	甘肃	1.26	—	—
河北	1.61	—	—	青海	0.69	—	—
—	—	—	—	宁夏	1.45	—	—
—	—	—	—	新疆	0.47	—	—

（三）制造业技术创新产出分析

我们选取新产品销售收入、新产品出口、有效发明专利数几个指标来观察中国制造业技术创新产出情况（见表 3-10）。2004 年以来中国制造业创新产出逐年增加，2020 年的新产品销售收入是 2004 年的 10.44 倍，新产品出口是 2004 年的 8.26 倍，有效发明专利是 2004 年的 47.76 倍。

表 3-10　规模以上工业企业技术创新产出情况

年份	新产品销售收入/亿元	新产品出口/亿元	有效发明专利数/件
2004	22808.6	5312.2	30315
2008	57027.1	14081.6	80252
2009	65838.2	11572.5	118245
2011	100582.7	20223.1	201089
2012	110529.8	21894.2	277196
2013	128460.7	22853.5	335401

（续表）

年份	新产品销售收入/亿元	新产品出口/亿元	有效发明专利数/件
2014	142895.3	26904.4	448885
2015	150856.6	29132.7	573765
2016	174604.2	32713.1	769847
2017	191568.7	34944.8	933990
2018	197094.1	36160.8	1094200
2019	212060.3	39269.3	1218074
2020	238073.7	43853.3	1447950

资料来源：根据国家统计局网站数据整理。

从不同类型的创新主体看，2017 年后内资企业对创新产出的贡献持续升高（见图 3-12）。在内资企业中，私营企业的发明专利数量最多，其次是股份有限公司，国有企业的发明专利数量最少（见图 3-13）。这说明内资私营企业最有动力进行发明创造。

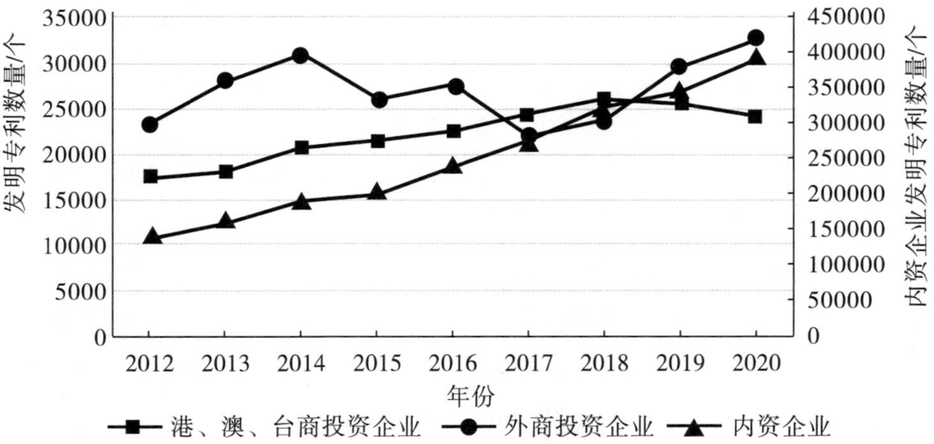

图 3-12 不同类型规模以上工业企业发明专利数量

资料来源：国家统计局网站。

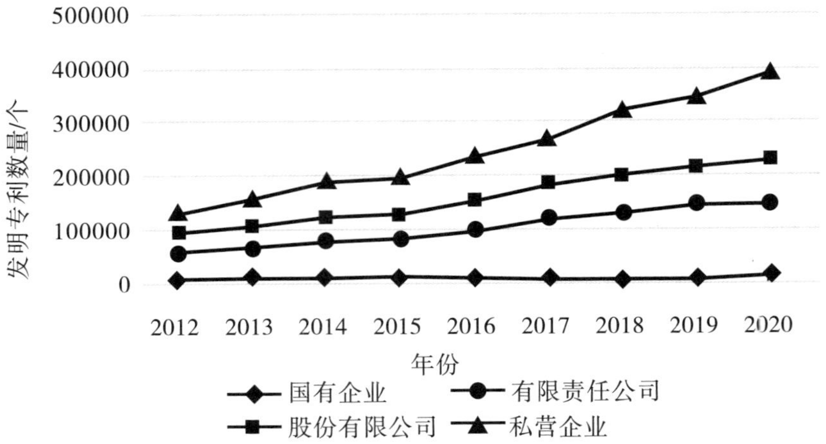

图 3-13 内资企业不同所有制发明专利数量

资料来源：国家统计局网站。

从研发成果转化指标有效专利实施率来看，有效外观设计的专利实施率最高，有效发明专利的实施率长期低于总体专利实施率。企业在三种专利中的实施率占比最大，其次是科研机构和高校（见表 3-11）。

表 3-11 有效专利实施率（%）

有效专利类型	企业	高校	科研机构	总体
有效发明专利	62.1	14.7	28.9	50.7
有效实用新型	61.9	8.2	32.0	58.7
有效外观设计	66.9	6.0	52.4	65.0

资料来源：《2020 年中国专利调查报告》。

有效发明专利产业化率从 2015 年起波动下降至 2018 年的 32.3%后逐步回升，2020 年有效发明专利产业化率为 34.7%。2015—2017 年，有效专利产业化率在 46.0%和 34.6%区间范围内波动，2017 年最低为 34.6%，此后持续回升，2020 年有效专利产业化率增至 41.6%（见图 3-14）。

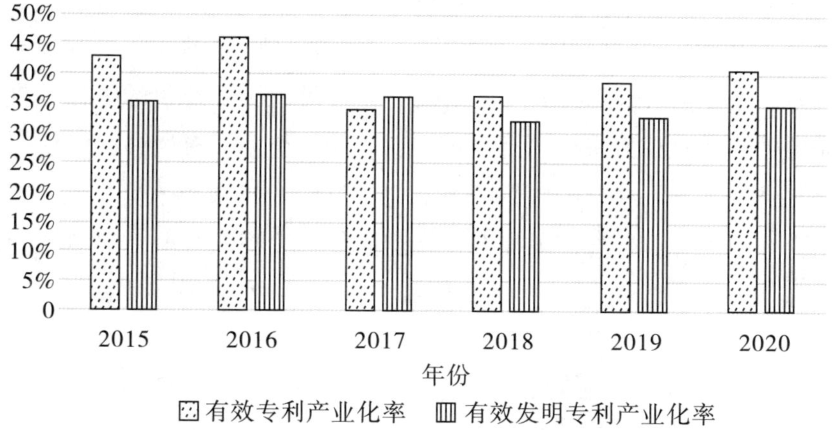

图 3-14　2015—2020 年有效专利产业化率、有效发明专利产业化率

（四）创新模式分析

根据《2018 年中国专利调查报告》数据，我们发现中国企业的技术创新整体呈现短周期、自主研发模式。不超过 0.5 年的研发项目占比为 15.81%，0.5～1 年（不含 1 年）的研发项目占比为 31.02%，1～2 年（不含 2 年）的研发项目占比为 33.81%，接近 80%的研发项目为短周期研发（见图 3-15）。这一方面说明中国企业的研发效率较高，学习能力较强，但另一方面也暴露出中国企业的研发水平较低，追求数量忽视质量，创新模式多为渐进式模仿创新而非探索式自主创新。

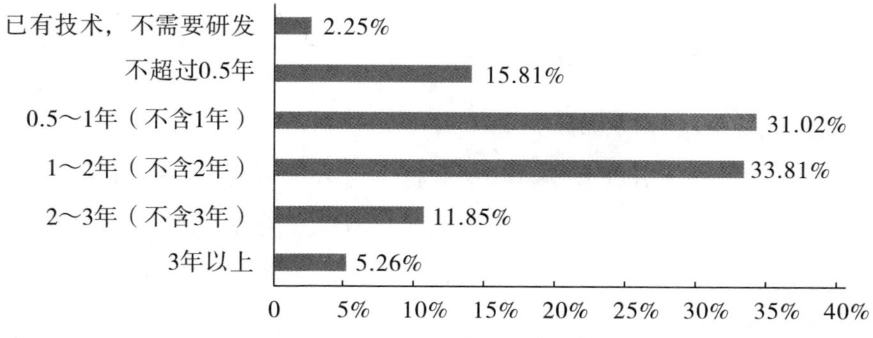

图 3-15　专利研发周期占比情况

从专利研发模式看，2020 年 93.4%的专利通过自主研制方式获取，6.6%的专利通过转让方式获取。自主研制是专利权人获取专利的最主要方式。在

自主研制的专利中，产生于研发活动的比例最高，为76.6%；其次是产生于技术改造的比例，为16.7%；产生于引进和消化吸收的比例为2.6%（见图3-16）。企业与科研机构的合作研发并不广泛，研发外包的占比较少，大部分企业的创新驱动力来自工厂内部。这表明，企业没有通过广泛使用外部研发知识弥补自身所缺乏的内部研发。与没有研发机构的企业相比，有研发机构的企业更愿意进行外部研发合作。产品复杂度高的企业更愿意进行外部研发合作。

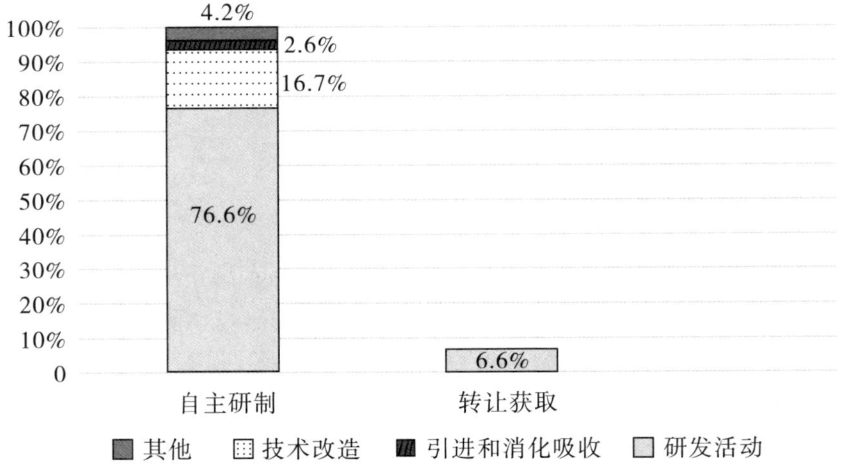

图3-16　企业技术来源

资料来源：《2020年中国专利调查报告》。

（五）中国融入国际创新体系

世界知识产权组织发布了2021年全球创新指数，其中中国排名第12位。中国逐步从知识产权引进大国向知识产权创造大国转变。从创新投入看，中国的贸易、竞争和市场规模、知识型工人等两项大类指标均处于全球领先地位。从创新产出看，中国的优势集中在市场应用创新，比如专利申请量、商标申请量、创意产品出口在贸易总额中的占比等细分指标均实现全球领先。知识和技术产出指标整体增幅最大，高技术产品出口占比跃升至全球第1位。

自2001年加入WTO以来，中国通过《专利合作条约》（PCT）途径申请的专利数量处于持续增长态势，并超越美国，跃居世界第1位（见图3-17）。

国家统计局数据显示，2021 年，中国 PCT 专利申请6.95 万件，连续 3 年位居申请量排行榜第 1 位。此外，2021 年，全球申请人通过马德里体系提交的国际商标申请达 7.31 万件。

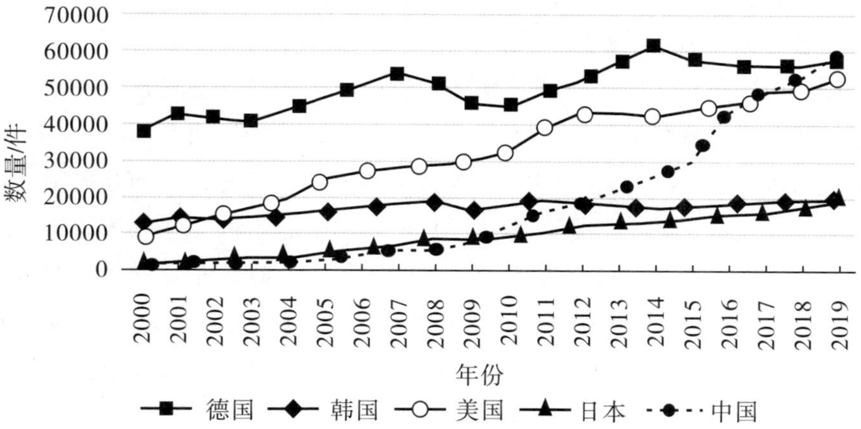

图 3-17　2000—2019 年主要国家 PCT 专利申请数量

随着中国对外开放的深入和中国企业自身实力的不断增强，中国企业利用全球资源提升自主创新能力已成趋势。20 世纪 90 年代末以来，中国企业通过新建、并购、合资、合作等多种方式嵌入全球创新网络，推动了全球创新市场发展，促进了新技术在全球的扩散和应用。大量研究表明，网络承载着全球市场资源开放和信息技术资源传递职能，通过网络嵌入与外部系统及其要素建立复杂关系已成为企业获取研发资源提升创新能力的重要途径。商务部对中国企业境外研发投资企业的相关数据统计显示，2005 年以来中国企业研发国际化趋势逐渐加快，在海外设立了研发机构的企业从 41 家迅速增加至 782 家，年均增长率高达 34.3%，同其他类型的企业相比，民营企业新建的海外研发机构数量最多、增速最快。中国企业研发国际化可分为三个阶段。第一个阶段主要是通过出口和原始设备制造商（OEM）解决外围、辅助技术问题和生产工艺的改进。中国企业以“干中学”的方式，不断向 OEM 的合作方和生产配套的国际型企业学习及积累技术诀窍和制造经验，为其实现自身的创新能力提升和后期的技术追赶奠定了良好的基础。第二个阶段是企业通过对关键技术的海外收购和整合，来建立创新伙伴关系，并利用本土品牌打开国际市场。在“走出去”的过程中，企业会与上下游创新伙伴（如用户、生产商、高校、科研机构、总包商、分包商）形成一个整体利益体，海外并购和深度合作创新是这一时期的主要方式。研发国际化的第三个阶段是通过织网式跨国经营来促成技术引领。这一时期形成了以中国企业为主导，通过国际合作开展技术含量高、附加值高、项目生命周期长、人力和装备投入少的高端市场开拓和高端技术研发模式。

随着中国营商环境的不断优化和知识产权制度的日益完善，外国在华专利申请的总量也不断攀升。2021 年，外国申请人在华发明专利授权 11 万件，商标注册 19.4 万件。在获得中国国家发明专利数量最多的前 500 家国外机构中，有日本机构 198 家、美国机构 109 家、德国机构 56 家、韩国机构 24 家、法国机构 22 家、瑞士机构 19 家、荷兰机构 12 家、瑞典机构 11 家、丹麦机构 8 家、新加坡机构 6 家。这说明尽管有些外国公司因为中国劳动力价格大幅攀升等原因正在退出中国市场，但还是有很多外国的大公司看好中国的发展前景，大量布局专利，增加在华研发投入。

（六）制造业企业创新融资结构

1. 创新资金来源分析

就制造业企业创新活动来说，其研发期限不一，研发投资专用性强，研发结果不定，与此同时，企业对自身创新活动相关数据披露的保护性，加重了创新活动的信息不对称。所以，中国企业研发资金的来源大部分为自有流动资金，其次是银行贷款和政府资助（见图 3-18）。债权融资方式虽然保证了企业的股权集中度，但是企业能筹集的资金有限，金额与企业可抵押资产相挂钩，限制条款较多，就创新投入来说，财务风险较高。债权融资契约具有硬预算约束限制，这种限制具有法律强制性，需要企业按约定定期付息，到期还本，这种限制会使得企业不愿意将短期负债资本用于创新投入，因为资金投入的中断，会严重影响企业的创新能力，甚至损害企业利益。必要的政府创新财政补贴既能够减轻企业创新活动的成本，又能够促进企业对研发投入的重视，增强企业创新的信心，进而加大创新研发投入。但是，政府补助也可能导致“挤出”效应。倘若企业在获得补助资金后，过度依赖政府补助而撤走自有资金，既不利于提高企业创新的动力，又减少了企业的创新投入，不利于企业创新能力的提高。

就创新的长期资本供给而言，股权融资较债务融资有优势。股东对企业

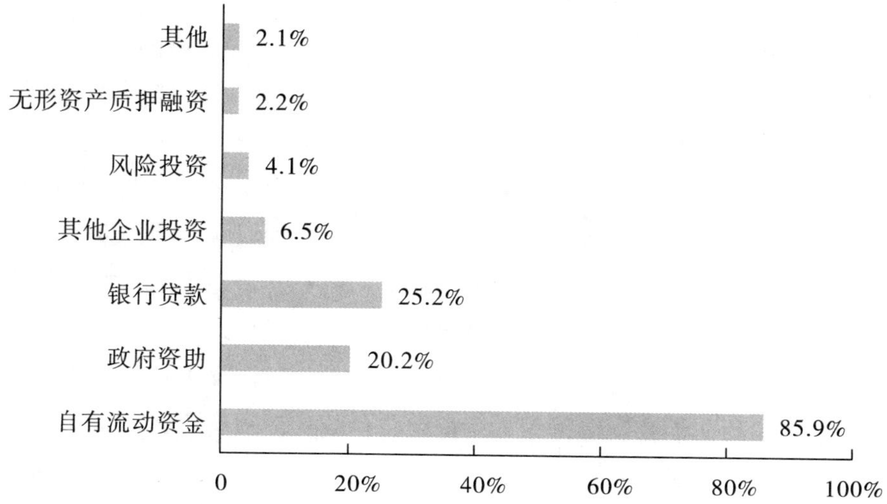

图 3-18　企业新技术研发和新产品所需生产资金的渠道占比

具有剩余收入索取权，股东的分红来源于企业的盈利能力，资产增值越多，最终所获得的收益就越多。股东对公司的期望不同于债权人，侧重于企业盈利的增加。同时，因为激励约束机制的存在，企业管理经营者致力于提高盈利能力，股东与管理者的利润最大化目标一致，有共同的实现路径。虽然创新活动具有高风险，但与之对应的是高收益，在“委托-代理”两者具有共同的目标时，会加大资金提供者对企业创新资金投入的支持力度，促进企业的创新活动。但是，因为信息不对称的存在，以及“委托-代理”关系的弊端，企业经营者可能会为了个人利益最大化，刻意忽略创新活动的高风险性而盲目追求创新活动，进行过度投资，容易导致创新活动失败，给企业带来损失。

数据显示，来自其他企业的技术投资占到 4.5%。面对日益激烈的行业竞争，很多企业会选择在集团外部从事创新研发，与专业的企业合作。企业风投（CVC）拥有长期投资目标，他们追求的不仅仅是资金回报，作为公司的附属品，企业风投要服从于母公司资源的集中配置，为企业的战略发展服务。经过 20 多年的发展，中国 CVC 发展迅速，涉及并延伸到产业链创新和供应链创新等各种组织生态，与当下创新驱动经济发展的方向相契合，是有效推动传统制造业转型升级、提升技术能力的重要途径。

2. 中国长期资本供给使用情况

长期资本指企业在至少一年以上时间中可自由支配并用于扩大生产能力

的资金。长期资本与短期资本的主要差异表现在几个方面。一是投资的目的不同。长期资本追求未来的高收益，短期资本则主要为了达到短期的安全、保值、正常经营目的。二是筹集成本的差异。一般而言，与短期资本相比，长期资本因为使用期限更长，所以风险更大、成本更高。三是资金使用的灵活性不同。短期资本可以较快地调整投资决策和投资用途，长期资本有更多限制，不够灵活，调整周期较长。需要明确的是，我们定义的长期资本概念与企业所面临的融资约束概念存在明显区别，融资约束是由内外部融资成本差异造成的，在度量时强调投资对短期现金流的敏感性。我们定义的长期资本是用于生产和研发的资本，强调非流动性属性。从广义上讲，通常包括各种股权资本和长期借款、应付债券、长期应付款等债权资本，通常长期资本用股东权益加上长期负债的总和来衡量。企业的长期资本还可分为中期资本和狭义的长期资本。一般的划分标准是：需用期在 1 年以上 5 年以内的资本为中期资本，需用期在 5 年以上的资本为狭义的长期资本。长期资本的融资方式主要有以下几种：

（1）吸收直接投资。吸收直接投资筹资模式的来源主要包括几类：国家投资、法人投资和个人投资。吸收直接投资的优点是提升企业信誉和知名度，能在短时间内形成生产能力，财务风险较低；缺点是融资成本较高，企业的控制权容易被分散。

（2）发行股票。发行股票属于股权型融资，主要包括两种类型：一种是公开市场发售，即通过股票市场公开发行股票来募集资金；另一种是私募发售，即企业自行寻找投资人，以增资入股的形式获得融资，包括天使投资、风险投资和私募股权投资。

（3）长期借款。长期借款指企业向银行或其他非银行金融机构借入的使用期限在 1 年以上（不含 1 年）的借款。长期借款按是否需要担保，分为信用借款和担保借款等。与其他长期筹资方式相比，长期借款的特点为：筹资速度快，筹资成本较低，借款弹性较大，但限制条款较多，财务风险大，筹资数额也有限。

（4）发行债券。债券融资是企业依照法定程序发行、约定在一定期限内还本付息的有价证券的融资模式。债券持有人不会干涉企业经营管理，享有对企业剩余财产的优先索取权。企业债券与股票一样，同属有价证券，可以自由转让。

（5）融资租赁。融资租赁又称设备租赁，是通过交易租赁标的物的使用权和所有权的方式来筹集资金的融资模式。融资租赁将融资、融物、贸易、技术集成一体，是国际上流行的新型融资模式，对企业的资信和担保要求不高，适合中小企业融资。另外，融资租赁属于表内融资，在资产负债表中不会体现在负债项目上，不影响企业的资信评估，可以采用分期付款的方式，还款压力小。但由于涉及的相关方较多，依赖法律的完善监管，实际操作风险较大。

创新需要对教育和研发经年累月地进行投资，离不开金融资本的支持，特别是需要长期且有“耐心”的资本支持。诚然，技术创新的高风险特征与金融资本的逐利天性相悖，但我们不能忽视，资本也可以有“情怀”，也可以更有“耐心”，这取决于金融供给结构和体制机制的建立。

（6）银行中长期贷款。目前，中国企业的融资仍以间接融资为主。银行中长期贷款是长期资本的主要来源。2004 年以来，非金融机构及团体的银行贷款规模不断提升，贷款期限逐渐从短期贷款向中长期贷款转变，2015 年后，中长期贷款稳定增长，2018 年这一比例达到 58%（见图 3-19）。从贷款加权平均利率走势看，2009—2011 年利率不断走高，之后逐步下降（见图 3-20），说明银行融资成本有所调低，但考虑银行上浮利率及其他成本后，银行融资成本仍然较高。从中国工商银行、中国农业银行、中国银行、中国建设银行四大国有银行 2007—2017 年贷款资金流向看，个人住房贷款的占比最高，其

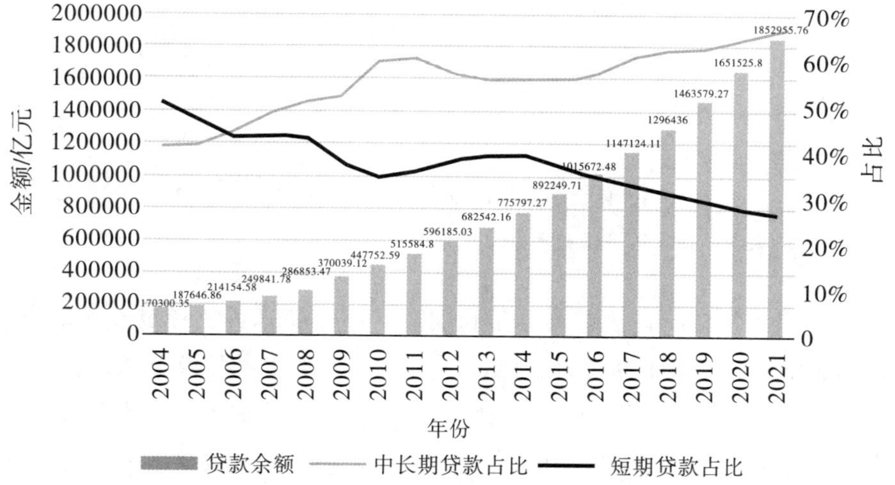

图 3-19　2004—2018 年人民币贷款余额及各贷款期限情况

次是制造业，交通运输仓储物流的资金占用比例也较高（见图 3-21）。

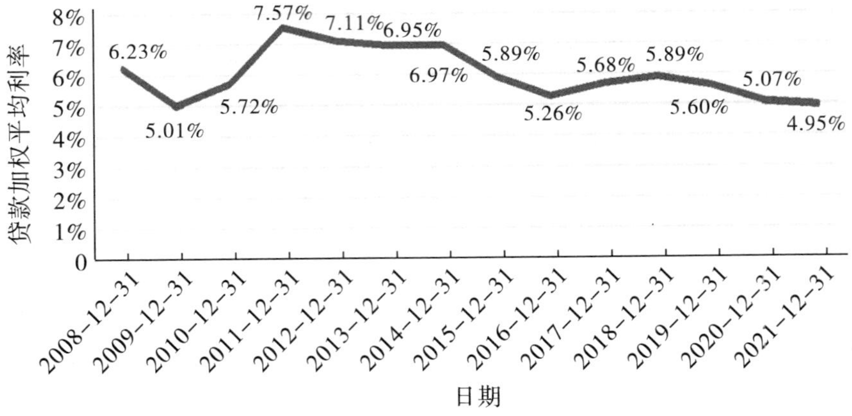

图 3-20　2008—2021 年人民币贷款加权平均利率

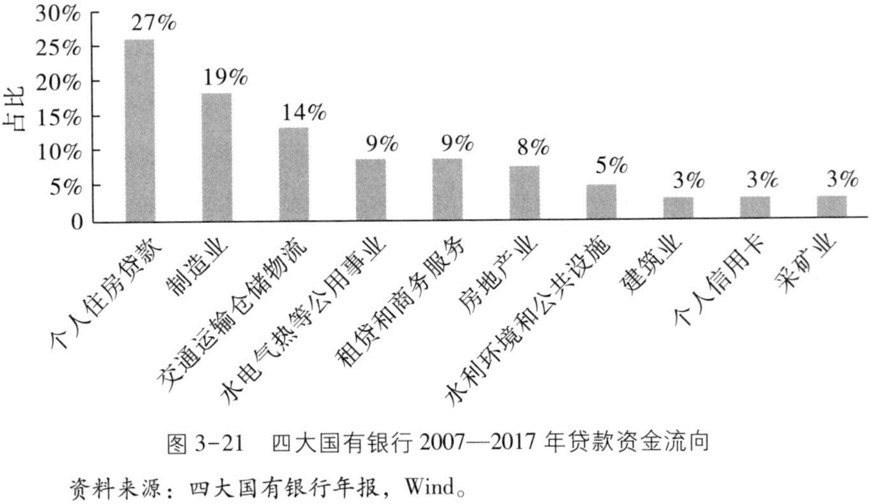

图 3-21　四大国有银行 2007—2017 年贷款资金流向

资料来源：四大国有银行年报，Wind。

（7）直接融资。直接融资也是长期资本的重要来源。经过多年的发展，中国的股票市场规模不断提升，已经跃居为世界第二大股票市场，股票交易额占 GDP 的比重也不断增加，对国民经济的影响日益扩大。整体来看，股票融资与债券融资呈现此消彼长的关系。就股票融资而言，2002 年后出现较大幅度的波动，2018 年股票融资比例收缩至 1.87%，与之相比债券融资规模在波动中上升，2018 年债券融资比例达到 12.80%（见图 3-22）。从期限分布看，7 年期债券的占比最高，体现出债券的长期资本属性较强。

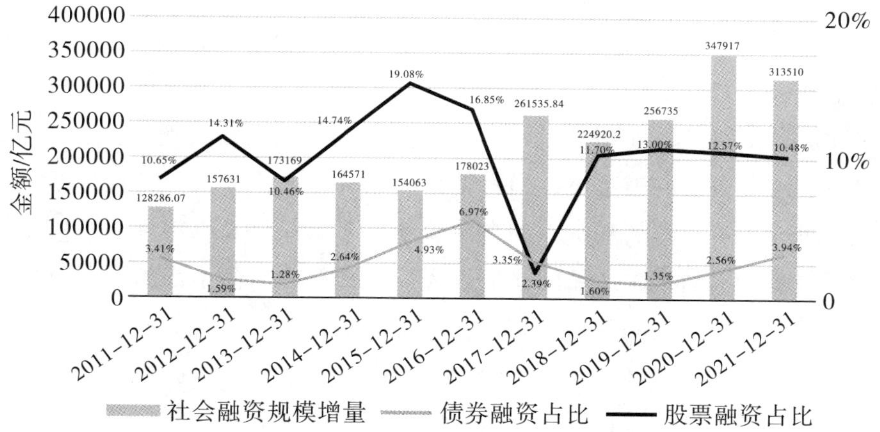

图 3-22　2002—2018 年债券融资和股票融资情况

资料来源：Wind。

近年来，融资租赁也为企业提供了大量长期资本，从数据上看，2015 年融资租赁规模为 10060.46 亿元，2019 年 10 月这一规模已经达到 23119.41 亿元，但与票据融资相比，规模仍然较小。融资租赁的期限较长，且能快速形成企业的生产能力，有利于制造业企业更新设备，加速转型升级的步伐。长期以来，融资租赁已经成为欧、美、日等发达经济体除银行之外的第二大间接融资工具，对实体经济发展发挥着重要的支持作用。中国融资租赁行业起步较晚，且监管体系还不完善，随着中国制造业转型升级对长期资本的需求增加，融资租赁的重要性将逐渐显现。

五、中国制造业创新发展的经验

中国制造业取得的历史性成就来之不易，既源于全体人民的努力拼搏和自力更生，也源于我们抓住了全球化、科技革命、产业变革的重大历史性机遇。

新中国成立初期，以核能、信息技术的大规模商业化应用为代表的科技革命正在兴起。我们的工业建设方针遵循两个基本原则：第一是优先发展重工业，尽快建立自己的国防工业基础；第二是自力更生，依靠自己的积累搞建设、掌握工业主权。这是从百年来的痛苦经验中得到的基本结论。经过艰苦努力，我们的电子与核工业取得了巨大成就，成为世界上少数几个拥有核武器与卫星的国家，不但提高了国际地位，而且增强了国防安全保障能力，为中国后续发展营造了稳定的国际环境。

从世界范围看，“二战”后经济全球化成为世界发展的大趋势。在一系列多边和双边经贸协议的推动下，国际贸易和投资壁垒不断下降，加之新兴技术加快发展，人员、商品和资本的自由流动水平不断提高。特别是在信息技术、航运技术的推动下，产品的模块化程度不断提升，使生产的可分解性提高，通信技术的发展大幅降低了国际经贸往来的交易费用，集装箱、航空等技术的发展使运输成本显著下降，国际分工由发达国家出口制成品进口原材料、发展中国家出口原材料进口制成品的水平产业间分工，向全球价值链环节分工即产业内和产品内垂直分工转变。中国的改革开放正是抓住了发达国家离岸外包和全球垂直分工的趋势，充分发挥了劳动力丰富、成本低的优势，快速融入全球分工格局，承载了发达国家跨国公司全球价值链劳动密集型环节的转移。中国于 2001 年加入 WTO，进一步降低了加入全球分工体系的壁垒，迅速发展成为世界主要的加工制造基地。

当前，新一轮科技革命和产业变革方兴未艾，云计算、大数据、物联网、人工智能等新一代信息技术正推动制造业进入智能化时代，个性化定制模式已经出现。随着人工智能技术从实验室走向产业化，无论是国家层面还是企业层面，都在积极推动制造业的智能化转型，制造企业在不断利用信息化技术优化生产线、改进产品架构，从而提高生产效率、产品质量，并能更快速地对国际市场变化做出响应。通过机器换人、利用人工智能技术进行产品检测等智能化改造，在提高生产效率、保持“中国制造”物美价廉优势的同时，进一步提高中国产品的性能和质量，推动实现从“中国制造”向“中国智造”、“中国产品”向“中国品牌”的转变。

中国制造业创新发展的经验，可概括为以下几个方面：

（一）包容性制造环境

诺贝尔经济学奖得主埃德蒙·费尔普斯在《大繁荣：大众创新如何带来国家繁荣》一书中提道：“国家层面的繁荣源自民众对创新过程的普遍参与，

它涉及新工艺和新产品的构思、开发与普及，是深入草根阶层的自主创新。”中国制造业实现创新发展的重要原因是走出一条自下而上的包容性创新发展之路。

回顾改革开放40多年来中国制造业创新发展的规律和演变趋势，我们发现创新发展的包容性[①]塑造了中国的创新竞争力。与国外关注贫困减少和社会平等的包容性创新概念不同，根据中国的发展实践，我们将创新发展的包容性概括为基于不同的经济发展阶段，在开放的条件下选择适宜的创新方式和路径，在动态调整中不断提升创新发展的质量和效益。包容性创新揭示了中国的创新发展是兼容并蓄、海纳百川的，同时也是不确定的、动态发展的和宽容失败的。具体而言，包容性创新可概括为三个基本因素，即制度环境、长期资本、创新生态。

包容性制度环境是指从计划经济逐步向市场经济过渡的过程中，不断完善体制机制，逐步形成公平竞争的市场环境。制度环境是现代经济条件下促进资源配置的体制和机制，是实现包容性创新发展的前提条件。由于制度环境通过影响市场主体结构和要素分配效率影响创新绩效，因此，包容性创新发展的制度环境可以从两个相辅相成的方面进行衡量。这两个方面包括：一是制度环境是否具有包容性，二是制度环境影响的要素分配结果是否具有包容性。

制度环境包容性涉及市场化改革进程。具体表现为正确处理市场与政府的关系，充分发挥市场在调动微观组织和个人的积极性、发现价格、配置资源、应对不确定性等方面的积极作用，同时更好发挥政府的保持宏观经济稳定，加强和优化公共服务，保障公平竞争，加强市场监管，维护市场秩序，推动可持续发展，促进共同富裕，弥补市场失灵的积极作用，将二者有机结合。改革开放以来，中国制造业的腾飞得益于市场化导向的改革，也得益于政府在基础设施建设、科学技术研发等具有巨大正外部性的领域提供的重要

---

① 2007年亚洲开发银行首次提出包容性增长，其理念和理论发展集中体现在林毅夫等主编的《以共享式增长促进社会和谐》一书中。这一概念的逻辑基础是区分由个人努力与勤奋程度和由背景与环境差异造成的两类不平等。该理论认为个人努力与勤奋程度不同造成的不平等是可以接受的，反映了市场机制的优胜劣汰；背景与环境差异造成的不平等是不可接受的，因为会造成生产潜力和资源的错配。

保障。一方面，政府对新兴产业实行包容审慎监管，对不触及安全底线、不损害公众利益的新业态、新模式，采取鼓励和支持的态度，为新经济的发展保留空间；另一方面，移动通信、互联网等信息高速公路的建设为新兴产业发展提供了必要基础，发挥了重要的外溢效应。

要素分配结果包容性涉及经济的运行效率与公平。就如诺贝尔经济学奖得主斯蒂格利茨认为：在一些不公平程度很高的情况下，它降低了经济效率……然而在其他情况下，不公平却可以加强经济效率。因此，分配领域的效率与公平没有最优水平，只有相对均衡的状态，实现效率与公平的包容。一方面，要坚持促进效率的分配体制；另一方面，要加大力度在分配机制上共享发展成果。具体而言，市场的优胜劣汰机制带来行业整合，在创新领域也出现了若干头部企业，提升了创新效率。创新不仅要有优胜劣汰的竞争机制，还要有良好的激励机制，加强协同合作形成合力，让每位创新者都可以平等地享受创新政策的支持，从而形成竞争活力。要有耐心等待企业去创造和体现自身价值，进而实现创新产业化、商业化。政府和社会的包容与支持对于营造创新环境有重要的意义。在包容性创新增长引导的机制下，贯彻“优胜劣汰，奖惩有法”的准则，并且重视信息共享、协助、互动和对人才的终身培养，最终形成一个完整的机制。

（二）长期资本

创新破局需要健全金融体系的支撑，资本应更多地服务于高新技术产业集群和中小企业。长期资本背后的逻辑是长期主义，长期主义是用长期的确定性对抗短期的不确定性，着眼于长远和未来，不刻意追求短期的最优利润。长期主义尝试对效率不那么敏感，愿意承受一定时间的亏损或者机会损失，对外部环境的变化保持一定距离、一定程度的迟钝。倡导追求独立、深度的思考，更看重内涵，希望通过“时间”这个独特的装置来孕育未来更高价值的产出。基于此，长期主义有助于建立长期资本供给，这包含两个层面。

一是合理的长期资本供给结构和机制。首先，合理的长期资本供给结构决定了资本来源是丰富的，资金成本是合理的，创新的参与主体是多样的，不同资本背后所蕴含的技术基础、创新模式在同一市场里竞争，有助于知识积累和扩散，是包容性创新发展的基础。改革开放以来，中国积极引进外资和港、澳、台资本，弥补了本土资金、技术、管理的不足，有效激发了创新创业活力。其次，畅通的长期资本供给机制意味着长期资本在各个经济部门之间能够有效地流动，包括居民、金融机构、企业和政府之间。

二是长期资本市场具有高效的资源配置效率。高效的长期资本市场能够带给资本高额的回报，是吸引资金持续注入的根本原因。与高科技相关的投资往往存在信息不对称问题，作为个体很难对这些领域展开投资，只有借助专业化中介机构提供必要的保障，才能实现个体资本向研发投资的转化。因此，一国长期资本市场的发达程度以及资源配置效率，将决定长期资本对技术创新的支持效果，进而影响一国创新竞争力的培育。

（三）创新生态

创新生态是直接或间接影响包容性创新开展的一切事物的总和。中国促进包容性创新的顶层设计与基层探索互动的良好环境日趋完善。具体而言，在中国经济发展背景下的创新生态具有以下几个特征：

一是新兴产业与传统产业共生共存。与国外破坏性创新发展模式不同，中国的创新发展是循序渐进、动态优化的过程。新兴产业逐步改造传统产业，新旧产业长时间共存共生。在推动创新发展的过程中避免破坏性创新带来的经济不稳定，要让劳动密集型低技术产业在循序渐进中实现技术改造和商业模式的更新升级，避免美国式破坏性创新导致的制造业空心化和贫富差距拉大等问题。要求创新发展不仅要注重当下的结果，还要注重建设创新产业链、价值链，构建起有利于新事物产生、发展、壮大的生态环境。

二是各地区、各市场主体在实践中探索出独具特色的创新发展路径，多样化的发展样本加速了创新模式的迭代速度，不同模式在相互融合中实现创造。总体而言，中国包容性创新发展的基本原则是公平性、均衡性、渐进性、持续性。其中，公平性原则是指通过完善法治环境，规范市场主体的行为，使包容性发展有章可循、有法可依，一视同仁。均衡性原则是指创新发展成果要惠及所有民众、所有行业、所有地区，要充分利用现代科学技术，缩小创新发展的禀赋差距，为各地区的创新发展提供基础设施和相关保障。

三是技术引进与自主创新相结合。后发国家由于有发展道路、技术发展路线等方面的经验和教训可以借鉴，因此相对于先发国家具有后发优势。后发优势在技术创新方面表现得尤为明显。通过向先发国家学习和引进技术，后发国家可以有效降低技术创新中的不确定性，跨过技术发展中的某些阶段，从而加快缩小与先发国家之间的差距。改革开放以来，通过引进、消化、吸收和再创新，中国制造业在许多产品上形成了自己独特的优势，在人工智能、量子通信等前沿技术领域也通过自主创新进入了世界领先梯队。

四是国内市场与国际市场相结合。积极参与国际市场竞争，不但可以获得更广阔的市场发展空间，而且可以发现领先用户的新需求及前沿技术发展带来的市场机遇，全球市场竞争的压力也能够促进国内企业不断提高效率。在改革开放之初，中国国内经济发展水平较低、市场容量有限，国际市场为发挥中国国内比较优势、扩大生产规模、发挥规模经济提供了条件。当前，中国制造业发展已经离不开国际市场，未来，广阔的国际市场亦将为中国制造业发展持续提供发展空间。还要看到，中国国内市场也为制造业能力的提升提供了稳固的基础。经济增长、收入提高带来的消费升级和产业升级对制造业的供给侧结构性改革提出了新的要求。许多先进技术只有在市场的支持下才能不断迭代、完善和提高，而中国巨大的国内市场容量为缩小技术差距、实现技术赶超提供了肥沃的土壤。可以看到，中国能够在发电设备、建筑建材、高铁等领域实现超越，与规模巨大且占有相当高比例世界增量份额的国内市场是分不开的，在数字经济、人工智能领域的领先也得益于国内巨大市场的支持。

第四章

中国现代产业体系建设的关键挑战

建设现代产业体系是中国转变经济发展方式、优化经济结构、转换经济增长动力的迫切要求。当前，中国经济发展正处在实现高质量发展的历史性窗口期和转型升级的攻关期，既有难得的机遇，也面临诸多风险和挑战。在改革发展的新征程上，我们要充分认识到现代产业体系建设的长期性、复杂性、艰巨性。一方面，积极应对逆全球化、中美博弈、地缘政治等冲击与影响；另一方面，深化改革，集中精力，各个击破现代产业体系建设中的关键挑战。

一、世界经济再平衡的冲击与影响

（一）逆全球化的影响

近年来，美、德、英等欧美发达国家持续推进“再工业化”进程，纷纷制定本国工业发展规划，以“制造业回流”“再工业化”为主的世界经济再平衡战略严重冲击了以产品内分工和中间品贸易为主导的价值链分工和贸易体系。全球化发生重要结构性变化，虽然产出和贸易的绝对值继续增加，但每一条商品生产价值链中，贸易强度（即贸易在产出中所占的份额）都有所下降（见表4-1），贸易的区域化属性增强，远距离贸易减弱，表明有关经济体自产自销的程度有所提高。基于劳动成本套利的贸易份额一直下滑，加速推动劳动密集型制造转变为资本密集型制造。同时，本地生产就地销售，生产组织分散化渐成趋势。随着生产智能化与互联网融合程度加深，企业将以用户为核心以散点形式分布，发达国家制造业高端回流趋势将进一步加强，发展中国家制造业产业链外迁风险加大。

表 4-1　全球商品贸易强度变化趋势

类型	产业	2000—2017 年贸易强度变化率
创新类	化工	-5.5
	运输设备	-6.2
	汽车	-7.9
	电力机械	-8.3
	机械和设备	-8.9
	计算机和电子	-12.4
	家具及其他制造业	-0.8
	纺织和服装	-10.3

（续表）

类型	产业	2000—2017 年贸易强度变化率
劳动密集型商品	纸张和印刷	0.3
	金属制品	-0.6
	橡胶和塑料	-0.9
	食品和饮料	-0.9
	玻璃、水泥和陶瓷	-3.2
资源密集型商品	农业	-0.7
	能源	-1.2
	基础金属	-6.2
	采矿	-14.4
资源密集型服务	批发和零售贸易	2.4
	医疗保健	0.1
	运输和存储	-2.5
知识密集型服务	IT 服务	4.9
	专业服务	0.1
	金融服务	-0.8

数据来源：麦肯锡全球研究院《数字全球化：全球流动的新时代》。

（二）中美贸易摩擦的影响

2018 年以来的中美贸易摩擦引发国内外普遍担忧：中美之间既有的经济相互依赖关系是否会发生贸易脱钩、经济脱钩、技术脱钩，从而对既有的全球价值链分工和贸易体系造成极大冲击。受此影响，中国贸易政策不确定性水平持续攀升，高科技企业频遭打压，进一步遏制中国自主创新体系的提升能力和创新型国家的建设能力。Steven 等人根据媒体报道测算的中国贸易政策不确定性数据显示：2000—2008 年，受益于中国加入 WTO，中国贸易政策不确定性显著下降，2008 年国际金融危机后，贸易政策不确定性开始逐步攀升，2012—2016 年经历短暂回落，2017 年快速升高（见图 4-1）。自 2016 年美国总统特朗普上台以来，中美贸易摩擦不断升级并引发世界经济动荡，2019年年末突如其来的新冠疫情席卷全球，产业链、供应链中断，贸易保护主义抬头。作为最大的发展中国家，中国的创新发展引来发达国家的不满，针对中国的贸易限制政策不断增加，贸易政策不确定性水平急剧上升。中美贸易摩擦拓展至科技领域，美国将中兴、华为等中国高科技企业列入“实体清单”，对其实行出口限制或禁售，关键技术和核心零部件断供给中国企业的贸易活动带来巨大损失。2021年6月，欧盟和美国成立了贸易和技术委员会，部分目标旨在限制中国在人工智能和网络安全等领域的数字挑战达成一致，并筛查中国在可能对欧洲和美国产生安全影响领域的投资。复杂多变的外部环境给中国制造业持续提升技术创新能力带来严峻挑战，中国制造业亟待寻找突围的路径和策略。

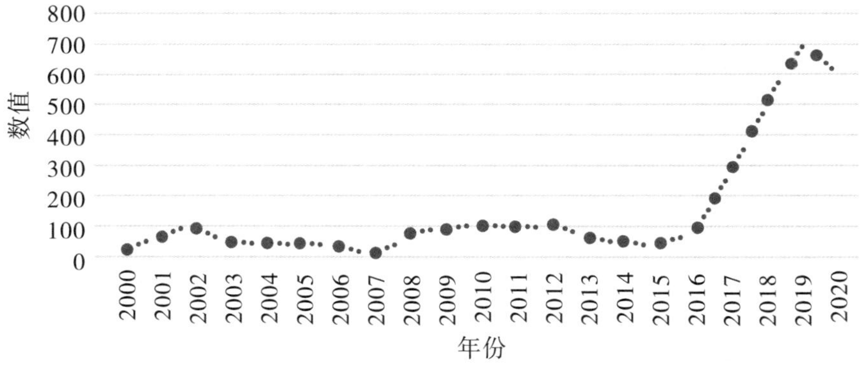

图4-1　2000—2020年中国贸易政策不确定性指数

资料来源：Economic Policy Uncertainty。

二、中国建设现代化经济体系的核心障碍

（一）自主创新能力不足，缺乏核心竞争力

规模优势并不等同于竞争优势，长期以来，中国制造业的竞争武器是“五低”（即低成本、低技术、低价格、低利润、低端市场），代价是“四高”（即高能耗、高物耗、高排放、高污染），最终的结果是制造业总量很大，发展很快，但大而不强、快而不优。现阶段部分制造业领域大而不强、核心技

术受制于人、缺乏全球知名品牌、产能过剩和实体经济利润下降等矛盾突出，制造业总体仍未摆脱规模拉动的路径依赖。

一是自主创新动力不足。中国制造业在 GVC 当中的参与度逐渐加深，但总体的 GVC 地位指数偏低。GVC 后向参与率较高，说明中国制造业在全球价值链的中下游环节的参与程度进一步增加。客观上反映出这一时期中国企业的技术创新能力更多依赖进口中间品提升模仿式创新能力，在突破性创新领域与世界发达国家还存在显著差距。改革开放以来，东部沿海地区通过承接发达国家的产业转移构建起门类齐全、水平较高的制造业产业体系，沿海地区制造业发展的经验让很多企业意识到，创新不仅仅局限于自身，还要从所处的价值链、产业链、供应链来寻找突破路径。但基于全球价值链的企业创新对人力资本要求较高，需要引进各类高端人才并对员工进行长期培训，同时，这种创新的技术开发周期长、投入资金大，很多企业不愿意将资金投入到创新和研发中，在贸易自由化条件下选择直接购买现有技术，在面临贸易保护和技术管制时则束手无策，听天由命。

二是基础研究薄弱，缺乏原始创新。基础研究是科学之本、技术之源，虽然不直接提供新产品、新工艺和解决技术问题的具体方案，却向社会提供新知识、新原理、新方法，其效益不只限于某一领域的应用研究和产品开发，而在于突破性的科学发现，经过长期演进后能以不可预知的方式催生颠覆性技术、关键核心技术、高精尖技术、战略前沿技术，产生新产业、新业态和新模式，进而改变世界。对人类历史影响深远的蒸汽技术革命、电力技术革命、计算机及信息技术革命都与基础研究领域的源头突破存在密切联系。多年来，中国基础科学研究取得长足进步，但与建设世界科技强国的要求相比，短板依然突出，直观上表现为重大原创性成果缺乏、顶尖研究人才和团队缺乏、重大平台布局不完善、顶尖学科数量偏少，对基础研究领域投入不足（见表 4-2），企业基础研究和应用基础研究能力的普遍动力不足和激励机制缺失，严重阻碍了中国产业链的基础能力提升，束缚了众多产业链的国际竞争水平。一方面，中国 R&D 经费投入强度（R&D 投入额占 GDP 比重）持续上涨，2021 年为 2.44%，基本达到中等发达国家水平。从投入情况看，2021 年中国基础研究占研发总经费比重为 6.09%，与发达国家普遍在 15%以上的水平相比差距仍然较大，这是导致中国众多产业链基础能力不足的核心因素。另一方面，企业部门并未成为基础研究的主体力量，企业基础研究投入总量仍然较低，且存在结构失衡的问题：企业研发经费占全国 76.4%，基础研究和应用研究分别占 4.0%和 8.0%，发展和实验研究占 88.0%。根据《中国科技统计年鉴 2021》数据，2020 年企业（R&D）人员全时当量（用以衡量工作量的指标，指全时人员数加非全时人员数按工作量折算为全时人员数的总和。例如：有 2 个全时人员和 3 个非全时人员，工作时间分别为 20%、30%和 70%，则全时当量为 2+0.2+0.3+0.7=3.2 人年）中，基础研究、应用研究与发展和实验研究分别为每万人年 42.68/64.31/416.46，比例为 1：1.5：9.8，企业中基础研究的研发工作量占比极低，国内企业研发工作中约 79.56%集中在发展和实验研究，约 12.29%的工作量分配在应用研究，分配在基础研究的仅有 8.15%，比例低得惊人，说明企业中只有极为少数人在进行基础研究，状况令人担忧。基础科学和基础技术的供给不足，导致企业的原创研究力量薄弱，也不利于产学研的进一步结合。

表 4-2　2010—2020 年中国基础研究投入情况

年份	全国基础研究投入		企业基础研究投入		比值
	数额/亿元	占全国 R&D 比重	数额/亿元	占企业 R&D 比重	
2010	324.500	4.6%	4.330	0.08%	1.33%
2011	411.800	4.7%	7.274	0.11%	1.77%
2012	498.800	4.9%	7.094	0.09%	1.42%
2013	555.000	4.7%	8.605	0.09%	1.56%
2014	613.500	4.7%	10.000	0.10%	1.63%
2015	716.100	5.1%	11.400	0.10%	1.59%
2016	822.900	5.2%	26.100	0.22%	3.17%
2017	975.500	5.5%	28.900	0.21%	2.96%
2018	1090.400	5.5%	33.500	0.22%	3.07%
2019	1335.600	6.0%	50.800	0.30%	3.80%
2020	1467.000	6.0%	95.610	0.51%	6.51%

资料来源：《中国科技统计年鉴 2021》。

三是基础研发载体、关键共性技术存在短板。依赖应用实践驱动创新的发展模式难以为继，无法孕育并引领下一个技术周期。从战略高度和全局角度来看，关键共性技术的突破能力决定着企业竞争乃至国际竞争的成败。虽然中国关键共性技术研发平台的前期建设已有一定积累，但由于中国从计划经济向市场经济转变过程中，政府在共性技术研究方面的职能过多、过快地退出，导致计划经济时期旧的共性技术研发管理机制停运，而新的适合市场经济的体制又没有建成。作为共性技术研发投入的另外一个主体——企业，由于共性技术的研发投资大、风险高、见效慢，所以利润导向的企业一般不愿意投资，这使得关键共性技术研究长期处于供给不足的状态，主要表现在以下几个方面。第一，关键共性技术创新能力薄弱。目前，中国缺乏能有效带动和引领产业升级的关键共性技术知识产权。新能源、装备制造、电子通信、医药等战略性新兴产业急需的高端关键共性技术和科技通用装置进口率极高，70%以上凭借引进技术和设备来推动科技优化升级。此外，凡触及生化、军事、微电子等具有战略意义的高端装备制造领域的关键共性技术，发达国家一直对中国采取技术封锁政策。这是中国关键共性技术研发能力低于国际水平的重要原因。第二，主体缺位、经营机制缺失。首先是目前科技计划项目研究更多强调技术与产品开发目标，甚至有些直接与重大工程效果相挂钩，对关键共性技术目标的总体规划和实施不够重视，关键共性技术研究缺少激励。其次是政府支持的关键共性技术研究项目和承担主体处于发散状态，缺少系统性、长期性规划。最后是目前提倡的产学研合作各方在管理体制上仍然是条块分割，自成体制，各自为政，很难在基础性、关键性技术研究上取得重大突破。第三，专业人才流失，队伍亟须加强。在原各产业部下属的国家大型研究院所全部进入企业或变成企业之后，国家对基础共性技术的研究没有一个持续支持的机制，经过锻炼培养出的共性技术研究队伍不断弱化。同时，现行科技研究计划项目过度市场化竞争，科研人员在争取课题上花费过多的时间和精力，再加上考评比较重视论文数量、刊物档次，使一些科研人员不得不追求短平快的项目，不愿意参与需要长期跟踪的共性技术研究项目，从而造成关键共性技术研究队伍的人员缺失问题日益严重。

四是创新生态有待完善。中国在新产品、新设备等市场准入方面，仍存在过于复杂的多环节、长周期审批核准问题，如对创新药物、医疗器械的审批等。对某些垄断性行业、领域，特别是自然垄断性行业，进入门槛过高，束缚了中小企业的创新发展。对不断涌现的新商业模式，一些管理部门仍存在过度管制、限制发展的取向。创新人才的培养、使用机制不完善。中国科技人才队伍的数量已居世界之首，但同样存在大而不强的问题。从教育培训方面看，高等院校等的灌输式、应试教育模式，不利于培养具有较强创造性思维的创新式人才。适应市场需求和科技新进步的培训机构、专业设置、培训方式与德国等先进国家相比有较大差距。从使用、吸引人才方面看，鼓励创新、宽容失败的创新文化氛围尚未形成。

（二）创新发展的不平衡现象严重

创新发展的不平衡表现在以下几个方面：

一是传统行业和新兴行业的技术创新呈现不平衡的发展态势。新兴产业的创新投入和产出都远远高于传统产业。传统制造业如机械工业、轻工业、钢铁工业、家电业、制药业、汽车与摩托车制造业等众多制造业由于整体技术能力的落后，在国际品牌的竞争中处于下风，不掌握核心技术致使发展过程受到国外跨国公司的很大限制。出现这种不平衡的原因既有产业自身特征因素也有国家在创新政策上的区别对待因素。值得注意的是，研发密集型产业在就业和经济增长方面的重要性被过度高估，而中低技术产业的重要性没有受到足够重视。与研发企业相比，非研发密集型企业在工艺质量和速度上不存在系统性的劣势。相反，非研发密集型企业的研发周期更短，在生产速度上有明显的优势。

二是不同所有制企业的技术创新呈现不平衡的发展态势。私营企业、外资企业的创新动力、创新投入和产出都居于较高水平，而国有企业的创新发展却明显滞后。不同所有制企业因产权性质安排具有不同的技术创新激励。国有企业创新发展的主要问题是创新活跃度不高，创新投入不足，创新成效不佳，创新层次也相对较低。总之，公有产权属性决定了国有企业经营行为具有短期化特征，没有激励其致力从事有利于企业长期发展的技术创新的措施。相比之下，私有产权属性清晰，责权对等，为了追求资本使用效益最大化和企业的长期可持续竞争力，其创新意愿和能力显著高于国有企业。与国内企业相比，外资企业的创新投入少，但产出高。这主要是由于跨国公司具有相关领域的技术积累优势和品牌、渠道、管理等资产。具体来看，跨国公司在发展中国家的创新战略可以分为两类：资产开拓战略和资产寻求战略。资产开拓战略主要是指跨国公司的研发主要在母公司，海外公司利用母公司现有的技术和资源开拓市场，子公司不具备技术创新的资源和优势，因而技术创新的投入和产出都较少。资产寻求战略是指跨国公司通过在东道国建立研发机构，获取和创造新的研发资产。当前，尽管很多跨国公司已经来华设立了研发机构，但突出的问题是在中国研发中心产生的专利大部分要归属于母公司所在地，由母公司统一管理。跨国公司研发机构在华相对封闭的创新活动不利于技术外溢效应发生，也制约了中国创新体系与世界接轨的速度和能力。

三是不同企业规模之间存在创新不平衡。从研发投入看，大企业研发经费投入显著高于中小企业。从产出看，大企业的专利申请量显著高于中型企业，且二者差距呈现逐年扩大的趋势。在激烈的市场竞争中，头部企业主动增加研发投入，创新能力不断增强，逐步从制造型企业向科技创新型企业蜕变。与之相比，数量庞大的中小传统制造业企业创新发展却举步维艰。不同规模企业的创新投入和产出结构性分化、失衡问题严重。大企业在技术创新中具有资源获取便捷、风险承担能力强、融资渠道广、人才吸引力大等优势。对大企业的过度依赖，一方面造成政府和社会资源向大企业倾斜的马太效应，影响了发展的公平和效率，另一方面也降低了经济系统抗击风险的能力，不利于长期可持续发展。

四是区域之间的创新发展不平衡。按照研发强度，可以将中国分为三个板块。第一个板块是研发强度高于2.2%的地区，包括长三角、珠三角、京津冀和山东省，已率先进入创新驱动发展阶段。第二个板块是研发强度在1%～2%之间的地区，处于投资驱动的前、中、后期。第三个板块是研发强度低于1%的地区，仍然处于靠资源和要素驱动发展的阶段（张燕生，2018）。《中国区域创新创业指数构建与空间格局：1990—2020》从新建企业数量、吸引外来投资、吸引风险投资、专利授权数量和商标注册数量五个维度构建了中国区域创新创业指数，反映了中国各地区的创新创业活力与绩效。从2020年省级创新指数来看，广东省、江苏省、浙江省、上海市、山东省和北京市创新创业绩效最强，西部省份创新创业活力严重不足（见表4-3）。从2020年地级创新指数来看，珠三角与长三角等地区的城市称雄，北方城市表现疲软，中部城市表现亮眼。1990—2020年，南北方创新创业绩效的差距呈现U

型态势，“南热北冷”形势不断加剧；与此同时，中部五省创新创业活力不断增强，呈现出“中部崛起”态势。

表 4-3　2020 年中国省、区、市创新指数得分及排名

省、区、市	创新指数得分	创新指数排名	省、区、市	创新指数得分	创新指数排名
广东省	100.00	1	重庆市	90.01	17
江苏省	99.48	2	辽宁省	87.41	18
浙江省	99.38	3	广西壮族自治区	86.89	19
上海市	98.75	4	贵州省	86.78	20
山东省	98.65	5	云南省	86.58	21
北京市	97.92	6	山西省	86.06	22
四川省	96.46	7	海南省	85.95	23
福建省	96.25	8	吉林省	81.79	24
安徽省	96.05	9	黑龙江省	80.02	25
河南省	95.94	10	新疆维吾尔自治区	79.19	26
河北省	94.17	11	内蒙古自治区	77.11	27
湖北省	93.96	12	甘肃省	74.71	28
江西省	92.72	13	宁夏回族自治区	67.43	29
湖南省	92.61	14	青海省	58.17	30
陕西省	91.26	15	西藏自治区	56.50	31
天津市	91.16	16	—	—	—

资料来源：张晓光等，《中国区域创新创业指数构建与空间格局：1990—2020》。

（三）高精尖领域创新人才不足

中国基础研究和应用基础研究领域的领军人才、高端人才，以及企业部门中各层次人才的严重不足，对中国产业链国际竞争水平的持续性提升形成了相当突出的制约效应。中国虽然拥有数量庞大的高等院校和政府所属的专业化科研机构，但是，一个突出的问题是，这些机构在原始创新、颠覆性技

术创新、基础研究和应用基础研究领域的领军人才和高端人才却严重不足。

中国高等院校和科研机构中真正具有原始创新和突破性创新能力的高端人才严重不足。仅有的这些高端人才多数都是从国外学成归来的海归学者，而中国本土培养出的高端人才相对不足，透射出中国高等院校和科研机构的高端人才和创新型人才的培育机制和选拔制度方面的系统性问题。高等院校和政府所属的专业化科研机构的激励机制存在普遍的扭曲效应。多数科研人员的职业追求不是为了探索真理和发现真理，而是通过“写论文”“拿课题”“抢帽子”“编专利”等这些手段途径来获取自身的名誉或利益。一旦获得高级职称之后，不少科研人员基本上就缺乏或丧失了真正进行学术研究和科研探索的兴趣和动力，而中国多数高等院校和科研机构现行的职称制度也缺乏相应的激励机制以及有效的惩罚退出制度设计。

中国虽然在众多的高等院校和科研机构设置了相当丰富的理工学科专业，一直在努力提升高等技术职业学院的培养质量，每年培养相当数量的理工学科专业化人才和初级技工人才。然而，中国制造业为主的实体经济部门普遍面临“民工荒”“技工荒”和高端人才缺乏的发展难题，不仅仅是低技能的工人面临供给不足的问题，各种层次的中高端技术工人、工程师以及高端创新研发人才也面临供给严重短缺的难题，导致制造业企业部门的产品质量提升活动、新产品研发活动和自主创新能力体系建设等转型升级活动面临严重的各层次人才缺乏因素的强力制约，阻碍了中国众多产业链国际竞争水平的持续性提升。

中国对高端外籍人才的吸引力下降。过去 10 年，上海和北京的外国人口数量都有不同程度的减少，外籍人才流失问题应当引起高度关注。目前中国在外籍人士来华工作方面仍然存在一定的政策限制。这些政策限制一方面是基于国籍方面的考虑而设置的，另一方面是从国家安全和保密的角度来安排的。尽管随着改革开放的深入，越来越多的外籍人士进入中国工作，但是主要的岗位依然集中在企业、高校、科研院所，他们普遍承担外籍教师、外籍专家和顾问的角色。从 2022 年 1 月 1 日开始，外籍个人将不再享受住房补贴、语言训练费和子女教育费、津贴免税等优惠政策，这将增加雇用外籍人才成本，降低中国对外籍人才的吸引力。此外，疫情加剧了外籍人才流失，大部分外企员工受到商务旅行限制政策的影响，有外籍专家表示，不打算在疫情之后回到中国。

（四）产业结构亟待优化

一是制造业内部结构亟待优化。中国传统制造业存在着产能过剩的严重问题。2021 年中国制造业的平均产能利用率为 77.5%左右，低于 G20 国家约 80%的平均水平。然而，在传统的加工制造业和资源密集型产业产能过剩的同时，中国智能制造业和新型制造业存在着产能不足、资源不到位等种种问题。这种行业内的资源与配置的错位，是现今制造业普遍存在的问题。中国主要实行依靠投资来拉动的粗放型经济增长方式，这种不合理的经济增长方式是中国产能过剩形成的深层次原因。转变经济增长方式的一个重要方面就是优化制造业结构，技术进步是产业结构优化的根本动力，在消化吸收外资技术基础上的自主创新能促进制造业结构的高度化与合理化。

二是产业之间的结构优化。现阶段中国制造业与制造业之间存在着典型的分割状态。首先，是生产性服务业依旧存在着大部分空白，在与制造业相关的研发、设计等环节中，生产性服务业支撑性不强，无法满足制造业发展创新的要求，实证研究表明，中国制造业增长对生产性服务业增长的拉动力度显著大于生产性服务业发展对制造业发展的促进作用。其次，制造业与服务业之中的相关产业没有做到融合发展，二者相互积极的互动作用不充分，比如商贸流通服务业与制造业之间存在着生产性与技术性上的关联，但由于信息化以及制度上的缺失，导致融合性不强，对于制造业的发展多样性有很大的阻碍，无法满足消费者的需求，制造业和服务业的结构调整任重道远。

（五）金融对制造业技术创新的支持不够

近年来，中国金融业“脱实向虚”问题日益严重，暴露出金融支持实体经济发展存在突出矛盾和问题，主要表现在以下几个方面：

一是资金配比不均衡，民营企业面临的资金瓶颈限制了技术突破。制造业企业中，很大一部分为中小民营企业。这类企业往往在技术、创新方面有很高的积极性，但资金不足限制了其实现技术突破。相比于中小民营企业，金融机构更倾向于将资金贷给国有企业与上市公司，但这类企业往往并不缺乏资金，这就导致资源配置效率低下。可以说，融资难、融资贵问题主要体现在制造业中的民营企业身上，金融机构审查严格，间接融资成本高。民营企业规模小、抵押不充足、信用等级低，银行等金融机构以营利为目的，会最大限度地降低风险，在进行放贷选择时会着重考虑企业的信用等级和偿债能力，尤其是面对中小民营企业时，为降低贷款风险，银行等金融机构可能会设置较严格的审查标准和烦琐的贷款流程。而中小民营企业，往往难以满足相应标准或者将会面临较高的融资成本，从而难以从银行等金融机构获取资金。此外，现阶段中国融资结构仍以商业银行尤其是以国有商业银行为主导，中小型银行等金融机构数量不足，也难以为中小民营企业提供有效的资金支持。

二是资本市场不完善，直接融资门槛高。在从银行等金融机构获取资金的间接融资渠道存在问题时，直接融资方面也未能给予制造业中的民营企业足够支持。目前，中国资本市场发展并不完善，民营企业特别是中小民营企业在直接融资市场面临着较高的门槛。一些中小民营企业在信息披露、治理结构和财务管理等方面依旧存在许多问题，难以满足中小板和创业板对股票和债券发放的要求，限制了其在资本市场直接融资渠道的拓宽。

三是缺少长期资金供给。以银行为主的金融中介提供的外部融资供给在期限上偏短；而在资金需求方面，由于实体经济转型升级和创新驱动发展战略不断推进，对长期资金一直供不应求。制造业缺乏资金支持，尤其是缺乏中长期的稳定资金支持，进而难以在正常经营基础上进行进一步的创新研发，极大制约了制造业的产业结构升级和产业结构优化。

四是融资成本高昂。清华大学中国金融研究中心 2018 年 2 月《中国社会融资环境报告》数据显示，当前，中国社会企业融资平均成本为 7.6%。其中，银行贷款平均融资成本为 6.6%，承兑汇票平均融资成本为 5.19%，企业发债平均融资成本为 6.68%，融资性信托平均融资成本为 9.25%，融资租赁平均融资成本为 10.7%，保理平均融资成本为 12.1%，小贷公司平均融资成本为 21.9%，互联网金融（网贷）平均融资成本为 21%，上市公司股权质押平均融资成本为 7.24%。高昂的企业真实贷款利率与制造业企业 3% ~ 6%的平均净利润率发生了严重背离和错配现象。

五是“投”和“贷”理念冲突，制约投贷联动的发展。《中华人民共和国商业银行法》规定商业银行不允许开展权益性投资。虽然国家开展了“投贷联动”业务的试点，但仍无法破解“投”和“贷”两种模式在风险偏好等方面的冲突。商业银行的信贷制度遵循低风险、低收益原则，评估信贷项目是以当期现金流和抵押物为准。而投资业务往往都是高风险、高成长性的项目，通过对企业发展前景的预判来估值。投贷联动业务不仅对商业银行的运营理念提出新的要求，在风险防范方面也提出更大挑战。

六是风险投资和资本市场支持力度不足。近年来，中国多层次资本市场建设取得较快进展，2013 年新三板正式扩容至全国，与此同时区域性股权市场也不断壮大，2018 年上海证券交易所设立科创板并试点注册制。然而，中国资本市场的融资效率和资源配置能力还远远落后于欧美国家。股票市场的突出问题表现在政府干预力度过大、监管体系不完善、上市公司诚信缺失、退市规则和发行制度不规范等。债券市场的突出问题表现在违约现象严重。由于一些行业面临供给侧结构性改革，企业转型升级压力下商业信用风险持续升高引发债券违约行为。信息不对称程度高。债券市场由多个部门共同监管，多头管理导致债券流通效率降低，债券市场内外无法形成关联机制，增加了发行成本和时间。此外，债券市场的信息透明度仍有待提升。信用评级约束不足，信用评级机构的权利和义务不对等，评级机构的独立性和可信度不高。

（六）知识产权保护制度有待进一步完善

创新的动力来自获取创新租金，创新租金数额取决于制度环境尤其是知识产权保护水平。经济全球化时代，知识产权日益成为国家发展的战略性资源和国际竞争力的核心要素，成为建设创新型国家的重要支撑和掌握发展主动权的关键。中国加入 WTO 以来，高度重视完善知识产权保护制度，取得了明显成效：专利权人遭遇侵权比例大幅下降、专利侵权诉讼高额赔偿比重逐步加大、专利权人维权意识普遍增强、知识产权大保护格局不断完善。然而，与发达国家相比，中国知识产权保护水平仍存在较大差距。一方面，知识产权法律法规仍不完备，实际维权的途径不明确，法律规定的赔偿额较低，难以起到威慑作用。另一方面，知识产权执法难仍无法有效解决，行政执法和司法水平有限，且存在较明显的地区差异。中国东部、中部、西部的知识产权指数大体呈现出由强渐弱的阶梯形分布趋势。中国区域知识产权指数 2018 总体排名中，北京、广东、江苏、上海、浙江的综合实力排名靠前，海南、宁夏、青海、西藏、新疆的排名靠后。这说明除了区域分布特点之外，中国区域知识产权保护水平还表现出较强的经济实力相关性。总体来看，自 2012 年起中国已连续多年成为世界发明专利申请数量第一大国，然而，核心专利占比较小，在核心技术、关键设备等高质量知识产权创造方面的活动相对不足，在前沿科技领域的“卡脖子”问题仍然突出，自主知识产权的核心专利、版权精品和知名品牌仍相对缺乏。专利申请热情高涨背后也存在隐忧。2022 年度“全球创新企业百强”榜中，中国大陆企业（除中国台湾企业）上榜4 家，与日本企业上榜 35 家、美国企业上榜 18 家相比，数量仍较少。由于不重视知识产权保护，对市场经济的观念、机制和规则不了解、不适应，导致高新技术的大量流失，经济损失巨大。

此外，数字经济时代对知识产权保护提出了新挑战。新技术的出现不断挑战传统理念与制度，而以保护、占有为最终目的的知识产权本质上与崇尚共享、自由的互联网泾渭分明。但随着大量不同形式的内容产生在网络中，知识产权该归谁所有，又是谁在规定这些内容的使用？在实际工作开展过程中，如果对知识产权保护过度可能会形成垄断，而保护过轻可能会抑制创新。如何更好地平衡知识产权保护与反垄断的适用性仍面临诸多挑战。中国虽然一直通过制度上的多方努力完善网络知识产权的相关空缺，但仍面临侵权行为难以认定、侵权主体难以明确的困境。

美国商会全球知识产权中心（GIPC）发布的《国际知识产权指数报告》，评价了全球主要经济体的知识产权环境，具有一定的影响力。2022 年发布的第 10 版报告中，排名第 1 位的美国得分为 95. 48 分，中国在该指数的得分为 55. 86 分，排名第 24 位（见图 4-2）。中国的分数略高于亚洲经济体平均分，但与得分最高的前十大经济体的平均水平相比仍有较大差距。报告指出，知识产权所有者在中国面临越来越多的监管和程序障碍，这些障碍阻碍了技术流动、研发合作和数字贸易。特别是 2021 年个人信息保护法和数据安全法的通过，使跨境数据传输的限制和条件增加，数据本地化要求更趋严格。此外，生物治疗联动机制和专利期限恢复规则实施的不确定性仍是专利保护的短板。尽管执法力度有所加强，但知识产权侵权行为仍然居高不下，对知识产权法的解释与国际标准脱节也值得关注。

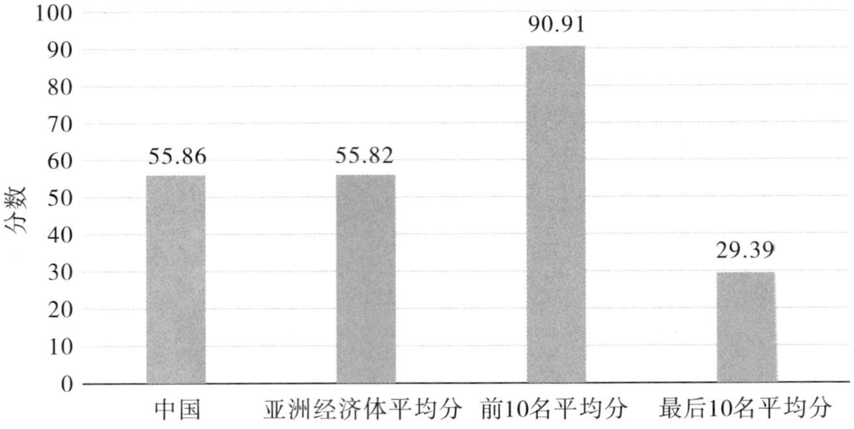

图 4-2　国际知识产权指数总体得分比较

分项来看，中国的专利权保护得分较高，相比而言，商业秘密保护和设计权保护得分较低。这两个领域是中国知识产权保护领域的短板。此外，知识产权商业化和市场准入方面也有待提升（见图 4-3）。

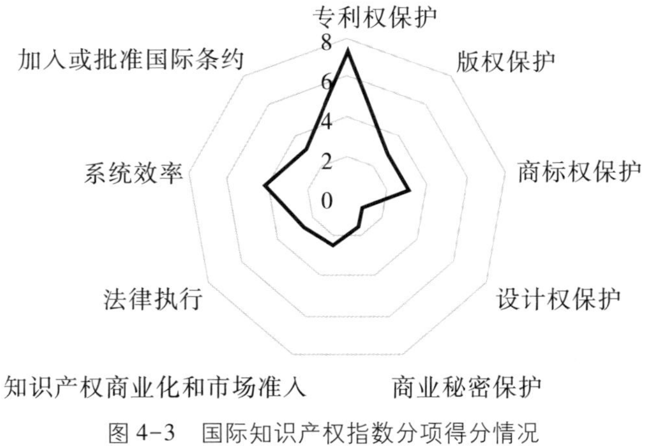

图 4-3　国际知识产权指数分项得分情况

第五章

科技创新助力现代产业体系发展的金融分析

金融对科技创新具有不可替代的重要作用。在科技创新过程中，无论是项目研发、成果转化还是产业化，都存在巨大的资金需求，需要金融系统提供持续有效的支持。纵观世界经济社会发展历史，每一次大的产业革命都发端于技术创新，受益于金融创新。当前，中国产业尚处在全球价值链中低端，核心技术储备还不够，围绕产业链部署创新链是打造经济新增长点、培育新动能的突破口，也是逆全球化冲击下中国企业自主创新的必要路径。

围绕产业链布局创新链、资金链、政策链，促进创新链、产业链融合发展，是当前需要解决的重大理论和现实问题。自创新驱动发展战略实施以来，中国经济增长逐渐从要素驱动、投资驱动向创新驱动转变。2016 年 5 月，习近平总书记在全国科技创新大会、中国科学院第十八次院士大会、中国工程第十三次院士大会暨中国科学技术协会第九次全国代表大会上指出，“创新是一个系统工程，创新链、产业链、资金链、政策链相互交织、相互支撑”，首次提出“创新链、产业链、资金链、政策链融合发展”的命题，要求“围绕产业链部署创新链，围绕创新链完善资金链，通过政策链实现系统融合和统筹协调”。创新链、产业链、资金链、政策链（简称“四链”）的融合发展将有力提升中国产业基础能力和产业链现代化水平。

一、金融支持现代产业体系建设

创新主体在科技创新的基础研究、应用研究、产业化、市场化阶段皆需要稳定的资金支持；对金融主体来说，科技创新项目高投入、高风险、高回报的特征是其支持科技创新的依据。创新主体创新活动对金融服务的高要求及金融主体从创新投资中获得的高回报是资金链与创新链、产业链关联的重要基础。创新主体根据自身发展的不同阶段向特定金融主体寻求金融服务，而金融主体通过金融、财税、信用工具等组合，对具有潜在价值和市场潜力的科技创新项目进行风险识别，实现资金链与创新链、产业链的匹配，这是资金链与创新链、产业链融合的结果。一条成熟的资金链涵盖了科研成果从创新构思到产业化生产整个过程的金融服务，提供研发资金、中试资金、产业资金、市场化资金等支持。除了资金筹集，金融主体也可以为创新主体提供诸如技术定价、信息甄别、委托代理等服务，伴随着资金的循环流动，资金链、创新链、产业链实现融合，加速推动科研成果的转化。

技术创新要经历不同的时期，不管是初期（种子期）、创业期、成长期、扩张期还是成熟期，都离不开资金的支持。一旦资金链断裂，创新活动就无法继续进行。因此，每一项技术创新活动，都必须确保充足的资金来源和多样化的融资渠道。中国目前企业技术创新活动主要的金融市场来源是银行贷款，由于资本市场发育还不够成熟、风险投资机制不够完善、企业自身信誉度较低、不具备融资资格、政府财政拨款不足等原因，中国总体上创新资金并没有达到企业需求的水平。

（1）资金瓶颈制约技术创新。

技术创新是庞大的系统工程，需要大量的资金支持，单个资本积累无法对技术创新提供足够的资金支持，资金瓶颈问题是制约技术创新的重要障碍之一，根据历史资料统计，不少企业，尤其是中小企业，要获得技术创新方面足够的资金供给，存在很多困难。

技术创新具有不确定性和突发性特点。在创新项目初期，由于项目本身的质量、技术的复杂性和不确定性、外部市场对项目收益的不确定性以及企业家本身经营管理能力方面的限制，技术创新过程中存在一定的波动性。一项新的技术或者发明，缺乏历史经验的参考，在创新过程中，存在着如何把握创新力度和方向的问题，并有可能导致创新的失败。市场作为外部环境，对于一项技术创新的接受和需求状况如何，在项目投入市场之前是不可预知的，具有随机性和突变性，因此存在预期外的收益变动风险。企业研发创新活动的融资市场更像“柠檬”市场，外部投资者难以评估研发项目的优劣，会要求更高的风险溢价，进而增加了创新的外部融资成本。技术创新具有正外部性特点，从事创新活动的企业投入的成本要高于社会成本，而取得的收益却小于社会收益。在资金有限的情况下，不难理解企业为何会忽视投资周期长、回报不确定的创新项目，而选择投资周期短、投入资金较为灵活、回报期较短且回报率较高的低风险创新投资。与此同时，技术创新可能被模仿或者复制，面临失去创新的增加值，难以获得创新全部收益的风险。

（2）企业不同发展阶段的融资需求。

种子期的科技型企业主要从事产品的研究开发，此时都是实验室成果，并没有形成真正的产品，企业甚至还没有成立，但是创业者可以保证产品未来的可行性。此时，企业或整个项目都处于亏损时期，因为没有产品所以没有收入来源，没有销售渠道，只有费用支出。这个阶段会面临高新技术不成熟的技术风险和是否可以开发出成功产品的风险，因此项目的失败率非常高，如果技术开发遇到阻碍，不能取得突破性进展，投资者很可能失去耐心导致企业或项目夭折。因为没有投入正式的生产经营，此阶段的资金需求量并不大，筹集到的资金主要是用来购买实验开发所需要的原材料以及支付各种研发费用，但投资风险很大。因此，国内外种子期企业的资金来源主要是政府研究开发资金、创业者自有资金或自筹资金，如个人积蓄、家庭和朋友以及少数富有家庭的投资或天使投资。其中，个人积蓄是最主要的资金来源。一般而言，种子期的科技型企业很难得到商业风险投资、大企业的股权投资或商业银行的外部债权融资。即使在风险投资最为发达的美国，也只有约5%的资金会愿意投入此阶段。

创业期是核心技术人员把经过种子期研究所形成的具有商业价值的项目成果，通过创业使科技成果向产业转变转化。这个时期的资金主要用于产品开发和市场开发，以形成生产能力。这一阶段的风险主要是创业风险，即把科技成果转化为工业化生产过程中所面临的各种技术风险、产品风险、市场风险等。与种子期相比较，这一时期的技术风险明显下降，此时市场风险和财务风险成为主要风险。而且面对新的投资项目，其成本核算、投资收益预测、资金回收周期等方面都面临着不确定性。对大多数企业而言，此时获得外部融资仍存在很大的困难，除了创业者的自有资本之外，现金流主要来源于产品销售，能够使用的融资渠道包括企业保留的盈余和企业内部职工借款、民间借贷、通过信用担保机构获得的担保贷款、政府基金、风险投资以及股权的场外交易。由于存在很高的风险，商业银行一般不会提供资金。但随着风险资本的逐渐介入，企业的资金实力和承担风险的能力就会不断增强，部分对高新技术企业运作比较熟悉的商业银行就会择机进入，并提供贷款支持。

成长期总的特点是产品已经进入市场，技术风险大幅度下降，企业的销售收入和现金流量不断稳定，但需要更多的资金来扩大生产规模并且进行市场开发。企业面临的主要风险开始转变为管理运营风险和规模化生产产生的资金需求缺口的风险。不断追加投资会使企业的资金需求不断增加，同时伴随企业规模的不断扩大，能抵押的资产也在增加，而且具有了初步的业务记录，信息透明度也不断提高。这一时期企业的融资选择就会比较多。因为存在良好的发展预期，所以企业就可以从银行获得短期贷款，除了一些国家和地区重大的高科技项目外，这个时期政府的投入减少，而商业风险投资机构是主要的投资者。同时，商业银行遵循“盈利但是现金缺乏”阶段的进入原则，高科技企业为了避免股权进一步稀释，双方都有积极性实现债务融资。因此，虽然此阶段企业需要大量的资金，但对外融资的地位开始逐渐从被动转为相对主动。这个阶段企业特别需要与金融机构对接金融人才培训的服务，并且较为成功的企业还需要更进一步为上市做准备。

成熟期的企业经营业绩快速增长，经营风险不断降低。一方面，企业的规模由中小型向大型转变。另一方面，企业的人才素质、组织结构、信息管理、技术水平、营销服务等各方面都产生了新的变化。这一阶段存在的主要是转型风险，因为涉及大量资源的重组和转换从而会带来企业经营收益上的波动以及企业转型失败的可能。为了进一步扩大生产、进行新一阶段的技术开发，不断保持市场竞争力，此阶段的企业资金需求量仍然很大，但因为投资风险开始大幅降低，此阶段企业的融资能力开始增强。因为企业的经营业绩稳定，资产收益率高，资产规模较大，可抵押的资产不断增加，商业银行等稳健的金融机构也会积极参与到成熟阶段的高新技术企业的融资活动中去，采取的融资方式通常是授信额度管理。当然，在资本市场制度比较完善的情况下，企业选择融资的方式也呈现出多样化，其中包括发行债券、员工认股、资产证券化等。而且，在成熟阶段的上半期，企业仍处于较快增长阶段，但是企业的规模和盈利水平还不能满足主板市场的上市要求，很多市场经济较发达的国家都会设立创业板市场，既满足高新企业的直接融资条件，也为风险投资的增值和退出提供了重要的渠道。此外，这个阶段还应通过产权交易、场外交易等方式给风险投资提供良好的退出机制。通过企业的不断发展壮大，使其满足主板市场上市条件后，通过主板市场进行股权融资，来满足企业不断发展过程中对资金的进一步需求。这个阶段的企业特别需要来自投资银行和资本市场的重点扶持与帮助。

（3）长期资本缓解创新企业融资约束。

融资约束指的是由于企业内部管理者和外部投资者之间存在信息不对称，使得企业的内外部融资成本差异较大。企业研发投资受到的融资约束比固定资产投资更严重，研发融资约束会抑制企业创新。长期资本是企业持续稳定发展的资本基础，能有效保障企业实现最低资金需求。企业借助丰裕的长期资本可以投入期限较长、风险较大的创新研发项目，解决创新的融资约束问题，降低融资成本进而增强自主创新意愿。

一项高科技的创新从研究到开发，再到技术转让和产品上市，需要经过一段很长的时间，最后还要通过商业化才能在市场上取得成功。在这个过程当中，有很多创造发明在早期就已经“死掉了”，还有一些好不容易走到了产品阶段，却由于不能被市场或消费者接受而导致最后“死亡”。“死亡谷”在整个高科技创新领域是非常常见的现象。特别是那些处于成长初期的 18 ～ 24 个月之间的中小微企业，都会经历“死亡谷”的考验，这个时期的企业得不到以财务回报为主要诉求的机构投资人的 A 轮、B 轮融资。常规性投资人和机构期待的都是短期的、固定的投资期限，每半年、每季度都有固定回报的投资方式。如何帮助这些企业穿越“死亡谷”成为亟待破解的难题。Caprio 等（1998）研究发现，对制造业企业而言，长期融资会提升其创新能力。具体来看：一是长期资本供给增加有助于解决初创科技企业“首投”问题，政府通过设立投资引导资金，帮助解决科技创新企业“最先一公里”的资金来源问题。二是长期资本供给增加有助于进一步撬动社会资本支持科技企业创新创业。建立财政科技经费与社会资本协同支持科技企业技术创新、产品升级的机制，在企业债权融资、创业投资、上市融资等投融资环节，通过贷款贴息、担保费补助、信用评级补助、天使投资补助、全国中小企业股份转让系统改制与挂牌补贴等方式实现财政金融联动，拓宽科技企业融资渠道，引导企业加大研发投入。三是长期资本能够帮助成长扩张期企业延缓偿债压力，以利于项目顺利推进。长期资本能提供稳定的现金流，减少外部金融环境造成的融资成本上升。以天使投资人为例，除了希望有财务回报以外，他们还愿意跟年轻人一起分享自己的行业经验、所知所学，他们有着多元的诉求，作为成功人士他们非常愿意帮助年轻一代获得更好的发展，这种人文关怀无疑可以帮助初创企业穿越“死亡谷”最艰难的前两三年时间。

制造业转型升级必然伴随着企业信用度的扩张和风险资本的流入，是一个需要大量资金投入和资本长期支持的过程。处于价值链低端环节的企业利润相对微薄，自有资本和现阶段利润不足以支撑企业升级的全过程，也很难维持稳定而强劲的现金流。因此，制造业转型升级的过程必然依赖外来资本的支持。吸引更多的长期资本进入，在企业升级所需的技术研发与积累、渠道建立与品牌培育、人力资源招聘与储备等方面提供资助，这样的正反馈循环是支持持续升级的动力机制。制造业企业要升级，意味着要超越现有的价值创造能力，将升级变成全民性质的风险投资活动。从低利润、低信用度的阶段进入高利润、高信用度的阶段，企业的升级行为本身是一种整体的风险投资行为。随着越来越多的企业投入价值链升级的活动，对于资金支持的需求必然增加，因此制造业企业信用扩张变得非常明显，对于长期资本的需求也越来越大。

长期资本供给增加的直接效应是融资成本下降。在其他生产条件不变的情况下，一国金融市场长期资本供给增加，会降低企业的融资成本，进而减少企业的生产成本，提高企业的生产率和竞争力，有助于其将投资向研发创新倾斜，助力企业向价值链高端迈进。现实中，由于长期债券的不确定性和风险更大，投资回报率的要求更高，企业不愿承担高额的融资成本，故而放弃长期融资，转向成本较低的短期融资，进而被动地陷入低端锁定陷阱中。从期限匹配理论看，短期资本占比较大的企业更倾向于技术拿来主义或投资到期限短、见效快的模仿式简单创新活动中。而一旦企业拥有了长期资本，就会投资到风险大和周期长、影响深远的创新项目，这不仅能提升研发实力，而且能促进技术创新向市场价值的转化。在权衡购买国外中间品与自主研发时，长期资本充足的企业更倾向于选择以自主研发替代中间品进口。

长期资本有利于改善信息不对称，提升企业融资能力。长期资本供给建立在投资者掌握充分投资信息的基础上。投资者具有信息获取和传播功能，有利于改善信息不对称，发挥为企业信用背书的效应，进而提升企业的融资能力，进一步促进创新。一方面，企业要想获得投资者的认同，就必须规范自身管理，增加信息透明度，以获取投资者的长期信任。另一方面，长期资本投资者会为企业设计强制性的信息披露制度，有利于增强外部监管，降低交易成本，拓展企业融资渠道，进而提升创新能力。

长期资本并非越多越好，需要在增加长期资本供给时防范化解可能存在的金融风险：

①自由现金流的视角。自由现金流理论认为，由于所有权和经营权的分离，企业的所有者和管理者的目标并不一致。管理者的目标是个人利益最大化而非股东利益最大化，二者存在利益上的冲突。当企业完成对净现值大于0的投资项目的投资后仍留存自由现金流时，从股东角度来看应该把这部分现金分配给股东，而实际中，管理者为了增加对资源的控制权，会在没有良好投资机会的情况下将这部分现金投资到净现值小于0的项目，长期资本会使自由现金流增多，因而管理者与股东利益的冲突就越明显，过度投资问题也会更加严重。

②委托代理的视角。委托代理关系是在信息不对称条件下形成的契约关系。Jensen等（1976）认为代理关系存在于任何一个含有两个或两个以上的组织或合作中，如果双方都存在利益最大化，则存在代理人不以委托人利益最大化而行动的情况，代理人可能会为了追求个人利益做出损害委托人利益的行为，从而产生代理成本。长期资本的出资人作为契约关系的委托方，希望自己的投资收益最大化，作为接受资金的一方是投资活动的代理人，其目标更加多元，为了扩大规模，增加影响力，很多企业主会做出不合理的投资决策，进而损害出资人的利益。

③信息不对称的视角。信息不对称理论认为，卖方比买方掌握更多信息，为了追求自身利益最大化，存在道德风险和逆向选择，最终损害买方的利益。特别是那些生产率较低，本该被市场淘汰的企业，如果用长期资本进行重复建设和对落后产能进行投资，只会延长其退出市场的时间，而不会从根本上提升创新能力，实现转型升级，长期资本本质上没有为经济注入活力，而是为僵尸企业输血，保护了落后，影响了整个社会的生产效率。同时，由于资金使用期限长，不能及时清算，如果没有建立起完善的监督机制，道德风险

和逆向选择将以更加隐蔽的方式存在，信息不对称风险随着时间流逝不断累积，最终会给长期资本的出资人带来巨大损失，影响其投资积极性和长期资金的持续供给。

二、金融与创新人才激励

（一）吸引与激励人才

创新发生在企业成长的每一个阶段中，然而，创新本身却来之不易：作为一种需要长期持续的研发活动，创新涉及对无形资产的高风险和特殊投资，需要对未知方法进行大量探索。与传统投资相比，创新更需要人才和知识的支持。科技创新需要有“耐心”的资本，只有在有耐心的资本的保障之下，企业才能解决委托代理等问题，不断引进高质量创新人才，实施创新激励计划以提高创新能力，并营造出有利于人才开展创新活动的稳定环境。因此，资本在提升技术吸收能力方面起着相当重要的联结作用（Alfaro et al.，2003）。

由于创新活动的高风险性和回报期长的特点，企业内外部都面临着委托代理问题，这也是目前中国开展创新活动时遇到的种种实际问题：在外部环境，缺乏长期资本支持的企业债权人的监督成本较高而债务人的欺诈成本较低，容易出现道德风险，从而限制了创新者外部融资的可能性，自然也就无法吸引高精尖人才（钟腾 等，2017）。在企业内部，高管作为企业代理人，在创新活动中承担绝大多数风险，而缺少长期投资、以短期目标为考核绩效的机制对创新活动具有不利影响，管理层出于避险心理抑制创新活动开展，创新人才难以发挥作用（仵风清 等，2020）。股东对核心技术人员掌握的创新相关知识技能并不熟悉且难以监督，信息不对称的问题更加突出，难以提升其工作积极性（宫蕾 等，2019）。而对于作为员工的创新人才来说，企业创新的高投入性、探索性和复杂性意味着其要付出远超常规工作的努力，如果缺少以长期资本为基础支持的剩余收益，难以品尝企业创新的胜利果实，仅作为领取固定薪酬的“打工者”，就容易出现搭便车行为，消极应对创新工作，仅仅付出有限努力。低效的薪酬契约无法建立员工对企业的认同感和归属感，造成不必要的人才流失，从而导致创新活动的迟滞甚至“流产”（孟庆

斌 等，2019）。

在长期资本的支持下，上述问题便能够迎刃而解：开放的资本市场吸引了更多国内外的投资者，加强了对企业管理的监督能力，抑制了管理者的机会主义行为，促使企业不断提升管理质量，大力吸引人才，进行高效的创新活动（Moshirian et al.，2020），改善外部的融资可得性，从而促进企业知识创新，提高全要素生产率。长期的而并非短视的资本能够容忍早期的失败并奖励长期的成功，能够建立起强有力的薪酬保障，激励代理人承担高风险和长期的创新项目（He et al.，2018），通过多种激励机制将人与企业“捆绑”起来，在一定程度上激发了员工当家人的感觉和创新激情（马丹，2020），吸引并激励人才从事创新活动，保留创新型员工，克服资本短视行为。在这其中，股权激励是长期激励的代表方式。股权激励是以股权的方式作为管理层和员工的长期激励，让其可以分享科技创新投资带来的企业增量剩余收益，能有效提高经营者对科技创新的支持力度以及创新人才的研发热情（杨慧辉等，2020）。股权激励可以调动以“创新、冒险、专注、诚信和责任”为代表的企业家精神，激发知识型员工的主观能动性和创造性（昝秀丽，2021）。这样在从事管理、生产以及创新活动时，员工就能够从股东的角度去考虑问题（吴百华，2021），更注重有利于企业长远发展的创新能力的提高，这同长期资本运作的逻辑是有机统一的。

除了获得金钱财富等薪酬上的激励与支持，长期资本更有利于为创新人才营造良好的成长和工作环境。科研人员需要获得的是长期支持，而不是间歇式、脉冲式支持，前者能使其在稳定的环境中持续、主动地贡献才智、能力（陈元，2021）。根据玛汉・坦姆仆知识工作者需求模型，高技术企业创新人才的工作具有如下特点：工作过程难以观察；工作成果不易衡量；创新活动的顺利程度有赖于知识员工发挥自主性；知识员工往往是某领域的专家，而管理者在这些领域往往是外行，知识员工对组织的依赖性低，组织与知识员工之间是一种相互需要的关系。因此，如何激励人才，使其发挥更大作用就显得尤为重要（仵凤清 等，2020）。长期资本除了能够满足对创新人才的直接财富激励，更能建立稳定的工作环境，给予创新人才具有说服力的发展空间和宽容的、不急功近利的科研氛围，满足其个体成长、工作自主和精神需要等需求，使其相对独立地进行创新活动，而不是变为资本收益最大化的工具，并使科研成果得到社会的广泛认可并快速地被各行业吸收、运用。

（二）宽容失败

创新意味着一种全新生产要素的组合，其过程是一个复杂的、跨组织的、长期的过程（何耀琴 等，2020）。根据科技发展的一般规律，创新就意味着风险，风险行为就有失败的可能。而只许成功的创新导向，带来的后果要么是创新活动作假，要么是不创新或少创新，难以有效进行人才培养（林少真，2012）。根据美国的一项研究，企业创新失败率高达47%（陈光，2018），由于技术、市场、用户、政策等多方面的不确定性，中国企业实际创新项目的失败概率应该不低于47%这个比例，因此，失败对于创新来说是一件常事。要求创新结果带来长期回报的前提是，资本必须能够宽容失败和试错，鼓励研究人员不追求短期成果和利益，更加关注突破性、创造性产出。

对创新失败的宽容意味着资本必须要有长远的眼光以及足够的风险承担能力。长期资本所具有的“风险共担，收益共享”的突出特点，在促进创新资本形成、支持科技创新方面具有天然优势（杨毅，2022）。资本市场在发展过程中，提供了一套丰富的风险管理工具，鼓励投资者将他们的投资组合转向不仅具有更高风险而且具有更高预期回报的项目，即创新项目（Hsu et al.，2014）。大部分创新项目由于其高风险性和信息不对称，以及难以从银行或公共股权投资者那里筹集资金，因此求助于风险投资以解决融资需求（He et al.，2018）。

风险投资属于价值投资，投资期限较长，从基金设立起，中早期投资至少要7年的投资期限，可以给予科技型企业研发、试错时间上更强的延展性（张乐，2020），在一定程度上满足了创新对长期资本的需求。风险投资通过对行业发展趋势、企业成长曲线进行研判，在做出综合性判断的同时也愿意承担一定风险，不会简单根据企业短期的绩效等指标“一刀切”，从而给企业成长和创新试错的机会。风险投资允许投资人与被投企业及企业家对现金流权、投票权、董事会权、清算权和其他控制权进行单独分配，缓解由创新不确定性、信息不对称、担保不充分性带来的市场失灵问题（丁健，2022）。现有研究发现，更能宽容失败的风险投资人支持的首次公开募股（IPO）公司往往会产生更多的专利和具有更多未来引用的专利，且这种模式对于面临更高失败风险的公司更为突出。

除了在投资时长上的优势，长期资本还能够为创新赋能，带来除了资金外的技术、产品以及管理上的资源，兼具融资和咨询作用，将自身制造产业生态圈的资源优势和企业的需求配合起来，给它们带去相当规模的生产机会，帮助拓展封闭性较强的行业，提供强有力的帮助（张乐，2020）。一些资本机构在产学研合作中起到重要作用，通过搭建企业与科研机构合作等途径，让科创企业的技术优势进一步加强。在急功近利的经济导向下，花相当长时间培养高质量人才或投入大笔费用进行有可能失败的创新，对许多行业来说是没有吸引力的，因此，只有成功的创新活动才是可被接受的（林少真，2012）。然而，科技含量越高的长期资本其系统性的发展能力更强，会充分认识到科技的瓶颈和障碍是可以用有限的时间和成本攻克的，成果是很快能获取的（陈元，2021）。企业在资本助力下提升质量，将带动进一步投资结构的优化，有助于促进资本市场形成新的投融资平衡，从而使资本拥有更高水平的服务科技创新的能力，形成良性循环。

近年来，中国在“资本寒冬”和新冠疫情的双重夹击下，创新投资大而不强、大而不精的问题突出，投资机构偏好于“短钱”，大量基金投向中后期项目，而初创期的创新项目难以得到长期资金的支持（黄燕飞 等，2021）。有必要引导金融资本建立一套规范和完善的科技成果评价体系，筛选出有明确适用背景和应用前景的科学技术，并科学评估该技术在研发及产业化过程中的风险与价值。通过科学的风险评估以增强资本信心，发挥资本力量，促进颠覆性技术突破和技术成果快速转化（阮晓琴，2022）。我们更需要引导长期资本多转向创新企业起步成长的“前端”，宽容失败，为创新尝试者提供最大的支持和保障。

（三）提升人力资本

“人力资本”这个概念，最初由美国著名经济学家、诺贝尔经济学奖获得者舒尔茨提出。按照他的观点，人力资本体现在人的身上，表现为人的知识、技能以及劳动熟练程度等，是一种稀缺资源。现阶段，人力资本主要是指两类人：一类是技术创新者，另一类是职业经理人，即企业家（张东，2004）。作为从事创新活动的主体，人力资本的增加不仅可以提升技术创新成功的概率，为技术创新的市场化提供技术创新活动和产品蓄水池，而且可以通过改变技术创新市场需求结构，为技术创新的市场化提供利润激励（袁晖光 等，2021）。结合企业创新来看，持续稳定的人力资源投入是实现有效创新产出的关键。员工的流失，尤其是技术人才的流失，会增加创新活动中断甚至“流产”的风险。而企业培养创新人才的过程也即人力资本积累的过程，长期资本的支撑必不可少。

目前中国正面临着严重的高技术人才流失问题。数据显示，2021 年中国企业员工整体离职率为 18.8%，而高技术企业员工离职率高达 20.9%。造成员工离职的原因调查中，薪资水平缺乏吸引力占回答总数的 51.6%、发展空间有限占 39.7%，这些成为桎梏人力资本发展的重要原因。究其背后，还是由于企业外部融资存在约束、缺乏强有力的长期资本支持。而人才的流失则会严重影响创新进程：一方面，研发投入具有较高的调整成本，技术创新人才通常需要公司大量的特定培训，由此创造出的公司知识库成为未来企业利润提升的重要动力。由于创新项目在构思和商业化之间通常需要很长时间，因此不得不平滑其研发支出（B. H. et al.，2012），当人才流失或被解雇时，企业本身的部分资源基础就会消失，企业创新活动就会搁浅或终止。另一方面，骨干出走和技术外流可能导致企业的竞争对手与其共享关键专有信息，这些信息的传播可能会破坏企业正在进行的创新价值（J. R. et al.，2012）。

在促进企业形成稳定的雇佣关系、提升人力资本上，长期资本具有重要优势。首先，充足且长期的投资可以支持企业支付给高技术创新人才具有竞争力的薪酬，降低其离职率，增强其扎根企业、努力工作的意愿，使其能够更加持续、稳定地贯彻落实创新决策，为各项创新工作的顺利推进提供重要保障，从而有助于创新产出的实现（孟庆斌 等，2019）；其次，长期资本能够让企业在未来相当一段时间内有充足资源维持最初的研发增长，降低高昂成本调整的风险，在培养人才上倾注更多的资源与精力。长期资本稳定投入支持企业对员工的教育培训，有助于打造创新人才快速成长的平台。技术创新一方面需要大量的基础理论知识和技术，另一方面又不断涌现出新的知识、新的理论、新的技术，而且各知识单元或体系之间互相交叉、渗透、整合，又形成一个内部关系错综复杂、外在形态渐趋统一的新知识体系（王孝斌，2006）。因此，员工培训是企业创新活动中的重要一环，只有在此过程中才能深入挖掘人才创新潜能、激发创新性思维、提升创新能力，从而加强整个团队的竞争力，提升人力资本，将创新技术转换成先进的生产力。

对企业员工的职业培训有助于员工接触世界前沿技术，更新知识储备，特别是在经济全球化时代，增加与先进企业的交流和学习机会，将极大提升员工的创造力和竞争力。长期资本的注入将加快企业人力资本积累速度进而缩小企业与技术前沿的知识距离，提升技术吸收能力。此外，随着吸收能力的提升，技术创新的自我催化效应逐渐发挥作用，简单的、基础的技术创新会衍生出复杂的、高端的技术创新，从而使落后企业从根本上摆脱路径依赖，走上技术创新的良性循环。研究表明，发展中国家要想从跨国公司的技术溢出效益中获益，其人力资本水平不仅是技术溢出的重要途径，也是该国吸收能力的关键。长期资本能够克服传统投资视角"短、平、快"的逻辑，进一步增加投入，为企业创新经济发展提供大量创新型人才，在深层次上培养企业的人才力量，鼓励企业员工创新并进行应用，使其推动企业发展，促进企业经济的可持续健康发展。只有加大对人力资本的投资，增加人力资本积累，才能拓宽技术扩散的范围并加快技术扩散的速度（邱蕊，2017）。

（四）摆脱路径依赖，助力企业转型升级

在实体经济转型的大背景下，中国制造业大而不强的问题突出，亟待解决。而造成企业弱质性的一个重要原因是技术路径依赖的存在与沿用。这个最早由 Arthur 提出的概念着重说明了技术演变过程的自我增强机制，也被用来解释技术后发国家的技术变迁路径（李海涛，2008）。中国作为后发国家，在过去相当一段时间里只注重技术引进，而忽略自主创新，在"拿来主义"之下陷入"引进再引进"和对国外技术"依赖再依赖"的恶性循环中（张景安，2003）。而企业技术引进给自身发展带来了巨大风险，技术引进标准受到国外严格钳制，并支付高昂的专利费用；核心技术受制于人，高端利润被跨国企业分割，在国际竞争中面临着边缘化风险；随着原料、劳动力等成本的上升，作为技术后发国家的效益逐步递减，足以引起重视。

路径依赖会导致失去抢占科技前沿基础的机会，也会使一国企业始终被固化在低端价值链，难以升级。摆脱路径依赖需要以技术创新驱动传统制造业企业和高科技企业能级跃升，而技术创新是一个持续化的、伴随着风险与不确定性的动态过程，必然需要长期资本的支持（马永斌 等，2017）。随着中国数字化水平不断提高，信息技术不断成熟，长期资本赋能企业转型升级迎来新契机。首先，长期资本帮助传统产业转换赛道，以资金支持对企业内部机器设备进行数字化改造，全面提升传统制造业生产方式的自动化、智能化水平，打造"数字车间""智能工厂"（任爽，2022）。数字基础设施包括

以5G、物联网、云计算和大数据平台等新一代信息技术及相关设施装备的建造和应用，以及电网、交通、生产线等传统设备的数字化、智能化改造，而相关仪器设备的建造都需要稳定的长期资金支持。其次，长期资本搭建平台促进产学研合作，强化企业间的专业分工与协作，形成大中小企业密切配合，专业化分工与协作完善的产业体系（王雷 等，2006）。长期资本支持的开放式创新平台能够充分整合产业链及其外部科研创新要素，灵活运用市场智能制造基础配套资源，更好地协助企业在大而全的平台上培育实现小而精的创新研发突破（李春发 等，2020）。最后，除了自主创新与产业升级，长期资本能够赋能创新产品供给，通过营销和产前产后服务多方面努力，不断推陈出新，扩大企业市场份额（厉以宁，2013）。比如有些企业通过电子商务平台创新销售模式，开辟了更多的国际市场，通过市场多元化降低了出口风险；还有长期投资支持企业探索产业链延伸，通过打造自己的产业链获取终端销售的话语权，提高议价能力，实现丰厚利润。

除了路径依赖对企业自主创新的阻碍之外，中国企业还缺乏自主品牌的培育，减弱了产业的国际竞争力。中国“入世”以后，众多制造业企业以贴牌代工者的身份嵌入全球价值链，依托原材料和劳动力的成本优势进行大规模加工贸易，带动中国制造业快速发展（裴秋蕊 等，2019）。然而，产品技术含量低、附加值低，很多企业仍在走来样加工、模仿的老路，缺乏自主创新意识和产权意识。没有重视自主品牌建设的后果是，外国企业拥有品牌，中国的生产企业仅仅成为其外包商。“薄利多销”策略在面临生产过剩时，往往采用价格战的方式抢夺市场份额，价格优势易被怀疑成低于成本的价格进行倾销，从而削弱了中国出口产品的竞争力（孔婷，2006）。长期资本在构建品牌战略、增强企业核心竞争力上的作用显得尤为重要。知名品牌的建立和树立可能需要相当长的一段时间，需要人才、资源等众多生产要素的支持，而长期资本能够给予企业足够的发展空间、足够的创新时间，不断的技术进步和产品创新能够增强品牌差异的长期稳定性，通过研发积累获取行业内领先优势，抵御后进企业的模仿威胁，在行业内占领制高点，增加品牌价值，使创新带来的竞争优势凝结于品牌之中，从而有利于企业获得核心竞争力（裴秋蕊，2017）。

三、创新策源能力支持现代产业体系发展

随着技术迭代加速和信息基础设施建设日益成熟，科技创新模式和科研组织形式的组织化和网络化趋势逐渐增强。开放式创新体系开始推行，群体式、策略化、有组织的颠覆性创新初见端倪。科技创新领域的竞争逐渐从单纯的创新个体之间的竞争转变为创新生态系统之间的竞争。随着世界主要创新力量的此消彼长，国际科技竞争与合作的背景正在发生深刻变化。单边主义和保护主义开始抬头，从外部获取关键技术日趋艰难。提升创新策源能力、掌握关键领域的自主可控核心技术，已经成为中国创新驱动发展的当务之急。创新策源能力是一种原创能力，包括学术新思想、科学新发现、技术新发明和产业新方向的从无到有。创新策源能力至少包含两个层次：一是基础研发能力，即原始创新的首创性、突破性和带动性；二是基础研发的辐射能力，即科技成果的转化、创新产业的萌发。

（一）强化基础研发能力

增强创新策源能力，首要是强化基础研究，实现关键核心技术突破。当前，中国经济发展的内外部条件正发生明显变化，靠技术引进消化吸收的“拿来主义”继续发展经济的难度越来越大，在从“跟跑”“并跑”到“并跑”“领跑”的转变过程中，面临越来越多的国际竞争博弈，越来越多的“卡脖子”问题必须通过建立自主可控的科学技术体系解决，尤其依赖于基础研究领域的源头突破。

解决基础研究短板需要回答：中国企业为什么不愿意从事基础研究？突出问题是缺少基础研发的经费支持。基础研究的发展具有投入驱动型特点，需要资金投入作为保障。据统计，纯基础研究的成功率一般只有3%，应用基础研究的成功率约为15%；从获得基础研究的知识发现到实现商业化，往往要经历20 ～ 30年，诺贝尔科学类奖获得者做出代表性工作与获奖时的平均年龄差为16.1年。目前，大部分企业开展基础研究以自筹资金投入为主。因基础研究短期内不会产生经济效益，故未来应用面临较大不确定性。企业缺乏投资基础研究的动力，尤其是在实体经济面临较大压力、企业整体盈利偏低的情况下，受经营压力限制，基础研究投入不足。所以，基础研究平均3%

的成功率和长达 20 ～ 30 年的成果转化周期需要与之相匹配的资本支持。现阶段中国基础研究的经费来源渠道主要是国家自然科学基金和 973 项目，由于申请难度大、覆盖人群少，这些基础研究渠道资助的项目依然是以应用或应用基础研究为主，高层次的基础研究项目较少。有效拓展基础研究经费来源渠道，让更多企业和研究主体参与到基础研究中，才能让更多重大原创科学问题涌现出来。

从全球看，美国、德国的国家实验室都是依靠大型科学装置进行研究。当前，中国重大科技基础设施建设期间的经费短缺问题较为严重。重大科技基础设施具有科学和工程双重特点，在建设过程中包括大量科研工作和非标设备研制，工程实施期间很难获得外界资金支持。通过丰富长期资本供给，让金融资源参与重大科技基础设施建设，有利于提升重大科技基础设施建设效率，外部资本参与也能够优化对科学装置的研究和应用成果评估流程。此外，将相关企业整合起来，促进大型科学装置加大对外开放力度，激活资源使用效率，对于改善中国基础研究的条件和环境、培育并扩大具有国际影响力的科学研究平台（基地及研究机构）、增加中国相关科研领域的国际话语权与影响力，具有十分重要的意义。

（二）提升科研成果转化率

增强创新策源能力，关键是提高成果转化的效率。数据显示，目前中国每年有 3 万项通过鉴定的科技成果、100 多万项专利技术，但能转化为批量生产的仅占 20%、能形成产业规模的只有 5%，而西方发达国家的科技成果转化率一般在 60%以上。要推动产学研融合，关键在于破解产业和学、研“两张皮”的问题。由于中国科技成果转化的资金投入不足，导致科技市场供需之间的矛盾。因此，打通科技成果转化“关键一公里”至关重要。

成果转化的资金供给改革，有助于打通金融链堵点。多年来，中国科技成果转化存在金融支持力度不足和手段单一等问题，尤其是中小企业在科技成果转化早期获得投融资的难度较高，影响了科技成果转化率。从基础研究到实验再到产业化，中国的投资比例是 1：0.7：100，而发达国家是 1：10：100，由于政府财政资源有限，企业投入不足，金融机构对科技产品贷款不畅，民间资本没有形成良好的回报机制，因此投入科技成果转化的资金非常少。自 2015 年以来，国家科技成果转化引导基金下设创投子基金达 30 多只，规模将近500亿元，基金放大倍数超过4倍。转化引导基金不同于以往的政府拨款，它选择符合条件的投资机构共同发起设立创业投资子基金，为转化科技成果的企业提供股权投资。这意味着政府对科技成果转化的支持从无偿的直接资助转为间接的股权投资，是科技成果转化领域的一项重大制度创新。多只子基金顺利“毕业”后，再次布局先进制造、电子信息等战略性新兴产业。这意味着国家科技成果转化引导基金走向成熟期和收获期，建立起成果转化金融链的良性循环。

通过发挥专业化金融机构在投资决策、产学研“参谋”等方面的主体作用，有利于形成由专业化金融机构服务产学研的发展新模式。根据产学研金融通的特征，应在现行金融服务体系的基础上建立一批专业化金融机构，形成依托专业化金融机构投入的新模式。专业化金融机构的优势在于形成相对完善的产品、技术、服务、风险管理模式，降低投融资决策风险，实现资本增值。专业化金融机构可为创新主体提供管理咨询等专业化服务，无疑将对整个创新行为形成重要支持。

作为创新策源地，不仅要在知识创造上有重大贡献，还要有能力引领新兴产业发展。在第四次技术革命背景下，新兴产业成为推动全球经济增长的新动能，而新兴产业发展更多是以集群的形式出现。培育新兴产业集群是促进产业转型升级、推动经济发展的重要途径。这给金融支持新兴产业发展带来了新的机遇，也提出了新的命题。当前，支持新兴产业集群的金融服务中，依然存在不少短板，例如国内金融体系以银行信贷为主，但其在支持新兴产业方面有天然缺陷，支持力度有限。另外，金融服务同质化，不能匹配战略性新兴产业中不同产业和产业发展不同阶段的要求。其中，银行信贷部门对战略性新兴产业的认识和理解不够深入，产品创新能力及动力不足。证券类金融技术和产品也比较缺乏，虽然中国推出过中小企业集合债、中小企业短期融资券和小企业集合债券信托基金等新品种，但覆盖范围非常小，产品设计与运作模式也有待完善。总体来看，在产业集群背景下，金融支持新兴产业的形式可以从过去的支持单一企业转向对集群整体进行全方位支持，打通集群主体之间、集群内外之间的资金流通障碍，从而使整个集群的企业、科研机构以及其他主体得到更精准和更优质的金融服务。对于新兴产业来说，集群模式可降低银企之间的信息不对称，在企业之间建立信誉链，产生融资规模经济，因此具有特殊的融资优势。根据新兴产业集群的不同发展阶段、不同产业链环节、不同创新发展模式中企业的融资需求不同，建立适应新兴产业集群创新发展的模式，提供差异化和个性化服务。总结德国的高端装备制造产业集群、美国的人工智能产业集群、丹麦-瑞典的生物医药产业集群、日本的新材料产业集群、英国的文化创意产业集群经验，我们发现，这些国家的政府对产业集群发展高度重视并提供制度政策保障，促进形成产业集群发展的多元化良性金融机制。其中，完善的财政金融体系是新兴产业集群获得成功的关键。发达的资本市场对于新兴产业集群的发展具有关键意义。同时，需要金融资源和制度政策综合发挥作用，才能促进集群更好发展，如在专项基金、税收优惠、贷款优惠、制度保障等方面进行全方位的支持。

四、引导长期资本补齐产业链、创新链短板

党的十九届五中全会和中央经济工作会议强调，推进产业基础高级化、产业链现代化，增强产业链供应链自主可控能力，统筹推进补齐短板和锻造长板，形成具有更强创新力、更高附加值、更安全可靠的产业链供应链。这是中国经济迈入高质量发展新阶段的客观要求，也是应对后疫情时代全球产业链重构和大国竞争博弈新形势、重塑中国产业竞争新优势的战略选择。优化和稳定的产业链供应链是经济高质量发展和国家产业安全的重要基础，经过多年建设和发展，中国产业链发展水平稳步提升，在部分传统产业领域已形成具有国际竞争力的产业链，产业规模、技术工艺、产业链配套等优势较为突出；在5G、高铁、电力装备、新能源等新兴领域的竞争优势也正在加速形成。

然而，整体来看，中国产业链基础能力，包括基础关键技术、关键基础材料、核心基础零部件（元器件）、先进基础工艺、工业基础软件等的支撑能力仍较为薄弱，进一步影响了产业链安全性、稳定性和竞争力的提高。特别是在中美贸易摩擦和科技领域博弈加剧的背景下，产业链安全风险较为突出。加快产业链补短板，就是针对关系国家安全的领域和产业链薄弱环节，通过实施好关键核心技术攻关工程，尽快解决一批“卡脖子”问题，推动产业基础再造，增强产业链安全可控能力。

那么，短板是什么呢？

结合联合国商品进出口数据以及全球贸易商品生产复杂度指标，我们筛

选出中国进口依赖度高且具有强复杂性的产品。根据聚类结果和分箱结果，首先筛选出 144 种商品（HS6 位），再进一步匹配对应的二级国民经济行业分类，全都为制造业。

进一步分析前 10 个二级国民经济行业：专用设备制造业，非金属矿物制品业，计算机、通信和其他电子设备制造业，汽车制造业，电气机械和器材制造业，仪器仪表制造业，橡胶和塑料制品业，通用设备制造业，化学原料和化学制品制造业，铁路、船舶、航空航天和其他运输设备制造业，产品分布于 144 种商品中的 135 种。

在 135 种产品中选择技术复杂度高于 1.5 水平的产品，共 20 种。

综上，我们用产品进口依赖度和产品制造复杂指数筛选出目前“卡脖子”技术相关的产品和行业，该测度（甄别）标准与中科院 35 项关键技术项目较为一致。具体而言，主要集中于以下几个领域：精密制造仪器设备（数控机床）、精密医疗设备、高端工业材料、信息硬件、航空航天及高端交通设备。这些行业是高端制造的重要组成部分。目前，在这五大产业领域，中国已经初步构建了产品门类齐全、具有一定生产规模和研发能力的产业体系。然而，核心零部件依赖进口，行业共性、基础性、前瞻性技术研究不足，产品系列化、数字化、智能化、集成化、制造工艺水平不高；同质化严重，标准体系不完善；产品的质量可靠性、性能稳定性较差，与国外产品仍存在较大差距。在国外技术引进、核心零部件进口受阻的情况下，亟待快速发展可以替代进口的国产化产品，提升产业价值链的协同水平，推动产业链从中低端向高端转型。

突破短板需要完善产业支撑体系，构建企业为主体、市场为导向、产学研结合的创新体系，高水平建设技术研发、成果转化、标准化支撑平台。鼓励社会资本参与产业园区建设运营，推动建立产业技术创新联盟，形成高端高效的现代产业体系。健全完善有利于补短板和锻长板的长效机制，需要提升产业基础能力和引导长期资本流向产业链关键领域。切实增加制造业中长期融资，以更好匹配企业生产周期，增强市场主体对实体经济的信心，促使更多资金流向实体经济，推动制造业长期稳定发展和结构优化升级。

企业长期融资增长情况，反映了市场主体投资意愿和融资需求转化效率。一方面，长期融资可以更好地匹配企业生产周期，可以为企业的长期稳定经营和进一步的创新研发提供资金支持，优化制造业企业债务期限结构，推动企业通过技术创新提高生产效率，实现转型升级。另一方面，长期融资供给增加有助于提升市场主体对实体经济的信心，增强市场经济活力，促使更多资金流向实体经济，推动经济脱虚向实，从而进一步推动经济实现高质量发展。近年来，中国制造业比重由 2012 年的 31.4%下降至 2019 年约 27.2%，如果制造业比重过快下降，将损害国家产业体系完整性，影响产业链供应链的稳定性和竞争力，动摇实体经济发展根基。制造业是实体经济的主体，保持制造业占国民经济比重基本稳定，是提升产业链供应链现代化水平的重要基础。

增加长期融资供给是金融机构自我革新的过程。一是创新抵押担保新模式，以商标、专利等为授信依据，开发出更多信用贷款产品，将满足中小制造业企业的融资需求。二是加快发展供应链金融，有利于推动产业链上下游企业之间的协同合作。三是强化对先进制造业、高技术制造业、战略性新兴产业领域的金融支持，尤其是要大力支持制造业企业发展新技术、新材料、新装备、新产品方面的融资需求，有利于提高对具有核心技术、成长性强的科创型企业的服务力度。四是着力打造数字化产业链金融生态体系，有助于拓宽制造业贷款的投放路径。金融机构围绕核心主导产业，更加积极地参与到产业链金融平台的打造中来，在数字化平台上，各方都能够更高效地进行产业链供应链管理。从金融角度而言，能够获取很多的数据，基于这些数据可以对产业链上下游企业做出更精准的画像，对风险的把控会更加有效，从而探索更多的金融创新产品。总之，增加长期融资供给必然会推动金融服务创新，为产业链运行和升级提供更加有效的支持。

第六章

区域科技创新助力现代产业体系发展

本章我们以深圳和上海、长三角和珠三角制造业创新模式作为案例进行分析，深入讨论区域科技创新助力现代产业体系发展的路径。改革开放 40 多年来，以深圳为代表的珠三角在一穷二白的基础上经历了“三来一补”的加工贸易起步、“三资”企业上路、民营经济主导科技创新几个发展阶段，形成了内生型经济发展模式。与之相比，以上海为代表的长三角依托雄厚的经济发展基础在对外开放中引入高端制造业外资企业，发展总部经济，对国有企业实施股份制改造，形成了跨国公司引领科技创新的外向型经济发展模式。珠三角和长三角在嵌入全球价值链的过程中不仅利用劳动力、资源比较优势实现了经济发展，而且不断调整发展战略，推动产业结构向知识化、服务化转型，形成不同的创新发展路径，体现出中国制造业创新的包容性特征。

一、深圳和上海制造业创新发展模式的比较分析

（一）“干中学”起步阶段（1978—1991 年）

从世界范围看，“二战”后美苏争霸的两极格局形成。全球化进程加速推进，国际贸易和投资壁垒逐渐下降，通信技术的发展降低了国际贸易的交易、运输成本，产业间分工逐步向产业内和产品间垂直分工转变。在 20 世纪最后 30 年中，世界经济形势发生巨大变化，1971 年布雷顿森林体系解体，1973 年国际石油危机爆发，在美国经济滞涨背景下，新自由主义思潮逐渐兴起并占据统治地位。1978 年 12 月党的十一届三中全会召开，中国开始实行改革开放，从封闭走向开放，依托廉价的成本和要素优势，嵌入到全球价值链的分工体系中。

1. 制度变革

改革开放初期，深圳是广东一个默默无闻的边陲小镇，第二产业占 GDP 比重约为 20%，工业基础非常薄弱。凭借与香港一水之隔的优越地理位置，1979 年深圳成为率先开放的特殊经济贸易区，以香港作为目标进行模仿和追赶，在工资制度、劳动用工制度、价格体制、企业体制、干部人事制度、土地管理制度、住房制度以及政府机构等方面实施了一系列市场化改革，打破了土地行政划拨制度，实施有偿使用制度；打破价格管理制度，大部分生产资料和消费品价格由市场调节；打破“一大二公”的所有制结构，兴办“三资”企业。20 世纪 80 年代中期，深圳的改革从单项改革变为系统改革，率先对国有企业进行股份制改革，建立起国有资产管理制度。深圳的民营企业是从个体经济逐步发展壮大的。1980 年特区成立时仅有 6 家个体户，到 1985 年年底，个体户已经超过 2000 家，部分个体户在经营规模、雇用工人方面逐步突破个体经济界限，开始向民营企业转变。1985 年开始，深圳出台优惠政策，积极开展同内地跨地区、跨行业的多层次合作，创立了一大批内联企业。

新中国成立后，在国家优先发展重工业，变消费城市为生产城市的方针下，作为曾经的远东国际金融中心、贸易中心，上海成为新中国最重要的先进工业基地和科学基地，重工业产值占工业总产值之比持续增加，从 1949 年新中国成立初期的 11.8%增加至 1978 年的 50.7%。1984 年，上海成为 14 个

沿海开放城市之一。受传统思维影响，改革开放初期上海对外资、私营经济的限制较多，观念和体制僵化造成了上海发展滞后的不利局面，这种情况直到1990年中央决定开放上海浦东新区才得到扭转（见表6-1、表6-2）。

表6-1　上海和深圳1978年和1990年三次产业占比情况

地区	年份	第一产业	第二产业	第三产业
上海	1978	0.04	0.77	0.18
	1990	0.04	0.64	0.32
深圳	1978	0.04	0.20	0.42
	1990	0.05	0.53	0.41

资料来源：《上海统计年鉴》《深圳统计年鉴》。

表6-2　上海和深圳1991年不同所有制工业产值占比情况

地区	国有经济	集体经济	“三资”企业
深圳	25.7%	5.31%	68.2%
上海	64.1%	18.3%	8.2%

资料来源：《上海统计年鉴》《深圳统计年鉴》。

2. 全球价值链嵌入对技术创新的影响

（1）规模经济效应。依托劳动力成本优势和资源廉价优势嵌入全球价值链，为深圳的制造业带来了发展红利。随着“三资”企业的大量涌入，华资企业将其自身制造业发展的经验和模式带到深圳，在代工生产过程中发展规模经济，推动技术扩散，并逐步形成涵盖中下游零部件和周边产品的庞大代工生产体系。1988年，随着电子工业的高速发展，深圳市政府决定组建赛格电子集团，由来自深圳本地和内地的160多家厂商和10家港商组成，成为全国第一家专门销售国内外电子元器件、组织生产资料配套供应的深圳电子配套市场，为高科技企业发展提供了有利的外部环境。上海依托良好的工业基础和城市环境吸引了来自欧美及日、韩的外资企业，这些企业在全球价值链的分工工序上高于港澳台企业。20世纪80年代，国外市场的旺盛需求促进了产业集聚。上海建设了3个开发区，包括：以出口加工工业为主的闵行经济技术开发区、以第三产业为主的虹桥经济技术开发区、以微电子产业为主的上海漕河泾新兴技术开发区。

（2）竞争效应。在“干中学”起步阶段，嵌入全球价值链给国企主导的上海工业企业造成了重大冲击，特别是地方国企的经济效益持续下滑。新中国成立初期，上海的工业经济效益好的主要原因是国家计划供应导致的原材料价格低廉，改革开放后，随着东部沿海地区的工业崛起，原材料的需求大于供给，激烈的市场竞争中原材料价格上涨，而上海企业的生产率和技术水平并无太大提升，所以产品的领先优势逐渐消失。为了提升国企的发展活力，上海进行了经营权层面的政企分离改革，并逐步过渡到所有权层面的股份制改革，但由于缺少相关的配套法律，没有推行下去。

3. 长期资本投入对技术创新的影响

改革开放前，中国的金融体系规模较小，功能单一，效率较低。金融系统主要通过传统国有银行进行支付、清算和资源的聚集、分配，是典型的计划性金融机制。改革开放初期，深圳和上海积极吸引外资银行并发展资本市场，逐步改善金融抑制的落后局面。截至 1991 年，深圳共有上市公司 6 家，有 14 家证券机构、12 家券商、16 个网点。上海共批准外资银行 11 家，有 8 家股票上市。在中国金融和要素市场欠发达的情况下，大量外资及港澳台资本的注入弥补了中国金融市场发展的不足，缓解了制造业生产的融资约束问题。同时，外资带来的管理经验、先进技术、体制机制也推动了中国的市场化改革进程，民营经济的市场地位逐渐被承认，混合所有制经济快速发展，市场竞争程度提升，促进了中国制造业劳动力、资源成本比较优势的发挥。

（二）“干中学”积累阶段（1992—2000 年）

20 世纪 90 年代，世界政治经济格局发生重大变化：一方面，东欧剧变、苏联解体，日本经济陷入衰退；另一方面，经济全球化加速推进，世界经济的重心逐步向亚太地区转移。信息技术革命推动了制造中心与科技创新中心的分离，发达国家科技中心通过掌握核心技术，强化了对发展中国家制造业中心的控制，全球价值链的低端生产环节对高端生产环节的依赖程度进一步加深。这一时期，中国对外开放的格局逐渐形成，经济也进入从计划经济到市场经济的重要转型期，制度改革与人口红利巩固和提升了中国制造中心的地位。外商投资中国的积极性日渐高涨，投资的来源地更加多元。由于中国的金融市场尚未完全开放，1997 年爆发的亚洲金融危机引发了国内多种所有制企业的激烈竞争，竞争性领域的国有企业改革进程加快推进。

1. 制度变革

1992年，邓小平南方谈话后，全国实现了自上而下的思想解放，全方位的对外开放格局逐渐形成。上海依托浦东开发区对外开放，选择房地产和金融市场发展作为要素市场化的重要突破口，短短几年时间浦东开发区就取得了瞩目的成绩，走在了改革开放的前列。现代化基础设施和城市规划形成了良好的投资环境，吸引了众多跨国公司、国际金融机构的总部入驻。在此过程中，上海形成了新的城市定位：国际经济中心、国际金融中心、国际贸易中心。与20世纪80年代主要引导外资向工业领域投资不同，上海为改变产业结构中第二产业占比过高，第三产业占比太低的产业结构不合理问题，提出了“三、二、一”产业发展顺序，大力引导外商直接投资进入第三产业。外商投资逐步拓展到房地产、金融、证券、法律、娱乐等领域，2000年上海的三次产业占比为：0.01：48：51，第三产业超过了第二产业。

20世纪90年代以来，中国对外开放由点及面逐步向全国范围推广，过去对深圳特区的优惠政策和灵活措施在全国范围内得到普及，深圳的政策优势逐渐消失，在这种背景下，深圳如何提升在新经济环境下的竞争能力成为可持续发展的关键，为此深圳提出“二次创业”，从依靠中央政策转变为依靠提升素质、增强创新建立优势，并率先提出建立社会主义市场经济体制的目标。

2. 全球价值链嵌入对技术创新的影响

随着深圳和上海的国内加工贸易企业嵌入跨国公司生产网络中，本土企业将超出产能的部分再次转包给集群内的其他中小企业，转包过程促进了集群内部的分工细化，调动了内外部两个市场的资源。1998年，深圳华强电子市场开业，与赛格电子市场共同成为中国南方最大的电子产品生产和批发零售中心，这种集研发、产品实验和规模生产、销售于一体的配套供应链体系能及时满足市场的新需求，推动制造业简单模仿创新的发展。20世纪90年代初，上海和深圳几乎在同一时间提出了发展高科技产业的目标，但两地自主创新绩效的差距却很明显。两地统计年鉴数据显示，深圳市高新技术产品产值占工业总产值的比重从1991年的8.1%增加至1998年的35.4%，其中拥有自主知识产权的高科技产品产值占到43%，而同年上海的高科技产品产值占工业总产值的比重仅为16%。这主要是由于伴随浦东开放，上海引进了科技实力强、规模大的外资企业，引进外国先进技术虽然缩小了与世界前沿技术的差距，节约了研发成本，成为上海推进高科技产业发展的一条捷径，但因此而走上的以技术引进为主要方向的创新发展道路却给上海埋下了不重视自主创新、内生动能不足的隐患。

进入20世纪90年代，上海开始大力发展多种所有制企业（见表6-3），外资占比快速上升，股份制经济发展迅速。这种资源分配方式的改革打破了平均主义，提供了吸引人才的机制，提升了资源配置的效率。为吸引外商投资，上海对外资开放商业批发和零售领域，允许外资银行经营人民币业务试点，组建中外合资外贸公司等，打破了传统体制的垄断保护，促使国内的管理体制与国际接轨，推动了市场经济的发展。由于改革开放初期涌入深圳的“三资”企业普遍是劳动密集型产业，因此污染消耗大，附加值低。产业发展模式单一使初期GDP快速增长的势头逐渐消失。所以，深圳较早地意识到从成本优势向技术优势转型的重要性，逐渐停止注册或强制搬迁污染严重的加工贸易企业。1996年，深圳正式实施“科技兴市”战略，科技成为深圳转变经济发展方式、培育新经济增长点的重要动力。

表6-3　深圳和上海企业所有制结构

年份	深圳			上海		
	国有集体	外资	私营	国有集体	外资	私营
1996	0.54	0.22	0.25	0.72	0.19	0.09
1997	0.52	0.19	0.30	0.74	0.18	0.07
1998	0.49	0.17	0.34	0.70	0.21	0.09
1999	0.46	0.18	0.36	0.52	0.23	0.26
2000	0.43	0.17	0.40	0.44	0.24	0.32

资料来源：《上海统计年鉴》《深圳统计年鉴》。

3. 长期资本投入对技术创新的影响

20世纪90年代，随着深交所、上交所挂牌成立，上海和深圳吸引了全国和全球金融机构入驻，逐步发展成为中国的两大重要金融中心。金融环境改善为上海和深圳的制造业创新发展提供了直接融资支持，风险投资在这一时期逐渐兴起。1993 年，上海市科委与国际数据集团（IDG）基金公司一起成立了中国第一家风险投资公司——太平洋技术风险投资（中国）基金，之后风险投资机构数量快速增加。1999 年，深圳成立了首个由政府发起的创业投资公司深圳创新投，探索了政府资金利用风险资本与企业分担创新风险的机制。

20 世纪 90 年代以来，伴随浦东开发区的对外开放，上海利用外资呈现出新的特征。1995 年后，欧美及日、韩外商直接投资规模显著攀升，一大批高端制造业落户上海，外资带来的技术溢出效应推动上海形成较发达的创新生态。与上海不同，深圳吸收外商直接投资的增速逐渐放缓（见表 6-4）。1997 年回归祖国的香港对深圳的发展发挥了更加重要而深远的影响，香港资金在深圳外资中的占比超过 80%，且很多外国资金都是通过香港的牵线搭桥实现投资的。此外，随着职工福利、住房和社会保障制度的改革，民营企业吸纳了众多人才和资源，并充分利用股份制实现了组织和规模上的升级，一批高科技、集团化、规模化的民营资本在深圳逐渐崛起，为制造业创新发展提供了重要的资本来源。民营资本带动了企业从主要收购内地产品出口转变为自己生产出口，从来料加工逐渐向“外接单、内生产”转变，在嵌入全球价值链的同时积极培育内生增长动能。

表 6-4　上海与深圳吸收外资情况

年份	上海实际吸收外资金额/亿美元	深圳吸收外商直接投资金额/亿美元
1990	1.77	3.90
1995	5.30	13.10
2000	31.60	19.61

资料来源：《上海统计年鉴》《深圳统计年鉴》。

（三）“干中学”腾飞阶段（2001—2010 年）

进入 21 世纪，世界经济进入相对平稳的增长期，国际贸易和国际投资的增长率都达到了历史最高水平，新经济和信息化日益受到各国的重视，电子商务革命改变了人们的生活。2001 年中国加入 WTO，从此开启了一场全面而深刻的变革，以更加积极的姿态融入全球经济。数据显示，2000 年中国制造业规模超过德国，2006 年超过日本，2010 年超过美国，成为世界制造业规模最大的国家。然而，随着中国经济的高速发展：一方面，嵌入全球价值链初期的成本和资源优势不再；另一方面，中国制造业被低端锁定、技术创新能力低的困境难以扭转。特别是 2008 年国际金融危机后，全球需求市场萎缩，对中国外向型经济发展模式造成了巨大冲击，制造业开始从“三来一补”的低端制造向以高端装备制造业为代表的价值链高端转型升级。

1. **制度变革**

进入 21 世纪，深圳以产权改革为中心深化经济体制改革。在民营经济崛起的同时，调整国有经济的布局，国有企业基本退出了商贸、流通、工业、建筑业、服务业、高科技等竞争性领域，主要集中在基础设施、公共服务，为城市的经济运行和发展提供保障和服务。为加快民营经济发展，深圳提出从财政、金融、税收、合法权益保护、公平竞争环境等方面支持民营企业发展。为解决民营企业融资难题，推动民营企业担保体系建立，加入 WTO 后，深圳积极利用产业配套和物流环境的优势吸引大型跨国公司入驻；引进高新技术产业链的高端项目，对外开放商贸、金融、物流、电信、专业服务等领域，全面启动“走出去”服务平台，建立深圳前海湾保税港区，提升开放程度。与此同时，积极拓展和深化与香港在投资、经贸、法律、旅游、科技等领域的合作，充分利用好两个市场、两种资源。

2000 年以后，围绕提升综合竞争力的目标，上海不断推进经济体制改革，政府、企业、市场、综合配套改革不断深化，鼓励多种所有制经济吸引外商投资，优化营商环境，进一步开放竞争性领域，完善市场体系建设。推动政府职能转变，调整所有制结构，成立国资委，开启了股权分置改革，推动了上海国有控股公司进入全流通时代，国有资本逐步向战略产业和优势集团集中，公有制实现形式日趋多样化，国有及国有控股企业实力不断增强。从深圳和上海企业所有制结构对比看，2000 年后两地的国有集体企业数量占比逐渐下降。深圳外资企业数量占比也出现下降趋势，私营企业数量占比快速提升。而上海的外资企业数量占比一直维持在较高的水平，私营企业数量占比也呈现上升的趋势（见表 6-5）。

表 6-5 深圳和上海企业所有制结构情况

年份	深圳			上海		
	国有集体企业数量占比	外资企业数量占比	私营企业数量占比	国有集体企业数量占比	外资企业数量占比	私营企业数量占比
2001	0. 38	0. 16	0. 46	0. 37	0. 26	0. 37
2002	0. 30	0. 16	0. 54	0. 21	0. 39	0. 40
2003	0. 26	0. 14	0. 59	0. 17	0. 39	0. 44
2004	0. 19	0. 13	0. 69	0. 12	0. 36	0. 52
2005	0. 16	0. 12	0. 73	0. 10	0. 38	0. 52
2006	0. 10	0. 11	0. 78	0. 09	0. 39	0. 52
2007	0. 09	0. 11	0. 80	0. 08	0. 39	0. 53
2008	0. 07	0. 12	0. 82	0. 06	0. 36	0. 58
2009	0. 05	0. 11	0. 84	0. 05	0. 36	0. 58
2010	0. 04	0. 10	0. 86	0. 05	0. 37	0. 59

资料来源：《上海统计年鉴》《深圳统计年鉴》。

2. 全球价值链嵌入对技术创新的影响

（1）技术合作效应。加入 WTO 后，全球价值链嵌入对上海和深圳制造业技术创新的影响更加广泛和深远。随着两地商贸、金融、物流、电信、专业服务等领域的全面开放，上海和深圳以提升综合竞争力为目标，不断推进政府、企业、市场、综合配套改革，优化营商环境，进一步开放竞争性领域，完善市场体系建设，吸引了一大批高新技术产业链的高端外商投资项目落地。与此同时，制造业企业将“引进来”和“走出去”战略相结合，在海外设立研发基地，对外直接投资不断增加，在与世界各国的合作中共享了技术和市场资源，带动中国制造业在全球价值链中的分工地位逐渐攀升。

（2）“干中学”效应。2000 年以来，深圳的制造商一直在探索如何以低成本仿制高端定制产品，形成了以快速开发、生产、发货、市场反馈为特征的“山寨”商业模式。虽然这种“山寨”产品只是高端产品的廉价仿制品，但“山寨”产品的背后却是用零部件和生产过程创新实现的低成本创造产品的能力，在满足中低端消费需求的过程中，建立起新的价值网络体系。随着企业在“干中学”过程中积累了更多的资源和技术，摆脱廉价和低端的产品形象，培育企业的自主创新能力和自主品牌的需求日益迫切，一批拥有自主知识产权的高技术企业在激烈的竞争中脱颖而出。

3. 长期资本投入对技术创新的影响

经过20多年的积累，上海和深圳制造业长期资本供给结构不断变化，区域创新生态初具规模，资本将创新链条的各种要素紧密联系起来，为创新集成发展奠定基础。民营资本的快速崛起加剧了不同类型资本的竞争态势，推动中国制造业从成本优势向技术优势的动态演变。

2000年以来上海推动国际金融中心建设，新的金融产品不断出现，股权托管交易中心挂牌，境外私募股权（PE）投资试点落地，2010年上海金融中心在全球金融中心指数的排名中位列第8位。作为中国经济最发达、最活跃的地区，上海巨大的市场和商机吸引了全国各地的外来资本。2000—2010年，上海成为中国接受跨省投资地理密度最大的城市。其中投资于批发和零售业、制造业的占比虽然最高但呈现下滑趋势，科学研究和技术服务业、商业租赁和服务业的占比不断提升，成为外来资本落户上海的重点行业。长期融资供给增加，推动了创新绩效提升，这一时期上海在全国省级排名中始终排在前5位，有些年份甚至排在第1位（见表6-6）。2004年深圳中小板推出，为创业企业提供了上市机会。2009年创业板在深交所推出，刺激了风险投资和私募股权投资（VCPE）在深圳的大规模聚集。与上海相比，深圳接受外来投资的排名也位居全国前列，且制造业的占比较大，它们与高交会等平台一起为深圳及周边的科技创新创业提供资金支持。

表6-6 外来投资笔数排名对比情况

城市	2000年排名	2005年排名	2010年排名
上海	1	1	1
深圳	2	2	3

资料来源：张晓波、李钰、杨奇明主编《中国区域创新创业报告2016》，北京大学出版社，2016。

对比上海和深圳吸收外商投资的情况，我们发现，与上海相比，深圳的外商直接投资数量在2000年后增速放缓，而上海的外商直接投资数量长期保持高速增长。进入21世纪初期，深圳和上海的工业产值结构非常相似，都是外资和港澳台资企业占据主导地位，深圳的外资和港澳台资企业工业产值占比高于上海。从整体走势看，2002年后深圳的外资和港澳台资企业工业产值占比逐渐下降，而上海的外资和港澳台资企业工业产值一直维持在较高水平。2009年之前，上海工业领域的民营资本占比一直高于深圳，2009年之后，深圳的民营企业工业产值占比超过上海。这说明在经历了2008年国际金融危机后，深圳的内源经济保持了较为强劲的增长态势，带动经济走向复苏，而上海的民营经济长期在国有企业和外资企业的夹缝中生存，发展相对缓慢。两地不同长期资本供给形成的要素创造效应出现分化。由于长期资本的来源不同，两地多层次资本市场的发展程度和灵活性存在较大差异，对创新的支持效果也不同。上海资本市场主要吸纳了实力雄厚的国有企业上市，而深圳主要为中小企业融资。上海的风险投资机构规模较大，知名度较高，吸引了国有大中型企业和外资的资金，偏重于成熟谨慎的低风险创新项目。深圳的风险投资机构规模较小，吸引了民营资本注入，偏好高风险创新投资项目。上海的企业数量自2003年后一直少于深圳，且上海企业增长率波动较大。从新建企业数量的对比看，2000年以后上海的制造业新建企业数量出现快速下降趋势。从制造业内部结构看，2000年上海的劳动密集型制造业新建企业所占份额已超过60%，在经历了长时间增长后，于2008年和2009年国际金融危机时期出现下滑，之后又缓慢提升。上海的服务业新建企业所占份额呈现持续上升态势，2010年占比已经超过80%。从服务业内部结构看，上海的生产性服务业新建企业所占份额呈现持续上升趋势。2000年以来，上海的知识密集型服务业新建企业所占份额快速上升。与之相比，深圳2000年以后劳动密集型制造业所占份额持续上升，直到2007年后出现下降。服务业新建企业所占份额持续上升，其中生产性服务业新建企业所占份额增长缓慢。知识密集型服务业新建企业所占份额快速增长。从创新绩效看，2008年之前，上海的发明专利授权数量一直领先于深圳，2008年后深圳超越了上海（见图6-1）。在专利合作协定（PCT）的专利授权数量方面，2004年以来深圳的PCT数量快速上升，与之相比，上海的PCT数量较小，增长缓慢（见图6-2）。

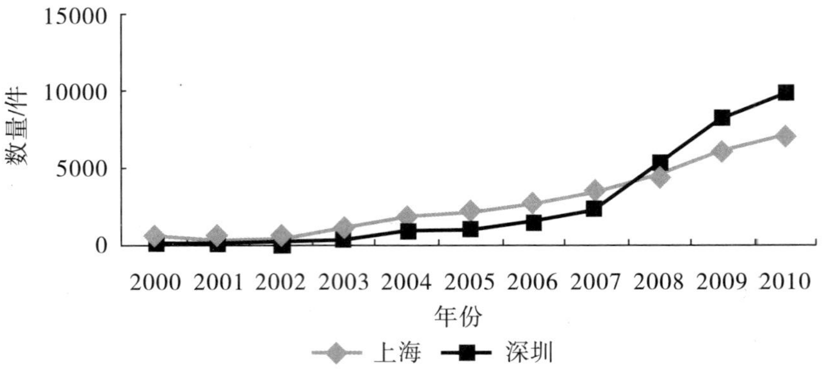

图 6-1　2000—2010 年上海和深圳的发明专利授权数量

资料来源：《上海统计年鉴》《深圳统计年鉴》。

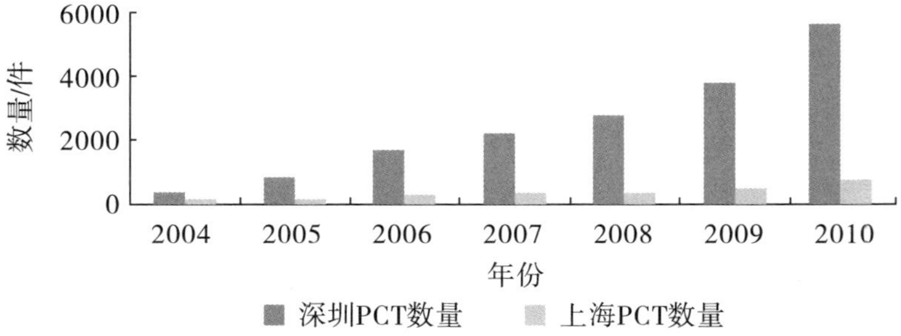

图 6-2　2004—2010 年上海和深圳 PCT 专利授权数量

资料来源：《上海统计年鉴》《深圳统计年鉴》。

（四）“干中学”成熟阶段（2011 年至今）

国际金融危机后，中国经济增速放缓，随着生产要素成本提升，经济增长方式从依靠出口、投资拉动经济发展转变为依靠内需，实施创新驱动提升经济发展水平。在国际贸易低迷、经济复苏乏力的国际环境下，贸易保护主义抬头，中美贸易摩擦升级，世界贸易秩序遭受破坏。面对国际政治、经济形势的复杂影响，中国更加重视宏观管理的顶层设计，提出通过深化供给侧结构性改革，着力化解长期积累的深层次矛盾和结构性问题。2013 年习近平总书记提出“一带一路”倡议，得到世界各国的广泛支持。“一带一路”倡议成为推动中国制造业从依附全球价值链到主导形成新的价值链的重要力量，开启了中国改革开放的新时代。

1. 制度变革

2013 年上海自贸区挂牌成立，进一步深化制度改革和创新，实施包括深化行政管理体制改革、扩大服务业开放、探索建立负面清单管理模式、金融制度创新和税制环境改善等改革举措。2014 年上海提出建设具有全球影响力的科技创新中心的目标，加大对科技创新的投入，先后出台了人才发展、科技成果转化、科技金融、知识产权、国企创新、开放合作等政策。2018 年以来，上海先后出台了针对民营企业的减税降费政策及培育民营百强计划等，逐步重视本土民营经济在创新发展中的重要作用。

2011 年后，深圳以市场导向为主，将改革的重点放在政府职能转变。通过行政审批制度改革和大部制机构改革，进一步发挥市场在资源配置中的决定性作用，营造多种所有制企业平等竞争的市场环境，引导产业升级和机构优化。这一阶段，深圳以世界先进城市为标杆，打造市场化、法制化、国际化营商环境，继续推进商事登记制度、公务员分类管理、投融资体制、土地管理制度、国资国企体制、社会组织管理体制等方面的改革。2014 年深圳国家自主创新示范区成立。2015 年深圳蛇口自贸区成立，探索全面实行准入前国民待遇加负面清单管理制度。2017 年以来，粤港澳大湾区城市群发展规划出台，深圳融入珠三角和泛珠三角的区域合作，逐步扩大深圳发展的腹地和空间。

2. 全球价值链嵌入对技术创新的影响

随着“干中学”进入成熟期，两地制造业创新的路径基本成型，经济-社会-技术三网耦合的创新体系逐渐完善。然而，中国制造业嵌入全球价值链的技术创新效应也发生了逆转，从推动逐渐转为抑制。

（1）挤出效应。通过数据对比我们发现，上海战略性新兴产业占比与深圳相比存在较大差距（见图 6-3）。在全国新旧动能转换的变革调整中，上海缺少新经济动能已经成为制约其发展的瓶颈。而其中的原因是，上海的高技术制造业长期被外资主导，2012—2017 年外资企业在高技术制造业中的工业产值占比一直维持在 80% ～ 90%之间，制造业外向型发展模式挤占了内资企业的资源和市场，对内资企业发展造成挤出效应。外资企业虽然创造了专利，但其对国内企业的严格技术封锁阻碍了技术扩散，无法转化为上海经济发展的长期动力。

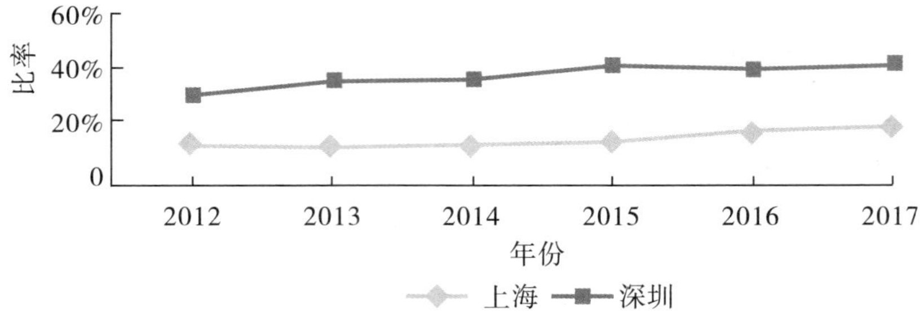

图 6-3　2012—2017 年上海和深圳战略性新兴产业占比情况

资料来源：《上海统计年鉴》《深圳统计年鉴》。

（2）技术俘获效应。嵌入全球价值链的制造转移并没有带来技术转移。中国制造业随着研发能力逐渐接近世界技术前沿，在向价值链上游攀升过程中遭遇了来自发达国家更加严格的技术封锁和出口管制。跨国公司和大型购买商利用市场势力和技术专利对中国制造业的价值链攀升进行阻挠，以其垄断地位建立不对称的价值链治理模式，控制被投资企业的专用资产以限制其自主研发。自 2018 年 3 月 8 日开始，美国以加征关税的方式挑起了中美贸易争端，这期间高度依赖美国芯片进口的深圳中兴通讯、华为等一批高科技企业被列入美国的“实体清单”，遭到了美国发起的限制芯片出口的技术封锁，给中国的高技术行业造成重大打击。这一方面凸显出全球价值链嵌入的技术抑制效应，另一方面也暴露出中国自主研发能力较弱的创新短板。

3. 长期资本投入对技术创新的影响

总体来看，2011 年后上海和深圳的金融业都得到较大发展。上海的银行数量、金融机构资产规模都显著高于深圳，优越的地理条件和便捷的交通条件以及雄厚的经济实力将助推上海成为亚洲的区域金融中心和具有竞争力的国际金融中心。深圳法人商业银行数量、保险机构数量都不及上海，但毗邻香港，为深圳提供了得天独厚的国际化融资平台，弥补了自身金融发展的不足。此外，深圳积极拓展地方性金融机构如小额贷款公司、融资担保公司、融资租赁公司等金融业态，为中小民营企业的创新发展提供了动力。

改革开放 40 多年里，外资企业为上海的经济发展做出过贡献，培养了人才、带来了信息，但是，外商资本对短期利益的追逐决定了其不具备支持创新的长期和耐心属性，随着制造业利润空间下降，外商投资逐步从制造业向商业服务业转变，加速了上海“去工业化”进程。一直以来，上海民营企业的产业技术水平相对落后，而且较少涉及重化工、装备制造业，生产集中在产业链的细分环节上，主要为国有和外资企业提供配套服务。伴随上海城市的发展，土地成本、劳动力成本、物流交通成本逐渐上升，长期依靠成本优势发展的上海民营企业普遍存在经营困难，更难以向创新转型。与上海相比，深圳在国际金融危机后意识到外向型经济发展模式难以为继，开始培育内生增长动能，2011 年后深圳的外资和港澳台资企业工业产值占比逐渐下降，民营资本成为推动创新的主要来源（见图 6-4、表 6-7）。

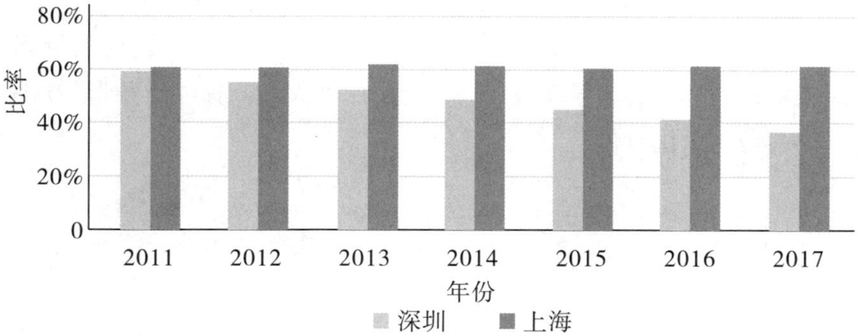

图 6-4　深圳和上海外资和港澳台资企业工业产值占比

资料来源：《上海统计年鉴》《深圳统计年鉴》。

表 6-7　深圳和上海民营企业工业产值占比

年份	上海	深圳
2011	0. 34	0. 36
2012	0. 33	0. 40
2013	0. 31	0. 47
2014	0. 35	0. 51
2015	0. 36	0. 55
2016	0. 35	0. 59
2017	0. 38	0. 63

资料来源：《上海统计年鉴》《深圳统计年鉴》。

对比不同长期资本支持下的创新绩效，我们发现，2010 年以来，深圳的研发强度一直高于上海（见图 6-5），体现出深圳提前布局创新产业，通过长期持续的高研发投入，逐步成为中国创新发展的先锋城市。而上海也不甘示弱，持续加大研发投入，特别是 2014 年以来深入推进全面创新改革试验，创新创业普惠税制、股权激励机制等在全国复制推广，探索发行科技创新券，降低中小微企业创新投入成本，激发创新创业积极性。建设张江综合性国家科学中心，推进研发和转化功能型平台建设，先进制造业发展水平位居全国首位。商标是企业重要的无形资产，品牌带来的影响力是企业从模仿创新走向自主创新的重要标志。随着长期资本供给增加，企业逐渐增加了对品牌的投入。从图 6-6 可以看出，2013 年以来，上海和深圳的商标注册数量都大幅上升，上海的商标注册数量超过深圳，但是深圳人均商标注册数量超过上海，并连续多年位居全国首位。

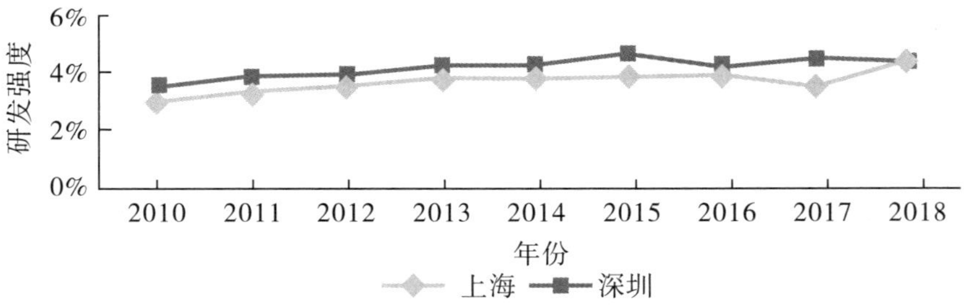

图 6-5　2010—2018 年深圳和上海研发强度

资料来源：《中国科技统计年鉴》《深圳统计年鉴》。

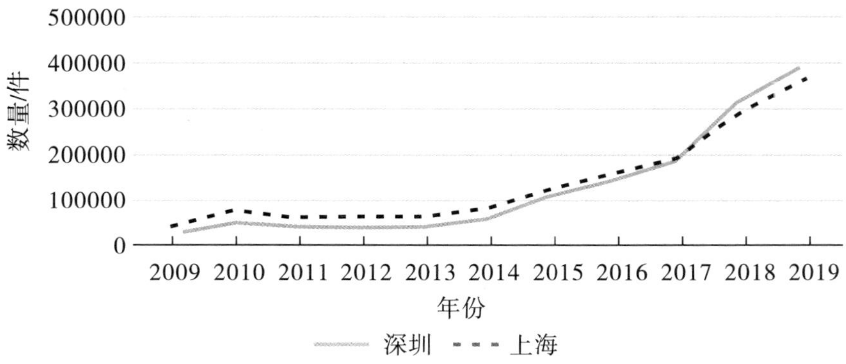

图 6-6　2009—2019 年上海和深圳商标注册数量

资料来源：《2018 年中国马德里商标国际注册数据报告》。

二、珠三角制造业创新发展模式的比较分析

如果说深圳的特区模式太过特殊，不具有普遍性和可复制性，那么，既不是特区也不是省会城市的佛山制造业转型升级模式，其重要性和代表性就不言而喻了。1978 年，佛山开始出口轻纺、机电等工业品，企业通过代工贴牌生产嵌入全球价值链，但由于不具备与深圳、东莞竞争海外订单的优势，只能自力更生，逐渐摆脱对外资的依赖，建立起由本土民营经济推动的自主生产体系，与其他地区相比，佛山较早地将市场转向国内，2012 年佛山净出口额占 GDP 的比重已经下降到 18%，而同期的温州是 26%、深圳是 37%、东莞是 32%。佛山的主导产业大部分为污染严重、消耗大的传统制造业，为了缓解城市污染问题，2003 年开始，佛山开启了产业转型和升级。2007 年实施了“总部经济”战略，转移生产基地，只保留供应链中的高附加值环节。2019 年，佛山专利申请总量为 81011 件，其中发明专利申请量为 16887 件，全市 PCT 国际专利申请量为 853 件。虽然佛山的创新发展取得一定成绩，但与深圳相比，主要集中于模仿式创新和简单的自主创新，仍有待进一步提高。如今佛山已迈入万亿级城市群，在全国城市竞争力排行榜中位列第 14 名。尽管佛山制造业拥有强大的发展潜力，但是“草根经济”本身具有劣根性，缺少品牌、技术积累、人才、资本等资源，很难实现从模仿到自主创新的自我突破。截至 2018 年，在佛山制造业大约 8 万家企业中，通过上市筹集资本的企业凤毛麟角，其中国内上市公司数量为 38 家，港交所上市公司数量为 17 家，境外上市公司数量为 59 家，新三板挂牌公司数量为 93 家。与少数能够上市的幸运儿相比，大部分中小企业在转型升级过程中面临较强的融资约束问题：一方面，佛山缺少本地金融机构的贷款支持；另一方面，佛山制造业较早地退出全球价值链，失去外商直接投资这一重要的长期资本来源。当前，佛山制造业正在进入全新的发展阶段，拓宽融资渠道、缓解金融抑制将是佛山实现创新发展的最大挑战。

珠三角地区的另一种制造业发展模式——东莞模式，因为与全球价值链的关系最为紧密，所以其探索转型升级的路径将为新时期中国制造业参与全球价值链分工的目标和方式提供新的思考。长期以来，东莞积极构建良好的营商环境，通过招商引资成为中国最大的外贸型出口企业生产基地，形成了

港澳台资企业为欧美企业代工贴牌、本地企业为港澳台企业代工贴牌的加工贸易产业链，外贸依存度高，嵌入全球价值链的时间最久，程度最深，是名副其实的世界工厂，当然，其被低端锁定的问题也最为严重。当人口红利、土地等资源成本上升后，走出低端锁定、实现转型升级的困难也最大。早在亚洲金融危机时期，加工贸易依赖外国经济发展的弊端就已经显现。2001 年开始，东莞市政府开始对产业结构进行调整。2005 年，“科技东莞”工程启动，研发投入增加，东莞制造业逐步摆脱低端加工贸易，开始向创新发展转型。2009 年国际金融危机后，外资企业纷纷搬离东莞，大批工厂倒闭使其经济受到重挫。曾经快速建立起的现代工业体系面临产业链安全的严峻挑战。为了寻求突破，东莞依托已有的产业体系，发挥比较优势，大力发展先进装备制造业，建立起以企业为主体，以科研单位为依托，以共性技术共享服务平台为支撑的开放型技术创新体系。同时，东莞深化金融体制改革，构建起以政府科技投入为引导，企业投入为主体，金融贷款、多层次资本市场为支撑（截至 2019 年已有 47 家上市公司），外资和国内资本为补充的多元融资体系，实现金融与科技的有效对接。如今，以松山湖自主创新示范区、散裂中子源基础研究集群为代表的境内、境外、一体化创新网络正在形成，一大批本地创新型产业集群正在兴起，昔日的传统制造模式正在蜕变为新时期开放型经济体制下全球合作创新的典范。

三、长三角制造业创新发展模式的比较分析

长三角是中国制造业生产和出口的另一个重要基地，该地区企业与珠三角企业一样通过加工贸易的形式嵌入全球价值链，但由于资金来源、外商投资占比、工业结构和市场环境等差异，以江苏和浙江为代表的制造业在摆脱低端锁定过程中，形成了自己的转型升级模式。

浙江的工业化进程起步于新中国成立初期。1979 年国务院批准宁波港正式对外开放，1980 年浙江第一家中外合资企业诞生。浙江抓住国际产业转移的机遇，着力发展轻纺织产品对外贸易，通过加工贸易参与到国际分工中，并逐步摸索出“以商带工、工贸结合”的发展道路，温州模式就是典型代表。2001 年开始，浙江提出“着力推进结构调整，构筑产业新高地”的目标，围绕建设“数字浙江”推动信息化建设。产业结构开始从轻工业向重工业转移，

并在此基础上逐步向以加工组装为中心的装备制造业和电子信息等高技术产业转移。从对外贸易结构看，与江苏、广东相比，浙江主要通过一般贸易嵌入全球价值链，加工贸易占比较少。加工贸易中，进料加工贸易占比约为80%，远远高于来料加工贸易。这种贸易结构显示出浙江嵌入全球价值链的模式与广东、江苏不同，主要通过内资企业自主经营，开拓国际市场，接受国际订单。从出口结构看，浙江出口的商品集中于劳动密集型的轻型制造业。在面临全球价值链的低端锁定困境后，浙江于2004年正式提出“腾笼换鸟”发展思路，淘汰落后产能，培育数字经济等新兴产业，涌现出海康威视、中控科技、阿里巴巴等一批具有世界影响力的高科技企业。在浙江制造业嵌入全球价值链到转型升级的过程中，资本的力量不容忽视。浙江作为民营经济的大本营，很多中小民营企业无法获得银行信贷的支持，而发达的民间金融成为有效补充，为浙江中小民营企业发展提供了充足资本。但民间借贷的投机性强，随着制造业利润下降，民间资本逐步从实体经济逃离，进入房地产等高收益领域，在制造业转型升级的艰难时期，无法指望民间资本。浙江制造业企业还通过资本市场获取部分融资支持，截至2019年，共有境内外上市公司500余家，其中境内上市公司432家，数量居全国第2位。近些年来，浙江积极探索融资、融物、融工程的融资租赁新模式，推动民营企业债券融资，拓展了长期资本供给来源，为创新发展注入动力，目前新经济对浙江的经济贡献已接近四成。但与广东和江苏相比，浙江依靠内生动力发展形成的低端生产和成本控制的浙江制造模式，在向风险大、周期长、投入多的自主创新转变过程中面临巨大挑战。

江苏从20世纪90年代开始实行全方位对外开放，吸引了大批外商直接投资，以代工方式承接国际产业转移嵌入全球价值链中。2019年，江苏进出口企业的60%以上是外资企业，民营企业占比为28.6%，国有企业占比为9.9%。外资带来了产业聚集效应，江苏引入民间资本为外资大型制造业企业提供配套生产服务，提升了内资企业的技术创新能力，使得企业嵌入方式从“两头在外”模式逐渐向“一头在内，一头在外”模式转变，即在国内采购原材料和零部件，加工组装后销往国外市场，成功创造了苏南模式。2004年开始，江苏开始进行产业结构调整，一方面淘汰落后行业，另一方面发展高附加值的高技术产业。积极吸引跨国公司将高新技术产业链的研发环节移入江苏，逐渐形成了完整的软件和集成电路产业链体系，推动了江苏制造业的流程升级和产品升级，但外资企业严格限制对中方企业的技术扩散，关键零部件、核心技术仍然掌握在外资企业本部。虽然江苏制造业参与到高技术产业的分工中，但从事的仍然是劳动密集型的加工组装环节。江苏对外资的过度依赖造成产业升级的潜在风险较大。2011 年，江苏开始实施创新驱动发展战略，不断加大研发投入，通过积极融入国际先进制造业体系，以智能制造为主攻方向，推动制造业向全球价值链高端迈进。江苏制造业发展的长期资本供给来源主要是银行贷款，同时，很多企业通过上市获得了资本市场的融资支持，截至 2019 年，江苏有 586 家上市公司，其中海外上市公司 168 家，说明江苏积极利用全球资本市场融资，为创新发展拓宽了长期融资渠道。此外，外商直接投资也为江苏制造业转型升级和创新发展提供了长期资本支持。随着中国经济对内生性增长动能的需求加大，培育本土民营制造业、支持其创新发展将成为今后发展的重点。

浙江与江苏外贸企业转型升级和创新发展的不同路径主要受到以下两个方面的影响。

首先是工业基础不同决定了两地嵌入全球价值链的类型不同。尽管同处于长三角流域，但改革开放前浙江与江苏就存在较大差距。与江苏有较多工业布局、经济发展水平较高相比，改革开放前的浙江经济只处于全国的中等水平，1978 年浙江的 GDP 仅为江苏的一半。工业基础的巨大差异使浙江和江苏承接的产业类型也不尽相同。从出口商品的结构看，江苏主要以机械、电子、电器设备等为主，而浙江主要以机电、鞋类、服装、打火机等轻工业产品为主。

其次是制造业对外依赖程度不同。江苏的外向型经济特征明显，进出口企业中外资占比最高（见表 6-8），而浙江的内生性特征明显，进出口企业中民营资本占主体。受此影响，江苏的加工贸易占比较高，而浙江主要以一般贸易为主。这种差异进一步带来了制造业技术创新绩效的差异。2020 年江苏专利申请授权数约为 50 万件，显著高于浙江的 39.2 万件。

表 6-8　江苏和浙江出口企业中外资占比情况

年份	江苏外资占出口企业比重	浙江外资占出口企业比重
2000	0.66	0.34
2006	0.81	0.41

（续表）

年份	江苏外资占出口企业比重	浙江外资占出口企业比重
2007	0.80	0.40
2008	0.77	0.40
2009	0.77	0.37
2010	0.75	0.36
2011	0.71	0.35
2012	0.65	0.33
2013	0.62	0.30
2014	0.62	0.27
2015	0.62	0.24
2016	0.64	0.22
2017	0.64	0.21
2018	0.61	0.20

四、未来展望

当前，世界经济不确定性增加，经济低迷、全球贸易增长停滞，特别是2019年年末在全球范围内暴发的新冠疫情，迫使各国采取禁足措施，经济活动暂停和边境管制阻断了传统全球价值链的跨境人流、物流，出于供应链安全考虑，战略性产业供应链回归本土、关键核心技术自给自足的趋势加强，世界秩序、国际格局、中国的经济贸易和产业格局发生重大调整和变革。在这场抗疫斗争中，中国能在短时间内取得显著成绩得益于集中力量办大事的制度优势和强大的社会组织能力，但在科学研究、产业布局等领域的短板也显现出来。新的形势下，中国要在新的经济环境下提升竞争力，需要在以下几个方面寻求突破。

一是提升科学、技术、人才和创新能力。在科技竞争日益成为各国竞争的关键领域时，国际较量在基础研究、应用基础研究、开发试验研究等创新链各个环节展开，面对中国可能会与美国科技脱钩的风险，上海和深圳能否继续与世界范围的科研机构和研发中心保持合作、及时了解前沿科技、加强自身与世界的交互能力、夯实创新链条的薄弱环节，将是决定创新发展的关键。

二是完善规则、规制、法制和标准建设。在激烈的国际经济合作与竞争中，标准和规则就是门槛，谁掌握了标准，谁就掌握了制高点和话语权。据美国商务部统计，超过 80% 的全球贸易受到标准化的影响。从国际看，美、英、德、日等发达国家纷纷出台国家标准化战略，加强标准研究和制定，通过标准手段抢占国际经济、贸易和科技竞争制高点，主导和影响产业及技术发展，增强国家竞争力。当前，世界主要发达国家正在酝酿一场双边、多边、诸边、区域和全球的“规则变局”，能否在确保中国特色的基础上，加快推进与国际高水平规则和标准的对接，将成为创新发展的重要保障。

三是建设更高水平的开放型经济体制。在全球化休克的现实背景下，一方面，各国都要适应国际分工方式的调整，将跨国水平分工与区域垂直整合相结合，针对用于本地销售的重型终端产品，通过建设产业链集群降低运输成本和供应链长度，提升产业链的抗风险能力。针对销往各地的附加值高的轻型终端产品，应积极构建全球服务外包体系，优化创新链布局，共享全球资源。另一方面，要提升营商环境国家化、法制化、市场化水平。过去的产业链国际合作基础是低关税，要建设更高水平的开放型经济，不仅需要降低关税，还要实现零壁垒，可以说，营商环境的竞争将决定地区的产业集聚能力，进而影响创新发展的未来。

总之，嵌入全球价值链的中国制造业在突破低端锁定、探索转型升级和创新发展过程中没有一定之法，只有在不断发展变化的经济形势中夯实创新链条和创新生态的薄弱环节，才能保持持续的竞争力。通过对不同地区制造业嵌入全球价值链—低端锁定—转型升级—创新发展历程的回顾和对比，我们发现，不同所有制主导的外贸企业参与全球价值链的方式存在显著差异，外资企业更多集中于加工贸易，内资企业更多集中于一般贸易；外贸企业的所有制结构对营商环境和国际化水平的影响也不同，通常，外资占比高的地区市场化发展水平、开放程度、政府效率都更高。不同贸易参与方式决定了不同地区制造业企业所面临的低端锁定程度的差异，也决定了其推动贸易结构转型升级摆脱困境的时间和效果。具体而言，以深圳为代表的高起点、高定位城市会率先谋求升级和创新，发达的金融市场和国际化长期融资平台为其奠定了先发优势；以佛山、浙江为代表的本土进出口企业民营资本占比高的地区内生增长动力较强，实现贸易方式优化升级较为容易，代表了中国制造业未来的发展方向，能否建立起为中小民营企业创新服务的创新体系将决定未来的成败。以东莞、江苏为代表的外资在进出口企业中占比高的地区呈现出的“浮萍经济”风险在金融危机和贸易摩擦中已经充分暴露，但其为招商引资营造的高质量营商环境以及包容性制度优势，将为转型升级和创新发展注入活力，高度国际化培育出的全球资源配置能力将助推其快速融入全球创新价值链的构建，在未来一定时期踊跃的外商直接投资将继续为创新发展提供支持，也为我们勾勒出中国制造可期的未来。但如何为不断扩大的本土企业创新提供可行的发展模式、良好的营商环境、充足的长期资本供给，将是这些地区迟早要面临的挑战。可见，嵌入全球价值链的中国制造业在突破低端锁定、探索转型升级和创新发展过程中没有一定之法。外向型经济模式难以持续，必然要走向内生增长，但如何培育本土企业、提升其创新竞争力需要借鉴深圳、佛山、浙江的模式；内生的“草根经济”虽然能够尽早摆脱低端锁定，但实现自主创新面临的困难很大，需要放眼国际，需要学习上海、东莞、江苏的模式，引入发达国家的创新榜样，才能够脱胎换骨。我们无法预知中国制造业未来的发展模式到底是什么样的，但可以肯定的是，它必将在内生与外向模式相互竞争、相互学习、相互模仿的探索中逐渐形成。它是伴随着科技革命带来的生产设备的自动化、智能化，伴随着中国消费市场的结构和需求变化，伴随着资本与创新的合作与博弈，在动态中寻找优势，在不断迭代调整中形成并完善的。

第七章

行业科技创新助力企业转型发展

21 世纪以来，新一轮科技革命和产业变革蓬勃兴起，全球范围内创新资源快速流动，产业格局深度调整，新科技革命与我国加快制造业转型升级形成历史性交汇。目前，我国部分行业在向全球价值链高端迈进中已先行一步，取得成效。如在高铁、核电、电信、智能电网等行业已掌握核心关键技术，在大规模市场化和建设方面处于全球领先水平；在载人航天、探月工程、超级计算、载人深潜、量子通信等领域已取得一大批有国际影响力的重大成就。同时，涌现出华为、小米、海康威视等新兴制造业领域的创新型企业，以及吉利、美的、溢达等传统制造业领域的一批具有国际竞争力和影响力的代表性企业，为新一轮行动计划的实施提供了基础。在案例研究中，我们选取全球价值链嵌入位置较高、创新能力较强的企业作为研究对象，通过分析它们的供应链、产业链、创新链和资金链的部署，为其他制造企业提升技术创新能力提供有益的参考。

一、新兴产业创新企业案例研究

（一）华为：领跑世界的“中国智造”

根据世界知识产权组织2019年发布的公报，2018年华为的国际专利申请量在全球企业界位居榜首。华为所在的ICT（信息与通信技术）行业，是全球技术最密集、竞争最激烈、发展最快、门槛最高的产业之一。成立30多年来，有很多“先天不足”的中国民营企业华为，通过巨额的研发投入，不惜重金招聘世界优秀人才加盟，拿出大部分净利润给员工分红，终于在多年的努力后，掌握了令人叹服的“黑科技”，在人工智能、数据中心、5G技术、电池极速充电技术等引领未来发展的众多领域内，成为当之无愧的领跑者。华为是如何做到的？

其实，华为领跑世界的“武功秘籍”就是自主创新。我们将从以下几个视角深入剖析在中国金融市场欠发达的环境下，华为如何为创新筹集到长期资本，长期资本如何助力华为实现创新梦想。与其他高新技术企业相比，华为的融资模式较为独特。在成立的30多年里，面对不同的发展阶段，华为总能运用不同的资本运作方式获得足够的资金支持，使其在战略选择和实施上掌握了主动权。作为非上市公司，华为希望为自主研发创造容忍失败的宽松环境，避免资本市场带来的短视和逐利破坏创新，影响企业长远发展。除了商业信贷，华为在法律允许的条件下进行了多方面的融资尝试。

1. 民间借贷融资（成立初期）

1987年任正非和5位合作伙伴共同出资2.1万元创建华为，开始做通信设备的代理业务。但是，任正非清醒地认识到，做代理既不能控制产品，也不能控制生产，更无法拥有技术，不是长久之计，企业要想长远发展，必须依靠自主研发，建立企业完整的价值链，实现技术研发、生产制造、市场销售业务全覆盖。1991年，华为开始将业务从代理转向自主研发，寻找新的发展路径。但作为规模小、风险大的民营企业，由于缺少固定资产作为抵押，很难获得银行信贷的支持。改革开放初期，我国的资本市场还不完善，政府补贴也很难争取。资金短缺给华为进一步发展带来了挑战。为了维持公司运营，支持研发投入，华为选择了年利率高达24%～30%的高利贷，解决了资金缺口，促成了早期创新产品的落地，为进一步发展奠定了基础。

2. **内部股权融资**

20 世纪 90 年代初期，为了应对通信市场激烈的竞争，华为不得不加大研发投入，融资难题再一次凸显，华为开始尝试用股权激励的方式筹集资金，留住人才。在股权激励下，员工的收入大幅提高，股权激励受到员工的欢迎。同时，这种融资模式没有固定的偿还时间，不需要支付利息，既解决了资金短缺问题，又凝聚了核心技术人员，激发了员工创造力，形成了员工与企业的利益共同体，成为华为创新发展的重要制度保障。

3. **让客户成为股东**

为了帮助新产品拓展国内市场，成立初期的华为与各地区的邮电部门建立合资公司，并以合资公司的名义争取当地银行的信贷支持，既解决了融资难题，又密切了华为与合作伙伴的利益关系。在这种合作模式中，华为发挥研发优势以技术入股，各地区的邮电部门以资金入股，同时发挥了销售渠道优势，盈利后又将资金投入研发中，形成资本与研发的良性互动。华为主动选择具有垄断性的电信局作为客户并与其成为合作伙伴，这为之后的创新发展奠定了良好基础。与其他市场主体不同，垄断性、公益性的政府部门作为采购方有其自身的特点：一是采购的数量大；二是通常需要提供定制化服务，对产品的性能、质量要求高；三是对价格和成本并不敏感；四是资金充裕，按时支付。与邮电部门的长期合作，一方面，激励企业增加研发投入以满足客户对产品和品质的高要求，在攻坚克难的过程中，提升自身的创新能力。另一方面，定制化产品的利润空间较大，避免了价格竞争对技术创新的负面影响。与此同时，稳定安全的销售收入有利于留住人才，积累创新优势。

4. **信贷融资**

进入 21 世纪后，华为逐渐成为中国电信设备第一大供应商，开始了国际化战略。为了抢占国内 3G 市场业务，华为与香港一家公司合作，并通过香港公司获得多家商业银行联合提供的 9 亿元贷款用于支付华为的设备费用，这些贷款通常是以中长期贷款的形式发放。2004 年 11 月，国内 29 家银行与华为签订了 3.6 亿美元的长期借款协议。通过出口信贷的方式，华为争取到充足的长期资本，助力其快速进军国际市场，同时，源源不断的现金流又为研发投入提供了长期且稳定的支持。

5. 商业信用融资

2008 年国际金融危机后，华为的国际市场销售收入已经超过总销售收入的 70%，随着市场规模的扩大，海外结算较长的回款周期，使得华为的应收账款和应付账款增多，而毛利率和销售净利润率却下降很快。为了控制高负债率，华为将海外销售的应收账款转让给银行等金融机构，这种“应收账款转让”的融资模式使华为可以获得银行的信贷支持，使融得的资金不体现为债务，而以销售收入入账。商业信用融资缓解了华为短期现金流压力，但这种融资模式期限较短，对华为的创新影响有限。

6. 出售非核心业务

为了缩短研发周期，提高研发效率，华为决定与国际商业机器公司（IBM）合作推行集成产品开发（integrated product development，IPD）模式，将产品的研发过程作为投资项目来管理。IPD 模式的引入对研发投入的资金要求更高，随着新产品不断推出，华为决定出售非核心业务的资产和技术，为核心业务的研发创新提供资金支持。长期资本是稀缺的，为了让长期资本高效利用，华为一直坚持并专注于核心业务，在“主航道”创新使华为集中有限的资源，始终致力核心竞争力的提升，为企业的创新划出边界。

与大多数企业不同，华为不以追求利润最大化为目标，只是将利润保持在一个合理空间。华为追求的是依靠点滴的努力、锲而不舍的艰苦追求，成为世界级领先企业，为客户创造更多价值。华为有勇气放弃短期利益追求为客户创造长期价值的志向，为中国企业创新和发展树立了榜样。而这一切离不开长期资本的默默支持，正是这些不计较短期利益，有耐心、有定力、有情怀的资本成就了华为的抱负和梦想。

（二）小米科技：互联网思维下的科技创新

2010 年小米科技公司成立于有“中国硅谷”之称的北京中关村。当时的手机行业已经成为全球竞争最激烈的行业之一，国际上有苹果和三星，国内有华为和联想。成立不到 10 年时间，小米以其自主研发的 MIUI 系统为基础，不断推出新产品，创造了高品质、低价格，重视设计和体验的中国制造新形象，将市场从国内拓展到国外，将业务从行业内部延伸到整个生态链。相比于华为，这家以手机、智能硬件以及 IoT（物联网）平台为核心的年轻企业，已连续两次入选全球创新百强榜单，这种“硬件+软件+服务”的商业模式意味着，互联网时代制造业商业模式的创新可以独立于技术创新，依靠知识产权构建起的市场准入壁垒正在被逐渐打破。作为互联网独角兽企业，小米模式不断迭代、不断升级的背后，是资本与创新的完美结合。

1. 风险投资与创新

2010—2014 年，是小米的初创发展阶段。这段时间小米接受了晨兴、启明、IDG、顺为共计 4100 万美元的 A 轮投资。2011 年小米完成了 B 轮融资 9000 万美元，增加了淡马锡、高通两家投资者。2012 年 Digital Sky Technologies Limited（简称 DST）和淡马锡又为小米提供了 C 轮融资，总计 9000 万美元。2013 年 DST 出资提供 D 轮融资 1 亿美元以上。在风险投资的支持下，小米的创业团队通过自主研发的 MIUI 系统，推出了首款手机产品。与其他高技术企业的发展战略不同，面对激烈的市场竞争，小米承诺硬件综合净利润率不超过 5%，通过反向成本压缩形成的品牌和低价优势是其成功的关键。而“互联网+手机”的模式，使小米打破了由华为、中兴通讯、联想组成的稳定的国内市场供给结构，并以高性价比产品迅速占领全球市场，在很多发展中国家如印度、印度尼西亚的市场份额位居第一。由于创新的回报周期长、风险大，通常情况下，创业初期的企业往往没有充足持续的资金投入到研发创新领域，因而创业初期的小米主要采取模仿式创新，专利数量较少。

2. 股权型资本与创新

由于小米智能手机的技术创新实力远远不如传统手机生产商，因此这种不依靠技术投入和迭代取得的成功不可持续，随着全球手机市场需求逐步饱和，小米智能手机的出货量开始下滑。为了摆脱公司对硬件产品的过度依赖，小米意识到了自己的创新困境，开始重视技术研发，增加研发投入。其间小米接受了 E 轮融资 11 亿美元，2015 年又引入了战略投资者。与成立初期相比，商业模式的成功为小米创新发展积累了丰富的市场、品牌、人才、资本等资源，2014 年后小米开展了大量的专利收购工作，专利申请数量爆发式增长，见图 7-1。2015—2017 年累计投入研发经费 67.67 亿元，并于 2018 年、2019 年与中国的华为、腾讯一起登上全球创新百强榜单。

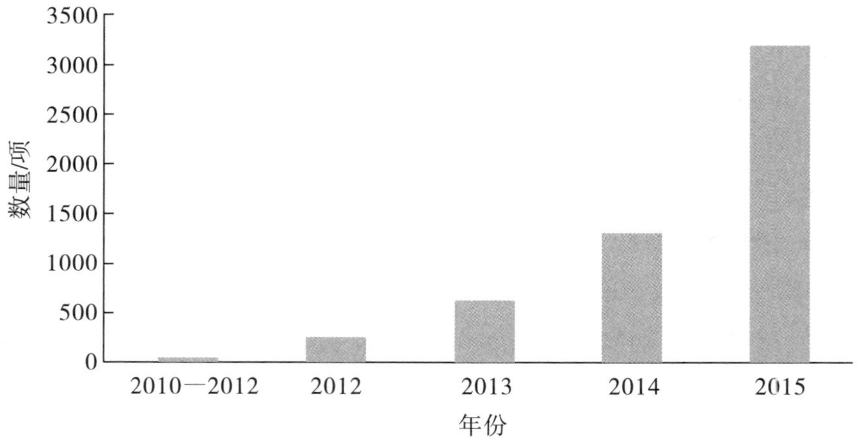

图 7-1 小米 2010—2015 年专利申请数量

资料来源:《小米科技年报》。

3. 资本市场与创新

2018 年 8 月,小米科技在香港交易所上市,跻身全球科技股前三大 IPO。事实证明,小米科技能够在不到 10 年的时间里从行业中脱颖而出并成为科技独角兽企业,离不开直接融资的支持。与银行信贷等间接融资相比,直接融资对创新的激励效果更加明显,但是,小米科技上市后是否会迫于股东的压力对创新产生负面影响,还不得而知。小米科技登陆资本市场后经历了股价破发、股票价值缩水等风波,虽然这与全球经济低迷和整个手机行业的衰落有很大关系,但股价持续低迷也凸显出科技股的泡沫风险。尽管小米科技一直致力于向互联网服务转型,但未来一段时间内,智能手机业务仍然是小米科技的核心业务。那么在 5G 换机大潮中,小米科技能否抓住机遇再创辉煌?需要拭目以待。

4. 企业风险投资与创新

小米生态链的建立使小米科技从资金接收者转变为创新投资者。借助于互联网平台,小米探索出了基于手机和 MIUI 系统为核心的跨界创新模式,利用手机终端的发布建立起生态链,极大地提升了创新的效率,也让小米寻找到了新的盈利模式——以物美价廉的硬件产品获取并绑定客户,通过提供附加服务赚取利润。小米生态链的本质是建立在轻资产模式上的开放型创新。这种模式有效解决了专注于内部研发的企业创新绩效增长缓慢的问题,把有限的资源集中在核心技术领域，而用合作共享的机制补自己的短板和不足。在小米生态链中，小米科技扮演的角色是企业风险投资者，与传统的风险投资者青睐高科技行业、承担高风险和追求高收益不同，小米生态链的投资方向多是制造业企业，专注于产品是否有明显的痛点，是否具有互联网的传播属性，是否有利于整个生态链发展。所以，企业风险投资者追求投资回报率不是唯一目的，契合母公司的战略利益、有利于公司长远发展是其投资的原则，对所投公司的创新持更加宽容、耐心的态度。从这个意义上讲，以小米生态链为代表的新型创投模式具有带动整个制造业转型升级的重要意义。

（三）海康威视："隐形冠军"的崛起

2001 年，海康威视诞生于浙江省杭州市，主要从事安防视频监控设备的生产制造。在福布斯发布的 2018 年全球最具创新力企业百强榜单中，海康威视位列第 90 位。它用 17 年的时间从创立到登顶行业全球第一，成为中国制造业转型升级的典范。

1. 嵌入全球价值链对创新的影响

2004 年，海康威视决定嵌入全球价值链。在经历了和其他制造业企业一样的贴牌生产道路后，海康威视于 2007 年决定启动自有品牌的国际化之路。2008 年后，突如其来的金融危机席卷全球，刚刚在海外市场布局的海康威视遭遇需求骤减和价格竞争的挑战，在艰难的时刻，海康威视选择加大海外市场的人员投入和物力投入。随后，国际化战略逐步推进，在美国、欧洲和印度设立海外分支机构，建立国际营销渠道、海外物流和装配基地，建立海外研发中心。在品牌营销和技术创新战略的双轮驱动下，海外营收中自主品牌的占比接近 80%，海外业务毛利率则达 47. 72%，超过国内毛利率 10 个百分点。海康威视实现了从低端加工向价值链高附加值环节自主研发和自主营销的转型升级。然而，2016 年开始的中美贸易摩擦为海康威视敲响了警钟，嵌入全球价值链使海康威视的芯片一直依赖进口商提供，若不重视芯片的自主研制，一旦供应商停止供应，海康威视将失去所拥有的一切。可见，嵌入全球价值链虽然带来了规模效应也提升了盈利水平，但关键技术过度依赖进口带来的技术替代效应却抑制了复杂技术的自主创新，只能受制于人。所以，摆脱芯片的进口依赖，实现芯片自主研发是中国制造业走向强大的必经之路。

2. 制造业服务化转型

随着视频监控行业由模拟化、数字化逐渐向高清化、网络化、智能化方向的转变，处于产业链中游的安防厂商，既需要衔接上游的处理器芯片等，又需要满足下游多应用场景的需求，加之近年来融入 AI 因素，因此，从硬件产品供应转向软件开发服务已成为制造业企业的必然选择。一方面，安防产业的硬件产品已经进入成熟期，产品同质化严重、行业竞争加剧带来了产品价格下降，盈利空间逐年压缩，只有向服务化转型才能更好打开新的市场空间，提升盈利能力。另一方面，在“互联网+”时代，越来越多的通信、互联网、金融巨头如华为、腾讯、百度、商汤等企业进入安防领域，市场竞争的焦点转移到提供完善的解决方案的服务领域，这对企业提出了转型的需求。2017 年，海康威视推出数据平台服务，基于信息技术的智能平台有效整合利用了分散性资源，能够直接对接客户需求，满足其定制化生产服务需求，这种“产品+解决方案+数据平台”的模式实现了制造业企业价值链、产品链的延伸。

3. 专注技术创新的发展战略

在 10 多年的发展过程中，海康威视一直把创新当成自己的核心战略。成立初期，监控市场长期被索尼、松下、三洋等外资品牌凭借模拟技术产品垄断。2000 年左右视频监控行业开始由模拟向数字转型，海康威视抓住机遇进行数字技术研发，终于在新技术体系的支持下，打破了外资垄断的局面。2018 年，海康威视研发人员数量达到 16010 人，近 5 年研发人员数量占比均维持在 50%左右（见图 7-2）。截至 2018 年底，海康威视累计拥有专利 2809 件，其中发明专利 513 件、实用新型专利 741 件、外观设计专利 1555 件，拥有软件著作权 881 项。

4. 创新的资本来源

地处中国民营经济最发达的地区，与其他国有企业不同，成立初期民营资本在海康威视股权结构中占比较大。据海康威视招股书披露，2001 年，海康威视的控股股东是浙江海康信息技术股份有限公司，香港自然人龚虹嘉以 49%的股权成为第二大股东。这种混合所有制的股权安排结合了国有企业的资源优势与民营企业的制度优势，通过资本的有效混合激活了国有企业的创新活力。

2010 年，海康威视上市，10 年间营收复合增速达到 40%，在深市市值排行中位居前列。上市以来，海康威视每两年实施一次股权激励。覆盖数千名员工的股权激励制度保障了研发团队的稳定和高效。2016 年，公司的核心员工跟投创新业务机制落地实施，员工成立的跟投平台成为萤石网络、海康汽车技术、海康机器人及其他创新业务的股东，这些新业务中海康威视出资占比 60%，员工出资占比 40%。广大核心员工成为与公司创新业务共担风险、共享收益的事业合伙人，这极大地激发了员工创新创业的热情。

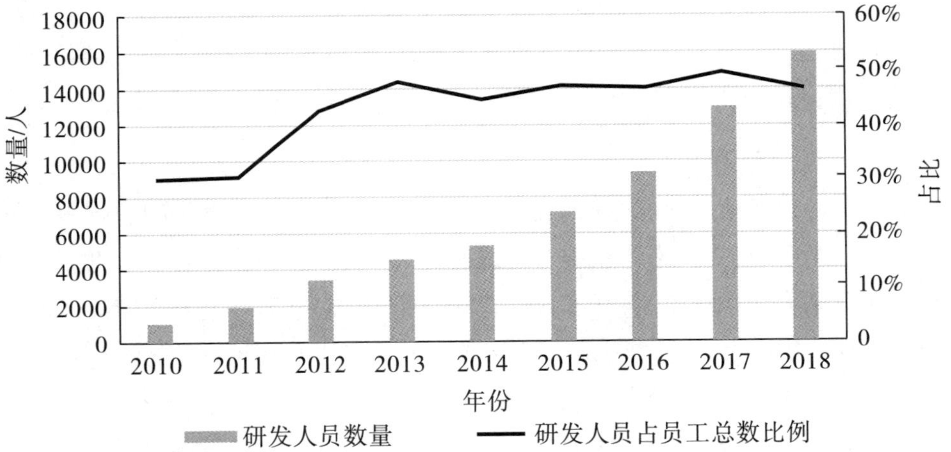

图 7-2　海康威视 2010—2018 年研发人员情况

华为、小米、海康威视成立于不同的时代，不同的发展模式造就了三者的差异。无论走“技工贸”路线的华为、海康威视，还是走“贸工技”路线的小米，当中国制造业的成本优势不再，生产环节无利可图时，从硬件生产转向软件服务，制造业服务化转型是必然趋势。与华为绝缘资本市场，费尽周折尝试各种融资手段不同，小米是在资本的见证下一步步成长起来的，而海康威视充分结合了国有资本与私有资本带来的资源优势和制度优势，在行业深耕多年后又借助资本市场实现了快速发展。因此很难说哪种长期资本供给模式更有利于自主创新和制造业的转型升级，但可以肯定的是，在创新引领发展的时代里，即便模式在变、需求在变，坚持自主研发、提升技术创新能力才能立于不败之地的基本准则也不会变。

二、传统制造业企业转型升级案例研究

（一）吉利汽车：民营汽车品牌的逆袭

吉利是中国汽车产业十强之一，连续 10 年登上世界 500 强榜单。作为本土汽车品牌，吉利汽车的出现大大降低了我国汽车制造的成本，从根本上撼动了我国轿车价格居高不下的局面，掀起了经济型轿车走入普通家庭的高潮。吉利自成立以来不断调整战略，实现多次转型升级。作为资本密集型行业，民营企业吉利的融资模式有什么特征？支持其转型的资本来源是什么？

1. 内源性融资与创新

改革开放初期，我国的汽车制造业是在引入跨国汽车巨头的过程中发展起来的，“以市场换技术”吸引了跨国公司来华建立合资企业。国家对合资的中方企业采取严格的控制，任何进入汽车行业的企业都要进入政府的产品目录。而作为民营企业的吉利，由于没有进入政府的产品目录，无法与跨国公司合资，只能走上一条独立发展的道路。

吉利集团始建于 1986 年，1997 年进入汽车行业。没有合资机会的吉利失去了获得外商直接投资的机会，在当时的环境下，吉利作为民营企业很难获得银行的信贷支持。发展初期，吉利的资金来源主要是自有资金，通过“干中学”“逆向工程”开展初期的汽车制造和生产。为此，吉利先后引入国有企业天汽、一汽设计研究院的技术专家和人才百余人，并吸引各种各样的技术工人加盟。吉利的第一次工程尝试没有样车，就拆卸奔驰和红旗车的零件进行组装，之后又借鉴夏利的车型进行了外观设计方面的改进。虽然是简单的模仿创新，但大部分零部件都是在浙江和江苏采购的。这得益于国有企业国产化政策下建立的零部件体系，吉利通过与台州的零部件配套厂商建合资企业的方式掌握了零部件的供应，降低了生产成本，发展出具有相当规模的汽车零部件产业。1998 年，第一辆“豪情”车下线，吉利被列入政府的产品目录，成为首家获得轿车生产资格的民营企业。

2. 外部融资与创新

随着企业规模的扩大，吉利的外部融资占比逐步提升，资产负债率不断

增加，超过了60%（见图7-3）。在资金的支持下，吉利开始建立研究院，加大研发投入，进行产品开发体系、技术管理体系、产品验证体系三大体系建设，成为一个具有完善的数模能力并在全国首创支持全坐标网络化车身设计的企业。从专利数量看，2001—2007年，吉利共获得7项发明专利、167项外观设计专利以及190项实用新型专利。

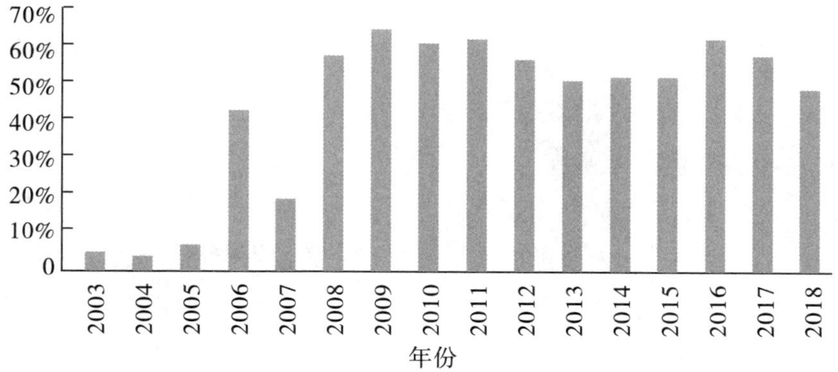

图7-3　2003—2018年吉利集团资产负债率情况

资料来源：《吉利集团年报》。

3. 资本市场与创新

2005年，吉利汽车通过借壳上市的方式登陆香港资本市场。公开上市提升了吉利的知名度，也为其提供了直接融资的渠道。2007年，原材料价格上涨，汽车制造利润不断被压缩。为此，吉利开启了从低成本向高质量的战略转型，将所有的生产线和厂房全部淘汰重建，在全国重新布局十大生产基地。

4. 资本运作与并购创新

2010年，吉利收购沃尔沃100%的股权，并获得了相关的知识产权。此次收购成为当时国内汽车行业最大的一次民营企业主导的海外并购案例。从后期披露的融资资金来源看，主要分为两大部分，其中一部分是自有资金41亿元，由留存收益和资本运作筹集得来。2007年吉利通过股权置换，形成了内部资本平台。2009年，吉利集团引入高盛作为外资战略投资者，向其发行可换股债券，并以15%的股权为条件获得了高盛28.56亿港元投资。债务融资由福特公司的卖方信贷提供，权益融资由大庆国资委以及上海国资委筹集。还有欧洲投资银行、瑞典银行、国家开发银行提供的15亿美元贷款。可以看到，吉利在寻求权益融资时充分发挥了地方融资平台的作用，以融资换投资，并承诺在大庆和上海建立国产沃尔沃工厂。并购后的经营资金来源于吉利长期培育的海外融资平台。后期吉利收购戴姆勒股权的资金也是通过吉利海外投资公司以海外资本安排的。吉利借助国际发达、高效的融资机制获取资金支持的模式，为其他制造业企业解决转型升级过程中的融资问题提供了有益的借鉴。海外并购战略帮助吉利实现了最快的转型升级，2018 年吉利集团的研发费用超过 210 亿元，占销售总收入的 6.4%，与国际知名品牌的研发强度相当。

5. 企业风险投资与创新

21 世纪以来，新能源汽车逐步兴起，自动驾驶技术日趋成熟，车联网和大数据广泛应用，技术创新正在重塑汽车行业的技术特征和市场格局。2016 年吉利新能源商用车集团有限公司成立，2019 年吉利集团成立子公司吉利科技集团，主要进行汽车生态领域的新能源、新技术、新模式和产业投资，先后投资了镁合金、通用航空、城市飞行出租车、曹操出行等项目。通过企业风险投资汇聚全球科技创新资源，吉利正在用资本的力量打造物联网时代的汽车生态体系。

（二）美的：从传统制造业企业向科技企业的蜕变

1968 年美的成立于广东顺德，50 多年来经历多次转型升级，终于成长为全球领先的多产品、跨行业的国际家电巨头。2016 年以来连续 4 年登上世界 500 强榜单，连续 5 年蝉联中国行业第一。如今，在第四次工业革命到来之际，美的积极投身工业物联网和机器人领域，正在从传统制造业企业向创新驱动发展的科技型企业蜕变。

1. 资本市场与技术创新

1993 年美的登陆深交所主板市场，通过上市募集的资金推动空调产品的技术改造。1999 年美的引进东芝的先进技术，推出国内第一台变频一拖多空调。2008 年，美的并购国内洗衣机行业龙头企业小天鹅；2009 年，美的集团实现整体上市，整合集团的研发和营销资源，为集团转型升级奠定了制度基础。2000—2011 年是美的高速发展时期，10 多年时间里，美的实现了从百亿级企业到千亿级企业的跨越。虽然营业收入节节攀升，但令人担忧的是，营业利润却一直在低于4%的水平上徘徊不前。之所以出现这种情况，与美的低成本扩张市场规模战略有很大关系。为了扩大产能，2000 年以来，美的每年都要投入巨额资金在全国各地新建厂房。这种扩展战略给美的带来了规模效应，但美的的盈利能力却一直无法提升。随着互联网企业向传统制造业的渗透，传统制造业遭遇到空前的转型升级压力。2011 年，创始人何享健退出日常经营决策，通过构建管理层股权激励制度，以方洪波为首的职业经理人团队，围绕“产品领先、效率驱动、全球经营”三大战略，引领美的从规模向效率的转型升级。2011—2016 年，10 多个生产基地被关停，多个低利润产品被停产，员工数量缩减一半。大刀阔斧的改革给美的的利润造成不小冲击，但 2013 年后逐步恢复正常（见图 7-4）。

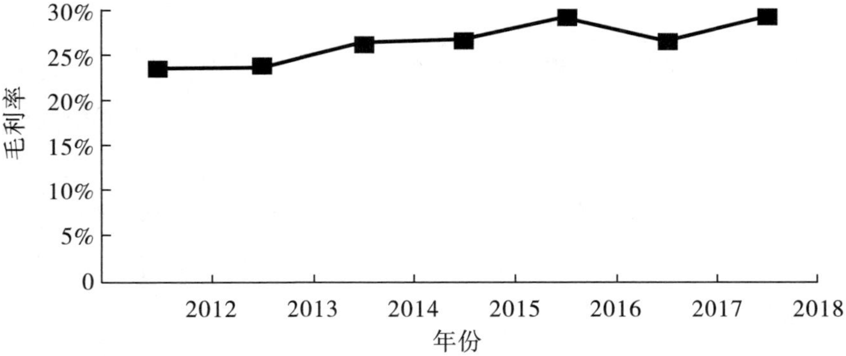

图 7-4　2012—2018 年美的制造业毛利率

资料来源：《美的集团年报：2013—2019 年》。

2. 融资平台与并购创新

为全面提升产业链的竞争力，美的还积极构建自己的融资渠道。首先，搭建全球资金管理平台，统一管理和配置集团旗下所有单位的往来资金，控制系统内部的资金风险，提升资金的使用效率。其次，成立美的金融，开展为上下游企业提供融资的供应链金融服务，为客户提供定制化信贷融资的消费金融服务。在融资平台的支持下，美的完成了多次并购业务，提升了企业的创新能力，加快了企业向智能制造转型的速度。2016 年，美的先后完成了对东芝白电、意大利中央空调企业 CLIVET、德国库卡集团、以色列高创的收购。2018 年，美的机器人与自动化系统的营业收入已经达到 25. 6 亿元，约占营业总收入的 10%。2013 年以来营业收入快速增长，但员工人数并无太大变化（见图 7-5），说明机器人的生产成本优势逐步显现。

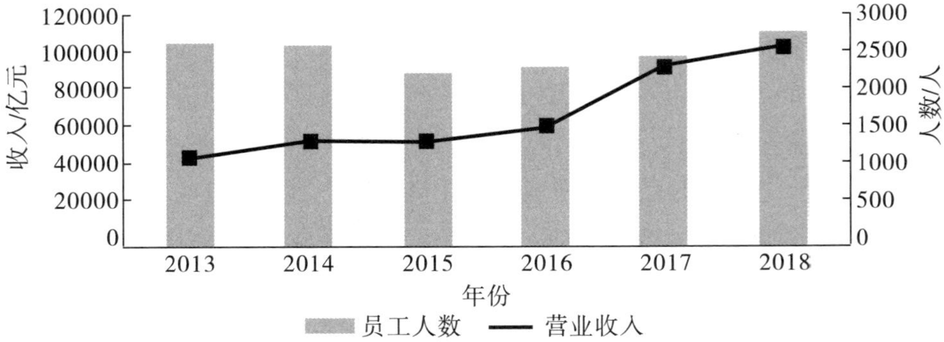

图 7-5　美的 2013—2018 年员工人数和营业收入情况

资料来源：美的集团年报。

3. 企业风险投资与智能化转型

2014 年美的开始确定智能家居战略。在向智能化转型的过程中逐步建立起通过智慧云、移动终端、硬件通信模块搭建起来的完整技术体系。美的拥有行业内完整的全产业链供应体系，多样化的产品类型和高市场占有率，成为美的向智能化转型的重要优势。然而，作为传统家电制造商，为实现智能化转型需要自下而上的产品改革，需要传感器、人工智能、大数据、芯片技术等共同发力。相比竞争对手小米从手机终端入手，先构建平台再向家电生产端延伸的快速外包、快速生成的模式，美的存在研发周期长、产品更新换代慢、市场占有率低等劣势。为了弥补这一不足，美的建立了开放式创新体系“美创平台”。该平台涵盖众创平台、需求与解决方案、项目孵化三大板块，旨在通过互联网平台集聚全球范围的创新、创意和创客，借助产业链、跨界伙伴和全社会创新力量，实现共享和共赢。2018 年美的资本成立，这是一家专注于产业投资的市场化私募股权投资机构，围绕全球先进制造行业和“智慧家居+智能制造”生态链进行系统化布局，通过对被投企业提供全产业链赋能帮助企业实现长期价值增长，不断巩固和提升自己在市场竞争中的优势地位。

（三）溢达集团：纺织企业的绿色创新发展之路

溢达集团是改革开放初期入驻佛山的港资企业。多年来，对创新一如既往的重视使溢达集团成为纺织行业为数不多的国家高新技术企业。依托强大的研发实力，企业不断改进生产组织模式、产品种类和产品质量，最终形成了集规模、质量、人才、技术、品牌于一身的外资企业就地转型的典型。长期以来，我国传统制造业粗放型增长方式对我国资源环境造成了巨大的压力，转变传统纺织企业的生产方式，实现低污染、低能耗的绿色制造和可持续发展模式，是实现企业高质量发展的必然要求。溢达集团以环保为代表的绿色生产和以资源开发和循环利用为代表的创新发展经验值得广大制造业企业借鉴。

1988 年，溢达集团与地方政府合资在广东省佛山市建立了高丰纺织染联合企业有限公司（简称“高丰”），从事高档面料生产和出口，之后持续加大投资与生产规模，至 1995 年高丰已发展成为产值高达 7. 6 亿元的广东最大型纺织企业。1996 年高丰成为溢达独资企业，2000 年高丰改名为“广东溢达”，成为拥有资产 13. 75 亿元的大型纺织企业联合体，销售额达到 12 亿元，出口创汇 1. 2 亿美元，跻身中国 500 强企业之列的外商投资“双优企业”。1998 年开始，溢达从传统制造业向信息化、自动化与科技创新的新模式转变，取得了显著成效。这主要得益于以下几个方面的努力。

1. 自主研发是企业转型升级的根本保障

2000 年，溢达集团建立了自己的产品研发中心，并与国内外知名大学、政府及行业组织开展了战略合作，每年用于新产品、新工艺和新设备开发的科研资金投入接近 2 亿元。截至 2018 年 12 月底，溢达集团已申请的专利达 1738 项，其中 1241 项已获授权。在已授权中国专利中，发明专利有 446 项。溢达集团一直是广东省工业界有名的“专利富豪”。通过自主研发提升技术创新能力进而带动企业生产模式的转型主要体现在两个方面：一是技术创新水平的提升将推动纺织企业实现向高端制造、智能制造的转变，二是技术创新通过提升企业生产效率、降低企业生产成本的方式提高企业的整体绩效。

2. 自动化、信息化、智能化是企业转型升级的硬件基础

溢达集团每年投入 2 亿元引入自动化设备。在纺织行业，对于耗费人力成本较高的生产环节，溢达集团积极开展以提高生产效率为目标的自动化探索，并于 2011 年开发出第一代封“三尖”自动化机器，但它每天仅生产 50 件“三尖”。之后，溢达集团花费两年的时间，推出第二代升级的设备，设备单日产量提升到500件，超越了传统熟手工人的生产效率；而到了第三代，每天的产量更是达到了700件。实际上，对于纺织行业来说，自动化设备的引入不仅能够提高生产效率，还能够大大提升产品的质量。数据显示，目前溢达纺织每年投入2亿元左右开展自动化改造。截至2018年5月，溢达通过自主研发，已成功实现梭织制衣工序自动化覆盖率77%，针织制衣工序自动化覆盖率39%。5年前，溢达集团一条衬衫生产线至少需要43名工人，但在今天，每条衬衫生产线只需要30名工人。更重要的是，人数虽然减少了30%，但生产效率却比原来高出了40%。近些年，顺应“工业4.0”发展要求，溢达集团在智能制造、现代物流和“互联网+”等领域展开积极探索，打造“制造业+生态”的集特纺、制衣、物流、体验中心等元素于一体的新模式、新产业与新业态。

3. 绿色制造是企业转型发展的重要驱动力

纺织行业是高耗能、高污染行业。为了缓解环境压力，实现绿色发展，溢达集团通过引进国际先进设备，改善传统的染色流程和工艺，节约用水80%以上，降低电、蒸汽耗用70%以上；溢达集团研发的低水位染色技术，同传统工艺相比，可节省23%的用水量、7%的耗电量以及10%的染料使用量。2000年和2005年分别建成的污水处理中心和热电厂使溢达走在了行业节能减排的前端。

4. 打造自主品牌是企业转型升级的根本出路

从2017年的数据来看，溢达集团的营业额中，国内的销售份额仅占13%，美欧的销售份额多达68%，产品的销售范围遍布全球各地。代工贴牌生产的委托方和合作方包括Calvin Klein、Nike、MUJI、安踏和李宁等众多国内外知名的优秀品牌，在有力印证溢达集团作为纺织行业“黄埔军校”的企业综合实力和企业地位的同时，又反映出企业为不断提升和优化代工贴牌生产结构而做出的不懈坚持与长期努力。现阶段，溢达集团在代工贴牌生产持续转型升级的同时持续扩大代工贴牌生产规模，在优化结构的同时做大做强。与此同时，以雄厚的生产力与过硬的产品质量为基础，溢达集团积极打造具有明确定位的自主品牌，作为进一步提升产业链结构的重要尝试。已先后创立“派”和“十如仕”两个自主高端品牌，并长期保持稳定的销量和市场认可度。

三、小结

吉利所在的汽车行业是资本密集型行业，美的和溢达所在的家电和纺织行业是劳动密集型行业，作为传统制造业，它们都面临着新技术、新模式带来的冲击和挑战。“逆水行舟，不进则退”，作为民营企业的吉利和美的凭借决心和勇气，在应对每一次挑战时都破釜沉舟、全力以赴，作为港资企业的溢达未雨绸缪、先知先觉，它们都在不断自我革新中实现了发展壮大和转型升级。总结起来有以下几点启示：①传统制造业在创新基础薄弱的情况下，通过合作创新、技术并购、企业风险投资等方式可以实现技术的赶超，但只有始终坚持自主研发能力的提升，才能完成技术的扩散和吸收。②嵌入全球价值链的新内涵是推动新一轮高水平对外开放。一方面，在没有条件的情况下创造条件，在全球范围内寻找一切可能的资源，从人才、技术到资本的全球化布局和运营能力将决定转型升级的成败。另一方面，引进高端制造业的外资企业能够形成创新发展的示范效应，带动本土企业转型升级。③生产设备和生产方式的自动化、数字化、智能化、绿色化将推动传统制造业向创新发展转型升级，集软件、硬件、服务为一体的新型制造业企业将引领中国制造的未来。

第八章

全球视野科技创新助力现代产业体系

在中国制造业加速迈向全球价值链高端的进程中，借鉴成功的国际经验实现企业技术创新能力提升显得尤为重要。纵观美国、德国、日本三国的经济发展史，制造业的崛起带来了巨大经济成就和市场繁荣，三个国家都曾被称为“世界工厂”。美国、德国制造业起步较早，在19世纪末形成强大竞争力，此后都成为世界经济强国。“二战”后，日本制造业发展迅速，在20世纪80年代全面超越欧洲，追赶美国。本章从经济发展史的视角追溯了美国、德国、日本制造业创新发展的过程，总结了相关经验，以期为中国制造业的创新升级提供有益参考。

一、美国制造业技术创新发展经验

自工业化以来，制造业一直是美国经济的支柱产业。“二战”后，美国制造业在与日本、德国等国的竞争中，经历了一个“绝对强大—渐次衰落—重塑优势”的过程。在此期间，美国各界对制造业的地位和作用有了更为深刻的认识，并达成了共识，即无论什么时代，制造业都是一个创造财富、提供就业机会、促进创新的重要生产部门。美国大力促进制造业的研发投入和创新，通过产业升级来推动经济结构转型的成功经验，对正在探索创新驱动发展道路的发展中国家具有借鉴意义。

（一）技术引进与人才培养

美国在制造业发展过程中，技术引进始终是重要动力。从高薪吸引熟练工人和技术引进，到多次调整移民法，建立起系统化的人才引进制度，再到强调自主创新意识、培养高技术人才，美国通过对技术和人才这两个要素的合理配置，促进了创新链和产业链融合，使制造业快速蓬勃发展。在 19 世纪末，美国在工业产值和技术水平上赶上并超过了世界先进的工业国英国、德国、法国，成为世界第一位的经济技术强国（康荣平，1993）。

在欧洲工业化发展的早期阶段，技术简单易懂，机器并不复杂。当时的技术体现者主要是熟练工人，因而熟练工人的转移就成为技术转移的最重要手段。吸引先进国家的熟练工人移民，吸引在较先进国家工作的本国侨民回国，就成为当时技术后进国家引进技术的主要手段。当时先进国家的政府，也主要是集中精力控制体现先进技术的熟练工人的外流。在 1825 年以前的 100 多年里，英国政府禁止本国熟练工人移居海外（Chang，2001）。1790 年，工业革命在英国萌芽，就像竭力保护知识产权的现代政府一样，英国也拼命维持技术垄断。在 1774 年和 1781 年，英国议会通过了禁止纺织机器出口的法律。1782 年，英国更是制定了严格的法律来限制熟练劳动力出国。因此到 18 世纪末，虽然美国制造业实现了快速发展，但是技术与人才依然是横亘在美国制造业面前的两道难题。

面对英国政府的严防死守，一方面，美国在英国散布秘密告示，称愿意来美国开发技术的人员将得到丰厚的报酬，以此引进英国先进的技术。不少怀揣着梦想的年轻人漂洋过海来到了新大陆，也带来了先进的纺织技术。1790年，被誉为“美国制造业之父”的塞缪尔·斯莱特，成功地仿制出新型纺纱机器，并按英国工厂体制建成新型纺纱厂，美国工业革命从此开始（康荣平，1993）。千千万万个“斯莱特”为美国带来了工业革命中最先进的技术：苏格兰工程师亨利·伯登为“美国技术的摇篮”——马萨诸塞州的斯普林菲尔德军械厂带来了重要的技术革新；移居美国的威尔士人戴维·托马斯率先把无烟煤炼铁技术引进到宾夕法尼亚州的钢铁工业中；30多年后，移居美国的苏格兰人安德鲁·卡耐基在美国钢铁工业领域发动了工业革命……随着机器设备变得越来越复杂，越来越多的技术体现在机器设备中。英国在1825年以后逐渐解除了机器设备出口的禁令，到19世纪中叶的时候，机器设备的进口就逐渐成为后进国家技术引进的主要途径（Chang，2001）。另一方面，美国不仅从别国引进最新技术，还自己仿造新的机器。19世纪初，美国商人洛威尔根据在英国访问期间见到的新织布机，在美国成功仿造出了新织布机并建成世界第一个联合纺织厂。从此美国进入纺织工业和技术大发展时期，到19世纪30年代已达到世界先进水平（康荣平，1993）。无论是引进还是模仿，处于工业化起步阶段的美国都通过对既有技术的运用和改进，提高了生产效率，加速了资本积累，为日后实现自主科技创新提供了产业和技术支撑。

技术引进少不了人才支持。在美国建国后到南北战争时期，美国联邦政府意识到人才引进对于本国经济发展的重要作用，陆续出台了技术人才移居美国的鼓励和优惠政策（陈娜 等，2015）。其中有代表性的是1864年美国联邦政府颁布的《鼓励外来移民法》，通过政策吸引大批掌握技术的优秀人才涌入美国，大量外来移民的到来为美国展开和完成新工业革命提供了非常有利的条件，基本解决了劳动力不足的问题（姬虹，2013）。从19世纪80年代开始，在经历了建国100年左右的自由移民时期后，美国的移民政策开始逐步转型，对外来移民进行有目标性、有计划性以及有选择性的引进（郭哲 等，2019）。从1820年到1928年，100多年间美国移民高达3800万人。从整体来看，这一时期移民的文化水平不高，其中大部分是熟练工人，为美国制造业发展提供了其他国家的先进技术和劳动力。虽然在此阶段掀起了自由式的移民热潮，但美国并没有建立起系统的人才引进制度，创新意识尚处于萌芽阶段。

自19世纪开始，美国通过技术引进的方式开始了工业革命，使制造业得到了较大发展。可以看出，美国主要是通过在技术先进国家的发明基础上加以实践和改造来促进本国制造业的发展，直到20世纪初才开始有针对性地尝试自主技术创新。然而，从模仿到自主，实则为美国的创新提供了渐进式的发展环境，使其在缓冲当中不断探索创新与产业融合的最佳方式。19世纪70年代，欧洲人发明了内燃机，美国引进有关方面的技术并进行消化吸收创新，创造了福特流水线生产方式，汽车制造从此成为美国的强势产业；1904年，英国人发明真空电子二极管，美国引进并二次开发出真空电子三极管，进而处于领先地位，成为无线电技术的先进制造国家……（李宽 等，2004）。美国正是在引进技术的基础上逐渐进行创新，并应用于生产之中促进研产融合。随着制造业的不断发展，产业结构逐渐多元化和复杂化，技术和人才的红利逐渐促使美国企业界意识到自主创新的重要性。美国政府着力加大对科学研究的投入力度，研究机构和企业也纷纷为创新研发提供资金支持。而在技术与人才引进方面，美国的移民政策开始逐步转型，对外来移民进行有目标性、有计划性以及有选择性的引进（郭哲 等，2019）。

"二战"后，美国的人才引进与自主创新迎来重要的转折点。在人才引进方面，逐渐发展出"双轨制度"，即长期移民与短期劳工计划相结合，为人才顺利引进提供保障；在自主培养人才方面，通过政策支持、公私合作、市场配置人才资源以及构建创新平台等形式，加快自主创新步伐，为制造业发展注入新的活力。早在1924年，美国就已尝试改革移民法，为美国带来各种层次的人才。而"二战"后，在美苏冷战的背景下，科学技术成为国际竞争的重要内容，技术人才的争夺与培养对于国家利益来说不可或缺。因此，"二战"后美国真正开启了技术移民制度化，为产业发展输送高质量创新人才。1952年颁布的《麦卡伦-沃尔特法》特别强调对移民的选择性，并提出了限额优先的原则，力求引进全世界最优秀的科技人才。而新移民法颁布后，确实立见成效：1961年，外来人口占美国总人口的5%，但在国家科学院成员中，移民的比例是24%。到1964年为止，在43名诺贝尔物理学奖和化学奖获得者中，有16人出生在外国；在28名诺贝尔生理学或医学奖获得者中，有8人在外国出生（姬虹，2013）。长期移民为美国制造业提供了科技创新技术，而短期劳工计划同样作为美国移民政策，则为产业发展提供了灵活且充足的劳动力。短期劳工计划即为H类签证计划：H-1签证用于吸引有突出才能的专业技术人员，H-2 签证用于吸引美国短缺的熟练劳工，H-3 签证用于吸引到美国接受技术培训的劳工（徐红彦 等，2015）。H 类签证计划通过引进掌握一定技术的人员，对制造业所需要的劳动力市场做了有力补充。短期劳工计划具有较大程度的灵活性和自由度，不仅可以根据当年的经济形势和就业市场的需求做出增减，而且可参照制造业发展状况做出入境劳工技术专业和职业种类的快速调整。

在自主创新与人才培养方面，美国政府同样改变以往“自由放任”的科技政策，加大对科研的投入力度，并从制度层面上相继通过了《国防教育法》《美国 2000 年教育战略》《为 21 世纪而教育美国人》等法案和报告，也随之成立了美国国家科学基金会等组织（陈娜 等，2015），为经济发展培养高技术人才、实施科技人才发展战略奠定了基础。政府、基金会组织与产业界为科研提供了充足的经费支持，政府与民间企业、研究机构等又共同开展了公私合作项目，将创新生态系统中的不同利益相关者联系在了一起，以体制化的平台促进知识的转移。如 20 世纪创立的美国半导体制造技术联盟，在组建之初，它是一个由大大小小公司组成的联盟，包括半导体制造商和半导体设备设计者，以共同应对技术开发和降低成本。后来它与先进的技术机构美国国防高级研究计划局结盟，共同开展这项工作，并且整合了大学研究专家的工作，形成了一种围绕技术挑战组织起来的、成本共享的产业-政府-大学联盟合作模式（Bonvillian et al.，2019）。这些创新组织联盟还建立了一种客户基础，可用以吸收和应用联邦资助研究开发的新技术（方陵生，2020），应对复杂的产业挑战，促进成果转化，从而使创新链、产业链和资金链做到较好的融合。

在创新平台上，美国的高等院校和研究机构同样为制造业创新做出了重要贡献，产学研结合是美国制造业创新的重要模式。研究机构的研究领域更靠近前端，具有制造业企业研发创新所没有的一些比较优势，提供了研发的基础和创新的重要来源（赵文景等，2019）。美国的研究型大学集中一流的教学资源和设施，拥有充分的资金条件开展各项研究，保障了相关领域的创新优势。数据显示，在 1993—1996 年诺贝尔物理学奖、化学奖、生理学或医学奖、经济学奖等 35 名获得者中，有 23 名来自美国的研究型大学，约占获奖者总数的 66%；在 1995—1996 年 16 名美国国家科学奖获得者中，有 14 名来自研究型大学，约占获奖者总数的 88%。在研究之外，大学逐渐开始参与工业发明和专利申请，创新发明成果能够更好地应用于改进突破制造业生产技术、提高生产效率。大学拥有的专利数量占全国专利总数的比重在 1975 年为 1%，到 1990 年提升到 2.5%；大学的专利申请人数在 1995 年约为 2700 人，到 2015 年增加到 15000 人（程都，2022）。除此之外，行业协会也起到重要作用。比如成立于 1848 年的美国科促会，是世界上最大的科学和工程学协会的联合体，也是最大的非营利性国际科技组织（胡志伟 等，2009），对于科技创新具有推动作用。

从工业化发展的早期阶段，再到制造业蓬勃发展的繁荣时期，美国的制造业创新经历了从引进、模仿再到自主创新的过程。移民国家的历史传统让其经济社会呈现出多元且包容的活力，对技术和人才要素的合理配置充分促进制造业的快速崛起。早期的技术和人才引进为美国的工业化时代奠定了基础，而在此基础之上，政府科学化的人才发展战略决策为创新提供了制度保障，与基金会、产业界共同提供充足的创新投资，与生产企业构成公私合作的创新发展平台，形成了重视创新、鼓励创新的社会氛围，走出了一条创新链与产业链融合的高效道路。

（二）资本市场：为制造业创新注入动力

尽管美国不遗余力地从欧洲引进技术，但是也很早就开始进行发明创造。电气革命带动了钢铁、石油、电力、机械制造等部门的快速发展。从 19 世纪后期到 20 世纪初，美国制造业在 19 世纪初期奠定的基础上持续增长，从而使得美国一跃成为西方世界的领头羊。技术与创新带来了巨大的市场机遇，具有敏锐嗅觉的公司开始通过大规模生产和技术开发填补市场空白。1789 年，联邦宪法的商业条款创建了一个共同市场，这个共同市场在 19 世纪迅速发展成为大陆规模的共同市场（Bonvillian et al.，2019）。在工业化快速发展的情况下，大规模生产和扩展成为主流。在 20 世纪的第一年，一群受摩根大通领导的银行家与一群钢铁大亨创建了美国首家身价过亿的公司，即美国钢铁公司。美国钢铁公司的前身是卡耐基钢铁公司，合并了当时美国几乎所有主要的铁、钢和焦炭的生产厂家。当时，舆论只聚焦在它巨大的规模和潜在的垄断力上，却忽视了金融业与制造业结合带来的巨大威力。

美国钢铁公司是一个分水岭。在这家公司成立 20 年前，美国的制造业与金融业并没有什么交集。尽管证券市场、投资银行、经纪行等金融机构已经运行了数十年，但它几乎完全被限制在政府债券、交通和传播领域。直到1890年，只有不超过10只制造业股票在主要证券市场上市。高效率的资本市场，为制造业的发展提供了重要保障。1897—1904年，美国掀起了第一次并购浪潮，出现了许多制造业的托拉斯。美国从一个南北战争前的农场和小城镇为基础的国家变成了一个由工厂和大城市构成的工业国家。20世纪初期，美国的制造业结构与半个世纪以前相比发生了巨大变化，机器制造代替棉纺织成为增加产值最大的制造业部门，印刷、啤酒、铁路机车、钢铁等都跻身于前十位的制造业部门。而且美国制造业的科技含量也越来越高，摆脱了原来那种简单依靠原料加工和从英国进口技术的落后局面。1939年，英国企业投入的研发费用为220万英镑，政府投入为295万英镑；而1937年，美国企业投入的研发费用为1.75亿美元，联邦政府投入为7200万美元。1936年，美国较大的200家企业中116家有实验室，而英国只有36家。美国已经完全超越英国，从19世纪初期英国科研技术的借鉴者变成世界领先的科研技术创新者。

20世纪80年代，以美国为主导的信息通信技术领域的技术创新带来的一系列技术、经济及社会性变革，引发了第三次工业革命，其影响的深远程度可以称为一种新的技术—经济范式的出现，人类社会将由此从工业经济社会向信息和知识经济社会过渡。在这次技术—经济范式转型过程中，作为领先国家的美国，不仅以其市场主导型的金融结构辅助了转型的进程，其金融结构也出现了一些新的特点。同时，投资热潮的消退和股市泡沫的破裂也充分反映了技术—经济范式转型初期所必然经历的试错和不平衡。

市场型融资仍占很大比重，其中公司债市场比重上升，股票市场比重平稳上升。银行的作用相对下降，尽管仍占企业资金来源的重要比重。同时，《金融服务现代化法》的实施放松了对银行的管制，拓展了其业务范围，越来越多的公司股票由机构投资者持有。美国建立起以股权投资为主的资本市场得益于其长期资本市场的建立，其中债券、股票、证券投资基金是长期资本市场的主要工具。回顾美国的长期资本市场发展，在20世纪50—60年代的牛市中，机构投资者迅速发展。1950—1970年，共同基金的数量由98只增加到361只，基金的规模由25亿美元扩展到480亿美元。1960年，参加养老金计划的私人部门的员工达到1870万，占总劳动力的41%。1962年，应用于个体经营者和自由职业者的基奥（Keogh Act）法案推出。1970年，养老金计划的范围扩展到私人部门劳动力的45%。股票市场的资金来源更加长期化，其社会影响力也日益扩大。20世纪70年代美国经济进入滞胀阶段，个人退休账户（IRA）和员工持股计划（ESOP）的法律地位得以确立，养老收入保障公司（PBGC）同时成立，这些措施大大促进了养老金机构的进一步发展。养老基金对股票市场的影响进一步增强。20世纪80年代美国总统里根确立了长期资本发展战略，使得美国养老金体系和资产获得了巨大发展（见表8-1）。长期资本发展战略的核心思想是以长期资本发展为主题，构建以华尔街为中心的全球间接融资体系，该战略的基础和起点是以养老金、保险资金为代表的长期资本的大发展，这对于有潜力将人口红利转变为养老金红利的中国，具有积极的启示意义。

表8-1 美国公司不同时期股票持有结构情况

品种	1950年	1970年	1990年	2000年
私人养老基金	0.8%	8.0%	16.8%	12.9%
州及地方养老基金	0	1.2%	7.6%	10.3%
人寿保险公司	1.5%	1.7%	2.3%	5.4%
共同基金	2.0%	4.7%	6.6%	19.0%
封闭式基金	1.1%	0.5%	0.5%	0.3%
银行个人信托	0	10.4%	5.4%	1.9%
外国部门	2.0%	3.2%	6.9%	8.9%
居民部门	90.2%	68.0%	51.0%	39.1%

数据来源：http://www.bog.frb.feb.us，Federal Resevre Board flow of funds。

美国金融业的发展为制造业的技术创新提供了充分有力的资本市场环境，企业、市场与政府共同发力，开展了如股权激励、风险投资和小企业管理局（SBA）相关计划等多种方式的投资、融资活动，基本解决了制造业企业创新资金不足和融资难等问题。

美国的崛起与其不断促进科技进步、科技创新和体制创新内在相关。这一时期，美国建立了以股票市场为中心的金融体系，拥有了活跃、发达的股票交易和股权融资市场，并由股权文化衍生出科技创新动力。股权文化的特点是投机精神和愿意冒高风险的投机资本，这是美国资本市场的核心价值。

美国金融就是围绕科技创新和技术进步而崛起的。其中，股权激励作为美国经济的助推器，对公司经营具有直接显著的正面影响。20世纪70年代，美国企业对经营者进行股权激励时，引入多种股权激励方式，例如股票增值权、虚拟股票、股利单位、限制性股票、业绩股票等，并将这些股权激励方式进行组合，进一步加强了股权激励对于生产者的影响。这些报酬和奖励办法既能提高经营者的工作积极性，又能促使经营者注重对公司的长期投入，避免短期行为（许敏敏，2009）。改革后的股权激励将生产者和经营者的个人利益与企业利益更紧密地结合在一起，为企业创新与进步创造了更多可能性。

除了企业经营，利用市场方式解决企业融资问题的代表则是风险投资。作为一种权益资本融资方式，风险投资在技术创新过程中起着筹措资金、投入资金、缩短技术创新成果市场化时间、尽快实现科技成果经济转化的触媒作用（闻岳春 等，2009）。风险投资是一种金融和科技紧密结合的产物，为了追求回报、控制风险，从机制上就有对科技成果进行筛选、预测和把握的能力（李翀，2007）。风险投资让市场中拥有科技潜力的企业与可提供资本支持的投资方进行了有效对接，从而为美国企业从事投入大、周期较长且风险较高的创新活动提供了较为稳定的资金保障。数据显示，美国给新成立的公司的实际风险投资，20世纪70年代每年约5亿美元，到1984年就已达30亿美元（贡光禹，1991）。可见，风险投资对于企业创新的重要程度。

虽然市场调节是一只“看不见的手”，但美国为鼓励私人资本加盟创新企业，仍旧出台了一系列促进科技创新的支持政策，成效良好。其中有代表性的是面向中小企业发展的SBA所发起的三项计划：小企业投资公司计划（SBIC计划）、小企业创新研究计划（SBIR计划）和小企业技术转移计划（STTR计划）。SBA成立于1953年，主要为创新型小企业提供咨询和管理培训服务，还帮助创新创业者获得资金支持，包括提供担保帮助获得商业银行贷款、直接提供风险资金、协助获得联邦部门的研发项目与合同等。通过对技术创新项目相应的扶植和培养，SBA在客观上起到了激励全社会进行技术创新的作用（闻岳春 等，2009）。政府为创新型中小企业提供担保，并制定了鼓励私人向创新企业投资的税收优惠政策。私人可以向与自己没有雇佣关系的、拥有股权低于30%的小企业投资，满足相应投资要求即可获得税收优惠待遇（王海之，2001）。SBIC计划通过鼓励私人投资者向中小企业提供资金，满足其创业创新的资金需求。SBIC计划以种子期和初创小企业作为投资重点，有效填补了风险投资的空白，为小企业融资开辟了新渠道，并且提升了对私人投资的吸引力。对制造业、通信运输业和服务业三大行业的投入资金占全部投资的 70% ～ 80%（张俊芳，2012）。通过 SBA 的杠杆作用，私人资本不断加盟，根据 SBA 的统计，1994 年 SBIC 计划吸引的私人资本为 29.3 亿美元，1996 年达 45.2 亿美元，2000 年更进一步扩大到 104.1 亿美元。截止到 2007 年末，SBA 管理的在外杠杆资金 98 亿美元，370 家私人权益合伙企业向全国范围内的小企业提供了约 94 亿美元的资金支持（李朝晖，2010）。

股市这种长期资本市场为美国企业不断地创新研究开发提供了很好的资本环境，它们所获得的资本没有利息。如果美国公司或创业者只能像日本和德国那样通过银行得到资本，那么微软也好，思科也好，其他类同公司也好，肯定只能考虑近期利益，很难考虑未来的长久发展。所以，一个靠银行来提供资金支持的经济或社会不太容易允许企业做高风险的技术创新。因此，不同的融资途径和不同的证券品种所能支持的创业机会及发展途径，有着非常大的差别。美国财团迅速创造了一个现代工业国，而在纽约证券交易所里交易的证券为这个新兴工业国的发展提供了资金。大国崛起和资本市场的强大休戚相关。20 世纪初，美国投资银行在证券市场为美国钢铁业筹资，美国得以建立强大的钢铁工业，尔后美国的国防军工、汽车、造船业的崛起等基本都是借助资本市场完成的。20 世纪 70 年代，美国资本市场及创业基金等投融资体系开始进入飞速发展期，成功对接了生物医药、通信、电子信息、新材料等科技创新，正是这段时期的有效对接，使得美国经济快速高质量发展。

值得注意的是，虽然美国的金融市场为制造业创新提供了助力，但迫于市场竞争的压力，很多企业加入并购和重组的行列中。企业重组后员工数量减少了，功能范围缩小了，更专注于“核心”专长，通过对盈利较差业务的剥离，企业架构变成“轻资产”模式，以获得较高的股票估值。生产设施被认为是拉低企业股票市场估值的不良资产被最先剥离。20 世纪 90 年代制造业的研发和生产开始分离，而信息技术的进步也推动了这个进程——采用数字规范的计算机驱动设备，使得企业无须之前的垂直连接就能进行生产。全球贸易壁垒的降低和中国加入世界贸易组织（WTO）助推了制造业外包的进程（Bonvillian et al.，2019）。生产环节逐步外迁至发展中国家，造成美国制造业的衰退，由于创新是在制造过程中不断加深的，制造业空心化使美国式创新失去了土壤。

生产与创新是相互联系的，如果生产不能较好融入创新系统中，制造业将面临衰退的困境。目前的一些产业部门，可以把生产和研发设计分离。虽然制造曾经是一体化的而且是相当垂直的，但使用这种分布式模式的企业可以实现“在这里创新，在那里生产”（Bonvillian et al.，2019）。在全球化的今天，国际分工高度专业化和细分化，纵向一体化的企业经营格局被打破，制造业生态系统不再紧密集中，大企业注重核心资产而将生产外包，中小企业对于目前全球范围内资本的兼并和扩张显得孤立无援，融资活动面临萎缩。

同样，在过去20多年里，美国的软件公司和信息科技公司经历了爆炸式增长，这得益于风险投资新模式的应用。然而，这个模式并不适合整个经济体的每一个行业，对于那些产品开发周期更长、需要更多投资建设生产设施的创新企业而言，现有的融资方式显然无法满足其需求。大型垂直企业曾经在研究、培训方面创造了大量的“公共产品”，并向供应商转移了技术和专业知识，从而帮助了中小企业，但这个具有溢出效应的生态系统正在退化。

（三）专利制度保障创新

专利是美国社会的一个重要组成部分。美国宪法授权国会“为促进科学和实用技术的进步，对作家和发明家的著作和发明在一定期限内给予专利权的保障”（刘北辰，1996）。专利制度作为一种保护技术创新、发明创造的法律手段，对促进美国技术进步、提高生产效率和加强国际竞争力具有重要意义。从18世纪末第一部专利法的颁布，到不断改进、调整，专利制度根据经济发展的不同阶段而同步发展，在实践中与技术创新相互促进。从殖民地时期开始，至美国专利法颁布，通过专利法的实施和法院对相关案件的判决，对美国专利制度不断探索，对专利的财产属性和专利市场价值等不断加深理解，专利制度不断调整（王广震，2014），促进了美国科技创新的繁荣。美国高科技公司的专利战略决定了公司在市场竞争中的地位和未来的发展潜力，但这一切又都与美国的整体专利制度和政策紧密相关（韩秀成，2001）。

美国对专利制度的运用由来已久。1790年，美国国会通过了首部专利法，名为“有用技术进步促进法”，大致对专利的客体范围、提交文件、侵权保护、专利撤销及无效和专利费用等方面做了法律规定，创新发明的成果由此有了制度保障（韩蕊，2006）。随后在改革中，又进一步取消了专利事先审查制度，为专利申请者清除了重要的制度障碍，并明确规定了侵权赔偿，更加注重对知识产权的保护。同时，发明说明书在专利公布时能让公众迅速知晓，任何专利发明的详细说明都被要求立即公开，在这样的环境中，没有资本的技术创造者以较低的成本获得最新研究成果，进而帮助其独立完成发明。这样一来，专利发明不仅传播技术知识，还有利于技术商业化。专利制度同样作为一种激励，吸引了国外的技术。从 1890 年至 1900 年，专利局批准的专利增加到 234956 项（韩蕊，2006），整个社会的创新热情被极大地激发出来，各个领域的创新不断涌现。著名发明家爱迪生正是在这块肥沃土壤中迅速成长起来的，开创了一个发明创造的新时代。爱迪生自从 1868 年 10 月发明投票计数器，获得生平第一项专利权以来，一生共取得 2000 多项创造发明成果。他在 1879 年创办了爱迪生电力照明公司，后来这家公司发展为美国最大的公司之一——美国通用电气公司，并在电气领域维持了长达一个多世纪的统治地位（张明龙 等，2010）。

“二战”后，美国专利制度进一步专业化和精细化，于 1952 年出台《专利法》，对专利授权与侵权等具体法律规则做了全面的细化，提出“非显而易见性”原则，区分了直接侵权与间接侵权等问题，加强了专利制度的法律效力（付丽霞，2018）。而 1980 年出台的《拜杜法》则将创新和产业密切联系了起来。《拜杜法》实行之初是为了激励大学科技创新热情，规定大学（或研究机构和小企业）可对通过联邦基金资助的科研项目获得的创新成果享有所有权，可以申请专利，行使专利权并获得收益，而联邦政府仅保留特别情形（如政府采购）下的非排他性使用权（刘银良，2013）。实际上则是要求由研究机构开展的、政府资助的 R&D 活动所产生的相关知识必须申请专利并加快专利技术的专业化（包海波 等，2003），促进创新成果的产业利用。除此以外，《拜杜法》有利于具备创新能力和经营头脑的研究人员参与初创企业的创办，从而促进高技术产业发展，催生知识经济。《拜杜法》的适用对象后来逐渐延伸到大公司，国会还分别通过《史蒂文森-怀勒技术创新法》（1980 年）、《联邦技术转移法》（1986 年）等涉及科技创新和技术转移的法律。它们共同构成了完整的鼓励科技创新和技术转移的法律体系（刘银良，2013）。

回顾美国专利制度的演进历史，大致分为几个阶段。图 8-1 显示了专利相对于总人口的比例。内战后，美国的创新绩效呈现爆发式增长。1860—1880 年，专利的跳跃式增长与第二次工业革命出现的时期是相重合的。1870—1940 年，人均专利量基本保持在稳定的较高水平上。随后 1985 年开始出现微降，紧接着是爆炸式增长，尤其是在1995年后。19世纪最后30年是美国个人企业家、发明家的黄金岁月。这个时期的许多制造业企业都是由最初的普通劳动者创立的。直到20世纪20年代，创新主要由大企业实验室的员工实现。1940—1941年，雪佛兰和别克汽车早期大部分的发展都是在通用汽车公司的实验室完成的。很多电子计算机的发展都是在IBM、贝尔实验室进行的。但是，随着大型计算机到个人计算机的开创性发展，由个人创业者创办的小企业成为创新的引领者，如微软的创始人比尔·盖茨，苹果的创始人史蒂夫·乔布斯等。从一开始，美国的专利制度设计就有意识地不同于欧洲，几乎所有的改变都可以看作技术发明延伸的有效产权。

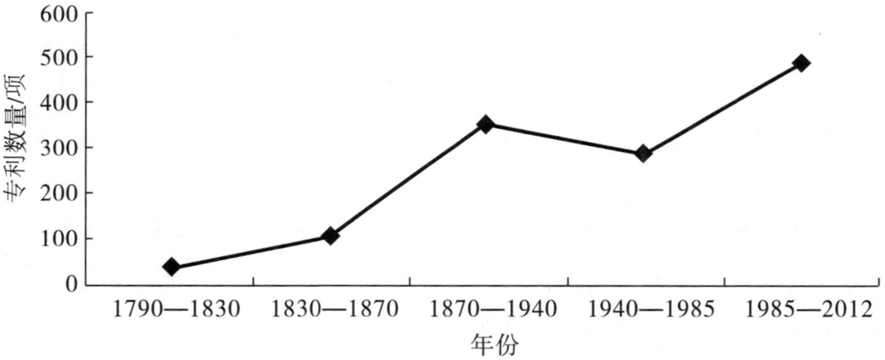

图8-1　1800—2012年美国每百万人的专利数量走势

资料来源：罗伯特·戈登：《美国增长的起落》，张林山、刘现伟、孙凤仪等译，中信出版社，2018。

二、德国制造业技术创新发展经验

自1887年走上工业复兴道路后，130多年以来“德国制造”由小变大，由弱变强，成为欧盟最大的制造业国家。德国很好地利用了19世纪70年代第二次工业革命的契机，发挥自身后起优势，一举超越了英法等工业先驱国家。与英法等国家掌握了成熟技术并长期处于优势地位不同，落后的德国表现出更强的创新意识和能力。德国的制造业在提供高工资职位、高度就业安全感、强劲的出口业绩方面，堪称发达国家的楷模。2018年德国制造业对GDP的增值贡献占比是20.83%，制造业就业人口占比超过20%。2016—2018

年贸易顺差连续3年蝉联全球第一。德国制造业由弱到强的发展历程为我们提供了赶超国家突破创新瓶颈实现价值链跃升的典范，值得借鉴。

（一）重视教育与科研体系：提升技术吸收能力

创新能力是与创造力和勇于尝试的意愿密切相关的，较高的容错能力必不可少，同时也需要开放的心态来促进创新文化（Danne et al.，2002）。德国技术追赶起步较晚，为了加速技术引进、技术模仿和技术推广，政府大力投资于教育，率先在世界上建立了现代义务教育体系、职业教育体系和现代研究型大学体系，从而迅速赶上了英国的技术水平，并且很快在教育和科学研究方面超过了英国，为下一阶段表现出强大创新能力、成为技术领先者奠定了基础。德国不仅使大学成为科学活动的中心，还拥有具有强大创新能力的科研机构，并发展出各类科研奖金以及计划，为科技创新提供了良好的土壤。除了大学教育，德国的“双元制”职业教育发展同样成为典范，为行业提供了大量优秀的专业技术人才。在整个制造业创新体系中，政府出台有关支持政策，国家层面上立法对创新活动进行保障，促进了产业链与创新链的结合。

德国早在19世纪就对教育模式进行了创新。在工业革命的影响之下，德国育人目标已经从培养政府官员以及神职人员向培养科技创新人才转变。科学成为推动社会发展、领导产业革命的利器，作为一种区别于神学的价值观为整个社会所认可和接受，也受到整个国家的大力支持。从1816年到1846年的30年间，德国学龄儿童入学率由43%猛增至68%，19世纪60年代更达到97.5%，远远超过同时期的英国和法国。正因为如此，当时德国一般的劳动者掌握了较多的科学技术知识，他们在阅读、写作、计算能力以及工艺水平等方面，在欧洲居于领先地位，尤其重要的是，造就出大批科学技术人才，正是他们推动了德国科学技术的飞速发展（李勇，2002）。基于重视科学的传统，在大学教育方面，德国十分注重自然科学等学科的教育和科学研究，建立起如慕尼黑工业大学、亚琛工业大学等著名的工业大学，为德国制造业的自主创新培养了大批人才（史世伟，2009）。除此以外，德国教育注重技术应用与成果商业化，在20世纪60年代后期逐渐发展出应用技术大学（Fachhochschule），强化了专业的实践取向，缩短了学制，为行业输送了具有成熟技术能力的应用型人才。

科学研究如果不能进行实际应用，将宛如空中楼阁。德国十分注重科学技术研究与生产发展相适应，应用研究是其发展的重点，通过科学研究进行理论和技术上的创新，并迅速进行成果转化，将其应用到生产当中，促进整个产业的发展与升级。早在电磁感应定律提出后不久的1866年，西门子就率先研制成自激式直流发电机，为电力和电动机在德国的广泛应用奠定了基础。此后，德国的电器工业便开始建立并发展起来。1880年，电动机带动的各种机床、电钻、电梯、起重机等得到普遍应用。1883年，德国又创立了第一个巨大的电气企业，即后来的通用公司。随着电的大量应用，生产发电器材、电报器材和电灯设备等一系列产品的专门工厂相继出现。到19世纪末，德国的电器企业率先成为一种产业，德国的电器技术稳居世界领先水平。所以，德国在创新中重视元研究与应用研究的策略，对德国创新能力领先世界起着至关重要的作用（李勇，2002）。

在大学科技创新教育之外，德国还有著名的四大科研机构：弗劳恩霍夫协会、马克斯·普朗克学会、亥姆霍兹联合会和莱布尼茨科学联合会。四大科研机构的研究方向和功能各有不同，彼此之间亦有联系和合作，为促进德国科技创新做出了重要贡献。

弗劳恩霍夫协会是欧洲最大的应用研究机构，主要任务是从事应用研究和发展研究，其科研成果使经济部门和企业部门直接受益。该协会共有40个研究所、4个国防研究所以及2个服务机构，主要涉及信息与数据处理、电子科学、建筑和木材工业、工艺和生产技术等研究领域（盛景荃，2008）。弗劳恩霍夫协会创造了一个企业、大学和政府合作的成功机制，借鉴了现代公司的组织模式：会员大会是协会的最高权力机关，理事会是最高决策机构，执行委员会负责日常管理，学术委员会是最高咨询机构，相当于现代企业的股东大会、董事会、经理层和监事会。各类工作人员的待遇公开透明，加上外部审计制度，有效地保证了经费不被滥用。研究所把积极推行国际化作为其重要的战略支点，确保在世界科技和市场发展的主流中赢得主动和先机。到目前为止，弗劳恩霍夫协会设立了欧洲联络办公室，在美国有6个研究中心，并在日本、中国、俄罗斯等国设立代表处。采取合同科研方式与企业开展合作，企业委托研究所研发并支付相关费用，研发成果归企业所有，通过合同科研，企业可以直接、快速得到为其量身定制的技术方案和研究成果。

马克斯·普朗克学会（简称“马普学会”）是国际上最成功的大型基础研究机构之一，拥有强大的创新能力和完善的科研体系（王金花，2018）。马普学会最值得借鉴的地方就是对科研人员自主权的保障：马普学会能够自由独立地从事科学研究活动，负责人在科研管理上享有极大的自主权，可以自主决定研究方向、制订研究计划和招聘工作人员；可以自由支配经费预算及接受来自第三方的项目经费，还可以自主选择国内外合作伙伴并决定合作方式。马普学会负责人决定优先研究领域，科研人员自主决定具体研究方向，马普学会根据该方向的科研潜力和科研人员能力决定资助力度（邓子立，2020）。通过保障科研人员活动自主权，可以有效提高科研效率，激发研究积极性，在弹性宽松的环境里进行思想和观点的碰撞，从而更好地进行自主创新。

亥姆霍兹联合会是德国规模最大的科研联合体，它存在的目标是为国家和社会长期发展提供技术和智力支持，拥有德国航空航天中心、德国电子同步加速器和德国癌症研究中心（DKFZ）等多家著名研究机构（阳晓伟 等，2019）。莱布尼茨科学联合会则是以问题为导向，开展国际交流合作以及实际工程问题的基础研究。除了对自然科学领域问题的研究，它对社会科学以及人文科学也有所涉及。

各类科研计划以及资助奖金为科研人才从事创新活动提供了更多的机会，如研究奖学金、埃米·诺特计划、后备人才科学院计划等科研计划，培养了大量优秀科研人才，解决了研究领域人才短缺的问题。而诸如莱布尼茨奖等研究资助奖项奖金额度高，受到政府支持，起到较好的创新激励作用。德国完善的科研人才管理制度同样值得借鉴。在科研人员考核与绩效评估中，科研机构更看重学术成果质量而不是发表论文数量，科研人员不会因为所发表论文数量更多得到个人工资待遇提升。如果科研团队在相关领域取得重大突破，科研机构会在下一年度提供更多经费支持，使科研团队有条件完成更重大的科研任务。马普学会执行了更严格的管理制度，如果科研团队的研究不是前瞻性或世界前沿课题，会撤销科研团队甚至关闭相关研究所，直接遣散科研人员（李杨 等，2021）。

德国科研自由的氛围为创新提供了宽松的环境，形成了较为完备的教育体系与科研体系。除了高素质的科技创新人才，德国以学校和企业为育人主体的“双元制”职业教育同样取得了较好的成效。“双元制”职业学校与企业共同招生，与学生签订培训合同。在这个过程中，学生具有企业学徒和学校学生的双重身份，分别在企业和学校完成学业，即边学习边实践，理论教学和实践教学的比例分别为30%和70%，或者20%和80%，理论课程也以适应实践需要为目的设置。“双元制”有健全的制度保障和法律支持，其核心要义是促进职业教育中产业、企业和行业深度参与应用型人才培养的全过程，实现跨界融合，打破学校与企业、行业，教学与生产、产业发展之间的壁垒（周彦兵，2020）。面对经济社会日益发达背景下产业发展对高素质应用型人才的需求，“双元制”大学产生并成长起来。学校规定学生每周有3～4天时间在企业工作，有2～3天时间在学校学习。这种办学模式是对传统大学的颠覆与变革，促使学生将自己获得的专业知识运用到实际工作中，缓解劳动力市场对技能人才的需求（李梦卿 等，2021）。

德国职业教育将学生的学习能力和应用能力有效对接起来，学生可以将其所学应用到工作和实践中来，在就业市场中也具有较强的竞争力，政府通过法律和政策等手段保障职业教育体系化、健康化发展，这给我国培养专业人才带来了有益的启示。

（二）政策与资金支持：塑造德国制造模式

德国注重将新理论转变为新技术，并将其迅速发展为新兴产业。产研融合在德国制造业的发展中有深刻的体现。在此过程中，企业、大学和研究机构是进行科技创新活动的主角，而政府负责搭建平台、提供服务、提供部分资金和制定产业政策，同时，全能银行模式对制造业发展起到了重要的资金支持作用。

20世纪70年代，德国政府就出台了一系列帮助工业企业建立研究机构的政策举措，如《中小企业组织原则》《中小企业促进法》等，鼓励并促进企业与高校和科研机构合作，进行技术研究与开发。因为有政府的资助与支持，企业参与研发的积极性很高。在德国的7000多个研究机构中，企业自办的研究机构比重高达80%以上（胡小桃，2014）。此外，德国《专利法》《商标法》《版权法》《实用新型法》《反不正当竞争法》等一系列知识产权保护法在法律层面上对创新成果进行保障，且特别设立《雇员发明法》，对职务发明提出了明确的保护措施。雇员在工作中要遵守《雇员发明法》的相关规定，将职务发明在公开发表前申请德国国内专利。德国《雇员发明法》比其他国家相关法律法规更详细，力求平衡发明人雇员与雇主之间的利益，最大限度保护和激励发明创新。德国的科研院所与产业界都在知识产权处理上非常专业，认为对知识产权的重视态度是科技创新能够向前推进的重要前提（李杨等，2021）。

在教育方面，德国政府也有效进行宏观调控。通过《职业教育法》《劳动促进法》规范职业教育体系，针对职教师资队伍、入学学生及培训企业建立严格的资格准入制度。建立规范的职业教育标准。首先由相关部门制定职业人才培养计划及毕业标准，再由学校和企业细化实施方案，最后通过商会组织监控方案实施并考核。职业教育标准制定者、执行者、监控者三者间相互共存又相互监督，保证了职业教育的质量，保障了职业资格证书在劳动力市场的可信度（胡海鹏 等，2017）。在研究机构方面，德国政府立法清晰、明确地规定了四大非营利性科研机构的功能，并定期通过独立的评估组织对科研机构及其承担的项目进行系统评估，保障了科研机构的研究方向与其功能定位的一致性以及科研机构的持续稳定发展（梁洪力 等，2013）。2002 年，德国联邦议院通过《高校框架法第五修正法》草案，为在大学建立青年教授制度提供了法律依据；2006 年，联邦教研部制定《科技人员定期聘任合同法》（王金花，2018），对科研人员聘用制度做了进一步规范。

1999 年和 2000 年，德国政府先后发布了《技术政策——经济增长与就业之途》和《德国联邦政府创新资助政策及举措》两个科技政策纲领，确立了德国在科技资助与科技创新方面的指导方针及相应策略。2006 年 8 月，德国联邦政府又推出了历史上第一个涵盖所有政策范围的《德国高技术战略》，以期持续加强创新力量（胡小桃，2014）。在科技发展的全新时代，德国政府又提出“工业 4. 0”的理念，支持德国工业领域新一代革命性技术的研发与创新。政府负责制定政策进行引导，企业负责科研投入及管理，科研人员负责科学研究，协会和中介负责政府、企业和科研人员之间的沟通协调。各创新主体密切合作，将科研成果转化为先进产品，最终形成了高效、稳定的德国创新体系（朱晓静 等，2019）。

在金融体制方面，发挥作用的主要是德国的全能银行模式。德国的产业革命与英国不同，是在银行推动下完成的，这是因为企业在成长过程中主要依靠留存收益进行扩大再生产，在当时证券市场不发达的情况下，这种金融结构对新兴企业和正处于成长期的企业来说，融资成本是极其昂贵的。对德国来说，创新的群集式出现是在 1840 年以后，当时英国的工业生产模式已居于领先地位并且对德国企业造成了巨大的压力。因此，德国必须使用涉及大规模固定资本投资的技术。但德国人的人均资产要少于英国，证券市场的发展程度也要落后于英国，因此银行在德国产业革命中起到了举足轻重的作用。德国银行的发展过程就是顺应企业融资需求的过程，德国银行提供了从短期贷款到支持债券和股票发行的长期债务融资。在德国银行的帮助下，企业能够对使用新工艺、新方法进行大规模投资，这促使新企业在竞争下得到了充分的发展和繁荣，德国的钢铁、化学和电力产业等产业得到了充分的发展并且有着很大的竞争优势。长期稳定的资金来源让德国企业能够把更多精力放在公司的长远发展上，在生产制造上对高质量的产品采用纵向整合的策略。公司的现金储备在市场表现不好的时候也能起到缓冲的作用。在企业陷入低潮时，本地银行对企业的支持非常重要（见表 8-2）。

表 8-2　长期银行贷款在对非银行类企业贷款中所占的比重

银行类别	1950 年	1994 年
商业银行	6.6%	64.0%
地区银行	14.3%	68.8%
私人银行	2.3%	37.0%
抵押贷款银行	97.1%	95.9%
地方和国家储蓄银行	46.1%	85.7%
地方和国家合作银行	6.5%	66.9%
信贷合作银行	7.2%	71.7%

资料来源：Bundesverbands Deutscher Banken（1995）。

（三）渐进式创新之路

德国制造业的创新通常是对现有产品和流程的渐进式改进，而不是创造出全新的产品和业务线。虽然不如美国的苹果公司、Facebook 等突破性创新成果，但新一代的高端固定设备、宝马和奔驰等精心设计的豪华轿车、高性能纺织品都来自德国工厂。这些差别与美国和德国的工业专长有关，因为卖给企业的产品和服务开发周期要长些，卖给消费者的产品和服务开发周期要短些。这些差别也反映了商业模式的不同，支持德国企业的资本对短期回报的要求没有那么高，因此企业的管理层才能投资开发周期长的项目。

渐进式创新需要用到员工队伍中长期积累起来的复杂技能，因为很多对产品改进的想法都是通过实际操作得来的。德国工人在实际生产操作中学习的能力很强，一方面是因为他们刚开始工作时有较长时间的员工培训期和学徒期，另一方面是因为企业将大量资金用在提高工人技能上。德国企业利用渐进式创新能力把重要的技术进行用途革新开发出全新的产品和服务。德国的创新以传统为基础：工业专门化生产、和客户的长期关系、员工队伍的技术专长、具有不同能力的供应商、和供应商同处一地。这种德国模式让企业面对低成本竞争时，能够保护资金的缝隙市场。很多德国企业通过渐进式创新开发出全新的业务线，从汽车行业跨入太阳能行业，从半导体行业进入太阳能电池行业，从机械制造业转为医疗器械行业。

在公司治理方面，德国公司奉行稳健的公司治理模式。具体而言，银行在公司和监事会中占据主导地位。这可以防止公司参与风险较大的投资，保证贷款偿还的安全性，促使公司保持稳定持续发展。德国公司的经营以生产和技术为导向，而不仅仅以公司短期收益为目标。股东价值并不是大多数大公司追求最多的价值。与美国以股东利益最大化为导向的公司治理模式不同，德国企业更注重产品质量，更愿意投入资金研发新技术并且注重企业的长期发展，愿意投资企业的技能培训和创新能力提升。

（四）培育专精特新“隐形冠军”

全球化进程触发了发达国家制造业的下滑，由于贸易开放、发展中国家低廉的劳动力成本、流动的全球资本，美国和欧洲大部分国家的制造业占比都出现下降趋势，很多发达国家逐渐放弃制造业，转向从事与知识和服务相关的产业。然而，德国制造业企业却在全球化浪潮中保存了竞争力。德国管理学家西蒙将那些不知名却又占据本行业头部地位的企业称为“隐形冠军”。德国是世界级“隐形冠军”企业最多的国家，约占全球的一半。德国经济总量不及美国的 1/5，但外贸出口额却与美国旗鼓相当。秘密就在于，德国有一大批竞争力极强的中小企业，它们成了德国制造和出口贸易的中坚和脊梁。

2019 年西蒙研究数据指出，全球的“隐形冠军”企业共有 2758 家，其中德国 1307 家，占全球总数的 47. 39%，稳居榜首，德国每百万居民“隐形冠军”企业数量可达 16 家（邱石 等，2021）。这些“隐形冠军”的“隐”在于它们深耕专业化市场，以质量和效益取胜，所从事的行业往往处在产业链上游，且高度专注于自身领域，主要为大企业服务，鲜少直接面对终端消费者和开展广告宣传，因此公众知名度往往不高。但对于其所在领域产业界尤其是下游应用企业而言，它们却是有口皆碑的“显形冠军”；“隐形冠军”虽小，但走的是专业化而非多元化发展道路，专注于较窄的市场领域，平均营业额远低于世界500强企业，企业员工人数也较少，与多元化发展的大型跨国企业形成差异化发展格局，避免了直接竞争。

“二战”后，德国实行了货币改革和价格改革，破除了统制经济。经济重建过程中，德国通过了《反限制竞争法》，并对一些大型企业进行拆分，在市场经济、法治和竞争环境良好，政府扶持和企业自发发展等因素共同推动下，逐渐形成了目前富有活力的中小企业（戴慧，2017）。德国政府深刻认识到“隐形冠军”的竞争力，将促进中小企业发展提到了国家战略层面，并通过设立专门的法律和法规，如《反对限制竞争法》和《中小企业促进法》等，为中小企业发展提供制度保障。同时，德国政府还在创新政策上加大对中小企业的资金支持力度。实行贴息政策，鼓励德国两大政策性银行——德国复兴信贷银行和德国平衡清算银行——向中小企业放贷；拨专款支持中小企业参加各种展会，帮助企业拓展市场，寻求贸易机会；专门制定面向中小企业的减税计划，以保证中小企业有更多的自由发展资金（梁洪力 等，2013）。如德国工商大会等行政联合机构充分考虑并汇总中小企业的需求，帮助它们争取更多资金支持，还为它们开展海外运营提供帮助（暨佩娟，2019）。

德国“隐形冠军”的培育成长，已形成一整套成熟经验，主要有五条：一是突出企业主业，制定长远战略，咬定青山不放松；二是通过“双元制”模式输送有效的专业人才、领军人才；三是标准先行，追求品质，倡导极端制造、高强度研发；四是以工业园区为载体，集群式发展；五是重视技术组织，以弗劳恩霍夫研究所、马克斯·普朗克学会、亥姆霍兹联合会和莱布尼茨科学联合会为代表。这些“四不像”机构打通中场技术和中间制造，是科研与市场的纽带，有力催生了中小企业商业化成熟工艺和产品。贯彻于德国企业的“窄门”理念，让企业专注于技术钻研，透彻掌握产品市场和生产情况，在此基础上才能不断创新技术、改进工艺，进而将单一产品做到极致。产品功能强大、质量优越，就能带来高附加值，进而为企业带来大量利润（周及真，2017）。

德国中小企业的成功，与它们的组织结构密切相关。德国的中小企业大多是家族企业，并不公开上市或接收外部融资，企业的所有者拥有高度的自主权和独立性。由于没有来自外部股东关于短期盈利、市值等方面的压力，企业规划和决策往往更具长远眼光。德国的“隐形冠军”大多是扁平化管理，企业决策非常灵活和高效。企业主与员工之间保持紧密联系，员工忠诚度高、离职率极低，在企业长期工作，积累了大量的经验和技术。数据显示，71%的员工在同一家“隐形冠军”企业的工作年限超过 10 年，并表现出很高的企业认同感。员工稳定使企业得以传承延续（李卓亚，2019）。德国的学徒制教育为中小企业培养了大量高技能工人和技术人员，虽然德国工人和技术人员的工资远高于发展中国家，但是他们的劳动生产率也极高，抵消了发展中国家的低成本劳动优势。德国中小企业积极拥抱国际市场，善于寻求和把握外部机遇。除了以上因素之外，德国传承的工匠精神也发挥了重要作用，保证了人才能够全身心投入技术工作中并不断创造精品。德国的工匠精神要求工匠对自己的产品精雕细琢、追求完美和极致，并延伸为对精品的执着追求。这种执着追求成为“德国制造”独特的精神文化并印记在“隐形冠军”的各种产品之上。

德国中小企业成功最重要的原因是专注创新和技术进步，不断提高产品质量，维持企业在全球市场的竞争力，执着于在技术、质量和标准制定等方面引领市场，通过自己的能力来赢得市场领导地位和市场份额。这些企业不参与低成本竞争，而是瞄准尖端技术和未来需求（蔡笑天，2020）。其运营战略是价值驱动，而非价格驱动（西蒙 等，2012）。虽然这一道理非常浅显，但事实上德国的中小企业创新模式与大部分国家并不相同。

大多数国家的中小企业创新是“单打独斗”模式，即企业自己雇用研发人员、创建研发部门，或者是与高校、研究院所、科研人员进行项目合作，而德国则是以“知识创造和溢出体系—企业—政府”三位一体的机制进行的。在德国的知识创造和溢出体系中，有马普学会这样的基础研究机构，也有很多应用型研究机构。其中最有名的是，由 67 家学院构成的弗劳恩霍夫研究所，它重点为中小企业提供有商业价值的解决方案，而政府在其中起到了非常重要的作用。政府每年为弗劳恩霍夫研究所提供了 2/3 的经费支持，其中 1/3 资金直接来源于德国中央政府，1/3 资金来源于政府签约的应用研究项目，剩下 1/3 来源于私营企业的应用研究合同。研究所聘请了超过 2. 3 万名员工（大部分是科学家和工程师），帮助企业把基础性研究转化为具有商业价值的制造业技术，通过生产工序以及产品创新，强化了德国制造业的竞争优势。德国政府通过向基础型和应用型研发机构投入巨额资金，构建了非常密集的研究机构网络，帮助中小企业解决研发和技术难题，同时还在不同地区投入政府资金打造创新集群，让技术等各类资源向重点行业的中小企业集中。

任何一个中小企业，都不可能独自承担得起庞大的技术人员、研发设备和研发服务的开支，德国通过“知识创造和溢出体系—企业—政府”三位一体的模式，极大地降低了单个中小企业创新、研发、技术改造的成本。可以说，通过“知识创造和溢出体系—企业—政府”三位一体机制，德国事实上在举全国之力向中小企业注入创造和创新活力，推动中小企业不断成长。相关统计数据表明，德国“隐形冠军”企业人均申请的专利数量高达 30 个，比大型企业高出 4 倍。长期的专注与技术投入，为“隐形冠军”企业带来了丰厚的回报。“隐形冠军”企业通过独家技术和产品的专属权而获得了市场定价权，产品平均销售利润率是普通大型企业的两倍以上（邵安菊，2021）。

剖析德国“隐形冠军”成功的原因，还有一点值得注意，即：并不是所有的德国中小企业都致力产品创新这种高研发投入密度的活动，相反，有很多“隐形冠军”企业属于中低密度研发投入企业，专利申请量并不高，研发投入占营业收入的比重也并不突出，这类企业主要致力工艺创新。

总之，金融体制和公司治理模式使得德国错失了 20 世纪 90 年代信息技术的领导权。不过，德国依然掌握了当今世界最底层的工业基础，制造业领域的高精尖依然是经济竞争的核心技术。然而，与其他国家相比，德国在私人部门工作的研究人员所占比例最低，而在政府和高等教育机构工作的研究人员所占比例最高，这对于可持续发展可能会是一个不容忽视的问题。另外，德国过去 10 多年的专利活动几乎陷入停滞状态（胡大龙，2015）。真正的挑战是工业高度信息化、智能化时代，美国在风投支持下的高密度创新是德国所不具备的。

三、日本制造业技术创新发展经验

“二战”后，日本经济进入快速发展期。在贸易自由化的背景下，日本于 1955 年加入 GATT（关税及贸易总协定），国际市场不断扩大。然而，日本“垂直型”的进出口商品结构，造成了国际贸易收支不平衡的问题（马成三，

2019）。对美国出现的贸易顺差不断扩大，直接引起了与美国的贸易摩擦。美对日贸易战短期内使日本制造业发展受阻，但事实证明，来自外部的竞争压力倒逼企业进行自主创新，促进了产业转型升级。正是在这一时期，日本开启了基于质量的制造范式，闻名世界。与美国主要通过市场机制促进创新不同，日本创造了一种政府干预支持模式。通过产业政策与自主支持，日本制造业产品保持了较为突出的竞争优势。

（一）技术引进与自主创新相结合

“二战”结束后，为了尽快冲出经济困境，日本决心以美国为榜样，充分利用自身的后发优势来引进吸收美国制造业的先进技术与创意；通过大力引进先进技术来积极谋求重化工领域的设施更新，而电力、钢铁和海运领域的高级技术模仿亦成为当时的发展主流。为了实现战后重建和经济复兴，并基于国内市场狭小、资源紧缺、技术落后等问题，日本在相当长一段时间内奉行了“贸易立国”战略。该战略强调发展对外贸易，通过引进技术和进口原材料发展加工制造业，以制成品出口换取外汇，再投资进行新一轮引进，循环往复，扩大规模（王溯 等，2021）。如此一来，日本实现了从大规模生产、自动化技术引进、机械自动化到高技术、大规模生产体系全面建立的逐步跨越，并有力地推动国民经济的复苏与发展。这也为日本下一阶段的技术创新模式变革打下了坚实的基础，逐渐形成“一号机引进、二号机国产、三号机出口”的技术模式。通过有目的地购买所需要的专利和技术，日本在制造业成功实现了“弯道超车”。据日本长期信用银行调查，日本在 1950—1973 年的 20 多年间引进约 25777 项技术，支付了 57.3 亿美元专利费和技术指导费，而美欧国家开发这些技术与专利的费用则高达 1800 ～ 2000 亿美元，相当于引进费用的 31 ～ 35 倍。由于大量引进国外先进技术，日本既节省了投资，又少走了弯路，赢得了时间、速度和经济效益，降低了技术研究开发的成本（热核，2007）。

“二战”后，日本面临着来自外部的激烈竞争。始于 20 世纪 50 年代的日美贸易摩擦给日本制造业带来了巨大压力，而压力成了日本进行产业升级、自主创新的动力。贸易摩擦对于企业自主创新能起到一定的“催化剂”作用，促进实质性创新，引发“逃离竞争效应”。这一时期，日本充分利用自身优势，加快进行了制造业产业结构的调整和升级，并积极研发新技术，进行自主创新。日美贸易摩擦首见于纺织品产业，为规避贸易摩擦带来的更大的经济风险，日本与美国进行了一系列交涉。20 世纪 60 年代，美国要求同日本签订纺织品协议，然而直到 1971 年，《日美纺织品协议》才签订。当日本国内的要素成本在客观上已经不能再支持日本商品出口的增长率时，日本才会做出低姿态表示同意美国的要求，而这时距离美国提出要求的时间已经过了相当一段时间，日本正是借这段时间完成了相应的产业转型（彭敬，2004）。在这段时间，纺织业在国内早已成为衰退产业，日本完成了从劳动密集型产业到资本密集型产业的转变。以日本东丽公司为例，它在研发碳素纤维方面的成功使其在世界碳素纤维市场中的份额位居第一；日本清纺集团的情况也颇为相似，面对纺织品出口受限的情况，清纺集团转而将纺织品技术运用于刹车材料，成功完成企业转型升级（李丹 等，2019）。

进入 20 世纪 80 年代，美国将汇率作为应对贸易摩擦的重要工具。在贸易摩擦的中期，已经从微观经济领域扩展到宏观贸易收支不平衡的问题。《广场协议》签订后，汇率对于缓解贸易摩擦的效果并不显著，美国转而启动“超级 301 条款”，并对日本挑起科技战。激烈的国际竞争和贸易摩擦让日本当局意识到，单纯依靠“技术引进”的模式不能促进日本经济的持久发展，必须培育自身的科学技术创新能力，才能在国际竞争中立于不败之地。于是，日本政府基于国际国内经济形势的变化，重新对国家的科技发展战略进行调整。1980 年，日本通产省发表《80 年代通商产业政策展望》，第一次正式提出“技术立国”战略构想；同年 10 月，日本科学技术厅在《科学技术白皮书》中对“技术立国”战略进行了补充、修正，并正式提出了“科技立国”发展战略。自“科技立国”战略确立后，日本政府分别于 1986 年、1995 年公布了《科学技术政策大纲》和《科学技术基本法》，提出了“科技创新立国”的理念，其核心是以科学技术创新为基础推动经济社会发展（张嵎喆 等，2014）。这一时期，日本开始将发展重心向知识密集型产业倾斜，诸如原子能产业、电子信息产业、计算机产业与飞机制造业等，它们成为资金与智力资源的主要输送地。与此同时，日本还注重强化重点实验室未商品化产品，寻求产业集约式发展。随着“科技立国”战略的深入贯彻，日本的高精尖产业自主研发能力也得到进一步提升。20 世纪 80 年代，日本高技术产业取得迅猛发展，高技术产品出口值稳步上升，占制造业出口比例也不断扩大，1987 年巅峰时期达到 35%左右，成为日本制造业出口的支柱产业。以半导体产业为例，日本政府大力扶持半导体产业，实施“超大规模集成电路研究计划”（VLSI），日本半导体产业通过政府扶持在整个世界市场都占据优势地位。20世纪80年代中期，日本集成电路产品占美国市场的30%，尖端半导体芯片产品甚至占90%（王厚双 等，2018）。在《日美半导体协议》和日元升值的背景下，企业生产成本增加，不利于出口。企业为此积极调整经营方法，降低生产成本。如东芝公司，用垂直生产方式进一步密切母公司与下属中小企业的合作来降低生产价格（田正，2020）。因此，凭借自身优势，20世纪80年代后期日本企业的高技术产品仍在世界市场中保持相对优势地位。

值得注意的是，日本企业开启了一种基于质量的制造范式，这种制造范式让日本企业在汽车、消费电子等多个领域建立起了核心竞争优势，使其制造业在世界处于领先地位。区别于生产流程过后的统计质量、合格把控，这种方法在生产过程中的每一步都建立了质量标准，任何工人都可以停下生产线来确保每个生产步骤上的质量。这种方法大大提高了日本制造业的产品质量，通过可靠和耐用的产品，吸引了大量持久客户。同时，结合质量小组（协作解决质量问题的员工团队）、即时库存（通过只接受用于实际生产需要的供应和货物的方法，提高效率和降低成本风险，削减现场库存）和供应链整合（为了提高生产效率，供应商和生产商之间保持紧密的安排和协调，而不是保持距离）（Bonvillian et al.，2019），将研发与生产更好地结合到了一起，节约了时间成本，将创新、生产、销售等多种要素整合，让日本制造业真正实现了质的提升。

大学与研究机构同样为技术创新做出了重要贡献。日本曾经先后有27人获得诺贝尔奖，是除欧美以外获诺贝尔奖人数最多的国家。从大学内部来看，日本大学以学术权力为基本治理逻辑，通过法治主义的治理机制、教师的身份保护等实现大学自治和教授的学术自由；通过“学分制”“研究室讨论课”以及“共同研究”等富有本土化特色的研究型教学机制促进教师与学生创新能力共同提高；从大学外部看，科研经费的供给体系在制度上具有马太效应，以自由和规制为主要特征，契合了大学科研的自由性、意外性和远期性等特征（丁建 等，2014）。在政府政策倡导下，大学培养优秀人才，利用优厚的薪资待遇与优质的科研环境吸引科研人才；企业与大学则通过产学合作，最大限度地发挥知识、人才与资金的作用，从而形成科研创新的循环机制。在这一循环机制中，日本大学得以在继续开展原有基础研究的同时，结合时代与社会的发展趋向，开展前瞻性的基础研究，引领原创成果的重大突破。在此期间，企业把自身在应用研究中的经验及成果与大学的基础研究相结合，不断开发新产品，行走在社会科技发展的前沿，从而提升企业在经济全球化中的竞争力（王文静 等，2020）。

日本产业技术综合研究所（AIST）是目前日本最大的公立研究机关。它在对日本产业和社会有益的技术创新和实际应用、创新技术种子的产业化之间，起到了“搭桥”的作用，为日本新兴产业发展做出了重要贡献。现在AIST每年约有4.5亿美元的经费，其中政府每年给2亿美元的日常费用。AIST重视开放性的人员合作的研究潜力，积极推进具有不同技术背景和文化背景的研究者间的协调合作；加强对外人才交流合作，聘用国外研究人员及加强同国内外学术界及产业界之间的联系，这种灵活的用人制度对促进研究交流创新及培育年轻高级研究人才有着积极作用。在研究主题上，AIST注重官产学研部门之间的网络构建，充分利用国内外研发资源。首先，在研发项目的甄选过程中，强调技术优势，注重对产业的辐射潜力。其次，战略目标和研究主题经由产业界和日本经济产业省（METI）高层讨论，由上而下确定，技术预测分析结果要求和产业需求相适应。最后，目标研究主题通过AIST上层管理者和员工之间的讨论达成共识。通过与国内外大学进行共同研究，邀请世界著名大学教授担任客座研究员，并吸纳大量博士生及博士后研究员，一方面可以充分利用大学丰富的智力资源，另一方面可以为人才的培养提供一个厚实的平台，吸收优秀后备人才为AIST服务。AIST聘用外国研究员、邀请外国研究人员来AIST访问研究，同时派遣研究员到国外研究机构及大学去研究访问，以确保对先进技术的掌握。

总结日本制造业的创新发展经验，其技术创新活动是一项“逆向工程”：通过对引进技术的消化和吸收，掌握生产线的基本操作技术，从而向上游回溯，系统掌握引进技术的设计理论、方法、制造技术、工艺流程和技术标准，进而集中力量投入生产工艺的改进、工序流程的整合、原材料的节约等，掌握技术中的关键思想进行仿、改、创，研制出适合日本特色的产品、设备（热核，2007）。从现有的产业技术转向未来市场化的实验室技术，从传统产业的先进技术转向高新产业技术、尖端产品技术，为日本追赶先进带来了后发优势（张方晶，2008）。最大限度利用全球知识和技术资源，用最短的时间缩短与世界制造业强国的技术差距，正确处理技术引进与自主创新的关系，是制造业技术创新的科学发展观。

（二）日本主银行制度驱动创新的机理分析

20 世纪 70—80 年代，日本经济由高速增长转入中高速增长。这期间，日本企业开展了大量创新活动，并对欧美企业的技术垄断地位造成了巨大的冲击。

日本经济高速增长的阶段正好也是主银行制度走向成熟和普及的阶段。“二战”后，主银行制度在日本的作用初步显现，这是企业和银行在长期交易中形成的一种“默契”或惯例（刘昌黎，2000）。主银行制度及时、大量、低成本地向企业提供了发展所必需的资金。此举既满足了企业发展的需要，又提高了银行资金运用的效率，成功实现了企业和银行的共同发展（梁晨，2012）。此后 30 年里，日本银企关系比较稳定，企业能从主银行获得稳定信用贷款以扩大生产经营，银行降低了不良资产率（刘孟晴 等，2019）。在这个过程中，银行的职能逐渐转变：主银行从战时仅履行单一的贷款职能转变为全面参与企业管理，对企业实施事前、事中、事后监控的“外部人”（王欢，2006）。

日本主银行制度具有以下几个特征：一是主银行是客户企业大股东，银行一般不持有与自己没有业务或交易关系企业的股份。二是向客户企业提供短期贷款和长期贷款。一般情况下，企业的大额贷款由主银行和其他金融机构组成的银团共同提供。主银行提供贷款的份额最大，承受的损失也最大。当企业不能如期还贷时，主银行要分担其他机构的损失。三是向企业派驻董事或经理。主银行负责管理企业的账户、现金支付和结算。1974 年，日本的银行持股比例达到了 33. 9%；1990 年，持股比例达到 41. 6%。

主银行不仅向业务关联、交易关联企业提供短期贷款和长期贷款，而且在特定情况下，参与企业的“相机治理”。根据日本经济学家青木昌彦“相机治理”的相关理论，在“内部人控制”的情况下，一旦企业遇到财务危机，可以通过贷款银团中牵头银行的介入，将企业的控制权自动地从“内部人”转移到“外部人”手中，从而在一定程度上对公司管理层形成监督约束机制（王欢，2006）。主银行制度下，不完全契约成为日本银行和企业的制度化行为预期。由于不完全契约，银行获得在谈判过程中的剩余控制权，债务契约实现了控制权的相机转移作用。在基于市场竞争的机制中，由于银行无法将企业创新的未来收益“内部化”，因此银行资助企业创新项目的动机不强。但是，在主银行制度中，由于银行凭借其自身的市场垄断地位和企业建立了长期的契约关系，银行可以在前期为企业的高风险创新项目提供一个市场利率或者低于市场利率的价格，而在后期企业创新取得成功、可以承受更高的利息支出时，在再谈判中敲企业竹杠，再收取高于市场利率的价格，从而跨期平滑各期的利息收入。主银行在进行贷款决策时，不仅考虑企业的短期和长期偿债能力，而且考虑银行可以获取回报的各种非契约控制。主银行制度下，利率可以在各期间进行平滑和调整，因此利率的确定与融资项目的内在风险无关。可见，在资助能够带来长期效益的高科技创新项目上，基于“关系”的主银行制度比基于市场竞争的机制更为有效。

而在政府政策方面，负责管理银行的行政部门（原大藏省）并不直接干预主银行的贷款决策，但它通过金融约束和对金融企业债券发行的限制确保主银行的相机租金。银行局预期会出面安排一家大银行救助处于困境中的银行，作为回报，救助银行可享受优惠的管理措施。银行被禁止从事证券承销业务，而证券商可以免费享受银行的监督之利，赚取丰厚的经纪人佣金（李凤兰等，2004）。

主银行制度的施行，全面改善了银行、企业以及它们相互之间的信息生产、信息处理和信息流通。信息的充分利用，能够使银行和企业（它们彼此互为“消费者”和“生产者”）的抉择得到最适宜的、最切近的配合。一方面，减少了企业在资金筹集和运用上经常面对的不确定性；另一方面，也减少了银行在发放贷款上经常面对的要兼顾安全性、效率性和流动性的矛盾（李扬，1996）。主银行制度的良好运行需要建立在一定的基础上：自由市场经济不完善、信息严重不完全和不对称、契约约束力普遍较弱、企业融资渠道缺乏。在这样的经济环境下，主银行制度以强有力的双边锁定关系取代了契约，其实现效果优于基于市场竞争的契约机制。在契约缺乏约束力，资金成为稀缺资源的环境下，日本的主银行制度曾经对日本的企业创新和经济发展起到了重要作用。进入 20 世纪 80 年代后，一方面，日美之间的贸易摩擦使得美国开始指责日本市场的内部性和封闭性，并要求日本政府改变一些传统的做法和惯例。金融自由化和国际化的趋势也使得日本政府开始审视其原有的“护航舰队”的金融保护政策。迫于国际压力和国内要求，日本政府开始逐渐放松对金融的管制和对银行业的保护，银行的垄断租金空间受到挤压。

另一方面，金融自由化和国际化的发展及国际金融市场金融创新工具的不断出现，使得大企业的融资和投资方式多样化，这就使得日本的大企业出现与主银行离心的倾向，寻求多元化的融资方式。同时，企业自主意识也在不断增强，银企关系由过去银行选择企业转变为银企双向选择，企业更倾向于优质服务的银行（郑紫衡 等，1998）。日本经济从供给不足转为需求不足，由资金严重短缺转为资金严重过剩，且同时出现了企业资产重组、减轻债务负担的内在需求，主银行制度逐渐失去其存在的基础。

（三）产业政策：政府支持科技创新

1946 年，日本宪法规定：国家应奖励科学研究和发明创造，对科学技术的促进应在国民发展事业中占优先地位。这在法律上确保了科技对经济社会发展的支撑与促进作用。之后，日本又分别在 1955 年编制了《经济自立 5 年计划》，在 1960 年出台了《今后 10 年科学技术振兴的基本方针》，在 1966 年出台了《科学技术振兴的综合基本方针》，在 1971 年出台了《20 世纪 70 年代综合科学技术政策》等长期的科技政策规划（张嵎喆 等，2014）。

不同于美国政府通过大学和研究机构对基础研究进行支持，日本政府对研发的支持更侧重于产业，从而实现渐进式的技术进步。为保持制造业强劲的国际竞争力，在政府提供的有利研发的税制与布局环境中，日本民间企业的研究与发展投资一路上扬，到 2003 年达到 117589 亿日元，其中制造业企业的研究开发投资为 100320 亿日元，占全产业的 85.3%（李毅，2007）。由于关键共性技术研发难度大、投资回收期长、风险相对较高，一般企业都不敢贸然进入。因此，在关键共性技术创新的初期阶段，政府必须扮演先行者的角色，大幅投入财政资金进行前期培育，形成研发支撑。通过加大对研发的财政投入，发展“产学官”合作的模式，出台一系列产业政策、G 标志制度和支持中小企业创新等方法，日本政府发挥了最大作用保障科技创新。

“二战”后，日本逐渐增加对研发经费的投入，提出“科学技术 10 年计划”，提出有必要按欧美国家的水准，尽快将研发经费投入总额提高到国民生产总值的 2%。到 1970 年，2%的数值目标已经达成；20 世纪最后 20 年，日本的研发经费年度投入总额由 4.7 万亿日元进一步增长至 14.7 万亿日元，研发经费投入强度也由 2.1%进一步攀升至 2.9%，甩开德国 0.5 个百分点，高出美国近 0.3 个百分点（周程，2019）。在进行技术开发的过程中，有效提高作为技术后发国家资源利用的效率，逐渐发展出“产学官”合作的模式，成为各界关注的重点。日本文部科学省提出了“产学官”合作的五大类型：在研究层面上，企业和大学的共同研究、委托研究；在教育层面上，大学在企业的实习、教育计划方面的共同开发；在技术转移层面上，大学的成果通过技术转移机构向企业转移；在咨询层面上，基于兼职制度的技术指导等研究者的咨询活动；在创业层面上，基于大学研究成果和人力资源的创业活动（闫瑞军，2009）。政府对这些活动予以大力支持，同时出台了一系列相关的制度，如产学教育制度、新产业基础技术研究开发制度、官民特定共同研究制度、新技术委托开发制度以及《研究交流促进法》等相关法律，用于指导和推进协作研究活动的顺利开展（张嵎喆 等，2014）。

为了保证日本制造业在贸易竞争中的优势，日本政府基于政府干预支持的模式也出台了一系列产业政策，以支持制造业创新和企业发展。较有日本特色的是企业集团（Keiretsu），这一模式将生产、资本、贸易和供应商企业整合到一个所有权交叉的连锁网络中，并围绕一系列产业部门的领先企业组织起来。企业集团不同于“二战”前的财阀集团，其联系具有一定空间和自由度。为了提速日本经济，企业集团成为日本战后快速再工业化的一种工具。企业集团由股东控制而非家族控制，对于企业集团，通产省在产业（而非研究型大学）研发、技术目标和战略以及贸易管制和进口限制方面，给予了重要的政府支持。日本央行使用货币管制保持日元价值低于美元，以确保制造业产品的贸易竞争优势。这种产业政策组合加上新型的质量生产模式，展现出了所向披靡的战斗力（Bonvillian et al.，2019）。

为促进自主创新，表彰优秀产品对行业的带动作用，日本国际贸易与工业部于 1957 年起设立“优秀设计奖”（Good Design Award），该奖又被称为 G 标志（G-Mark）制度。即在全国范围内评选设计出色的产品并给予表彰奖励，对获奖产品授予“G”标志。迄今为止，获奖产品累计已超过 3.5 万件，日本几乎所有著名企业或品牌都曾获得过该项奖励，有些是多次、连年获奖，像佳能、东芝、松下、索尼、精工、西铁城、先锋、丰田汽车、本田汽车、夏普、三洋、日立等，这一奖励制度对于培育日本的自主品牌乃至提高产业竞争力起到了非常重要的推动作用。G 标志制度的宗旨，不仅在于鼓励日本企业制造出自主创意设计的商品，使“优秀设计”的理念得到普及和社会的认同，更注重的是，要促使日本企业通过工业设计精益求精地制造精品，杜绝粗制滥造，提高大众的生活质量，促进产业升级和发展（刘平 等，2011）。

技术创新是政府、企业家、企业组织共同驱动的结果。其中政府的政策允许是技术创新的先决条件，能够充分利用政府政策的企业家是进行技术创新活动的核心，得力的企业组织是完成整个创新活动的有力保证（张丽，2013）。截至2006年，在日本419.8万家企业中，中小企业占99.7%，中小企业从业人数达2784万人，约占从业总人数的七成。日本的中小企业对支撑经济发展、推动技术创新具有重要作用。为促进中小企业开发利用新技术，日本颁布《新事业创出促进法》，实施"以补贴形式援助中小企业在新技术、新商品、新服务、经营革新等方面进行创新研究及成果产业化"的中小企业创新研究制度（SBIR制度）。日本政府每年制定补贴及委托费目标额度，由经济产业省等7部门发布技术创新支持方向，按创新阶段分别对中小企业择优提供资金支持。在补贴方式上，将技术创新过程分为研究开发阶段和产业化阶段：研发初期，采取小额普发资助方式，大范围覆盖企业研发风险；研发中期，随着失败风险降低，补助额上升为初期的3～4倍；产业化阶段，对符合设定条件的企业和个人，提供开发新产品或新销售渠道所需经费的1/2、上限500万日元的补助。企业还可同时享受信用保险特殊措施、特别借款、试制开发特别补助等优惠（李杨 等，2016）。在中小企业技术创新中，政府通过制定有关法律、法规，提供企业组织创新和参与创新竞争的社会规则，利用税收、信贷、补贴等经济手段，引导和鼓励企业技术创新；具有创新精神的企业家是制定技术创新策略的决策者，企业家确定创新目标，企业进行必要的投资，实施研发过程，承担创新风险和获取相应利益（张丽，2013）。

日本政府对中小型创新企业的补贴政策给我们带来有益的启示。在制造业创新中，既要强调企业主体地位、政府退出前台，又必须强调在特定领域更好发挥政府作用。一是夯实工业基础能力。越是基础，越是前沿，越需要政府站出来，整合各方资源和力量，以少量财政资金撬动、引导，一步一个脚印，突破创新发展的基础瓶颈。二是加强共性技术供给。增加共性技术供给、覆盖企业创新风险是政府责任，要探索新的组织和运作模式，以市场为导向，整合产学研用资各方力量，促进共性技术研发和首次商业化应用。

小科学时代，科学与技术是各有志趣的两极。以追求真理为己任的前沿科学被视为形而上的神圣事业，而技术则是形而下服务世俗的生产能力。但在大科学时代，科学与技术的边界日趋模糊，科学研究的实用性受到高度关注，产业技术的升级需求成为科学研究发展的新动力，两者呈渗透融合的趋势（汪辉 等，2019）。美国、德国、日本都曾遇到过与中国制造业技术创新发展类似的问题：如何从技术模仿走向自主创新？为了破解这一难题，美国、德国、日本分别在人才培养、金融支持、制度建设等方面构建起各具特色的自主创新模式。经济发展和创新问题研究者对工业革命以来的发展历史进行了研究，得到的结论是：发展是经济和社会生活各个层面的一个深刻的变化过程，变化涉及经济结构、生产组织、知识生产与应用、人的精神状态等方方面面。为了实现这种超越自身历史的现代化转型，相关国家一定要有发展的强烈政治意志，全体人民一定要有奋发图强的精神追求。而自主创新正是一国民众主动、积极推进变革的重要表现。从短期和中期视角看，全球化背景下各个生产网络的相互依赖性持续存在，中国过去的追随创新模式依然有效。然而，从长期来看，中国企业如果不掌握主动权，只是紧随研发前沿，时刻准备为跨国公司提供最新产品，那么在“即时制造”体系中，“音乐”一旦停止，中国企业将首先品尝失败的苦果。所以，我们对模仿创新带来的低端锁定、受制于人、供应链安全问题等的担忧是非常必要的，能否建立起自主创新能力将关乎中国制造未来几十年的前途和命运。

第九章

构建现代化经济体系指标体系

现代化经济体系的目标是把中国从经济大国建设成为经济强国。依据党的十九大绘制的发展蓝图，从供需平衡体系、产业体系、市场体系、收入分配体系、区域发展体系、城乡发展体系、绿色发展体系、开放体系和经济体制机制体系几个方面设定指标，构建了2020年、2035年、2050年分阶段的现代化经济体系指标体系。运用熵值方法测算了2020年指标体系的区域排名，为各地区根据自身情况调整和完善现代化经济体系建设提供了量化参考。

一、指标体系说明

（一）总体思路

习近平总书记在党的十九大报告中提出了重大论断："中国特色社会主义进入新时代，我国社会主要矛盾已经转化为人民日益增长的美好生活需要和不平衡不充分的发展之间的矛盾。"这一论断充分体现民生福祉，回应民生关切，满足民生需求。同时，考虑我国东、中、西部发展不平衡的基本现实，兼顾各个地区的发展需求，引导各地根据自身发展阶段推进现代化进程。

在指标设计方面，我们将建设现代化经济体系中的关键环节"营商环境"提到更加重要的地位。根据世界银行近5年来发布的全球营商环境报告，中国的营商环境质量已从第96名（2014年）上升至第31名（2019年），进入世界排名前40的经济体之列，但与主要发达经济体相比，甚至跟一些新兴国家相比，我们的差距依然很大。因此，我国应改善营商环境，且将培育企业家精神当作建设现代化经济体系重要的软环境指标。

现代化经济体系离不开现代化治理体系的保驾护航。当前，我国的政治体制改革初见成效，但在调研中发现，政府有权力但用不好管不好的现象非常突出，这反映出政府亟待建立法定授权的专业服务机构，让管理更科学更有效。为此，在指标体系的构建过程中对体制机制创新和政府效率提升进行了有益的探索。

现代化经济体系客观要求经济运行高效安全。为此，应在指标体系构建中增加风险防范的相关指标。当前我们主要面临的突出风险：金融系统风险用"银行不良贷款率"衡量；地方财政风险用"地方债务总额与地区生产总值之比"衡量；可能存在的风险还有贸易摩擦风险、经常账户赤字风险；等等。

现代化经济体系是一个系统性工程，因此在指标体系的构建和考虑方面我们尽量使指标维度全面多元。

（二）基本原则

一是质量第一、效益优先原则。由于长期受"GDP指挥棒"影响，我国经济多年以来的高速增长是以牺牲环境为代价的，大气、水质、土壤等污染问题日益突出。随着新发展理念深入人心，社会各界已达成共识：以追求GDP增长为特征的低水平经济社会发展模式，注定是不平衡、不协调、不可持续的发展。因此，现代化经济体系指标体系致力于打破“GDP总量崇拜”，将民生改善、社会进步、生态效益等重要的考核内容从抽象的概念变成具体的可比对的客观标准。只有这种量化的、可执行的评价标准，才能有效影响各级政府的施政行为，真正改变各级政府的政绩观。

二是与时俱进原则。现代化经济体系要全面及时客观地反映我国经济社会发展过程中的新特征，特别是新技术、新产业、新业态、新模式的发展成效以及新时期我国发展的新战略，如金融开放等。

三是兼容并蓄原则。实现中国特色社会主义现代化要兼容并蓄。当前，国际组织已经形成了相对完善的各国竞争力等全方位的指标衡量体系，我们要善于利用这些资源，比如世界银行发布的《营商环境评价指标体系》、世界经济论坛发布的《全球竞争力报告》等，值得我们吸收和借鉴。

四是简约实用原则。指标体系的构建尽量选取最核心、最关键、最综合的引领性指标。主要采用相对指标和平均指标，消除量纲差异影响，保持可比性和连续性。

二、指标体系框架

依据党的十九大绘制的发展蓝图，我们构建了分阶段的现代化经济体系指标体系，分别体现2020年全面建成小康社会的奋斗目标，2035年把我国建成社会主义现代化国家的目标，2050年建成社会主义现代化强国的目标。

现代化经济体系指标体系框架包括一级指标、二级指标、三级指标三个层次。一级指标从供需平衡体系、产业体系、市场体系、收入分配体系、区域发展体系、城乡发展体系、绿色发展体系、开放体系和经济体制机制体系几个方面设置指标。二级指标体现一级指标的主要内涵和特征。供给高效和需求升级进一步揭示供需平衡体系。创新引领、协同发展进一步揭示产业体系。统一开放、竞争有序进一步诠释市场体系。收入分配高效、收入分配公正进一步明晰收入分配体系。区域协调是区域发展体系的主要特征。城乡融合是城乡发展体系的总体目标。资源节约和环境友好构成绿色发展体系。多元平衡、安全高效是开放体系的要求。经济体制机制体系包含充分发挥市场作用和更好发挥政府作用两个指标。三级指标根据 2020 年、2035 年、2050 年目标分别选取。现代化经济体系指标体系详见附表。

三、指标计算及权重

（一）指标计算方法

受现有数据可得性和可比性限制，我们以现代化经济体系指标体系（2020）作为测算指标，以反映现阶段各地区现代化经济体系发展情况。在编制方法选取上，我们采用了国际上最通用的综合指数评价法。综合指数评价法具有直观性、透明性和易操作性的特点，是国际上一些著名的评价指数常用的方法。为了能够反映各类不同指标对指数的影响，需要对指标做标准化处理。最大值和最小值的选取依据选取时间段内的时间序列数据。在确定各指标权重时，使用客观赋权法：熵值法。利用指标数据的固有信息，通过熵值法得到各个指标的信息熵，信息熵越小，信息的无序度越低，信息的效用值越大，指标的权重越大。数据中的部分缺失值用样本区间内的均值补充替代。

（二）现代化经济体系（2020）指数结果分析

由于西藏的数据缺失较为严重，我们计算了 2015—2020 年除西藏外的 30 个省区市的现代化经济体系指数，详见本章附表中的表 9-4。从各地区的横向得分对比中我们发现，在过去的 5 年里，各地区的现代化经济体系得分呈上升趋势，说明我国的现代化经济体系建设取得了明显成效。

根据 2020 年数据计算的结果，得出现代化经济体系得分的排名情况（见图 9-1）。总体来看，现代化经济体系得分较高的是沿海省市，上海、广东、江苏、北京、浙江位居第一梯队，而黑龙江、内蒙古、甘肃、新疆、青海的现代化经济体系得分较低。由于历史和区位差异等方面的原因，我国沿海地区和内陆地区的经济社会发展之间存在着显著差距。指标体系的得分排序客观上反映了我国经济社会发展不平衡的基本国情。

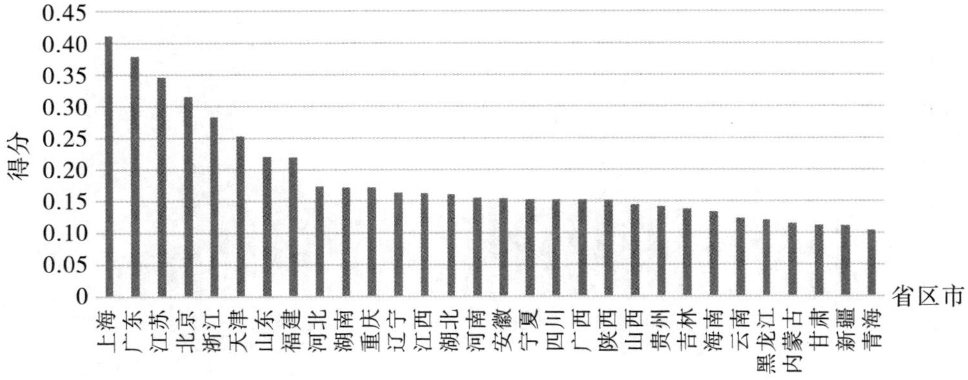

图 9-1　2020 年现代化经济体系指数排名

对 2020 年各地区的数据按一级指标分类进行排序，见图 9-2 至图 9-10。图 9-2 是供需平衡体系的排名情况。上海、北京、江苏、天津、浙江、广东的供需平衡体系排名靠前，山西、青海、宁夏、吉林、黑龙江的供需平衡体系得分较低。

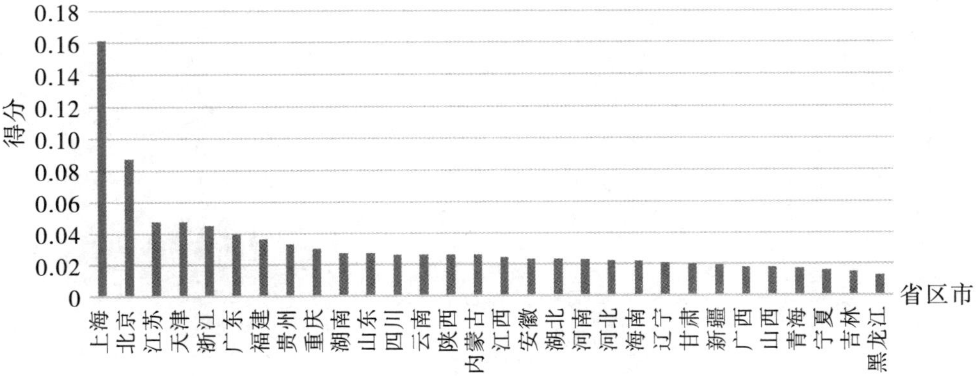

图 9-2　2020 年供需平衡体系排名

图 9-3 是产业体系排名。广东、江苏、北京、浙江、山东等的产业体系得分较高。这几个省市是我国的制造业中心，拥有完整的产业链条和雄厚的工业基础。

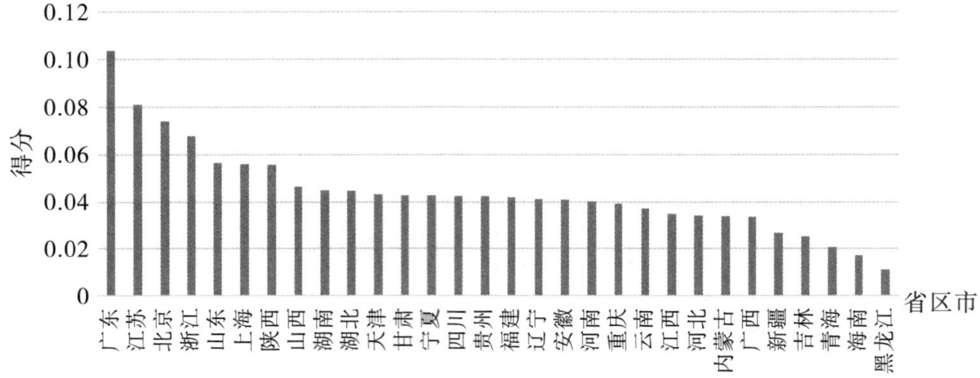

图 9-3　2020 年产业体系排名

图 9-4 是市场体系排名。广东、江苏、浙江、福建、山东的排名靠前。其他地区的市场体系得分都较低。作为市场经济较发达的江苏和广东，在保持和提升市场活力方面积累了丰富的经验，是我国改革开放的前沿阵地。

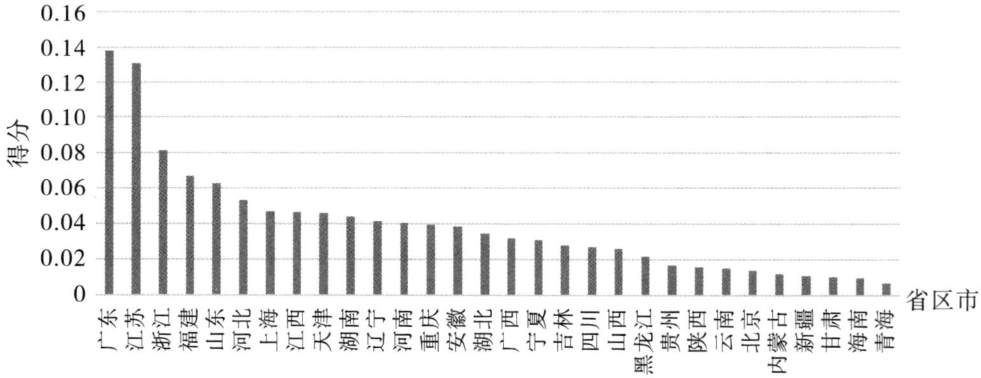

图 9-4　2020 年市场体系排名

图 9-5 是收入分配体系排名。北京、上海、天津、青海的排名靠前。值得注意的是，虽然青海、宁夏、新疆这些西部省（区）在整体的排名中靠后，但收入分配体系的得分较高。

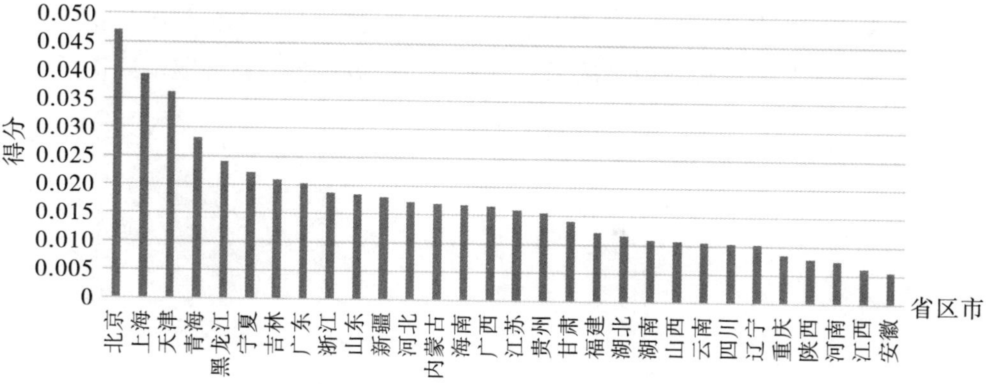

图 9-5　2020 年收入分配体系排名

图 9-6 是区域协同体系的排名。该指标用来衡量行政辖区内经济社会发展的平衡情况，江西、贵州、福建的区域内部差异较小，广东、重庆、北京、新疆的区域内不平衡现象较为严重。

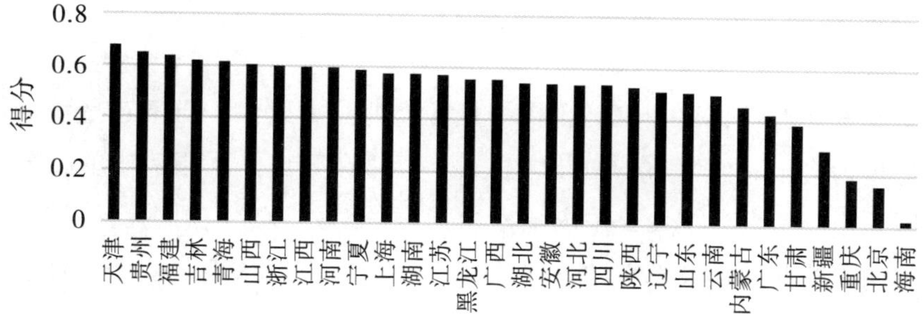

图 9-6　2020 年区域协同体系排名

图 9-7 是城乡发展体系排名。北京、天津、上海、浙江的城乡发展差距较小，青海、云南、贵州、甘肃的城乡差异较大。

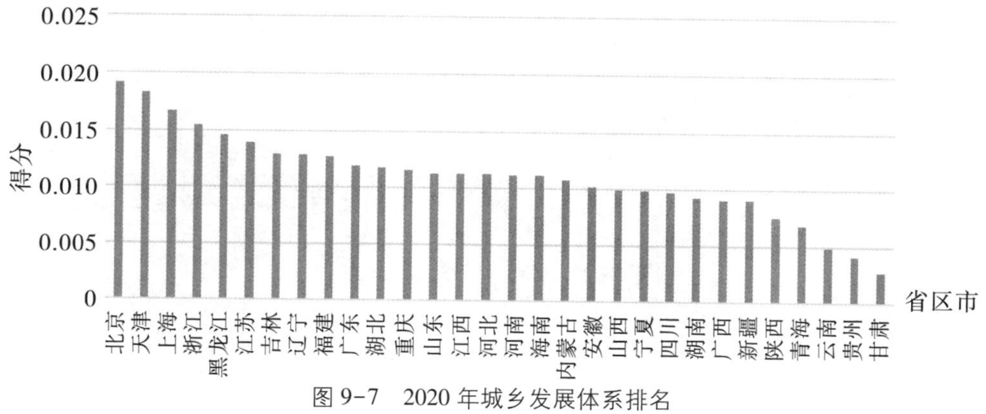

图 9-7　2020 年城乡发展体系排名

图 9-8 是绿色发展体系排名。北京、上海、海南、天津的排名较前。山东、云南、辽宁、内蒙古地区的绿色发展体系得分较低，资源驱动经济发展的模式亟待转型。

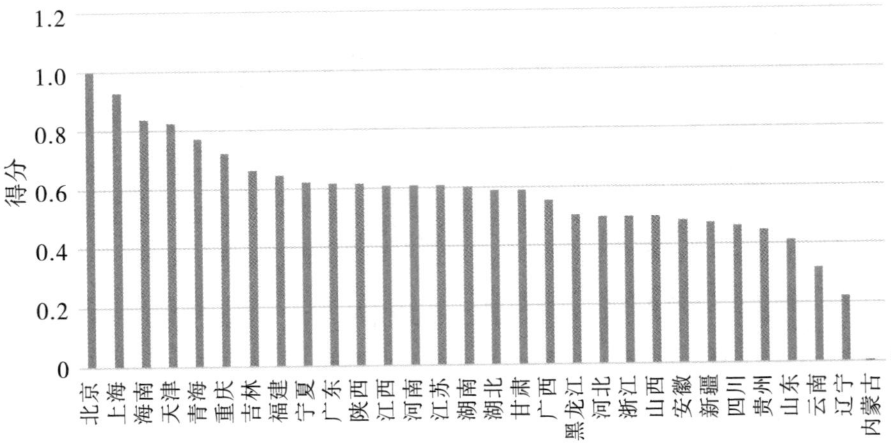

图 9-8 2020 年绿色发展体系排名

图 9-9 是开放体系排名。上海、广东、北京、天津、海南这些地区的开放优势较为突出。内蒙古、贵州、甘肃、青海在开放体系指标中的得分与沿海地区差距非常大，扩大我国内陆沿边地区的对外开放应成为新时期的重点突破方向，这些地区大都在"一带一路"沿线，应发挥地区优势，加快对外开放步伐。

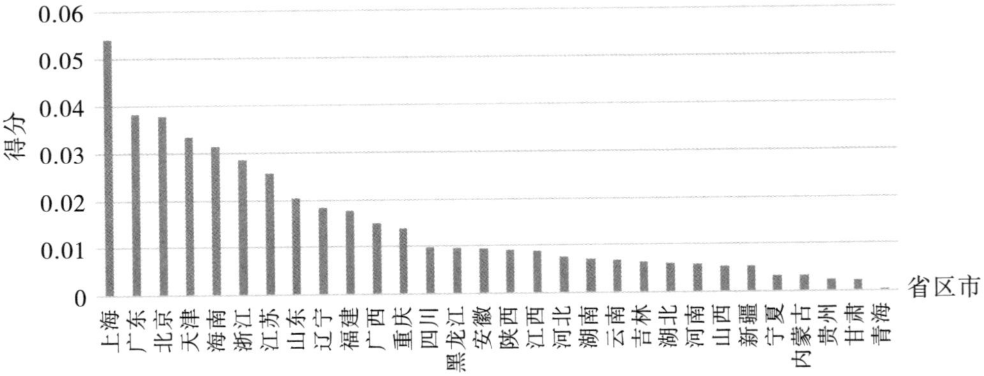

图 9-9 2020 年开放体系排名

图 9-10 是经济体制机制体系排名。北京、浙江、上海、江苏在该指标中的综合得分较高。内蒙古、甘肃、海南、青海的经济体制机制还需要更大力度的改革。

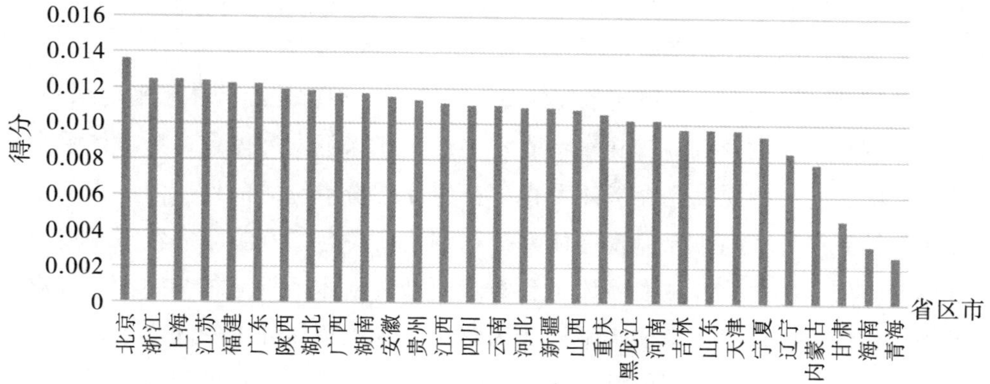

图 9-10　2020 年经济体制机制体系排名

（三）分地区指标分析

京津冀地区整体发展态势良好。北京各项得分都较高，需要加强的是市场体系和区域发展体系的问题。天津的产业体系、经济体制机制体系方面还有待加强。河北的总体得分低于平均水平，开放体系较为落后，城乡发展和绿色发展方面的排名也较低。

东北三省的现代化经济体系建设在稳步推进。辽宁在城乡发展体系、开放体系方面的排名靠前；吉林在绿色发展和区域发展方面的得分较高，但收入分配体系排名倒数第二；黑龙江整体现代化经济发展缓慢，落后于全国平均水平。

东部沿海地区是中国现代化经济体系建设的排头兵。在总体排名中，上海、广东、江苏、浙江、山东是第一梯队的主力队员。上海的整体发展比较均衡，特别是供需平衡体系和开放体系在全国排名第一，代表了中国现代化的前沿水平。广东和江苏的产业体系和市场体系得分较高，是中国经济最有活力的地方，但两个地区的区域内发展不平衡的问题较为突出。浙江的整体发展比较均衡。山东的产业体系、供需平衡体系都位居全国前列，但绿色发展体系的得分排在倒数第四名，区域协调发展、经济体制机制还有待加强。福建的产业体系以及收入分配体系相比其他东部省份比较薄弱。海南在开放体系、绿色发展方面表现突出，但市场体系、产业体系、区域发展体系排名靠后，需要借助海南建立特区的历史机遇实现经济全面起飞。

中部地区在现代化经济体系中也显示出强劲的发展势头。山西的产业体系、区域发展体系发展较好。安徽、河南、江西在整体排名中都处于中间位置，收入分配问题较为突出。湖南、湖北的开放体系还有待进一步加强。

西部地区的现代化经济体系整体落后于全国的现代化经济体系平均水平。重庆的现代化程度较高，排在东部省份之后，在绿色发展体系、开放体系中排名靠前。宁夏的现代化经济体系得分在西部省份中位居前列。内蒙古的供需平衡体系得分较高，绿色发展体系排在倒数第一名，资源驱动经济发展模式亟待转型。广西的区域发展体系和经济体制机制体系得分较为突出。甘肃的现代化经济体系整体发展水平还较为落后。四川整体处于中间水平，供需平衡体系和产业体系表现较好。陕西的产业体系、经济体制机制体系得分较高。云南整体现代化经济体系得分靠后。贵州的区域发展体系、供需平衡体系得分较高，开放体系排名靠后。新疆的收入分配体系得分较高，但其他大多数领域均排名靠后。青海在绿色发展体系和收入分配体系、区域发展体系中的排名靠前，其他领域均排名靠后。

四、政策建议

第一，扩大内陆沿边开放，优化区域开放布局。从现代化经济体系指标体系的测算结果中，我们发现我国的开放体系存在严重不平衡问题，除了少数沿海地区的开放程度较高，大部分省、自治区、直辖市的开放体系还处于萌发阶段。内陆沿边地区劳动力充裕，自然资源富集，基础设施不断改善，特别是随着“一带一路”建设加快推进，中西部地区应逐步从开放末梢走向开放前沿。新时期要在深化沿海开放的同时，推动内陆沿边地区从开放的洼地变为开放的高地，形成陆海内外联动、东西双向互济的开放格局，进而形成区域协调发展新格局。

第二，提升商品市场效率，优化金融市场体系。我国营商环境的突出问题主要有：一方面，商品市场效率低，主要表现为市场竞争不充分以及存在诸多对外资企业进入壁垒。另一方面，金融市场低效且不稳定，表现为信贷效率低、不良贷款、缺乏竞争以及资本配置效率低等。这些问题也是我们建设现代化经济体系亟待解决的关键问题。建议国家在提升商品市场效率、增加市场竞争和优化营商环境等方面采取实际的举措。同时，创新驱动经济发展对投融资体制提出更高的要求，现有的以银行为主导的金融市场结构效率低且不适应创新型中小企业的高风险特征，对支撑创新经济的作用有限，亟待建立我国的直接融资体系和多层次资本市场。为此，现代化经济体系指标体系中增加了对间接融资规模和金融市场风险管控的指标，希望能够引导金融市场体制机制的完善。

第三，加强产权和知识产权保护。随着我国多年的高速发展，基础设施和硬件设施逐渐接近甚至赶超世界领先水平，但进入创新驱动的新阶段，制度软环境将对释放经济活力、提升经济发展质效起到决定性作用。知识经济时代特别要加强产权和知识产权保护。我国要从技术的追赶者、模仿者变成技术的创造者、引领者，需要更有效的制度机制来激励社会的创新投入。

第四，尽快落实现代化治理体系中专业机构的设立。让专业的人做专业的事，让宏观调控更有力度。这方面可以借鉴香港的经验和做法。在指标体系中，我们也提出了相关评价政府效率和执政能力的指标。由于这些指标通常与民众的主观感受息息相关，所以应尽快建立专业机构负责相关指标的调查评价工作。

第五，改革对地方政府官员的激励机制。长期以来，以经济增长和财政贡献为标准的晋升机制对地方政府官员产生了巨大的激励效果，保障了政府工作运行的成效，推动了我国经济的高速发展。随着这种激励机制的负面效应逐渐显现，以环保一票否决制和问责制为主的激励机制改革全面推进，但在具体实践层面仍存在诸多矛盾和问题。现代化经济体系需要有更加高效有为的政府，因此对地方政府官员的政绩考核体系要扭转，从过去的为 GDP 增长而竞争转向为改革发展而竞争。一方面，要允许地方政府试错、犯错，大胆探索、大胆闯，建立相应的容错机制；另一方面，要将新发展理念“创新、协调、绿色、开放、共享”嵌入政绩考核体系，形成指挥棒效应。

五、附表：现代化经济体系指标体系

（一）现代化经济体系指标体系（2020）（见表 9-1）

表 9-1　现代化经济体系指标体系（2020）

二级指标	权重	一级指标
规模以上企业营业收入利润率	1.94%	供需平衡体系
居民消费占 GDP 的比重	2.00%	供需平衡体系
土地产出率	11.93%	供需平衡体系
人均 GDP	3.43%	供需平衡体系
R&D 经费支出占 GDP 比重	2.49%	产业体系
国内专利授权量	6.87%	产业体系
产业高级化	0.78%	产业体系
产业合理化	2.74%	产业体系
直接融资占比	1.89%	产业体系
平均受教育年限	0.71%	产业体系
外商及港澳台投资企业数量	10.73%	市场体系
私营固定资产投资与国有固定资产投资占比	2.77%	市场体系
市场化指数	0.95%	市场体系
私营企业工业资产占规模以上工业资产比重	2.14%	市场体系
劳动者报酬占 GDP 比重	2.25%	收入分配体系
城镇单位就业人员平均工资	3.90%	收入分配体系
东西部人均 GDP 之比	0.68%	区域发展体系
城乡居民人均可支配收入之比	1.00%	城乡发展体系
人口城镇化率	0.90%	城乡发展体系
万元 GDP 能耗	1.07%	绿色发展体系
二氧化硫排放量	0.94%	绿色发展体系

（续表）

二级指标	权重	一级指标
进出口贸易总额占 GDP 比重	4.41%	开放体系
外商直接投资总额占 GDP 比重	19.60%	开放体系
对外直接投资总额占 GDP 比重	12.59%	开放体系
财政支出占 GDP 比重	0.43%	经济体制机制体系
商业银行不良贷款率	0.87%	经济体制机制体系

注：①产业高级化=（第二产业增加值+第三产业增加值）/GDP；

②产业合理化=∑｛$Y_i/Y\times\ln$［（Y_i/Y）/（P_i/P）］｝，其中 Y_i 表示第 i 产业的增加值，P_i 表示第 i 产业的就业人数，Y 表示 GDP，P 表示就业总人数；③东西部人均 GDP 之比=所在省区市的地级市或区的人均 GDP 最大值与最小值之差；④城乡居民人均可支配收入之比=城镇居民可支配收入/农村居民纯收入；⑤直接融资占比=（非金融企业境内股票+企业债券）/社会融资总额（增量数据）。

（二）现代化经济体系指标体系（2035）（见表 9-2）

表 9-2　现代化经济体系指标体系（2035）

一级指标	二级指标	三级指标
供需平衡体系	供给高效	单位劳动产出率
		规模以上企业营业收入利润率
		土地产出率
	需求升级	人均 GDP/元
		消费占 GDP 比重
		恩格尔系数
产业体系	创新引领	全社会 R&D 支出占 GDP 的比重
		PCT 专利申请数量
		“三新”经济增加值占 GDP 比重
		先进制造业产值占工业增加值比重

（续表）

一级指标	二级指标	三级指标
产业体系	协同发展	产业高级化
		产业合理化
		直接融资占社会融资总额比重
		人均受教育年限/年
市场体系	统一开放	非公有制经济占比
		外商及港澳台投资企业数量占比
	竞争有序	私营固定资产投资与国有固定资产投资占比
		私营企业信贷占总信贷比重
收入分配体系	收入分配高效	劳动报酬占 GDP 比重
	收入分配公正	基尼系数
区域发展体系	区域协调	东西部人口平均受教育年限之比
		区域内居民人均 GDP 之差
城乡发展体系	城乡融合	城乡居民人均可支配收入之比
		人口城镇化率
绿色发展体系	资源节约	万元 GDP 能耗/吨标准煤
		人均用水量/吨
	环境友好	非化石能源占一次能源消费比例
		污染防治投资额占 GDP 比重
		二氧化硫排放量/吨
开放体系	多元平衡	进出口贸易总额占 GDP 比重
		外商直接投资额占 GDP 比重
		对外直接投资额占 GDP 比重
		“一带一路”沿线进出口贸易额占总贸易额比重
	安全高效	经常账户赤字率
		贸易便利化
		投资便利化

（续表）

一级指标	二级指标	三级指标
经济体制机制体系	充分发挥市场作用	价格由市场决定
		中介和法律组织发育
	更好发挥政府作用	财政支出占 GDP 比重
		地方债务总额与地区生产总值之比
		银行不良贷款率
		万名国家机关、政党机关和社会团体就业人员中检察机关立案的件数

（三）现代化经济体系指标体系（2050）（见表 9-3）

表 9-3　现代化经济体系指标体系（2050）

一级指标	二级指标	三级指标
供需平衡体系	供给高效	关键核心技术自给率 80%
		劳动产出率达到发达国家水平
	需求升级	人均 GDP 达到中等发达国家水平
		消费占 GDP 比重超过 80%
产业体系	创新引领	全社会 R&D 支出占 GDP 的比重超过 6%
		“三新”经济占比超过 70%
	协调发展	先进制造业产值占工业增加值比重超过 80%
		金融市场规模和效率显著提升
		劳动力素质显著提高
		文教体卫增加值比重显著提高
市场体系	统一开放	要素市场化水平高
		产品市场化水平高
	竞争有序	市场主体所有制结构合理

（续表）

一级指标	二级指标	三级指标
收入分配体系	收入分配高效	劳动报酬占 GDP 比重超过 60%
	收入分配公正	基尼系数低于 0.3
区域发展体系	区域协调	区域间人均收入差距显著缩小
		区域间公共服务均等
城乡发展体系	城乡融合	城乡人均收入差距显著缩小
		城镇化率高于 80%
绿色发展体系	资源节约	能源利用效率高于发达国家平均水平
	环境友好	污染防治投资额占 GDP 比重高于 5%
		二氧化碳排放量低于世界平均水平
开放体系	多元平衡	全球价值链水平提升
		贸易升级
	安全高效	投资便利化
		贸易便利化
		口岸通关成本显著降低
经济体制机制体系	充分发挥市场作用	经济自由度提升
		营商环境排名世界前列
	更好发挥政府作用	法治水平提升
		外汇稳定
		政策民主、透明
		腐败减少

（四）2015—2020 年 30 个省区市的现代化经济体系指数（见表 9-4）

表 9-4　2015—2020 年 30 个省区市的现代化经济体系指数

地区	2015 年	2016 年	2017 年	2018 年	2019 年	2020 年
安徽	0. 21	0. 20	0. 20	0. 20	0. 17	0. 15
北京	0. 45	0. 44	0. 43	0. 42	0. 39	0. 32
福建	0. 28	0. 28	0. 28	0. 27	0. 25	0. 22
甘肃	0. 11	0. 12	0. 13	0. 14	0. 13	0. 11
广东	0. 47	0. 48	0. 50	0. 50	0. 46	0. 38
广西	0. 16	0. 16	0. 18	0. 19	0. 17	0. 15
贵州	0. 14	0. 15	0. 14	0. 15	0. 14	0. 14
海南	0. 15	0. 20	0. 18	0. 17	0. 15	0. 13
河北	0. 18	0. 18	0. 19	0. 21	0. 19	0. 17
河南	0. 19	0. 19	0. 19	0. 19	0. 18	0. 16
黑龙江	0. 12	0. 12	0. 13	0. 16	0. 14	0. 12
湖北	0. 19	0. 19	0. 19	0. 20	0. 18	0. 16
湖南	0. 19	0. 19	0. 20	0. 21	0. 19	0. 17
吉林	0. 14	0. 14	0. 14	0. 19	0. 17	0. 14
江苏	0. 46	0. 45	0. 43	0. 43	0. 39	0. 35
江西	0. 18	0. 18	0. 18	0. 19	0. 18	0. 16
辽宁	0. 19	0. 20	0. 20	0. 22	0. 21	0. 16
内蒙古	0. 12	0. 11	0. 13	0. 14	0. 13	0. 12
宁夏	0. 15	0. 16	0. 18	0. 19	0. 19	0. 15
青海	0. 11	0. 12	0. 13	0. 14	0. 12	0. 10
山东	0. 27	0. 26	0. 25	0. 26	0. 25	0. 22
山西	0. 14	0. 14	0. 14	0. 17	0. 16	0. 14

（续表）

地区	2015 年	2016 年	2017 年	2018 年	2019 年	2020 年
陕西	0. 15	0. 16	0. 16	0. 19	0. 16	0. 15
上海	0. 56	0. 58	0. 58	0. 56	0. 51	0. 41
四川	0. 18	0. 17	0. 18	0. 18	0. 17	0. 15
天津	0. 32	0. 34	0. 33	0. 39	0. 34	0. 25
新疆	0. 13	0. 14	0. 13	0. 14	0. 12	0. 11
云南	0. 14	0. 13	0. 14	0. 14	0. 13	0. 12
浙江	0. 38	0. 38	0. 37	0. 37	0. 34	0. 28
重庆	0. 21	0. 22	0. 21	0. 21	0. 19	0. 17

注：西藏数据缺失，没有纳入测算。

第十章

科技创新助力现代产业体系发展的路径

在20世纪90年代以来的全球化浪潮中，得益于改革开放，中国制造业积极融入全球价值链，分享了全球化的红利，创造了举世瞩目的中国增长奇迹。然而，中国制造业大而不强、关键核心技术受制于人的事实为我们敲响了警钟，在自主创新能力缺失的条件下参与全球价值链，将不可避免地陷入低端锁定的困境。当前，世界处于百年未有之大变局，第四次工业革命和产业革命正在孕育，全球价值链的分工结构和治理模式经历深度调整，中国制造业转型升级的关键时期亟待从过去的短期粗放式发展模式转变为长期高质量发展模式，从治理能力的灵活性、适应性转变为稳定性、规范性，通过深化供给侧结构性改革增强内生动力，不断丰富中国式创新发展的内涵。

一、继续扩大对外开放，夯实创新基础

一是继续扩大对外开放，推动制造业高质量发展。全球价值链嵌入中国制造业的技术创新既有推动效应又存在抑制效应。在当前全球价值链的抑制效应日益突出的背景下，是继续合作还是争取独立？回顾中国改革开放40多年的伟大征程，不难发现中国制造业取得的历史性成就得益于很好地把握住历史发展机遇，在经济全球化背景下充分发挥了劳动力成本优势，积极融入全球生产网络。虽然嵌入全球价值链不可避免地带来负面影响，但对于正在转型的中国而言，开放的机遇大于挑战。因为开放式创新将更有利于我国企业参与全球创新链，补齐基础研发和科学领域的短板，整合全球范围内的创新资源，形成对创新要素的集成管理能力，降低研发成本，提高研发效率。

二是深化市场化改革。一方面，让市场在资源配置中起决定性作用，能够为各类市场主体提供公平的市场参与机会，带来要素创造效应和合作效应，提升市场竞争水平进而促进自主创新。另一方面，完善产权制度，提升法治水平，规范创新行为，将有利于创新收益的合理分配，激发创新主体的活力和积极性。具体而言，要重视民营资本在培育内生增长动能、提升企业自主创新能力方面的积极作用。优化营商环境，建立起统一开放、竞争有序的市场体系，为中小民营企业的创新和创业发展提供公平的制度保障。本书的研究发现，国有企业的创新投入、产出以及创新意愿明显低于私营企业和外资企业。主要原因是国有企业管理体制的僵化以及创新激励制度缺位造成企业家精神和创新人才流失。为提升国有企业自主创新能力，培育具有全球竞争力的一流企业，应从以下几个方面入手。首先，推进职业经理人制度，实行市场化的薪酬分配机制，延长管理人员的任职期限，改变以年为单位的指标考核体系。培养新时期的国有企业家，将企业家精神引入国有企业。其次，建立与激励机制相对应的约束机制，逐步推进市场化的用工制度，形成能上能下、能进能出的人才流动机制。要完善政府补贴制度。政府补贴对全球价值链嵌入企业的自主创新具有显著促进作用。嵌入全球价值链的制造业企业通常会在技术购买和自主创新之间权衡成本与收益，政府补贴会分担企业的创新风险，增加企业自主创新的可能性。政府补贴往往有利于国有企业，但国内私营企业和外资企业在将研发投资转化为以专利衡量的创新成果方面更

为有效。我们应为企业提供公平的竞争环境，限制政府在研发补贴方面的自由裁量权，减少资源配置不当，提高资源配置效率。

二、把握新科技革命发展机遇，推动制造业转型升级

当前，新一轮科技革命和产业变革方兴未艾。新一代信息技术产业呈现爆发式增长，以智能制造为核心技术的新一轮工业革命，深刻改变着制造业的发展理念，正在重塑制造业全球价值链分工模式，我们要把握新的历史发展机遇，顺应时代潮流，加快推动制造业向价值链高端迈进。

（1）加速制造业和服务业融合发展。传统的全球价值链呈现两头研发环节与营销环节附加值高、中间加工制造环节附加值低的“微笑曲线”。智能制造将提升制造环节附加值，使“微笑曲线”底部整体抬升，通过将制造业与服务业深度融合，有助于发展中国家制造业向全球价值链高端升级。

（2）加快产业结构调整。随着科技的发展，全球价值链向产业内、产品内分工深化的进程在加快。制造业企业参与全球价值链的分工模式也逐渐从垂直分工模式向水平分工模式转变。新分工模式要求一国的产业提升在全球价值链中的分工位置，增加产品附加值。因此，我们要顺应全球分工发展的新趋势，避免陷入比较优势低端锁定的陷阱。

（3）推动制造业从规模化生产向柔性生产转变。信息技术的发展带来信息处理要素成本的大幅降低，企业的规模曲线下移，规模经济带来的成本效应在个性化需求模式下，不再决定企业间竞争的比较优势。以计算机数控机床为主的制造设备来实现多品种、小批量柔性生产的方式将重塑制造业未来竞争力。

三、深化金融供给侧结构性改革，增加市场化长期资本供给

1. 增加长期资本供给有助于提升我国制造业企业自主创新能力

实践中，在银行主导的金融结构下，短期资金在支持转型升级和技术创新方面日益乏力，缺少长期资本导致企业在运营中的短期思维——赚快钱、获微利。为此，要深化金融供给侧结构性改革，通过改善企业的融资结构，

进而影响企业的投资行为和决策方式，为自主创新提供动力。

（1）提升直接融资比重。现代金融市场中，直接融资对战略性新兴产业和高新技术企业发展壮大起着根本性作用。首先，要深化资本市场改革，降低企业进入资本市场的门槛，从事前审批向事中和事后监督转变。其次，要完善多层次资本市场之间的转板制度，实现各层次资本市场在差异中互补，在差异中竞争，帮助企业和投资者找到适合自身发展的市场。最后，要激活区域股权市场和新三板市场以及科创板市场。这三个板块是中小微企业和创新型企业的集聚区，由于风险较大，流动性明显低于主板市场，但这些企业是中国经济的未来，是创新驱动发展的引擎和先锋，应鼓励机构投资者更多参与到这三个板块的市场交易中，构筑中国多层次资本市场“金字塔”的牢固基石。

（2）创新机制，扩大金融供给。其一，推动融资租赁行业发展。融资租赁能够有效缓解中小企业较难获得长期贷款的困难，应充分发挥融资租赁付款方式灵活、融资成本低廉的优势，为中小企业提供便捷的中长期融资服务。其二，探索产业链金融。以产业链核心企业为纽带，在最大化共同利益的基础上，以股权联盟的形式连接上下游企业，撬动行业资本，拓展融资渠道，从而破解中小企业的融资难题。其三，实行“投贷联动”，允许商业银行将“股权投资”和“信贷投放”相结合，以更好满足初创期企业的融资需求，加大资本对创新项目的孵化和支持力度，使创新与资本深度融合。

（3）促进产融结合。从世界范围看，产融结合通常有两种方式：一种是产业资本进入金融业，另一种是金融资本进入产业。当前，我国不允许金融机构持有非金融机构股份，所以产融结合主要表现为“由产到融”的模式。一方面，“蓄水池”理论认为非金融企业持有金融资产的目的是有更多流动性储备，帮助企业做大做强；另一方面，根据投资替代理论，当金融资产投资收益率高于实业时，部分企业过分热衷金融业，会引发经济“脱实向虚”的风险。为此，我们应完善相关制度安排，让产融结合的“蓄水池”功能充分发挥，把“脱实向虚”风险降到最低。首先，监管层要更新监管理念，出台相应的法规限定金融资本的边界，防止实体经济被金融部门过度控制。其次，要完善市场调节机制，缩小资本在产业部门和金融部门存在的巨大套利空间。

（4）引导社会资本进行价值投资和实体投资。母基金的发展可以弥补传统金融业的空白。资金从母基金流向单一基金，再流入高科技企业。通过子基金可以投资更多项目，具有天然的抗风险性，这就为科技创新企业的发展提供了稳定的资金来源，同时，在传统经济和新经济之间架起一座桥梁。目前，中国科创产业母基金成立，总规模1000亿元。它以金融赋能科技创新，把支持创新创业、促进科技成果转化和满足产业发展的需求作为根本，合理运用金融工具重塑产业价值，整合科技创新资源，推动产业结构的调整升级。

（5）实施“长期资本发展战略”。围绕增加长期资本供给，构建起中国向全球金融市场直接融资的金融秩序。大力发展企业年金、职业年金、各类健康和养老保险业务，多渠道促进居民储蓄有效转化为资本市场长期资金，通过改变中国资本市场以短期为主的资金结构，进而改变社会财富结构、企业创新结构，最终推动中国经济转型；该战略的主要突破口是中国金融市场的国际化，但值得注意的是，在开放金融市场的同时，需要有效的监管、成熟的机构投资者、完善的股市债市外汇市场，这些要素缺一不可，否则我们会重蹈日韩的覆辙，在开放中失去对经济的掌控，给经济带来不可估量的损失。

2. 深化沪港金融协作，建立更具影响力的全球金融中心

上海和香港，凭借各自的条件，已分别成为中国乃至东亚地区的国际金融中心。但是，上海和香港暂时都不足以独自成为世界的金融中心，上海证券交易所和香港交易所都尚不具备吸引全球资本需求与供给的必要规模。考虑到资本的需求与供给很可能率先冲向预期最大的资本市场，沪港联合交易所最终超越伦敦、纽约证券交易所的可能性将比这两个交易所独自超越伦敦和纽约交易所的可能性更大，而且更为现实。所以，上海和香港不应当为成为中国的国际金融中心而互相竞争，而应当共同合作，以达到沪港成为世界金融中心的双赢局面。它们二者可以超越地理空间的距离，利用发达的信息与通信技术，打造一个虚拟的统一的国际金融中心。“在岸—离岸”双城国际金融中心的协调发展要以金融创新为主线，关键在于通过平台、制度和技术创新的驱动机制，全方位、多角度地创新金融载体，拓展两地金融协作的广度和深度。

（1）在中国（上海）自由贸易试验区和CEPA（《内地与香港关于建立更紧密经贸关系的安排》）的框架下，上海和香港两地金融企业可以通过交叉持股、并购重组和互设离岸平台等方法，建立横跨两地、具有国际一流竞争力的金融控股集团或者战略合作伙伴关系。

（2）在金融制度和业务创新方面，完善同业拆借、票据贴现、保理、应收账款融资、融资租赁、资信调查以及人民币在岸—离岸业务等，有针对性地拓展银行卡、消费信贷、代客理财和泛财富管理等私人金融业务，积极鼓励跨境金融业务创新。

（3）解决金融信息技术有关基础设施建设升级问题，实现金融数据的同城通信和信息资料的安全便捷流转，不断创新银行跨境交易、支付和结算的品种和方式，完善两地证券交易登记结算的基础设施，满足两地人员的小额日常电子支付需求，以技术创新来降低各项交易成本，促进两地资金的双向自由流动，以金融便利化促使两地经贸流的汇聚。

四、培育内生增长动能，提升创新竞争力

改革开放40多年，中国制造业从嵌入全球价值链到被低端锁定，再到摆脱低端锁定实现创新发展的历程证明，后发国家不可能通过技术模仿和技术购买实现技术赶超，只有培育内生增长动能，不断提升本土企业的自主创新能力，才能自立于世界。

（1）实施关键中间品进口替代战略，提升制造业全球价值链的前向参与度。当前，中国制造业主要通过后向关联嵌入全球价值链，大部分增加值在国外实现，这种参与方式直接导致中国制造业贸易规模与贸易收益的错配，也反映出中国制造业大而不强的事实。提升中国制造业在全球价值链的分工位置，需要更多高质量的中间品的投入。关键基础零部件一向被视为中国制造业的“软肋”，长期依赖进口。中国制造业要由大变强，进入世界制造业前列，必须把制造基础技术和关键基础零部件的发展放到更为突出的位置。为此，要形成多样化的中间产品供应体系，结合中国各区域的比较优势，形成差异分工，突破单一环节生产，逐步推动中国制造业向深入化和精细化发展。

（2）引导加工贸易转型升级。加工贸易曾对我国对外贸易发展起到重要推动作用，但以加工贸易为主的全球价值链参与模式也带来附加值低、质量竞争力弱、要素成本价格攀升、环境污染严重等问题。面对资源环境与发展的突出矛盾，我们要着眼于长远，致力于打破路径依赖，用资本和技术改造加工贸易企业，引导加工贸易出口企业向价值链高附加值环节转型，培养专业技术人才，降低营销成本，利用工业机器人、跨境电商平台、大数据、人

工智能等新技术、新方法，推动制造业与服务业融合，促进优势产业壮大。

（3）拓展国内消费市场，积极构建完善的国内价值链。当前，全球价值链的驱动模式已经从生产者驱动转变为消费者驱动。消费者驱动的全球价值链主要由商业资本驱动，流通环节的购买者管理并协调整个价值链。我国作为世界人口大国，庞大的国内消费市场和未经发掘的消费潜力将形成中国制造业参与国际分工的重要比较优势。同时，在全球化出现逆转、全球价值链不确定性增加的新形势下，利用国内市场实现产业升级是我国制造业创新发展的重要战略选择。通过建立我国本土企业控制的国内价值链，带动关联产业发展，将改变国内价值链条在全球价值链中太短的缺陷，有助于我国积累高端人力资本和知识资本，提升创新竞争力。

五、共建开放创新的世界经济

2008 年金融危机以来，全球经济增长乏力，贸易保护主义抬头，美国以国家利益至上的单边主义对抗国际多边主义，逆全球化思潮重新抬头。世界经济的发展是走向开放还是封闭？面对世界经济发展的重大难题，习近平主席给出了“中国方案”——构建开放创新的世界经济。

（1）加强创新合作，推动科技同经济深度融合。金融危机后，如何走出萧条，确保世界经济的中长期增长是各国关注的焦点。历史证明，依托科技创新发展新产业和新产品，是历次重大危机后世界经济走出困境、实现复苏的根本动力。各国应抓住新一轮科技革命和产业革命的机遇，把推动创新驱动发展和打造新增长源作为国际合作的重点，加快新旧增长动能的转换，在数字经济和新工业革命领域加强合作，共同打造新技术、新产业、新模式、新产品。首先，以科技创新为核心，带动发展理念、体制机制、商业模式等全方位、多层次、宽领域的创新。封闭的创新是没有生命力的，各国要通过加强创新合作实现技术链与产业链的有效对接，实现全球创新资源融通，促进科技与经济良性互动和深度融合。完善科技合作机制，形成全球科技创新共同体。其次，加强科技创新治理，让科技创新成果更好造福人类。科技创新要以人才为本，不断完善科技治理制度措施，推进科研诚信共建，改善科技创新法律政策环境以及应对新技术挑战。最后，强化金融对科技创新的支持，共促发展稳定。各国应在金融和投资领域加强协调与合作，加大国际金融机构和国际资本市场对各国科技创新发展的支持力度。

（2）加强创新成果共享，打破制约创新要素流动的壁垒。创新无界，共享经济全球化发展成果是实现各国联动增长、共同发展繁荣的可行路径。随着信息技术的发展与国际分工的深化，全球经济已经由一体化时代进入网络化时代。一是通过各国、区域和跨区域创新发展战略与规划对接，实现多向联动。二是勾画实现创新成果共享的蓝图与路径——互联互通。互联互通三位一体，既包括创新基础设施在内的硬件联通，也包括政策、法律、规则在内的软件联通，以及人员往来的互联互通。三是推动构建和优化全球价值链，扩大各方参与，打造全球增长共赢链。

（3）共同加强知识产权保护，让知识更好造福人类。知识产权推动经济发展是知识产权制度的核心功能。良好的知识产权国际合作机制为这一功能的实现提供了有力保障。通过推动多双边区域合作、加强知识产权制度与法律法规交流、培养知识产权人才，构建起知识产权国际合作的常态化机制。一是建立起知识产权保护的国际协调机制。实践证明，对知识产权保护制度的沟通协调有助于促进经济全球化、区域一体化、自由贸易区的形成，增进各国之间的经贸往来。二是健全知识产权跨国案件协作处理机制。由于各国的法律法规和执法部门存在较大差异，跨国知识产权案件需要各国的海关、公安、工商、司法部门建立点对点的信息共享和交流互访平台。三是建立国际知识产权综合服务中心。提供优良的知识产权中介服务，加强国际知识产权转移对接，整合国际知识产权贸易资源，打造高效能、多层次的知识产权贸易平台。

第十一章

人力资源是科技创新和产业体系建设的第一资源

当前，世界处于百年未有之大变局，世界格局正经历深刻演变。全球化遭遇收缩、新科技革命加速更迭、世界经济深度衰退、地缘政治冲突加剧，呈现竞争优势重塑、经贸规则重建、力量格局重构的叠加态势，给全球开放创新环境带来较大不确定性。随着全球新一轮科技革命和产业变革的蓬勃发展，科技创新成为大国博弈的主战场，人才竞争成为综合国力竞争的核心，人力资源成为大国战略能力竞争的第一资源。全球科技创新进入新的活跃期，深化国际创新合作，才能更好应对各自和共同的发展挑战。当前，我国面临美欧日等国家技术封锁、人才封锁、产业链脱钩和供应链受阻的情况，我国要做好长期博弈的准备，建立中国特色的人力资本体系，争取更大的战略机遇期。

一、建立中国特色的人力资本体系

建立中国特色的人力资本体系，是应对激烈的国际竞争、突破“卡脖子”关键核心技术封锁、牢牢把握创新主动权和发展主动权的迫切需要，是把握新发展阶段、贯彻新发展理念、构建新发展格局，提升国家实力、推进科学发展、推动我国经济高质量发展的迫切需要。

（一）人才竞争成为各国综合国力竞争的核心

（1）全球科技创新进入新的活跃期，科技创新成为大国博弈的主战场。新一轮科技革命和产业变革正在推动重构全球的创新版图、重塑全球经济结构，科技创新已经成为国际战略博弈的主要关切点。各主要国家纷纷出台国家科技创新计划：美国出台《2021 年美国创新与竞争法案》，提出“先进制造业美国领导力”战略；欧洲建立创新型政府，德国推出“工业 4. 0”和升级版的“工业 5. 0”战略，并发布《国家工业战略 2030》；日本发布《日本创新战略 2025》，建设“超智能社会 5. 0”，提出“日本产业复兴计划”；中国大力建设制造业强国，强化国家战略科技力量推动科技创新发展。

（2）中美博弈给中国科技创新发展带来巨大的负面影响。当前，中美博弈加剧，美国先后提出“亚太再平衡”战略、印太构想、经济繁荣网络计划、“印太战略”等，通过拉拢盟友阻挠中国发展，尤其是对高端芯片等高技术领域进行封锁打压中国，给区域科技合作增添诸多不确定性。美国采取各种手段推动中美科技脱钩，当前中美在科技领域的对立格局已经形成。以美国为首的西方国家采取贸易保护主义、民粹主义等逆全球化措施，提高关税，以国家安全和产业链供应链安全为由提高投资门槛，通过新规则排除孤立中国，通过科技脱钩、切断高端人才交流途径等手段遏制中国科技发展。美国在半导体、药品、稀土和高端高能电池四个领域重构盟友体系产业链和供应链，实施“毒丸条款”、实体清单、出口技术管制、投资限制、核心关键原料和零部件断供，以此牵制中国科技、产业发展及与周边国家的经贸合作。美国遏制中国高科技产业发展，欧盟设立外资收购审查机制，中国通过跨国并购和投资国外高新技术企业和初创企业获取国外先进技术和品牌将越来越难。关键核心技术是求不来的，必须靠自力更生，把关键核心技术把握在自己手中，才能牢牢把握创新的主动权和发展的主动权。

（3）国家科技创新力的根本源泉在于人才。随着全球新一轮科技革命和产业变革的蓬勃兴起，人才竞争已成为各国综合国力竞争的核心。面对发达国家的技术封锁，要加快构建中国特色人力资本体系，进一步提升我国科技自主创新能力，为我国创新发展不断注入新动能。要主动在固链强链延链补链、吸引全球一流人才、聚焦大学和研究机构竞争等领域寻求多赢合作，加快对标对接公平合理的竞争规则，利用签订的 RCEP（《区域全面经济伙伴关系协定》）、《中欧全面投资协定》等规则，积极早日加入 CPTPP（《全面与进步跨太平洋伙伴关系协定》），持续推进国内产业政策调整和竞争制度改革，在开放竞争中建立高标准高质量的规则和体制，在规则竞争管理中提高产业基础能力和产业链供应链水平，维护产业链、供应链的安全与稳定，加快向全球产业链供应链价值链高端跃升。

（二）中国特色人力资本不断为我国创新发展注入新动能

（1）我国不断优化人力资源对实体经济发展的支撑作用。新中国成立之初我们吹响“向科学进军”的号角，改革开放之后我们提出“科学技术是第一生产力”“尊重知识尊重人才”的人力资本战略思想；进入 21 世纪以来我们推进创新发展，实施科教兴国战略、人才强国战略，完善国家创新体系，建设创新型国家；党的十八大以来提出创新是第一动力、创新驱动发展战略、建设科技强国，“十四五”规划明确将“建成人才强国”列入 2035 年远景目标，高度重视创新人才在国家科技创新力中的重要作用。新时代，立足新发展阶段，贯彻新发展理念，构建新发展格局，推动高质量发展，要加快实施人才强国战略，建立中国特色的人力资本体系，大幅提高人才对经济社会发展的贡献率，将人才优势更好地转化为中华民族复兴的战略优势。当前，我国经济增长动力从要素驱动、投资驱动向创新驱动转变，创新是引领发展的第一动力，创新型人力资本在创新驱动中发挥着引领支撑作用。

（2）我国创新型人才队伍不断壮大。创新是我国经济社会发展的第一动力，人才是我国经济社会发展的第一资源。党的十九大提出加快建设创新型国家，培养造就一大批具有国际水平的战略科技人才、科技领军人才、青年科技人才和高水平创新团队。我国正处于结构转型和产业升级的关键时期，提高自主创新能力、建设创新型国家，必须依靠创新型人才。国内外一些知名产业创新中心都高度重视创新型人才的引进与培养。在高端创新人才引进方面，印度班加罗尔，日本筑波，中国台湾新竹、武汉和成都等城市通过优惠政策和良好的投资与生活环境大力吸引海外高科技创新人才、海归人才入驻，在带来国际先进技术的同时也带来大量的资本和先进的管理经验，成为各国产业创新的领军力量。武汉探索建设国际人才自由港，为汇聚海外科研人员做出了新的探索。同时，各国也十分重视对本土创新型人才的培养，如印度班加罗尔软件产业创新中心云集百个高等院校和科研机构、千个初级学校和国家重点实验室，日本筑波科学城本身就是建立在国家实验研究机构和筑波大学基础之上的，中国台湾新竹汇聚台湾重点大学、工研院和 6 个国家实验室，武汉的“四大资智聚汉工程”“大学+”“大湖+”模式保证了创新型人才的培育与集聚，成都高新区多所专科学校和职业技术学校为促进园区创新型产业的发展有针对性地培养产业创新所需的技能人才，提升了创新的基础能力。

（3）当前我国科技创新短板仍旧突出。制约我国科技自主创新能力跃升的四大短板是：一是缺乏科技创新领军人才和高技能人才。尽管当前我国创新型人才队伍不断壮大，一些产业自主创新能力快速提升，但我国许多产业仍处于全球价值链的中低端，一些核心技术仍受制于人，科技创新领军人才和高技能人才缺乏，具有国际竞争力的高层次创新团队严重紧缺，创新型人才队伍大而不强。二是抢占未来发展先机的能力不足。长期“跟跑”形成的对标式、跟随型思维惯性，在重大科学和技术创新问题上原创思想、原创能力不足；以全球视野谋划科技开放合作的能力不足；引领全球科技发展的准备不足。国内外技术、资金、人才等创新要素集聚和融合不够，创新要素协同性需要进一步强化。特大城市聚集创新资源的同时，各项成本持续上升提高了创新创业门槛。三是科研成果转化率低于国际水平。2020 年我国国际专利申请量连续两年世界第一，发明专利申请居“全球创新指数”第 14 位，但专利转化率不高。科技成果高效转化仍存在不少“堵点”：各类创新主体之间的产学研结合不够通畅，创新政策与财税金融产业政策不协调、不配套，有关政策落实不到位。四是官产学研协同创新的体制机制有待完善。官产学研合作仍停留在技术转让、合作开发和委托开发等低层次合作上，共建研发机构和技术联盟等高层次合作较少，政府主导关键技术、核心技术研发作用有待加强；“四大支柱”协同创新联动不畅，即大学提供基础研究支撑，科研院所提供应用研究支撑，政府提供关键共性技术支撑，企业提供市场化商业化支撑；相关产权关系和利益分配不明晰，激励机制不到位，风险管理机制不健全，协同合作科学运行机制尚未建立。

（三）积极推动建设中国特色的人力资本体系

把人才资源开发放在科技创新最优先位置，建立中国特色的人力资本体系，具体可以从以下几方面做好预案。

（1）增加创新型人力资本开发投入。重点增加高等教育和基础研究投入。充分发挥科技创新的四大支柱作用。一是发挥大学基础教育培育作用。21世纪以来，世界经济正在从工业经济迅速向知识经济转变，大学模式也由工业经济大学迈向知识经济大学。大学基础教育更重视对本土科技人才的培养，培育知识型、技能型、创新型劳动者大军，培养具备工匠精神的创新产业技能人才。例如，印度班加罗尔高校云集，建立科研机构100多家、初级学校2400所和高中650所，充分保证了高素质低成本人才的供应，提升了本土研发管理能力，成为发展高科技的强大后盾。二是发挥科研院所基础应用研究作用。例如，台湾十分重视科研院所的带动作用，台湾清华大学、台湾交通大学、台湾工研院及台湾科技主管部门在新竹科学园区内设置了6个实验室，包括太空图书室、同步辐射中心、精密仪器发展中心、晶片设计制造中心、高速电脑中心、交大内之毫微米元件实验室，成为园区科技创新发展与人力资源的后盾。加大对创新融资的力度，构建世界一流直接融资体制。三是发挥企业开发试验作用。例如，美国“斯坦福—硅谷”校企合作协同发展的模式已经成为世界范围内校企合作的典范，其关键在于充分发挥企业开发试验作用，建立技术转化支撑体系，即OTL模式，实现了由实验室到市场的有效联通。四是发挥政府公共技术服务作用。政府应对关键技术研发、技术咨询、技术转让机构规范等公共技术服务和公共技术创新提供平台。

（2）构建创新型人力资本培养体系。改革人才培养、引进、使用等机制。一是育才。更加重视人才自主培养和人才创新能力培养，努力培育高素质技能人才、能工巧匠和大国工匠。努力造就一批世界水平的科学家、科技领军人物和工程师，稳定一批高水平创新团队。二是引才。优化人才发展环境，设计以人为本的创新激励制度，实行落户、居住、子女入学等特殊优惠政策，积极构筑全球人才科研创新高地，创建人才管理改革试验区和人才服务绿色通道。三是用才。建立以信任为基础的人才使用机制，允许宽容失败，鼓励科技人才“领军挂帅”，增强领军人才的责任感和获得感。完善科技人才评价体系，以创新价值、能力和贡献为导向，完善科技奖励制度，让科技人才能够潜心研究。

（3）增强对国际创新人才的吸引力。推动创新人力资本流动顺畅，增强对国际创新人才的吸引力。积极建立全球高层次人脉网络，依托国家和地方重大人才计划，着力引进海外从事国际前沿研究的国际顶尖科技人才与杰出科学家和创业团队入驻。高素质人才培养要与产业企业发展需求相适应，与“中国制造 2025”等重大国家战略相对接。

（4）重视创新人才储备。一是重视基础研究和研究人员的重要性。充分发挥国家及公共团体的作用，推动基础研究，加强对研究人员和技术人员的支持保障和培养，以充分发挥其创造性。二是大力培养不惧失败、敢于挑战的人才，鼓励挑战性研发活动。三是重视人才储备，更加重视战略储备、人才储备、技术储备、专利储备，更加重视未来科技创新和产业发展方向与前沿问题研究。

二、培养高素质的合格员工队伍

新技术革命催生新产业、新业态和新模式，新时代高质量发展更加倚重高水平人力资本。员工队伍是企业发展的根本，培养高素质合格员工队伍，是推动现代企业健康快速发展、提升企业竞争力的根本保证。

（一）大力培养工匠精神，鼓励技能成才、技能报国

匠心聚，百业兴。一国综合国力的竞争归根结底是人才的竞争、劳动者素质的竞争，技术工人是中国制造中国创造的基础。面对日趋激烈的国际竞争，我们要继续传承弘扬工匠精神，激励员工本着“执着专注、精益求精、一丝不苟、追求卓越”的工匠精神，立志成为高技能人才和大国工匠，走技能成才、技能报国之路。习近平总书记指出：“无论从事什么劳动，都要干一行、爱一行、钻一行。在工厂车间，就要弘扬‘工匠精神’，精心打磨每一个零部件，生产优质的产品。在田间地头，就要精心耕作，努力赢得丰收。在商场店铺，就要笑迎天下客，童叟无欺，提供优质的服务。只要踏实劳动、

勤勉劳动，在平凡岗位上也能干出不平凡的业绩。”党的十九大报告指出：“建设知识型、技能型、创新型劳动者大军，弘扬劳模精神和工匠精神，营造劳动光荣的社会风尚和精益求精的敬业风气。”大力弘扬劳模精神、劳动精神、工匠精神，广泛宣传表彰优秀人才，让劳动光荣、创造伟大的理念深入人心。提高技能人才社会地位，为建设人才强国提供人才支撑和技能支撑。

（二）重视职业技术培训，提升员工技术素质

近年来，我国技能人才队伍培育取得积极成效。据统计，截至 2020 年底，全国技能劳动者超过 2 亿人，其中高技能人才约 5800 万人，占技能人才的近 30%。但是，技能人才尤其是高技能人才在总量、结构、培养、使用等方面，与实际需要相比仍存在一定差距。“十四五”期间，我国将通过实施“技能中国行动”，实现新增技能人才 4000 万人以上，技能人才占就业人员比例达到 30%，东部省份高技能人才占技能人才比例达到 35%，中西部省份高技能人才占技能人才比例在现有基础上提高 2 ～ 3 个百分点。为此，进一步提升职业技能，应大力发展职业技术培训，这是世界制造强国培育本国技能人才的重要举措。可以借鉴德国“双元制”职业教育经验，推动教育机构和企业联合培养高素质技术人才，推动理论与实践相结合。借鉴日本的企业管理理念、工匠精神，注重传承传统文化并与企业文化相结合。实施员工培训制度和新型学徒制度，设置专业技术学校、中小企业大学和员工培训基地，为中小企业培养职业人才。企业应重视开展入职培训，培养技术人才和管理人才。加强数字技能培训，提升员工数字素养。

推进我国职业教育改革的几点建议。一是结合我国教育体制和企业需求，完善“双元制”模式教学机制。借鉴德国“双元制”职业教育模式，探索适合我国的“双元制”职业教育模式。整合现有的职业教育培训资源，加强与德国职业教育培训结构合作；加强教师队伍培训，提高师资水平；设立专门的教育基金，鼓励培育市场化的职业教育培训机构；推动“双元制”教育理念向企业渗透，解决企业专业技术人才紧缺问题。二是推进职业教育与产业对接，课程内容与职业标准对接。职业教育与产业需求密切相关。目前，我国三次产业协同发展较快，国内劳动力市场具备一定的规模，具有较大的市场潜力。而“双元制”职业教育的目标是让学生具备从业能力，培养直接创造新价值的高水平专业人才。因此，“双元制”职业教育的专业设置应以产业

需求为导向，与企业、岗位相对接，课程内容应与职业标准对接，有利于学生掌握最先进的技能，增强实践技能，并达到相关职业标准，有利于培养我国本土高素质产业工人和专业技术人才，提升我国高端制造业水平，提升企业竞争力，加快实现从“中国制造”到“中国创造”的转变。三是提升职业教育地位，实现职业教育与学术教育学历对接，职业资格证书与学历证书对接。借鉴德国“双元制”职业教育经验，提升职业教育在整体教育体系中的地位。将职业教育作为进入高校学习的同等学力途径之一，把职业资格证书与学历证书放到同等地位。允许参加“双元制”职业教育的学生获得高校报考资格，实现职业教育的某些学分与高校学分互换，提高高校毕业生中受过职业教育学生的比例。建立校企培训、行业协会考核机制，资格考试由行业协会负责，对学生进行理论和实践的全面考核，对考核合格者发放资格证书，提高资格证书的权威性。四是深化中德职业教育合作示范基地建设，推广“双元制”职业教育模式。一方面，要做深做实中德在青岛、重庆、太仓等地建设的一批“中德职教合作示范基地”，充分学习、借鉴和吸收德国“双元制”职业教育经验。寻求德国工商会等机构支持，与德国有关职业教育培训机构加强合作，联合已有的机构资源，采用“双元制”模式，使用德国的培训教材和师资力量，建成国内培养高素质技术人才的重要基地。另一方面，要发挥示范基地的示范作用，扩大辐射范围，向全国有条件的地区推广，引领、加快中国职业教育体制改革，为“中国制造”培训大批高素质应用型技术人才。五是大力推广“蓝领留学”新路子，建立中德技术人员双向交流平台。加快开展两国企业技术工人培训方面的交流与合作，探索新的高级技工培训合作模式，推动两国企业技术工人共同成长、成才。大力推广“蓝领留学”新路子，每年选送一批优秀蓝领赴德培训进修，形成“培训—进修—交流—提高”的专业技术人员培养机制。同时，也要采取“请进来”的方式，利用德国师资力量，使用德国培训教材，培养高素质的蓝领人才。在此基础上，扩展交流范围和加大交流力度，建立起两国蓝领人才双向交流培养机制和互动交流平台。

（三）推动产学研结合，提升技术转化水平

产学研本质是创新科研人才培养与转化。日本和德国的产学研体系为打造“日本制造”和“德国制造”立下汗马功劳。我国应借鉴日德产学研经

验，健全产学研人才培养体系，保障创新人才的供给。聚焦大学和研究机构竞争，赋予研究机构更大自主性。积极推动创新战略、科技、人才和知识产权统一的官产学合作，推进政府、企业、大学和科研机构联合攻克关键共性技术和公共技术研究，构建由基础研究、应用研究、开发试验研究、关键共性技术和公共技术研究组成的创新链。设立专项基金，用于人才培养和世界一流研究型大学建设，提升我国科研体系质量，提高科研水平、创新实力和国际竞争力；打造由国家实验室，关键共性技术、基础共性技术、产业共性技术研发平台，企业研发中心组成的新型研发机构；推动基础研究锲而不舍、久久为功，加强对研究人员的支持保障和培养，充分发挥其创造性。

专栏 1：德国产学研主要经验

德国在推进产学研合作研究中，政府强力主导推进企业、大学和科研机构联合攻克关键共性技术和公共技术研究，构建由基础研究、应用研究、开发试验研究、关键共性技术和公共技术研究组成的创新链，推动构建国家创新体系。弗劳恩霍夫研究所（FhG）、马克斯·普朗克学会（MPG）、亥姆霍兹联合会（HGF）和莱布尼茨科学联合会（WGL）是德国四大骨干国家科研机构，在推动德国关键共性技术研究方面发挥了重要作用。

FhG 的运作模式极大保持了研究机构的独立性，打造了自主创新的良好生态。一是经过 70 多年的发展，FhG 仍保持着非营利性公共研究机构的属性。2020 年度研究预算为 28 亿欧元，其中，24 亿欧元是通过合同研究获得的。合同研究收入的约 2/3 来自商业和公共资助，余的 1/3 来自德国联邦和州政府的基础资金，“三七开”的经费结构有效保证了其运营的独立性和创新研究的独立性。二是采用联盟式结构与现代公司制管理相结合的组织模式，设有会员大会、理事会、执行委员会、学术委员会和高层管理者会议等机构，有效整合了内外部资源，推动了决策与相互协作。三是推动跨学科研究团队与企业及政府合作，通过政产学研合作推动原始创新，推动关键共性技术研发。四是 FhG 的应用研究不仅提高了行业绩效和效率，促进了社会对新技术的接受，还帮助培训了下一代科学家和工程师。FhG 通过与著名大学合作，并结合 FhG 的研究活动，为专家、管理人员和学生提供职业培训，并将应用研究的最新成果直接用于教学内容，为研究和创新提供直通平台。

德国政产学研创新体系具有结构完整、分工明确、协调一致的特点。德国科技创新体系主要体现在构建了完整的官产学研创新体系。一是政府承担立法、规划、管理监督等职能。负责制定教育、科技和创新等政策，构建创新环境，相比形成新的产业更加重视现有产业与新技术的结合，最大限度实现政产学研的协同与合作。二是高校、科研组织和企业研究机构协同研发。作为创新三大主体，高校定位在面向未来的科技研究，在国家科研与创新体系中的地位举足轻重；科研组织定位在应用技术研究，推动高校科研成果的应用，并与企业开展“合同科研”，为企业产品研发提供技术支撑服务；企业主要面向市场创新，强调技术和成本可控。目前，德国共有各类高校 390 所，其中，120 所综合性大学，206 所高等专业学校。密集的高校网络，夯实了研发环境基础。高校教授大多有企业研发或高管经验，极大地推动了高校与政产学研体系的结合。三是非营利性科研机构性质，有效保证了机构运行的独立性。德国的非营利性科研组织属于官办性质的独立科研机构，比如 FhG 等四大骨干国家科研机构，是德国最重要的基础和前沿领域研究的科研力量，是国家长期战略性重点基础研究项目的主要承担者，是德国科研格局的中流砥柱。这类研究机构的经费大部分来自德国联邦和州政府财政拨款，但法律上这类机构都独立于政府。四是现代企业化管理模式，为科研组织带来较大自主权。科研组织多以“责任有限公司”“基金会”或“注册社会团体”形式出现，实行自主管理，在业务开展、经费使用、人员雇佣等方面拥有较大自主权。例如，FhG 采取联盟式结构与现代公司制管理相结合的模式，保证了研究的自主性与重大事项的协调和决策的科学性。五是重视与中小企业合作，通过“合同科研”推进技术转化。比如 FhG 通过与中小企业订单式的合同研究，开展针对性研究，为企业量身定做解决方案和科研成果，推进了研发与转化进程。六是重视战略储备，推动创新可持续发展。德国鼓励开展面向未来的科技创新，重视在科技前沿领域与核心竞争力领域的创新研发，同时重视对既有高端技术的提升研发，加强知识产权保护，鼓励科技创新专利申请。七是全面系统的人才培养机制，保障了创新人才的供给。产学研本质是创新科研人才培养与转化。德国科研组织与大学合作紧密，其旗下的研究机构多设在大学内部，研究机构的管理者和工作人员多为学校教授和在校学生，推动了校企之间的人才轮换与有序流动，保障了科研人才供给和大学基础研究实践，实现产学研相结合。德国实施“双元制”职业教育，由教育机构和企业联合培养高素质技术人才，推动理论与实践相结合。FhG 设置了诸多创新人才储备培养项目，涵盖幼儿园、小学、大学甚至更高阶段。八是坚持开放包容理念，开展国际合作研究。德国重要的科研组织多实施国际化战略，在海外创新领先地区设有交流合作窗口，加入各类国际组织，构建科研创新全球网络和伙伴关系。比如，FhG、MPG 在全球主要国家设立了代表处，开展国际合作研究。

专栏 2：日本产学研主要经验

日本的产学研合作研究是典型的政府主导模式，依靠政府政策和财政投入。日本政府巨资打造筑波科学城、关西科学城等产学研合作基地。比如，日本筑波科学城本身就是建立在国家实验研究机构和筑波大学基础之上的，它们联合开展共性技术研究和公共技术研究，打造创新链，提升产业竞争力和国家经济实力。筑波科学城运作模式呈现出政府主导关键共性技术研究的重要性。一是采取“中央政府投资、中央政府管理”的建设模式，各类科研机构和教育设施及其他产业和公司，均受中央政府相应主管部门的垂直领导。二是享有政府巨额财政拨款和低息贷款，具备健全的立法保障和多种优惠政策措施，有力保障和促进了筑波科学城的发展。三是采取多渠道融资方式，科技园区资金主要来自财团、企业和政府，有效利用了社会资本。四是企业管理模式由层级制向扁平化转变。筑波科学城内的企业群体以大企业为基础，系统内部各单位呈现纵向金字塔型阶梯等级，因此很长一段时间采取层级制管理模式，好处是职责明确，步调一致，效率较高，但随着企业规模扩大，需要增加管理层次，导致出现机构臃肿、效率降低等问题，所以日本企业开始实施扁平化管理，增加管理幅度，提升管理效率。五是重视日本传统文化的传承及其与企业文化的结合。日本的企业管理理念、工匠精神享誉全球，百年企业数量世界之最，“日本制造”走向世界。六是注重保持良好的自然生态环境，宜居宜业的城市环境成为留住人才的重要因素。七是及时转型与再发展。政府主导的筑波科学城为日本科技发展做出了巨大贡献，但是，这种以国家级研究机构为主体并享有国家巨额财政拨款的发展模式导致创新动力不足、没有形成产学研销链条、研究成果转化率低等问题。1996 年，日本制定《科学技术基本规划》，将筑波科学城定位为信息、研究、交流的核心，制定新的管理制度和科技政策，促进筑波科学城的转型与再发展。2001 年国家级研究机构均转型为独立的管理机构，健全了机构的创新机制，推动科技成果产业化应用。科学城和高新技术园模式，加快了科技成果转化和技术创新，推动了产业发展，形成了产业集群效应，大大提升了日本产业的国际竞争力。

（四）大力完善技能人才队伍建设政策制度，做好制度保障

做好制度保障。一是加强组织领导，建立党统一领导，政府、企业、社会共同参与的工作机制，推动技能人才队伍建设。二是完善技能人才培养机制，健全“技能中国”政策制度体系，健全技能人才发展政策体系，健全终身职业技能培训制度。改进技能人才评价体系，构建职业技能竞赛体系。创新人才流动机制，健全人才激励机制。三是加大经费支持力度，充分发挥政府资金撬动作用，建立政府、企业、社会多元化投入机制。四是加大宣传引导力度，提高技能人才社会地位，营造识才爱才敬才用才的社会环境，打造最优人才生态，充分激发员工内生动力，充分释放技能人才的能量，为建设人才强国提供人才支撑和技能支撑。

三、吸引培养留住一流人才

牢固确立人才引领发展的战略地位，吸引培养留住一流人才，夯实创新发展人才基础。

（一）着力夯实创新发展人才基础

拥有一流的人才，才能在科技创新中占据优势。当前我国缺乏科技创新领军人才，人才评价制度存在不合理现象，科技奖励制度有待完善，需要进一步推动改革，吸引培养留住一流人才，释放一流人才创新活力。要营造良好的创新环境，加快形成人才培养、使用、激励、竞争机制，培养一批具有国际水平的科技人才、领军人才和创新团队，大力培养使用战略科学家。

（二）加大人才对外开放力度

坚持开放包容理念，开展国际合作研究。加强人才国际交流，引进国际

顶尖人才和创新团队为我所用，同时通过人才“走出去”，拓宽多元化培养渠道。打造国际人才交往平台，北京、上海、香港、深圳等城市进入全球创新策源引领前列，可以在这些城市建设国际科技创新中心，打造世界重要人才中心和创新高地。推动科研组织实施国际化战略，在海外创新领先地区设有交流合作窗口，加入各类国际组织，构建科研创新全球网络和伙伴关系。比如，德国弗劳恩霍夫研究所在欧洲、北美、南美、亚洲、非洲和中东等地区设有代表处，加入了世界工业技术研究组织协会（WAITRO）等国际组织。马普学会在美国、加拿大、日本、以色列和中国等国家设有代表处，通过战略合作项目和“探索性圆桌会议”开展科学研究国际合作。

（三）以世界一流体制机制吸引全球一流人才

（1）吸引全球一流人才构建“世界大脑”，聚天下英才而用之。在大力培养本国人才的同时，要积极引进国际人才特别是高层次人才参与到我国现代化建设当中。加快引进国际高端人才和团队，加快高技术人才培育。构建创新激励机制，试行职务发明科技成果混合所有制。落实科研人员股权奖励递延纳税、职务创新成果转化获得的现金奖励减半计征个税等优惠措施。实施国际高端人才个人所得税优惠减免政策。用好研发费用加计扣除、设备加速折旧、亏损结转等税收优惠政策机制，激励企业提高研发经费投入强度，鼓励科技型企业实施员工持股。继续加强与美日欧科学家、工程师等人才交流合作，重视新生代科学教育和技能培训，完善国际人才引用的激励机制，引导形成尊重人才、尊重知识、尊重技能的创新氛围，把我国建设成全球人才汇聚和才能展示的创新试验场。

（2）建设国际创新人才集聚地。充分发挥产学研联合培育高技术人才作用，探索与国际接轨的人才跨境流动制度，围绕战略性产业引进首席科学家及团队，支持产学研跨境项目合作，支持国内人力资源服务机构在境外设立分支机构。创新外籍人才服务管理模式，提升出入境证件、专家证、就业证、居留证办理效率，放宽人才认定年限至 75 岁，为其子女入学、医疗保障提供便捷服务，落实好中外政府签订的社会保障协定相关政策，探索实施国际商业医疗保险结算，简化外汇结汇手续；着力解决专业服务领域国际执业资格和境外从业资历认可等问题，支持外籍人员网上办理外籍医师短期执业证件申请及延期业务，探索开展国际人才来我国工作试点，建设国际化、便利化人才服务环境。

（3）打造开放创新国际合作平台。充分借助北京、上海、深圳等国际交往中心和科技中心城市的引领作用，在对外经济技术与产业合作中继续发挥“头雁”作用，通过率先适应新的对外合作规则，打造与国家发展所需一致的产业体系与创新生态，实现从传统招商引资国外高端产业聚集型园区发展模式，到培育创新能力和关键技术能力的产业链创新链嵌入国际大循环的新型平台新型园区发展模式转变。聚焦“工业 4.0”与数字化转型要求，聚焦智能制造、低碳经济与绿色发展要求，形成智慧绿色技术创新国际合作示范；聚焦数字贸易、数据跨境流动规则、资本账户开放、知识产权保护、仲裁执法机制，塑造制度型开放规则规制样本；聚焦关键技术合作，探索设立关键技术跨国企业创新联合体、头部企业与中小企业产业链创新合作平台、联合研发中心与实验室等，建设制造业跨国联合创新机制高地；聚焦高质量发展专业服务，搭建中外供应链创新联盟和中小企业转型升级的国际交流平台，打造中小企业创新创业服务平台、科技成果转化基地、知识产权国际化服务平台和国际创新人才集聚地。

（4）促进技术和知识产权跨境双向流动。促进国际技术服务贸易发展，建设面向国际的知识产权交易服务平台，推动知识产权跨境交易便利化。构建国际化知识产权专业服务平台，一站式办理专利申请、资助金申请、专利权质押合同备案、确权和维权等多项业务；建立全方位的知识产权保护机制，成立知识产权合议庭，试水英美法判例，寻求突破点，快速响应知识产权维权诉讼；提供外语服务人才及相关法规资料，针对专利、商标注册与审批提供快捷服务。

（5）建设高品质“类海外”发展环境。加快国际产业园区类海外环境的建设，完善生产环境、生活环境和相关制度环境，促进产城融合发展。加快中外产业园区信息化建设，建立国外产业展示渠道、“双元制”教育机构、高标准厂房，提升公共服务和专业技术服务水平；重视生态环境建设和创新文化培育，完善生活配套设施，打造宜居宜业类海外生活工作环境；补齐对外投资、进出口、人才服务、金融商务等方面的短板，强化知识产权保护，推进创新创业政策环境建设。

四、涌现一批有全球视野、全局观念及以人为本的优秀企业家

当前，经济全球化遭遇波折，但是，全球经济向着更加开放包容普惠平衡共赢的方向发展，要培养一批具有全球战略眼光、管理创新能力和社会责任感的创新管理人才和企业家。

（一）企业是创新主体，推动企业成为创新创造的生力军

企业在技术创新上处于主导地位，特别是大企业的主力军作用显著。比如，日本的研发属于企业主导型。在科研经费负担上，20 世纪 80 年代企业负担 80%左右，政府负担约 20%，远远高于欧美国家的负担比例。在研究人员分布上，企业研究人员占全部研究人员比重 50%以上。在研究机构数量上，企业研究所数量远多于大学和政府研究机构数量。松下、日立、三菱、索尼等企业在技术创新方面起到了主导作用，促进了原始创新，推进了科技成果产业化并形成了高技术产业集群。回顾历史，德国、日本两大高技术制造业强国通过创新平台和高技术产业促进平台，促进众多中小企业成为某些微小领域的“隐形冠军”，为打造“德国制造”和“日本制造”立下汗马功劳。借鉴国际经验，要推动企业成为我国创新创造的主体，培育一批创新型领军企业。打造“政产学研智”自主创新生态体系以促进企业科研成果产业化。强化企业创新主体地位，推动建立以科技创新为核心、政府扶持为推手，促进产业链、创新链、资金链和政策链深度融合，“政产学研智”紧密合作的自主创新生态体系，构建“企业集聚+产业链分工合作+研发机构集群化发展”的科技创新网络体系，实现技术创新上中下游的对接与耦合，提高科技成果的转化率。搭建科研成果转化平台，重点支持核心技术研发的重大项目，政府帮助引进先进装置，促进创新企业集群。同时，以市场为技术创新导向，发挥市场在创新资源配置中的决定性作用。完善政策支持保障等长效机制，带动新技术、新产业、新业态、新平台的蓬勃发展。

（二）弘扬企业家精神，推动企业高质量发展

厚植爱国情怀、弘扬创新精神、坚持诚信守法、积极承担社会责任、不

断拓展国际视野，是企业家精神的时代内涵。企业营销无国界，企业家有祖国。爱国是我国优秀企业家的光荣传统，优秀的企业家拥有国家责任感和民族使命感。通过努力办好一流企业，提升企业核心竞争力，服务于经济社会发展，增强民众的获得感。一是提高质量标准，加强全面质量管理。围绕优势产业和重点领域，帮助企业加强质量管理，在生产流通的各个环节严把质量关；对标国际，提高产品和服务的质量标准，使中国制造和服务成为高质量的标志；引导资金、人才、技术等要素向优质产业领域聚集，增加高质量、高水平的有效供给。二是强化质量监督。充分发挥第三方质量专业机构和行业协会在政府、企业和消费者之间的桥梁作用，为会员企业建设追溯体系提供专业化服务，为广大消费者提供权威可靠的质量信息和消费信息查询和验证服务。充分运用移动通信技术和大数据先进理念和资源，进一步完善诚信溯源和防伪溯源服务系统，推动我国诚信系统建设。强化企业主体责任，引导企业以质取胜，增强企业质量安全主体责任意识，督促社会各界切实维护消费者合法权益和共筑质量诚信，引导广大消费者树立质量消费观念。企业家是创新发展的探索者、组织者和引领者，通过敢闯敢试敢为天下先的创新精神，推动企业创新发展。优秀企业家坚持诚信守法，积极承担社会责任。优秀企业家正立足中国，放眼世界，“走出去”步伐明显加快。

（三）不断拓展国际视野，培养具有全球战略眼光的优秀企业家队伍

推动优秀的企业家立足国内，放眼全球，重视国内大市场的同时，把握国际市场动向，把握国际规则，对标国际高标准，提升产品质量和服务质量。要抓住全球经贸格局东移、国际陆海贸易新通道和 RCEP 生效后的重大机遇，服务国家战略，深化与东亚、东南亚国家合作。一是加强贸易合作，采取多种形式应对全球贸易摩擦和疫情对海外商业交流的影响，发挥好香港的优势，联动粤港澳大湾区，加强与东京、首尔、新加坡等东亚、东南亚贸易中心合作，加强区域内贸易合作。二是加强生产合作，充分利用中国大市场优势，重视中国五大城市群的新消费趋势和潜力，帮助中国企业寻求与日韩产业互补合作的机会，匹配越南、印度尼西亚等的劳动力等资源优势，加强产业链互补合作。三是加强创新合作，联动北京、香港、上海、深圳等国际创新城市与同为国际创新城市的东京、首尔，以及与新加坡等加强创新合作，加强

与泰国、印度尼西亚、越南等东盟国家的数字经济合作，打造区域创新网络和世界科技创新中心。四是加强服务贸易合作。充分利用香港、上海、深圳、北京等国家服务贸易创新发展中心优势，推动中国企业加强与东京、首尔、新加坡等东亚、东南亚服务之都合作，探索服务贸易创新发展新路径、新模式。五是加强金融合作。充分利用东亚、东南亚贸易网络，积极拓展与东亚、东南亚货币金融合作空间。推动香港、上海与东京、新加坡加强金融合作，积极探索金融合作新模式，推动跨境结算、跨境融资、区域货币交易市场建设等方面合作，为中国企业和中国金融机构，为区域经济提供全球化、多元化金融服务。六是加强航运合作。顺应全球产业链供应链区域化趋势，优化对东亚、东南亚区域交通物流资源布局，特别是加强航运国际合作，持续布局海外港口新关键节点，推动香港、深圳、上海、辽宁与东京、釜山、新加坡等东亚、东南亚重要港口合作，拓展提升港口、物流、航运综合服务能力，提升国际物流全链路能力，抢占全球供应链重塑先机。

第十二章

科技创新助力现代产业体系的协同机制

建设现代产业体系是我国的重要战略部署。“现代化经济体系”是党的十九大报告首次提出的，建成现代化经济体系是我国2035年远景目标之一，现代产业体系是现代化经济体系的关键内涵。新时代，建立现代产业体系，对于推进我国提高经济质量效益和核心竞争力具有重要意义。加快构建现代产业体系，要坚定不移地建设创新引领、协同发展的产业体系，构建战略、结构、区域和政策协同发展机制和能力，与发达经济体之间形成互补型结构、差异化发展战略，与发展中经济体构建共享型发展模式，不搞赢者通吃、零和博弈、以强凌弱，几方面协同推进，提高经济质量效益和核心竞争力。

一、构建战略、结构、区域和政策协同发展机制

构建现代产业体系建设的协同发展机制，需要几方面一体建设、一体推进。要构建战略、结构、区域、政策协同发展机制和能力，要建设创新战略引领，实体经济、科技创新、现代金融、人力资源协同发展的产业体系；推动优化生产力布局，发挥区域协调战略的引领作用，重新审视参与国际分工的国内区域协调体系的构建；构建双循环跨境创新合作网络，打造全球化开放创新的创新链。

（一）建设创新战略引领、协同发展的产业体系

建设创新战略引领，实体经济、科技创新、现代金融、人力资源协同发展的现代产业新体系，提升整个供给体系的质量。创新是引领发展的第一动力，实体经济是发展的主体和基础，金融是现代经济的核心和血脉，人力资源是发展的第一资源。四者的协同发展是现代产业体系的显著特征，是提升整个供给体系质量、提升产业国际竞争力、壮大国家经济实力的根本举措。

1. 加强创新引领，建设区域协同发展创新体系

创新性是现代化产业体系的基石。习近平在2018年两院院士大会上的讲话指出，中国要强盛、要复兴，就一定要大力发展科学技术，努力成为世界主要科学中心和创新高地。充分认识创新是第一动力，提供高质量科技供给，着力支撑现代化经济体系建设。优先培育和大力发展一批战略性新兴产业集群，构建产业体系新支柱。以关键共性技术、前沿引领技术、现代工程技术、颠覆性技术创新为突破口，敢于走前人没走过的路，努力实现关键核心技术自主可控，把创新主动权、发展主动权牢牢掌握在自己手中。这就需要强化“创新是引领发展的第一动力”的理念，不断提高科技贡献率、资本产出率和劳动生产率，在全社会形成大众创业、万众创新的氛围，努力提高全要素生产率，特别是要把握信息技术和互联网对生产生活方式带来的智能化、数字化、网络化影响。

（1）不断提高科技创新在实体经济发展中的贡献率。提高科技创新在实体经济发展中的贡献率，提高经济发展质量。一是激发大众创业、万众创新的“双创”活力，增加政府公共产品、公共服务的“双公”供给。激发创新

创业活力，需要营造有效的投资环境、营商环境和市场环境，提高创新的效率和便利化水平。增加公共产品和公共服务供给，需要加快推进政府职能改革，践行治理体系和治理能力现代化。现阶段，解决中小企业缺技术、品牌、人才、渠道、资金和转型能力困境，增加“双公”供给具有更大的必要性和紧迫性。政府要在国家创新链上，在关键共性技术和公共技术开发转让项目上，在机构及机制建设上发挥作用，并作为大学、科研院所、企业以外的第四支科研创新力量，为中小企业解决工艺、材料、关键零部件等技术瓶颈提供公共服务。大力发展多层次职业教育和技术培训体系，为企业培养更多合格的高素质员工。营造更宽松便利的国际化、知识化、生态化的创新环境，吸引更多创新型人才和团队。二是推动构建政产学研创新生态体系，推动科技成果转化。三是构建全球创新网络，加快国际创新要素聚集。

（2）建设创新引领、协同发展的产业体系。着重推进传统产业、重大装备制造业和战略性新兴产业协调发展，以“制造强国”战略为基础，以提高制造业创新能力和基础能力为重点，推进信息技术与制造技术深度融合，推动传统制造业改造升级，加快发展新型装备制造业以及战略性新兴产业。一是借力信息技术，推动传统产业改造升级。借力大数据，推动传统制造业实现智能化，特别是实现生产智能化和销售智能化。重点培育特色集群，以提升和延伸产业链为主要抓手，强化产业、服务配套功能，提高聚集效应。二是加快发展新型装备制造业。提升高端装备自主设计水平和系统集成能力。加强关键共性技术攻关突破，加快高端重大装备的研制，提升装备基础发展水平；培优扶强品牌企业，提升市场竞争力。三是促进战略性新兴产业发展。打造以企业为创新主体的研究所、孵化器、产业基地“三位一体”的新兴产业聚集体系，促进创新链、产业链、资金链的有效对接，促进科教优势向产业优势转化，助推产业转型升级。四是加快推动制造业的数字化、网络化、智能化转型。从战略高度明确制造业数字化、网络化、智能化转型，强化对生产设备的信息化改造，试点设立智能车间和智能工厂，摸索出一批适合我国产业发展特点的智能制造整体解决方案。

（3）建设区域协同发展创新体系。我国区域创新差异明显。一方面，各区域的创新资源存在明显差异，从 R&D 经费支出层面看，东部地区约为中部地区或西部地区的 5 倍，约为东北地区的 16 倍；从投入强度层面看，东部地区约为西部地区或东北地区的 2 倍。另一方面，各区域的创新成果也存在明显差异，从专利审理受理量层面看，东部地区约为中部地区或西部地区的4倍，约为东北地区的20倍。一是创新驱动阶段（按2017年研发强度大于2.4%）的地区大多为东部省市，需要充分发挥40多年改革开放的雄厚基础优势，通过开放参与全球创新，提高自身国际竞争力和综合能力，占据全球创新制高点。二是投资驱动阶段（按2017年研发强度在1%～2.4%区间）的地区大多为中部地区，应把握已经形成的对外开放良好基础，准备承接由东部发达地区转移过来的国际投资贸易机会，复制东部地区的先进制度和发展经验，打造人才、资本等要素的储备地和生产制造基地。三是资源驱动阶段（按2017年研发强度小于1%）的地区大多为西部地区，依托“一带一路”优势、劳动力优势和其他资源优势发展的现代化再平衡格局，建立与“一带一路”的复合关系，从而形成全方位国际合作格局，由此形成以中部地区作为制造业支点，东部地区转向市场研发和高端现代服务业的全面开放新局面。此外，要充分发挥香港自由贸易港作用，特别是充分发挥和利用香港一流大学、世界一流直接融资体系及有全球影响力的国际金融中心的作用，在内地借鉴和推广香港良好的市场环境、投资环境和治理环境经验。由此，实现内部循环和外部循环“双循环”的良性互动。研究复制推广深圳在技术创新上的经验。目前，深圳已经形成鼓励创新的文化氛围，形成了一套有效的激励创新的体制机制，有容忍失败的社会环境，聚集了一批风险投资企业，有吸引国内外人才的制度，政府对技术创新给予同样的支持。如果各地能够创造出深圳这样的环境和机制，创新驱动发展战略就能落到实处。

2. 做实做强做优实体经济

产业是经济之本，实体经济是我国经济发展的根基。推动经济高质量发展，重点是推动产业结构转型升级，把实体经济做实做强做优。从实体经济出发，尊重市场规律，推动高质量发展；尊重人类发展和自然的规律，实现和谐发展，尊重社会规律，实现可持续发展。要更加重视发展实体经济，推动要素资源和政策措施向实体经济倾斜，加快产业政策向功能型政策转型。提高供给结构对需求结构的适应性，推动制造业特别是先进制造业从数量扩张向质量提高的战略性转变，推动制造业与互联网的融合发展。坚定不移推进“三去一降一补”，调整存量，减少低质无效供给，做优增量，大力培育发展新动能，扩大优质高效供给。

加快制造强国建设，打造“中国制造2025”国家级示范区，鼓励和支持地方探索实体经济尤其是制造业转型升级的新路径、新模式；加快发展先进制造业，特别是高端制造业，推动互联网、大数据、人工智能和实体经济深度融合，在中高端消费、创新引领、绿色低碳、共享经济、现代供应链、人力资本服务等领域培育新增长点、形成新动能。提升优势传统产业质量，推动传统产业向数字化、网络化、智能化转型，加快发展现代服务业，瞄准国际标准提高水平，培育若干世界级先进制造业集群，促进我国产业迈向全球产业链、价值链中高端，加快研发、生产、管理、服务等模式变革，打造中国制造竞争新优势。

构建以战略性新兴产业为引领的现代产业体系，重点发展新一代信息技术、高端装备制造、绿色低碳、生物医药、数字经济、新材料、海洋经济等战略性新兴产业。面对资源禀赋和环境承载力的硬约束，实现高质量发展，需优化要素资源配置和生产力空间布局，走集中集聚集约发展之路，鼓励企业向园区集中，鼓励产业向高端集聚，形成有竞争力的增长极。

以服务型制造促进我国产业迈向全球价值链中高端。目前，我国服务型制造整体处在发展的初级阶段，服务模式较为单一、产出水平不高，制造企业开展服务创新仍面临一些关键制约。建议从国家层面将服务型制造作为制造业创新发展的一项重要国际竞争战略，从规划指导、体制机制、资源整合、政策环境等更多方面发力，促进“互联网+”制造业、制造业与服务业融合互动发展。

3. 不断增强现代金融服务实体经济的能力

应继续通过“三去一降一补”、减轻企业负担，增强实体经济活力。同时，要健全支持实体经济发展的现代金融体系，降低实体经济融资成本，解决中小微企业融资难、融资贵等问题。进一步深化利率和汇率市场化改革，发挥货币政策引导作用，推动市场利率和社会融资成本下行；积极发展直接融资，促进多层次资本市场健康发展；有序打破刚性兑付，缓解中小企业融资困境；加速银行体系的市场化改革，引导商业银行转换经营理念，增加对中小企业的贷款；加快企业自我完善与规范步伐，提升信用资质。

（1）不断优化人力资源对实体经济发展的支撑作用。

创新是我国经济社会发展的第一动力，人才是我国经济社会发展的第一资源。一是充分发挥科技创新的四大支柱作用。发挥大学的基础教育作用、科研院所的基础应用研究作用、企业的开发试验作用、政府的公共技术服务作用。政府应对关键技术研发、技术咨询、技术转让机构规范等公共技术服务和公共技术创新提供平台。二是优化人才发展环境，设计以人为本的创新激励制度，实行落户、居住、子女入学等特殊优惠政策，积极创建人才管理改革试验区和人才服务绿色通道。三是积极建立全球高层次人脉网络，聚天下英才而用之。四是培养有全球视野和社会责任感的创新管理人才和企业家队伍，培养企业家创新精神。五是努力提高实体经济盈利能力，提升年轻人到实体经济领域就业的意愿。六是坚持文化传承与创新的统一。坚持文化传承与创新，既要继承传统、推陈出新，也要面向世界、博采众长。

（2）加快发展现代产业体系，提高经济质量效益与核心竞争力。

大力发展数字经济、新能源智能汽车、智能装备、医药健康等新兴产业，充分利用国家实验室和大科学装置超前布局人工智能、工业互联网、卫星互联网、机器人等高精尖前沿未来产业，培育新技术、新产品、新业态、新模式，打造具有国际竞争力的先进智造产业集群和国际氢能示范区。加快发展现代金融、生产性服务业、商务服务业等现代服务业，提升金融业核心竞争力，推动生产性服务业向专业化和价值链高端延伸，商务服务业高端化国际化发展，提高经济质量效益与核心竞争力。

（二）推动优化生产力布局，建设现代产业体系协同发展机制

1. 发挥区域协调战略的引领作用

首先，要抓好京津冀协同发展战略，发挥其在促进北方经济增长中的积极作用；其次，要抓紧推动长江中上游城市群的协调发展，焕发其增长活力，全面带动中西部经济的增长；最后，要加快粤港澳大湾区的建设步伐，发挥珠三角地区在中国经济增长中的领头羊作用，把粤港澳大湾区建设成为世界上最具活力的地区之一。

2. 重新审视参与国际分工的国内区域协调体系的构建

东部地区更多发挥创新引领作用，参与全球最高水平的竞争；西部地区更多依托“一带一路”，举全国之力，与亚非拉和中东欧地区合作发展形成梯度；中部地区更多面向拥有世界上最大规模中等收入群体且快速成长的内需市场，发展世界高技术制造、现代化服务、优质要素集聚区域；东北地区则更多利用丰富的资源禀赋优势加改革开放要素创造叠加优势，形成东北亚经

济合作的新增长极。要用新的再平衡机制解决原有的不平衡矛盾。即用后35年的再平衡（倾斜）战略解决改革开放以来前35年的不平衡问题。新的再平衡战略应该是基于内需、基于规则、基于包容的高质量发展。以中部地区作为发展制造业和实体经济的战略支点，撬动东部地区转向全球价值链高端、创新经济和现代化服务，打造世界级城市群和新增长极；撬动西部地区开拓“一带一路”，举全国之力，形成新时代对外开放和对外合作纲举目张的“纲”；撬动东北地区参与和引领东北亚全面合作，成为北方激发经济活力、合作潜力和市场竞争力的动能转换样板。

3. 大力推进城乡协调发展，全面构筑比较稳固的现代农业基础

科学制定规划，健全城乡融合发展体制机制，依靠改革创新壮大乡村发展新动能。推进农业供给侧结构性改革，促进农林牧渔业和种业创新发展，加快建设现代农业产业园和特色农产品优势区，稳定和优化粮食生产。培育新型经营主体，加强面向小农户的社会化服务。发展“互联网+农业”，多渠道增加农民收入，促进农村一、二、三产业融合发展。巩固和完善农村基本经营制度，深化农村土地制度改革，完善承包地“三权分置”制度；保持土地承包关系稳定并长久不变，第二轮土地承包到期后再延长30年。改善农村基础设施，推动农村各项事业全面发展，促进农村移风易俗。健全自治、法治、德治相结合的乡村治理体系，加快实现农业农村现代化。

4. 综合考虑产业链供应链布局因素，构建“3+2”区域产业链供应链体系

目前，我国正在以都市圈和城市群为空间载体，充分发挥各地资源和区位优势，因地制宜延伸产业链，致力于形成优势互补、高质量发展的区域经济布局。京津冀、粤港澳（珠三角）、长三角城市群、长江中游城市群、成渝城市群的“3+2”地区是国家三大战略——“一带一路”、京津冀协同发展、长江经济带——叠加地区，是下一步培育建设国际消费中心城市的重点区域，也是最具长期发展潜力的战略支点和综合枢纽。综合考虑“3+2”地区的自然、人口、技术、经济等因素，建议构建“3+2”区域产业链供应链体系，优化区域产业链布局，推动产业链、供应链、创新链深度融合，增强产业链供应链自主可控能力，构建新发展格局。

（三）构建双循环跨境创新合作网络，打造全球化开放创新的创新链

当今世界的科技、研究和创新活动越来越呈现跨地域、跨学科、跨领域合作的特征，需要开放创新、营造跨境创新网络。另外，也具有高度竞争、高度动态变化和高度复杂性系统网络特征，单一企业和地方不具备独立完成重大创新活动的能力，需要构建跨境创新网络。因此，围绕产业链部署创新链，围绕创新链完善资金链，强化科技同经济对接、创新成果同产业对接、创新项目同现实生产力对接，创新链与人才链在全球范围内对接，构建全球共商共建共享的创新网络体系。

1. 加强区域内创新合作是必然选择

当前，我国科技创新面临的外部风险加大。逆全球化形势下，全球开放创新环境面临较大不确定性。随着全球科技创新进入新的活跃期，深化国际创新合作，才能更好应对各自和共同的发展挑战，科技创新成为大国博弈的主战场。美国采取各种手段推动中美科技脱钩，形成中美在科技领域的对立格局，这对我国科技合作造成巨大负面影响。加强区域内创新合作成为必然选择，以“创新区域化”维护“创新全球化”，缓解中美科技脱钩的压力，在区域化浪潮中防止被边缘化风险。中日韩是东亚最具创新力的国家，经贸往来密切，加强与日韩创新合作、构建区域创新合作网络是最佳选择。

2. 加强中日韩创新合作

中日、中韩双边和中日韩三方科技合作长期以来持续推进，中日韩创新合作具有坚实的基础。中日、中韩自建交以来，长期开放科技合作，经过多年的积累，已逐步形成了全方位、多渠道、多领域、深度融合的创新合作关系，合作成果显著。中日、中韩双边及中日韩三方创新合作机制完善，创新合作历史悠久。政府间科技合作源远流长，科技创新合作基础坚实。形成民间创新合作蓬勃发展、科技产业发展互补格局。创新合作范围不断拓展，创新合作水平不断提升。通过共建联合科研创新平台，实现强强联合和互利双赢。通过科技人文交流，培养科技创新人才。当前，中日韩都是科技创新大国，各具创新优势和互补格局，叠加区域性创新合作机制和“一带一路”科

技创新合作机制，有利于促进中日韩创新资源互联互通，为打造东亚区域创新合作网络提供支撑。但也面临着美国因素、中日韩存在一定技术竞争、创新开放度普遍不高等挑战。中日韩进一步加强创新合作，于我国来讲：一是做最好的自己，补齐我国创新链的短板；二是深化与日韩的经贸融合与科技开放，共建区域创新合作网络；三是加强“一带一路”科技创新合作，共建“一带一路”科技创新共同体；四是落实政府间国际科技创新合作项目，探索国际科技创新合作新模式。

二、与发达经济体之间的发展战略

当前，我国产业结构与发达经济体趋同，与发达经济体之间形成互补型结构、差异化发展战略，但仍存在制造业不强、能源资源压力加大、服务业竞争力有待提高、新型监管体系有待完善等问题。应进一步培育国际竞争合作新优势，加强半导体、数字化转型、绿色低碳等领域的国际合作。

（一）我国产业结构与发达经济体趋同但仍有较大差距

2014 年我国产业结构摆脱“二三一”的结构，进入“三二一”的结构，我国产业结构与发达经济体趋同，但产业结构在合理化与高级化方面与发达国家相比仍有很大差距。当前我国制造业大而不强，产业结构仍处于产业链的中低端，自主创新能力不足，“缺芯”“少核”“弱基”，特别是高端芯片等“卡脖子”压力突出，产业升级难度较大，而中美长期战略博弈将给我国产业升级带来持续的压力。能源资源供给压力增大，低廉的劳动力和土地优势逐渐丧失，钢铁、纺织、重化工等传统工业产能过剩。我国服务业较快发展，但生产性服务业在质量上与发达经济体仍存在较大差距，服务业缺乏国际知名品牌，服务业竞争力有待提高，互联网、物联网、人工智能等新型服务业监管体系有待完善。

（二）与发达经济体之间形成互补型结构、差异化发展战略

1. 中国应积极培育国际竞争合作新优势

新时期，中国的进步不可避免地会和美欧日的核心利益以及新兴市场和发展中国家的发展利益形成竞争关系，出现“萨缪尔森陷阱”。积极探索创新

发展新模式、培育国际竞争合作新优势的同时，要考虑与对方合作时如何形成更高层次的互补型结构，为对方提供利益，给对方带来机会而不是威胁。

2. 中国与发达经济体之间互补型、差异化战略合作

主要是加强与新加坡、日本、韩国和美欧市场的合作，与发达经济体之间形成强强互补型结构，发展差异化战略和找准错位发展的产业定位。这个板块涉及金融、贸易、航运、创新、现代产业、高端服务，更多涉及发达经济体高增加值的二产和三产，也可能会有一产，推动产品行销全球。

（三）培育国际竞争合作新优势

1. 加强半导体产业互补国际合作

近年来全球半导体市场保持较好的发展势头，根据国际机构的数据，2020 年全球半导体市场规模增长 3.3%，达到 4259 亿美元；中国市场保持全球规模最大、增速最快的发展形势。亚太地区的技术发展及市场应对，是推动全球半导体产业发展的重要动力之一。在半导体产业链中，中日两国占据重要位置且高度互补依存，中日半导体产业有着巨大的互补与合作空间。例如，华为智能手机使用的摄像头等元器件和关键材料多数来自日本企业。目前 RCEP 已经签署，中日两国都将在协定框架下分阶段撤销 90%以上商品的关税，其中包括部分半导体设备和材料。中日两国应该进一步密切双边合作，发挥两国在产业上的互补优势，为促进全球经济早日从疫情影响中恢复做出更大贡献。

2. 深入推进数字化转型国际合作

疫情加速了数字化转型的进程，各国加快数字化转型布局，希望通过推进数字化转型，寻求解决社会课题的办法，同时创造出新的价值。美国聚焦前沿技术和高端制造业，相继出台大数据、人工智能、机器智能等战略，推动创新和传统产业数字化转型，领跑全球数字化转型。英国强化战略引导，出台数字战略、人工智能产业战略，打造数字化强国。德国积极推进“工业 4.0”，出台数字化战略，推进数字化转型和信息基础设施等方面建设和数字化变革。欧盟打造统一数字市场，出台数字化单一市场战略及产业数字化、工业数字化战略，推进成员国产业数字化转型的协同发展，推进协同创新和产业协同发展，确保产业数字化方面的全球领先地位。日本以技术创新和工

业互联为突破口，出台互联网工业价值链、科学技术、制造业等战略规划，推动建设超智能社会。韩国以建设智能工厂和智能产业园为抓手，积极推动制造业数字化转型。俄罗斯注重技术自主研发，出台信息社会发展战略、数字经济规划，提出它在智能制造、机器人、智能物流等领域于2024年前进入全球五强。新加坡描绘数字化蓝图，出台“智慧国家2025”计划，推动制造业和服务业数字化转型。可以看到，主要国家面临的数字化转型课题是一致的，通过共享信息经验，加强合作，可以共同为世界经济的发展和稳定做出更大的贡献。中国可以进一步加强与各国数字化转型方面的合作。例如，日本提出构建“可持续发展目标的5.0社会”，制定了新的5年成长战略，希望以此引领世界的发展和跨国界的合作，在全球范围内开展协调与合作。“5.0社会”着眼于民生，同时考虑到地球的可持续发展和国际社会问题，为实现所有利益相关方的包容可持续发展，提出了数字创新、工作方式改革、搞活地方经济、再次构建自由开放的国际经济秩序、绿色发展五大战略，推动全球经济复苏。日本正积极利用数字技术推动“社会5.0”战略，提高生产率，解决老龄化问题，缩小教育差距，盘活地方经济。在公平公正规则下开展数字化转型，中日两国可开展合作创造很多新的发展机会。数字化发展需以开放稳定有韧性的全球数字供应链为基础，数字化转型所必需的材料、零部件、设备、软件、解决方案从始至终都高度依赖全球产业分工。数字化转型将为中日企业打开新的市场，双方正开展基于信任的研发创新合作，增强产业链供应链的互补关系，共同维护全球数字供应链的安全稳定。

3. 推动绿色低碳国际合作

全球面临气候变化这一共同课题，这项工作难度在于要兼顾经济增长和碳排放目标，只能通过技术创新来实现。发达国家在碳减排、绿色发展方面具有丰富的经验。为落实好2030年前碳排放达到峰值和2060年前实现碳中和的最新碳排放目标，中国将从能源供给侧进行科学规划，大力实施改革和创新发展，大幅度调整能源结构，加快新能源和低碳能源发展，大幅度提高电力在能源消耗中的比例，加强用户需求管理，坚持走节能减排优先的能源发展道路。中国发展清洁和低碳能源有广大的市场需求、技术进步需求和投资需求。在承诺期限内，将化石能源供给降到最低的合理水平，对中国履行巴黎协定和预期实现2060年的碳中和目标非常关键。这些市场需求和目标也给各国带来了投资发展的机会。中国与发达国家在新能源、新技术、新材料以及电站节能环保增效管理、新业态新市场等方面具有较大的合作潜力。中国可以推进与发达国家之间的环保技术创新合作、绿色金融合作，推动低碳绿色发展。要兼顾经济增长和碳排放目标，只能通过技术创新来实现。各国普遍将技术创新作为数字化转型的重中之重。例如，日本为了走向脱碳社会，正进行创新性技术的研发和普及，并且将其作为产业政策的核心，在国家层面部署了诸多项目，鼓励政府、民间和企业共同推进。中日两国分别在2060年前和2050年前实现碳中和目标，需要更多高质量创新企业研发出促进经济社会脱碳转型的新燃料、新技术，需要两国共建源于大学研发的创新合作大循环，齐心协力推动碳中和社会早日实现。中日两国应加强技术创新合作，共同推动实现碳中和，为两国乃至世界可持续发展做出贡献。

三、与发展中国家构建共享型发展模式

中国要与发展中国家建立起一个共享型发展模式，以RCEP为契机，精耕东亚、东南亚，推动RCEP框架下新产业新业态新模式合作。抓住战略性新兴产业、新数字产业、新金融产业的新产业机会，推进消费市场、个体经济、共享经济等新业态新模式合作。

（一）中国要与发展中国家建立起一个共享型发展模式

东亚、东南亚的发展中国家和新兴市场，要考虑细分市场，结合不同的产业优势，结合下一步高质量共建“一带一路”的需求，发展贸易通商。把“一带一路”的贸易触角、航运触角、产业触角延伸到“一带一路”沿线合作国家，合作走到哪里，哪里就是一个稳定的地区，中国就会给这个地区带来机遇，推动该地区的港口布局、船运布局、产业园区布局和金融布局。

（二）精耕东亚、东南亚市场

积极拓展东亚、东南亚市场合作，精耕“一带一路”，推动世界享有中国的现代化给世界带来的机遇，推动实现包容开放共享的新发展模式。中国拓展东亚、东南亚合作需要考虑两个板块：一是发达国家板块，主要是新加坡、日本、韩国和美欧市场。二是“一带一路”板块，要与发展中国家建立起一个共享型发展模式，与东亚、东南亚国家一道，构建利益共同体、责任共同

体和命运共同体。为此，在新形势、新产业、新业态、新模式下，中国在东亚、东南亚市场拓展合作需要构建新平台，培育国际竞争新优势。

（三）推动 RCEP 框架下新产业、新业态、新模式合作

RCEP 加速全球经贸格局六大东移趋势。第一，全球需求东移，东亚、东南亚转向为本地区和全球创造需求。过去东亚、东南亚为全球提供制造业和劳动力，未来全球会出现需求东移。疫情蔓延造成全球需求相对疲软，东亚、东南亚产业链供应链将更多地由本土需求支撑。东盟与中日韩（10+3）的市场规模 2019 年为 24. 2 亿美元，占世界的 28%，总人口约 22 亿，占世界总人口的 29%，是世界最大区域消费市场（见图 12-1）。过去 10 年中，东亚区域内贸易比重不断提升，从 2010 年的 55. 2%上升到 2019 年的 55. 7%。随着东亚、东南亚区域内贸易的加深，来自东亚、东南亚经济体内部的订单会越来越多。未来通过进一步联合扩大内需、扩大消费、扩大投资、扩大进口，相互创造机会，推动形成利益共同体。中国提出以国内大循环为主体、国内国际双循环相互促进的新发展格局，以扩大内需为战略基点，加快培育完整的内需体系。中国拥有 14 亿多人口规模、超过 4 亿的中等收入群体、全球最大的消费市场和消费潜力，中国的消费将成为支撑中国经济、支撑东亚和东南亚经济的支柱，并将带动东盟和日韩，扩大东亚、东南亚区域内需求。

第二，全球供给东移，东亚、东南亚本地生产能力提升。过去的国际贸

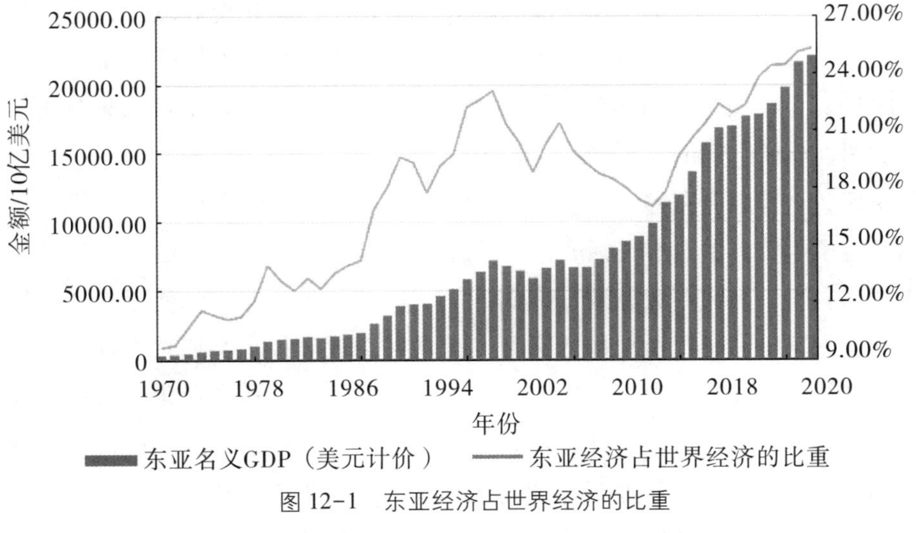

图 12-1　东亚经济占世界经济的比重

易“大三角”分工格局，即美国和欧盟主要提供市场、技术和关键零部件，东亚、东南亚经济体主要为世界提供制造业和劳动力，中东和非洲更多的是为全球提供能源资源，东亚、东南亚是全球加工制造基地，处于全球产业链的中低端，美欧掌握全球产业链的高端或核心技术。从亚洲区域价值链（RVC）到全球价值链（GVC）的衡量，亚洲具有相对较强的区域价值链联系，价值链强度比较高。根据 RVC 与 GVC 的强度比率，RVC 相对于 GVC 较高，反映出亚洲区域内交易的增长快于区域外。虽然亚洲的 RVC-GVC 参与度仍远低于北美，但高于欧盟。亚洲正在逐步缩小与北美在 RVC-GVC 强度方面的差距。欧盟的 RVC-GVC 强度在过去 20 年中急剧下降，而该地区的贸易网络在该地区以外扩张（见图 12-2）。但 2020 年新冠疫情暴发以来，美欧掌握的关键技术、设备、零部件和原材料出现断链、断供情况，加速全球的产业链供应链价值链区域化、本地化趋势，中日韩可以探索启动东亚生产网络中的备胎计划，在一些关键的零部件、元器件、原料和设备方面实现本地化生产、区域化生产，增强高端产品的本地生产供给能力，解决美欧生产网络中断带来的断链、断供问题。东亚、东南亚产业链供应链在疫情中率先恢复，东亚、东南亚仍是全球产业汇聚之地，东亚、东南亚经济体的强劲复苏会进一步带来供给的东移。

第三，全球创新东移，东亚、东南亚技术本地化趋势显著。世界知识产权组织发布的《2020 年全球创新指数报告》显示，全球创新格局呈现东移趋势。东南亚、东亚的全球创新指数（GII）排名仅次于北美和欧洲，中国内地、日本、韩国、新加坡、中国香港是该地区最具创新力的五个经济体，位列 GII 前 25 名。在新增加的国际专利中，50%来自亚洲，其中大部分是用汉语、日语、韩语书写的。

第四，全球服务东移，东亚、东南亚本地服务业发展水平提升。2020 年中国实现了引资总量、增长幅度、全球占比三提升，是全球最大外资流入国。从引资结构看，绝大多数外资都流向了第三产业，服务业实际使用外资占比接近八成。其中一个很重要的原因是，推动制造业和外贸高质量发展，需要以服务实体经济高质量发展为导向，推动生产性服务业向专业化和价值链高端延伸，如研发、技术、设计、咨询、人才、专业服务等领域。这样就促使巨大的生产性服务业、工业服务业需求涌现，包括数字经济、数字技术、数字贸易等，进而带动全球投资看好中国。从这个角度讲，全球服务东移成为

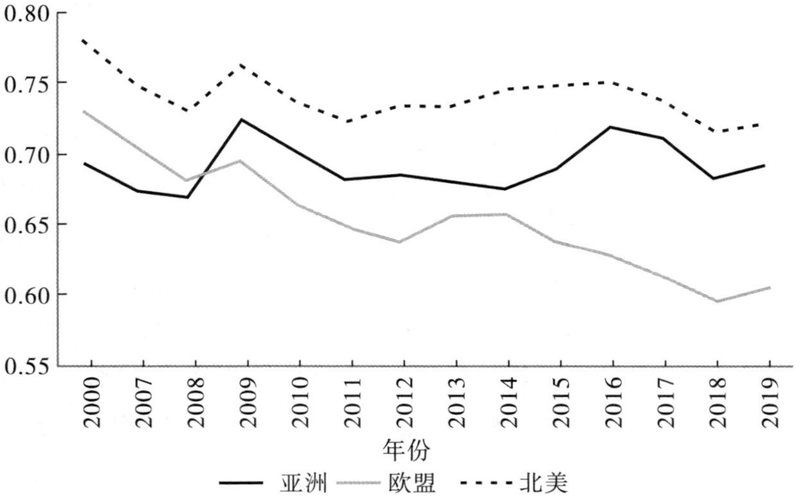

图 12-2　亚洲、欧盟、北美的 RVC-GVC 强度

注：GVC＝全球价值链，RVC＝区域价值链。RVC-GVC 强度是 RVC 参与率和 GVC 参与率的比率。欧盟是指包括英国在内的 28 个成员国的总和，北美由美国、加拿大和墨西哥组成。

资料来源：亚洲开发银行《亚洲经济一体化报告 2021》。

未来的新趋势。

第五，全球资本东移，东亚、东南亚全球投资的吸引力增强。中国经济持续向好发展，增加了对全球市场的吸引力。中国经济金融在疫情期间相对稳定的表现及随着外商投资法的实施带来的营商环境的进一步提升和中国高质量发展的需要，将吸引全球资本特别是技术资本东移。联合国贸易和发展会议（UNCTAD）发布的《全球投资趋势监测》报告显示，在 2020 年全年 FDI 大幅度下降的情况下，中国 FDI 逆势增长，成为全球最大的外资流入国。然而，流入西方发达国家的 FDI 同比下降 69%，至 2290 亿美元，创下过去 25 年最低值，全球资本东移趋势显著。中国的前五大贸易伙伴，分别是东盟、欧盟、美国、日本和韩国，中国是 120 多个国家的第一大贸易伙伴，其中东亚、东南亚贸易伙伴众多，将进一步推动资本东移。而美国推出大规模的财政刺激计划和超宽松的货币政策，带来了泛滥的流动性，东亚、东南亚地区仍是最好的投资去处，东亚仍是资本汇聚地。

第六，全球金融和货币合作东移，东亚、东南亚区域金融合作加强。

RCEP 成员要加强在金融和货币方面的合作。不论是新冠疫情的冲击还是超级全球化的倒退和收缩、地缘政治紧张、全球经济的进一步衰退等，这些问题的叠加和相继发生对金融和货币方面的合作都提出了新要求。从 2000 年清迈倡议的提出到 2008 年双边互换协议的签署，再到 2009 年清迈倡议多边化的签订和区域外汇储备库的建立以及 2012 年资金池的扩容、2021 年清迈倡议多边化协议特别修订稿生效，东盟与中日韩（10+3）区域金融安全网不断增强，东亚、东南亚金融合作不断增强。为进一步推动东亚、东南亚金融稳定与安全，要进一步扩大本币互换的规模和范围，扩大跨境贸易本币结算，加强清算机制建设。充分发挥人民币的作用，加快推动人民币国际化，用好香港等国际金融中心功能，创造境外人民币需求增长新动力源。RCEP 自贸区成员包括东盟 10 国和中日韩澳新 5 个非东盟成员国，GDP 总量占世界经济的 29%，人口规模占全球的 30%，是目前世界最大自贸区。RCEP 填补了中日、日韩等经济体间的自贸安排空缺，标志着东亚经济圈正式形成，将产生巨大的贸易创造和投资效应。RCEP 在关税和市场准入、电子商务和知识产权、竞争中性等方面进行了创新调整，有利于提高区域协同效率。

RCEP 利好叠加全球经济格局六大转移趋势，为中国与东盟全面开放合作带来重大机遇，推动东亚、东南亚新经济和新产业、新模式加速兴起。今后，东亚、东南亚地区会给世界提供市场，提供关键零部件供应链、产业链、价值链，提供创新，提供生产性服务业，提供资本，提供金融和国际化机遇，为战略性新兴产业、新数字产业、新金融产业等提供更大的发展空间，有利于推动东亚、东南亚产业链、供应链、价值链加速迈向高端。

1. 六大转移新趋势带来新产业

（1）战略性新兴产业机会。在新一轮科技革命和产业变革全球经济重心东移机遇推动下，东盟加快布局战略性新兴产业，大力发展新一代信息技术产业、生物产业、高端装备制造产业、新材料产业、绿色低碳产业、数字创意产业等战略性新兴产业，抢占新一轮经济和科技发展的制高点。东盟国家之间经济结构高度互补，域内资本要素、技术要素、劳动力要素齐全，资源禀赋和产业禀赋丰厚。东盟成员国间产业链优势互补、深度融合，多数国家处于由劳动密集型、资源密集型、资本密集型产业向技术密集型、知识密集型、人才密集型高技术产业转型阶段，战略性新兴产业发展潜力巨大。

（2）新数字产业机会。大数据、云计算、人工智能等数字技术驱动新业态新模式迭代升级。大数据和云计算通过数据流通和资源共享实现优化配置，提高服务效率。人工智能的发展衍生出智能制造、药物研发、无人驾驶等应用场景，数字产业化和产业数字化全面促进制造业数字化转型，智能制造加速发展。数字基础设施需求巨大，5G 网络、人工智能、大数据中心、工业互联网平台等新基建市场需求加大。东盟数字经济市场发展潜力巨大。2019 年，东盟数字经济整体规模突破千亿美元，预计 2025 年将达 3000 亿美元规模。印度尼西亚和越南的数字经济占 GDP 的比重东盟领先，泰国、菲律宾、印度尼西亚和马来西亚等 4 国的移动互联网用户在线时长位居全球前十。以 5G 技术为代表的东南亚通信市场拥有较大发展空间，是全球资本涌入的热点。泰国、菲律宾、马来西亚、新加坡、印度尼西亚、越南等国均通过了在 2019—2020 年开展 5G 建设的方案。东亚、东南亚科技创新能力大幅提升，成为世界三大科技创新中心之一，有力支撑其数字技术保持全球领先水平。

（3）新金融产业机会。数字技术在普惠金融领域的应用广泛，推动数字金融、科技金融、普惠金融、绿色金融等全方位赋能实体经济的高质量发展。东盟区域金融一体化合作不断推进，拥有亚洲开发银行、世界银行、伊斯兰开发银行、区域合作和一体化基金等投融资平台，中国香港、上海和日本东京是全球著名金融中心，正在建设中的广西南宁中国-东盟金融城将成为面向东盟的区域性国际金融中心，新加坡在全球竞争力排名中位列第一。东盟吸收外资规模位居全球前列，近一半外资流入新加坡，外商投资行业领域主要集中在制造业、金融和保险服务业、批发零售业和房地产业 4 个行业，占比 85%。东盟营商环境全球领先，7 个国家排名在 100 位之内，新加坡和马来西亚分列第 2 位和第 12 位。

2. 推进新业态新模式合作

在全球数字技术创新广泛应用牵引下，顺应多元化个性化的需求，东亚、东南亚传统产业转型升级和新产业发展与数字技术相结合，推动产业要素与数据要素重组，形成商业新业态新模式和价值新链条。特别是在全球新冠疫情期间，线上线下融合发展的新业态新模式，展现出巨大的活力和发展潜力，成为各国推动经济复苏、推动产业转型升级的新动力。

（1）消费市场新业态新模式。全球新冠疫情激活了消费新市场，直播教育、远程学习、网络公开课等在线教育方式广泛普及，电子挂号、寻医问诊、健康管理等互联网医疗得到大力推广，移动办公、远程会议、业务电子化等线上办公方式得到普及，智慧城市、电子政务、健康码等数字化治理水平不断提升，增强了社会治理、城市管理和疫情防控等方面的协同治理能力。东盟与中日韩（10+3）地区是世界最大的区域消费市场，消费潜力巨大。

（2）产业发展新业态新模式。东亚、东南亚国家加速推进产业数字化转型，通过产业平台加速推动产业创新发展，对产业平台的需求和依赖增强。第一，要建立产业平台，实现规模化数字管理。龙头企业、互联网企业通过打造能够提供生产全流程服务、交易服务、物流配送服务等综合服务的产业平台生态，建立跨行业、跨产业信息平台，推动全产业链线上一体化发展，提供产品全生命周期管理服务，培育众包、云外包、平台分包等服务外包新模式。第二，推动平台赋能，引导企业“上云”。阿里云、腾讯云、华为云、百度智能云等云平台，顺丰、饿了么等物流配送平台，淘宝、京东等交易结算平台等，这些普惠性平台的普及应用和“走出去”，加快了传统产业数字化转型，推动了区域开放价值网络的构建。第三，推动平台整合，推动企业转型升级。制造业创新网络、乌镇虚拟产业园、阿里淘工厂、猪八戒网、海尔“海立方”、中航工业“爱创客”等“虚拟”产业园和产业集群的发展需求潜力巨大，通过虚拟化和网络化平台能够实现信息共享、线上线下相结合以及促进跨产业、跨区域产业集群的建立，有利于区域产业链、供应链、价值链融合，供需的匹配和开放创新的合作。第四，构建智慧生活开放平台，实现用户与生态资源的有效联动。无人工厂、自动驾驶、无人配送、智能仓储等基于新技术的“无人经济”蓬勃发展，广泛应用于从生产制造到销售服务等领域，应用场景广阔。疫情蔓延造成全球需求相对疲软，东亚、东南亚产业链、供应链将更多地由本土需求支撑，未来东亚、东南亚的产业发展将呈现更多新业态新模式，带来更多的发展机遇和市场需求。

（3）个体经济新业态新模式。以电商、直播为代表的互联网营销模式，以即时物流为代表的现代物流方式，以网约车出行为代表的出行应用的普遍推广，以微商、微博、微视频、微应用为代表的“微经济”的迅猛发展，催生了自主就业新模式。以阿里巴巴为代表的互联网商业模式，推动新实体经济生态圈的构建。东南亚电商市场潜力巨大，个体经济在东亚、东南亚有很大的发展潜力。

（4）共享经济新业态新模式。共享单车、团购、餐饮外卖、“宅经济”等生活服务领域的潜在需求巨大，带动配套新业态、生活服务电商的迅猛发展。生产资料共享的需求不断增加，企业通过互联网平台，以共享工厂、共享云平台等方式，将设备和服务与需求方共享，能够提升资源合理配置和产出效率，创造更大价值。数据开放平台等数字基础设施需求巨大，共享经济的发展需要实现数据要素的安全流通共享，才能在共享中创造更大的价值。东南亚的基础设施建设整体不足，共享经济在东亚、东南亚仍有很大的发展空间。

四、不搞赢者通吃、零和博弈、以强凌弱

中国将展现大国担当，积极推动构建人类命运共同体，不搞赢者通吃、零和博弈、以强凌弱。积极推动构建合作新平台，打造综合物流枢纽平台，挖潜“一带一路”平台，构建贸易通商平台，完善跨境电商平台，打造金融服务平台，打造数据信息共享开放平台。增强与各国产业链、供应链合作，共同维护产业链、供应链安全。

（一）构建人类命运共同体

未来，中国需要在转型升级以及崛起为制造业强国的过程中，实施差异化战略，实现共享模式、互补型结构，避免赢者通吃，实现“有饭大家吃”，构建利益共同体、责任共同体、命运共同体，体现负责任大国的担当。

（二）构建合作新平台

一是打造综合物流枢纽平台。打造国际一流水平的综合性物流枢纽，布局港口、机场、铁路、船队，实现货物集散、存储、分拨、转运等多种功能，形成辐射东亚、东南亚乃至欧美区域的全球物流网络关键节点，提升集聚效应，优化服务功能，提高运行效率。打造“综合流通网络平台+数字网络平台”联通的全球采购网络。

二是挖潜“一带一路”平台。积极探索在“一带一路”沿线国家布局。加强与当地政府的政策沟通协调，推动双多边发展战略、经济政策、产业和项目的对接，形成更广泛的国家合作共识，共同推进“数字丝绸之路”建设合作、标准化、税收、法治、能源、农业、海上合作、国际商事纠纷等领域的对接与合作。打造“一带一路”综合服务平台，为“走出去”的中国企业

提供一体化跨境服务。

三是构建贸易通商平台。加强贸易合作，采取多种形式应对全球贸易摩擦和疫情对海外商业交流的影响，用好香港资源，联动粤港澳大湾区，加强与东京、首尔、新加坡等东亚、东南亚贸易中心合作，加强区域内贸易合作。

四是完善跨境电商平台。通过电子商务方式、会展方式（如进博会）、直播带货方式，抖音、快手等微视频多种方式，拓展跨境电商新路径，实现买全球卖全球。

五是打造金融服务平台。积极拓展与东亚、东南亚货币金融合作空间。推动香港、上海与东京、新加坡加强金融合作，积极探索金融合作新模式，推动跨境结算、跨境融资、区域货币交易市场建设等方面合作，为中国企业和中国金融机构及区域经济提供全球化、多元化金融服务。推动金融机构数字化转型，借助金融科技提升业务和管理水平。研究 CPTPP 和 RCEP 框架下的金融投资规则，加快金融开放合作，推动跨境金融创新，推动智能银行、网上银行在海外布局，推动数字金融、科技金融、普惠金融、绿色金融“走出去”。

六是打造数据信息共享开放平台。积极推动构建包括个人、企业、东道国在内的信用体系平台、“一带一路”信息平台、公共预警平台，在保障信息安全的基础上，推动数据信息开放共享，为中国企业“走出去”提供信息支撑，为东道国提供了解中国企业的渠道。

（三）共同维护产业链、供应链安全

中国在全球产业链、供应链方面处于重要位置。新冠疫情造成了全球产业链、供应链中断，各国更加注重产业链、供应链安全，开启产业链、供应链重构进程。各国应加强合作，接续断链环节，共同修复和打造产业链、供应链的韧性，促进本地区和全球的生产生活有序运转，共同维护全球产业链、供应链的安全与稳定。疫情冲击下，新型国际贸易尤其是跨境电子商务增长迅速。在近年来行业大发展的情况下，主要问题是供应链体系在交易、物流、支付、征信等方面与行业发展严重不匹配。全球范围内的交易平台不足 6 家，提供中央物流配送服务的物流供应链企业不足 10 家，征信体系企业几乎为零。各国可以加强在跨境电子商务领域的专项服务政策对接，实现互认互通，在物流供应链范围内加强征信合作。重点维护 RCEP 等框架下的供应链稳定，构建高效强韧的供应链，维护亚太地区的繁荣与稳定。

第十三章

全球工业革命的特点和比较

科技创新能力越来越成为综合国力竞争的决定性因素。全球几次工业革命是领先国家知识与技能不断互动融合发展的过程，通过科技发展引领创新浪潮，改变世界经济发展进程和结构。第一次工业革命以蒸汽机的改良为标志，第二次工业革命以电力的广泛应用为标志，第三次工业革命以电子计算机和通信技术掀开数字化时代篇章为标志。现在，第四次工业革命在人工智能、大数据和物联网等新一代信息技术的驱动下，融合数字、物理、虚拟和生物系统，推动当今社会成为一个高度融合的世界，带来经济、社会、文化等领域的深刻变革。第四次工业革命更像第一次工业革命，将出现机器换人的技术进步效应，将对科技创新和产业体系产生重要影响，自动化、数字化、智能化设备代替人工，智能制造成为主要趋势。这对我国科技创新提出新的要求，要提高我国的基础研究和应用基础研究水平，建立共性技术、基础共性技术、行业共性技术的国家技术服务平台和网络，要强化国家战略科技力量。第四次工业革命前景美好。推动第四次工业革命技术为人类更好服务，形成一个高科技和以人为本的社会，需要我们转变思维模式，积极参与新兴技术的变革，需要世界合作，建立规则规范和标准，需要发挥“系统领导力”，国际社会携手合作，形成共同愿景和行动。随着全球科技创新进入新的活跃期，科技创新将成为大国博弈的主战场。

一、第一次工业革命的特点与英国成为世界第一工业强国

第一次工业革命推动人类进入蒸汽时代，首先发生在英国，英国成为世界霸主。然而，第一次工业革命时期科学与技术尚未真正结合。

（一）蒸汽时代

18 世纪 60 年代到 19 世纪 70 年代，第一次工业革命首先发生在英国，以蒸汽机的改良为标志，开创了以机器代替手工劳动的时代，人类进入蒸汽时代。蒸汽轮船和蒸汽火车将全世界联系在一起，人类迎来真正的全球化时代。

（二）首先发生在英国，英国成为世界霸主

第一次工业革命首先发生在英国的主要原因：①第一次工业革命是一场技术变革。以工场手工业时期积累的技术和知识为契机，以轻工业为突破口，开创了以工厂制代替手工工场、以机器代替手工劳动的时代。随后传播至法、美、德、意等国。②第一次工业革命是一场深刻的社会变革。第一次工业革命推动英国社会结构发生重大变革，资本主义战胜了封建主义，出现资产阶级和无产阶级两大对立阶级，英国首先确立资产阶级统治。社会结构变化带来经济结构变化，英国开始城市化进程。③英国通过圈地运动使大批农民成为雇佣劳动力。④通过奴隶贸易和殖民掠夺带来大量资本。资本主义通过殖民扩张形成资本主义殖民体系，带来东方从属西方的世界经济格局的变化。自由资本主义得到发展，殖民侵略向以商品输出为主转变。⑤国外市场的扩大。英国加强与周边国家和殖民地的贸易。

（三）科学与技术尚未真正结合

第一次工业革命的主导技术是蒸汽机技术，主导产业是纺织工业。相关技术的发明者多为劳动者，主要包括工厂主、技师和手工艺人。发明成果多为劳动者经验和实践的总结，他们用知识和实验的方法来改造实践、发展工业，突破了原来欧洲社会中科学知识仅服务于宗教和贵族的传统。蒸汽机的广泛使用，煤炭业、铁钢业的发展需求，促使第一次工业革命技术加速发展，

推动了棉纺织业、机器制造业和交通运输业等新兴工业部门的出现。

二、第二次工业革命的特点与美德崛起和英法衰退

第二次工业革命推动人类进入电气时代，第二次工业革命时期美德崛起而英法衰退，自然科学同工业生产紧密结合，工程教育快速发展，培养了大量工业人才，为第二次工业革命提供了人才支撑。

（一）电气时代

19 世纪 70 年代到 20 世纪 40 年代，第二次工业革命以电力的广泛使用为标志，人类进入电气时代。电器的生产，飞机、汽车等交通工具的出现，极大地提高了生产力水平，大大促进了资本主义经济的发展，美德英法日俄等国成为工业化国家。人们活动范围扩大，人与人之间交流加强，进一步加强了全球化。

（二）美德崛起和英法衰退

19 世纪中期，欧洲国家和美国、日本完成资产阶级革命。19 世纪 70 年代，人类进入电气时代，资本主义生产社会化大大加强，形成垄断和垄断组织，自由资本主义过渡到垄断资本主义，主要资本主义国家进入帝国主义阶段。帝国主义争夺市场和世界霸权的斗争激烈，帝国主义列强加紧瓜分世界，促进世界殖民体系的形成，殖民侵略进入以资本输出为主的时期。资本主义世界体系最终确立，世界逐渐成为一个整体。各国政治、经济、军事、文化发展不平衡加剧，世界力量对比格局发生改变。东西方联系更加紧密，差距进一步拉大。随着美德日等国的统一，国内市场不断扩大。美德后来居上，英法发展相对缓慢，美国超过英国成为头号强国。英法主要受到僵化思维和既得利益的影响，在第二次、第三次工业革命中落后。特别是教育体系发展滞后，英国大学拒绝在教学上向工业需要靠拢，导致科技创新与应用发展滞后。但是，工业的快速发展，也带来了严重的环境污染，破坏了生态平衡。

（三）自然科学同工业生产紧密结合，工程教育快速发展

第二次工业革命时期，近代自然科学技术发展突飞猛进，并与工业生产

紧密结合，大大促进了经济发展。第二次工业革命的主导技术是电力技术，以电力、内燃机、飞机、汽车为代表，以重工业为突破口，主导产业是化工工业，出现电力、钢铁、化学、电讯、汽车、石油等新兴的工业部门，主要由科学家和受过高等教育的工程师主导。19 世纪 80—90 年代，德国以工业实验室为化工工业的主导模式，推动工业发明与科学理论相融合。德国注重工程教育，建立高等教育体系，支持产学研合作，保护知识产权。19 世纪中期，美国工程教育快速发展。这一时期，成立了伦斯勒理工学院、麻省理工学院、斯蒂文斯理工学院等大学。地方大学的设立，摆脱了传统的宗教和上层社会的教育体制，能够更加满足地方工业发展需要。1862 年美国莫里尔大学赠地法案使得一批州立大学得以成立，美国的工程类院校在 10 年内由 6 所增加到 70 所，到 1917 年增加到 126 所。工业企业与高等教育之间联系日益紧密，美国电话电报公司、贝尔实验室、西部电器等企业设置研发机构，与大学紧密合作。1898 年美国已设立工业实验室 139 个，1918 年增长为 553 个。美国通过创新制度化、工程师标准化，为新工业革命的发展奠定了基石。这一时期，大学主要是为工业培养人才，提供加工好的人才产品为工业服务。

三、第三次工业革命的特点与美国成为世界科学中心

第三次工业革命推动人类进入信息时代，美国成为世界科学中心，新技术成为社会生产力中最活跃的因素，科技转化为生产力的速度越来越快。

（一）信息时代

20 世纪四五十年代到 21 世纪初，第三次工业革命以电子计算机和通信技术为标志，推动人类进入信息时代。第三次工业革命涌现出大量的科技成果，计算机、原子能、航空航天、生物工程的蓬勃发展，加速了社会生产力的发展，改变了人类的生活方式和思维方式，推动经济全球化快速发展。

（二）美国成为世界科学中心

“二战”期间和“二战”结束后，各国更加注重科技的发展，科技发展需求迫切。“二战”结束后，美国的布什报告《科学：无尽的前沿》，提出基础研究是经济增长的最终源泉，奠定了战后美国科学技术发展的基石。美国

利用战后的工业技术优势，以军事工业为突破口，推动美国军方与国内研究机构紧密合作。美国政府大力支持大学的基础研究，快速推进高等教育的普及化，催生了研究型大学。推动建立官产学研现代科研体制，搭建由科研机构、大学、工业界和军方组成的科技创新平台，投入大量资金，培养科研队伍。积极推动半导体、计算机、数控机床、数字通信、互联网、新能源等创新技术的发展。第三次工业革命科技发展，推动社会经济结构变化，三产比重上升，一产和二产比重下降，传统工业更加机械化自动化，同时改变了社会运作模式，提升了人们的日常生活水平。第三次工业革命中，美国竞争力继续提升，继续在世界各国中保持领先地位，形成美欧日等少数国家和地区领先于其他国家和地区的多极化国际经济格局，发达国家和发展中国家的经济差距不断扩大。

（三）新技术成为社会生产力中最活跃的因素

第三次工业革命涌现出的科技成果，无论在规模上还是在影响度上都远超前两次工业革命。科技推动生产力大幅提升，科技转化为生产力的速度越来越快。第三次工业革命以军事工业为突破口，互联网的开发使用和迅速普及，使人类真正进入信息共享社会。第三次工业革命的主导技术是半导体技术，主导产业主要是计算机工业，并催生信息、新能源、新材料、生物、空间、海洋等诸多领域的信息技术革命，新技术成为社会生产力中最活跃的因素。

四、第四次工业革命的特点与中华民族伟大复兴

第四次工业革命推动人类进入智能化时代。第四次工业革命更像第一次工业革命，将出现机器换人的技术进步效应，技术换代蕴藏着更大的科技创新机遇。中国应抓住机遇，在已取得的开放创新成果基础上，继续推动“以我为主”的科技创新发展，更加重视基础研究和应用研究的作用，加快打造现代化产业体系，积极开展国际科技创新合作，加快构建新发展格局，推动中华民族伟大复兴和构建人类命运共同体。展望未来，第四次工业革命将是一场颠覆性变革，既带来技术红利和发展机遇，也带来新的挑战，将产生广泛、深远的影响。

（一）智能化时代

第四次工业革命的基本特征是产业发展的智能化。21 世纪以来，第四次工业革命以 2011 年德国提出的“工业 4.0”为标志，以高级智能机器人为代表，信息化、智能化与物联网深度融合，推动人类进入智能化时代。第四次工业革命以互联网、大数据、人工智能、区块链、虚拟现实、量子信息、可控核聚变、机器人、生物技术、清洁能源等新兴技术为主，推动智能制造的发展，实现数字空间、物理空间、虚拟空间和生物空间高度融合。

第四次工业革命以指数级速度展开，具有颠覆性变革特征。可植入技术、数字化身份、数字化家庭、视觉成为新的交互界面、可穿戴设备联网、万物互联、智慧城市、无人驾驶、人工智能、智能机器人、区块链、共享经济、3D 打印、神经技术、便携式超级计算机、大数据决策、虚拟现实、量子信息、可控核聚变、生物技术、清洁能源等技术革命深刻影响整个社会。第四次工业革命将开创一个高度开放共享的时代。各国科技创新百花齐放，技术革新在多领域集中爆发。多项颠覆性新技术取得重大突破，并应用于商业领域，深刻改变了人类生产生活方式和质量，推动社会巨大进步，具有广阔的应用前景。

第四次工业革命是一场深刻的系统性变革。第四次工业革命与前三次工业革命不同。从速度上看，第四次工业革命呈现指数级发展速度而不是线性速度。我们生活在高度互联的世界，新技术不断催生更新、更强大的技术。从广度与深度来看，第四次工业革命建立在数字革命的基础上，颠覆性的新技术改变了人类社会的生产生活方式，甚至人类本身。从系统性影响来看，第四次工业革命是一场对国家、企业、行业以及整个社会所有体系的变革。

（二）中华民族伟大复兴

前三次工业革命，中国未能把握科技革命带来的机遇。第一次工业革命中国处于清朝中期，受封建专制和闭关锁国政策影响，对先进科技和生产方式的本能排斥，导致错过了第一次工业革命机遇。第二次工业革命中国处于清末和军阀混战时期，中国完全沦为半殖民地半封建社会，国家主权进一步丧失，在中外反动势力的压迫下，中国再次错失良机。洋务运动引进西方先进技术和机器，这是清政府自上而下的自救运动，客观上促进中国工业化和中国资本主义的发展，推动中国近代化进程。第三次工业革命初期，中国处于抗日战争、解放战争和新中国成立初期，受战争影响和以美国为首的西方国家对中国的经济封锁，中国没有发展先进科技的环境，后在苏联援建和几个五年计划（规划）的基础上，中国逐步建立了完整的工业体系，积累了一定的工业基础和技术。

中国凭借一系列开放创新，成为全球技术创新的主力军。当前，中国在数字经济领域领跑全球，5G、超级计算机、航天科技等部分产业走在全球前列。中国产业门类完备，产业与数字化、网络化、智能化加快融合，提升了制造业发展水平，加速“中国制造”向“中国智造”转变。

科技创新助推中华民族伟大复兴和构建人类命运共同体。中国应抓住第四次工业革命。加快构建新发展格局，推动中华民族伟大复兴。当前，中国进入新发展阶段，加快构建新发展格局面临中美博弈、全球产业链供应链格局重构、国际贸易规则调整、绿色发展要求等诸多风险挑战。但危中有机，应在危机中育新机，于变局中开新局。中国科技创新推动技术进步、劳动生产率提升、人力资源素质提高，尤其为现代产业体系建设奠定了坚实的技术基础。中国应继续推动基础研究、应用基础研究、开发试验研究、关键共性技术研究，搭建关键共性技术平台，推动全方位国际合作，深入推动市场、技术、产业、制度、政策等领域的改革，推动标准化规范化数字化转型，加快推动构建新发展格局，在复杂的国际环境中助推中华民族伟大复兴和构建人类命运共同体。具体做好以下几方面工作：

（1）胸怀“两个大局”，做好自己的事情。要始终保持战略定力，加快自主创新步伐，牢牢掌握发展主动权，争取更大的战略机遇期空间，以改革开放为动力推动高质量发展，更积极地推进高水平对外开放，对标国际高标准倒逼改革。

（2）以科技创新为动力，补齐产业链、供应链、创新链短板。抓住全球产业重构机遇，充分发挥我国超大规模市场优势和内需潜力及构建国内国际双循环相互促进的新发展格局。一方面，要加快补齐国内产业链短板，着力固链强链延链补链，实现中国制造业核心产业链自主高效，促进产业链加快向全球价值链的高附加值环节跃升。做优做强制造业核心产业链，强化优势产业领先地位，增强核心产业链环节的协同带动性。加强科技创新和技术攻关，推动核心产业链向价值链中高端迈进。抓紧布局战略性新兴产业、未来产业，延伸制造业核心产业链，提升产业基础高级化水平，提升核心产业链现代化水平。补齐制造业核心产业链短板，加大相关基础设施投入，提升本土产业链配套能力。另一方面，要加快补齐我国创新链的短板。“二战”结束后的美国布什报告《科学：无尽的前沿》提出，基础研究是经济增长的最终源泉，奠定了战后美国科学技术发展的基石。当前，加快发展应用基础研究，如基础材料、基础工艺、基础零部件等，具有现实紧迫性。在投入高、系统复杂、外部性大的领域，政府要加大支持力度。我国在科学、技术、工程等方面，最薄弱环节是科学基础研究、应用基础研究、开发试验研究等领域。在投入、产出和体制机制等环节，最大瓶颈是体制机制。因此，可在以下四方面做好工作。一是构建自主创新体制；二是形成政府、市场和社会和谐发力的体制机制；三是利用危机驱动、需求牵引、竞争推进的倒逼机制；四是重视新生代的科学教育。

（3）数字赋能，打造现代化产业体系。把握新一轮科技革命和产业变革的机遇，大力推动产业数字化、绿色化、智能化。第一，数字赋能，大力推动数字经济发展。首先，紧抓数字经济发展新机遇，积极布局数字经济产业链。推进实体经济与虚拟经济融合发展，提升产业基础能力，加快数字化、网络化、智能化发展，培育先进制造业集群，加速空间与产业协同布局，制造业与服务业深度融合，打造面向未来的现代化产业体系，提升综合竞争力。其次，开展数字经济前瞻性规划研究。建设数字经济集聚区，培育数字经济产业，加快产业数字化转型，打造智慧城市，加快数字基础设施建设。夯实工业发展基础，加快制造强国建设，以全面数字化为目标，加快以数字化、智能化为核心的新基建。加速 5G 网络、数据中心、人工智能、物联网建设等新基建，打造数字经济产业链的集群优势。系统布局新型基础设施，构建多层次的工业互联网平台体系。最后，加快产业数字化、智能化转型升级。全面推进传统产业提质升级。实施基础工业再造，优化强化主导产业，促进传统特色产业高级化，完善传统产业升级机制。培育发展前沿高端产业集群。大力发展电子信息产业，加快发展智能制造与机器人应用，打造智能制造标杆，培育发展生物医药产业，大力促进新材料产业发展。第二，绿色赋能，推动产业绿色化发展。加快推动绿色低碳发展，支持绿色技术创新，推动绿色管理，推动产业绿色化发展，打造绿色产业链，发展绿色金融，推动能源清洁低碳安全高效利用，实现碳中和的宏伟目标。第三，服务赋能，全面建设现代服务业。积极发展生产性服务业，高水平打造生活性服务业，推动现代服务业与制造业深度融合，实现现代服务业和先进制造业协同发展。推动生产性服务业与现代农业、制造业、建筑业深度融合，推动生活性服务业与满足人民对美好生活需要深度融合，推动公共性服务业与法治政府职能深度融合。

（4）培育国际竞争合作新优势。RCEP 加速全球经贸格局六大东移趋势（全球需求东移、全球供给东移、全球创新东移、全球服务东移、全球资本东移、全球货币和金融合作东移），六大之都（全球贸易之都、生产之都、创新之都、服务之都、金融之都和航运之都）带来的集聚效应将催生新的应用场景和新的需求，带来新的产业机会、新业态和新平台。中国应抓住机遇，积极拓展东亚、东南亚合作新产业新业态新平台，大力发展战略性新兴产业、新数字产业、新金融产业等新产业，探索创新发展新模式，培育国际竞争合作新优势，推动世界享有中国的现代化给世界带来的机遇，推动实现包容开放共享的新发展模式，构建利益共同体、责任共同体和命运共同体。

（5）积极推动全球产业链供应链合作，加快构建“以我为主”的全球产业链供应链网络。第一，全球产业链供应链总体收缩，区域化、近岸化和本土化趋势加强。疫情因素叠加中美战略博弈中的贸易摩擦和脱钩行为，欧美国家的重振制造业战略，持续冲击全球产业链供应链。中国要素成本特别是劳动力成本大幅上升，本土企业崛起带来的外商投资企业市场份额不断缩小，产业外移压力逐渐增大。欧美等发达经济体在经济利益和国家安全之间寻求新的平衡，加速产业链供应链回迁本土，推动重塑全球产业链供应链格局，全球产业链供应链区域化、近岸化和本土化趋势显著。第二，新冠疫情加速全球产业格局调整，区域贸易协定改变全球产业链供应链布局。近年来，发达国家试图通过主导一些超大规模的区域贸易协定来强化自身在全球产业链供应链中的竞争优势，例如日本主导的 CPTPP、日欧 EPA、《美墨加协定》（USMCA）、美日自贸谈判等。其中，出台的排他性的区域协定对全球产业链供应链布局产生了重大影响。如《美墨加协定》原产地规则中的更高本地含量要求和“毒丸条款”，零关税、零壁垒、零补贴的“三零”贸易规则等，将对全球产业链供应链价值链带来显著影响。这些排他性规则，将强化美欧日等发达经济体的价值链主导地位，继续保持它们在高端制造业和专利技术领域的垄断地位；而发展中国家将继续被禁锢在劳动力密集型和资源密集型产业，在全球供应链中承担原料供应地和产品销售地角色，导致发展中国家崛起成本攀升。第三，近年来产业链供应链意识形态化、“去中国化”意图明显。特别是，新冠疫情造成了全球产业链供应链中断，各国更加注重产业链供应链安全，开启产业链供应链重构进程。美欧日等发达经济体纷纷出台政策，以安全为由加大技术流出限制力度，加快产业链布局转向，日本、美国支持本国企业从中国迁出，并联合澳大利亚、印度和新西兰欲构建日澳印新产业链联盟、科技联盟围堵中国。西方国家产业链供应链“去中国化”的迹象，使得中国产业链供应链安全面临严峻挑战。第四，打造“以我为主”的产业链供应链体系。面对激烈的国际竞争和不确定的外部环境，中国既要优化双循环新发展格局下国内区域产业链供应链布局，打造自主可控、安全可靠的产业链供应链，又要坚持与其他国家进行优势互补和开放合作，逐步形成以中国市场为导向的产业链供应链一体化网络。积极推动全球产业链供应链合作，以高质量共建“一带一路”为契机，打造“一带一路”产业链供应链合作新平台，为世界经济增长开辟新空间，为国际贸易和投资拓展新领域，为世界经济发展创造更多机遇。深耕东亚，推动东亚地区产业链供应链合作，共建东亚地区产业链供应链网络体系。充分利用 RCEP 生效带来的机遇，叠加中日韩长期以来科技创新合作机制和成果，共建东亚地区创新合作网络。深化与日韩的经贸融合与科技开放，进一步扩大创新开放程度，增强研发合作，建立起紧密的创新关联与技术依赖关系。扩大高技术贸易往来，促进技术进口来源多元化，扩大技术出口，继续深化在半导体、汽车、机械、电子、通信等领域的分工协作，巩固区域生产网络，进而形成区域性创新网络关系。进一步放宽对国际直接投资的限制，提高双边 FDI 中的高技术含量。建设高质量中日韩自由贸易协定（FTA），借鉴 CPTPP、日欧 EPA 等高标准要求，提升科技创新能力与水平。整合已有科技创新合作机制，共建中日韩创新合作机制，探索共同关注领域的研发合作，知识产权共享，成果优先在区域内应用。加强知识产权保护领域合作，打造公平开放的营商环境，支持企业开展技术交流合作。联动北京、香港、上海、深圳等国际创新城市与同为国际创新城市的东京、首尔、新加坡等加强创新合作，加强与泰国、印度尼西亚、越南等东盟国家的数字经济合作，打造区域创新网络和世界科技创新中心。

（6）积极开展绿色能源国际合作，推动绿色低碳转型。绿色转型事关地球未来，事关各国人民的福祉。2021 年 10 月 12 日，习近平主席在《生物多样性公约》第十五次缔约方大会领导人峰会的主旨讲话中指出，“要加强绿色国际合作，共享绿色发展成果”。以 RCEP 为契机，中国可以与日韩在环保、清洁能源等领域开展更深入、更有效的合作，优势互补，推动三国能源合作再上新台阶。特别是中日作为推动东亚绿色转型的引领者，加强中日绿色转型合作尤为重要。双方可发挥在技术、人才、产业链方面的各自优势，协同推进绿色低碳技术创新和国际标准制定。深入开展绿色产业链供应链和绿色金融等方面的合作。大力发展绿色金融，加大 ESG（环境、社会和治理）领域的有效投资，促进绿色金融和实体经济良性循环。预测表明，欧盟实现 2050 年碳中和目标，2021—2025 年约需要 28 万亿欧元的投资；中国实现 2050 年碳中和目标，约需要投资 20 万亿美元，需要付出很大的成本。这为新兴技术、新兴产业、绿色金融等发展，带来重大机遇。

充分发挥科技创新的作用。中日可以发挥技术与市场的优势，重点在煤炭清洁高效利用、碳捕集与利用、光伏和风力发电、新型储能、动力电池、氢能等领域深入开展技术创新和合作，带动两国绿色环保、新能源、新材料、新能源汽车、新一代信息技术以及智能制造等领域的合作发展。

（7）在被动中争取主动，争取规则竞争主动权。在中美竞争背景下，规则之争显得尤为重要，谁掌握了规则制定权、标准制定权，谁就拥有了未来贸易规则的主导权、产业发展主导权、经济可持续发展主导权和国际经济政治话语权。面对美日等国家围堵，我国要加快推进规则标准等制度型开放，率先建设更高水平开放型经济新体制。积极推进自由贸易试验区、自由贸易港对标国际高标准经贸规则，主动申请加入 CPTPP，推进中日韩高质量 FTA 谈判，对标国际高标准推进国内改革，在开放竞争中建立高标准高质量的规则、标准和体制，积极应对非市场经济导向、“毒丸条款”、“长臂管辖”等对手发起的规则战，在规则竞争管理中提高产业基础能力和产业链供应链水平。

（三）科技创新

第四次工业革命正在发展与演进。石墨烯、基因、虚拟现实、量子信息、可控核聚变、清洁能源以及生物技术等核心技术，通过人工智能、大数据和物联网等多种方式相互关联，不断融合数字系统、物理系统和生物系统，凭借信息系统和数字系统呈现指数级扩展。许多颠覆性技术不断涌现，许多规则制度仍在制定和更新，将颠覆、创新几乎所有产品与服务、制造业与服务业、军事和国防、生产和分配、社会形态、文化和价值、科技的发展和未来，并终将改变人类本身，第四次工业革命将是一场颠覆性变革。

第四次工业革命对科技创新的影响。第四次工业革命最具潜在影响的技术有：一是拓展数字技术，包括新计算技术、区块链与分布式账本技术和物联网，创新数字、量子计算与嵌入式计算方法将变革未来。二是改革物理世界的技术，包括人工智能与机器人、先进材料、增材制造与多维打印，数字代理和数字角色在某些方面会替代人类。三是改变人类自身的技术，包括生物技术、神经技术、虚拟现实与增强现实，这些技术将对人类自身产生影响。四是整合环境技术，包括能源获取、储存和输送、地球工程、空间技术，这些技术将给人类生活空间和人类的未来带来巨大影响。

第四次工业革命对现代产业体系的影响。以智能制造为主导的第四次工业革命，客观要求突出创新驱动和智能制造，构建以智能制造为主导的现代产业体系。发达国家重振制造业带动全球产业链布局调整。国际金融危机后主要发达经济体将重振制造业作为重要的政策方向，智能制造成为发达国家产业革命方向。比如，德国推出“工业 4.0”和发布《国家工业战略 2030》、美国推出重振制造业战略等。发达国家重振制造业瞄准锁定价值链高端，加快制造业与服务业融合，生产性服务业对服务业增加值贡献比重增长较快。智能制造、柔性生产、智能装备等工业物联网发展模式主导新一轮发达国家产业革命方向，高附加值和高技术密集的航空航天、生物医药、机械装备、半导体等领域发达国家继续保持领先优势，占据全球产业链高端位置。

第四次工业革命带来新的挑战。一是技术创新效益分配公平性挑战。前三次工业革命带来了财富和福祉的分配不公，虽然在一定程度上缩短了发达国家与发展中国家的差距，但发达国家的内部差距在拉大，发达经济体的工资水平不升反降，发展中国家仍在努力发展经济，全球极端贫困人口仍占世界人口的 10%左右，叠加全球疫情影响，发达国家与发展中国家之间的差距在拉大。二是技术创新外溢风险挑战。例如新材料对环境和人体健康的负面影响、量子计算对现有网络安全的冲击、神经技术对人类能动性的损害、大规模杀伤性武器制造门槛降低、清洁能源对化石能源出产国冲击带来的地缘政治动荡等。三是如何确保由人类主导、以人为本的挑战。第四次工业革命技术不同于以往工业革命技术，新技术能够解读人类想法，代替人类做出决策，能够改变生命本身的要素。技术开发应赋能于人，而不是支配人类的命运，如此才能确保以人为本的未来。

用好第四次工业革命带来的技术红利和发展机遇。随着全球科技创新进入新的活跃期，科技创新将成为大国博弈的主战场。特别是近年来，以信息技术为代表的新一轮科技革命和产业变革方兴未艾，科技创新进入活跃期，大国围绕科技制高点的博弈加剧。开放与合作是激发创新要素和资源最大效能的正确途径，要适应新技术、新场景的科技竞争规则，确保创新成果有利于人类共同福祉，各国应管控竞争行为边界，增强国际技术合作，避免走向技术脱钩和技术冷战。

参考文献

［1］习近平. 加快建设科技强国，实现高水平科技自立自强［J］. 求是，2022（9）.

［2］麦迪森. 世界经济千年史［M］. 北京：北京大学出版社，2003.

［3］丹尼尔森. 控制的幻觉［M］. 北京：中信出版集团，2023.

［4］沈健. 中国科技成果转化率与美国差距有多大，问题在哪里［J］. 大学科普 2020（1）（2）：79-82，91-93.

［5］董洁林. “卡脖子难题”：历史轨迹及破解［EB/OL］.（2022-7-19）. https://xueqiu.com/3502728586/225759759, 2022-7-19.

［6］兰德公司. 未来几十年，技术将如何塑造政策选择，以及如何被政策选择塑造［R］. 2023.

［7］白云霞，邱穆青，李伟. 投融资期限错配及其制度解释：来自中美两国金融市场的比较［J］. 中国工业经济，2016（7）：23-39.

［8］白重恩，路江涌，陶志刚. 国有企业改制效果的实证研究［J］. 经济研究，2006（8）：4-13，69.

［9］陈海强，韩乾，吴锴. 融资约束抑制技术效率提升吗?：基于制造业微观数据的实证研究［J］. 金融研究，2015（10）：148-162.

［10］陈爽英，井润田，龙小宁，等. 民营企业家社会关系资本对研发投资决策影响的实证研究［J］. 管理世界，2010（1）：88-97.

［11］陈明，魏作磊. 服务业开放打破中国制造业“低端锁定”了吗［J］. 经济学家，2018（2）：70-79.

［12］程大中. 中国参与全球价值链分工的程度及演变趋势：基于跨国投入—产出分析［J］. 经济研究，2015，50（9）：4-16，99.

［13］程兆谦. 什么是真正的长期主义［J］. 新华文摘，2022（5）：133-138.

［14］陈思，何文龙，张然. 风险投资与企业创新：影响和潜在机制［J］. 管理世界，2017（1）：158-169.

[15] 戴翔，刘梦，张为付．本土市场规模扩张如何引领价值链攀升［J］．世界经济，2017，40（9）：27-50.

[16] 布莱兹尼茨，默夫里．红皇后的奔跑：政府、创新、全球化和中国经济增长［M］．柳卸林，陈健，吴晟，等译．北京：经济管理出版社，2013.

[17] 阿西莫格鲁，罗宾逊．国家为什么会失败［M］．李增刚，译．长沙：湖南科学技术出版社，2015.

[18] 丁宋涛，刘厚俊．生产共享、全球价值链与“低端锁定”的突破［J］．南京社会科学，2013（7）：9-14.

[19] 法格博格，莫利，纳尔逊．牛津创新手册［M］．柳卸林，郑刚，蔺雷，等译．北京：知识产权出版社，2009.

[20] 宋敏，张燕生．走向创新强国［M］．北京：科学出版社，2023.

[21] 封凯栋．发展转型与自主创新：基于工业革命历史经验的讨论［J］．经济社会体制比较，2012（6）：24-35.

[22] 高翔，黄建忠，袁凯华．价值链嵌入位置与出口国内增加值率［J］．数量经济技术经济研究，2019，36（6）：41-61.

[23] 高运胜，郑乐凯，惠丽霞．融资约束与制造业 GVC 地位提升［J］．统计研究，2018，35（8）：11-22.

[24] 宫蕾，石宇，孟令一．企业直接融资对创新绩效的影响［J］．技术经济，2019，38（5）：38-45，56.

[25] 郭庆旺，贾俊雪．中国全要素生产率的估算：1979—2004［J］．经济研究，2005（6）：51-60.

[26] 郭熙保，文礼朋．从技术模仿到自主创新：后发国家的技术成长之路［J］．南京大学学报（哲学·人文科学·社会科学版），2008（1）：28-35，142.

[27] 郭晓蓓．分析我国与发达经济体产业结构，剖析问题，考察经验，提出建议［EB/OL］．（2019-10-31）．https://baijiahao.baidu.com/s?id=1648878102156603209&wfr=spider&for=pc.

[28] 郭晓蓓，金辉．中美德日制造业对比分析及启示［J］．现代管理科学，2018（2）：81-83.

[29] 何晓斌．私营企业创新与转型升级报告：基于第十三次中国私营企业调查数据［J］．统一战线学研究，2019（2）：34-47.

［30］何兴强，欧燕，史卫，等．FDI技术溢出与中国吸收能力门槛研究［J］．世界经济，2014，37（10）：52-76．

［31］黄群慧．改革开放40年中国的产业发展与工业化进程［J］．中国工业经济，2018（9）：5-23．

［32］江诗松，龚丽敏，魏江．转型经济背景下后发企业的能力追赶：一个共演模型：以吉利集团为例［J］．管理世界，2011（4）：122-137．

［33］金碚，吕铁，邓洲．中国工业结构转型升级：进展、问题与趋势［J］．中国工业经济，2011（2）：5-15．

［34］金佳绪．学习进行时："科技盛会"上，习近平的讲话贯穿一个鲜明的主题［EB/OL］．（2021-05-30）．https://baijiahao.baidu.com/s?id=1701142678324621366&wfr=spider&for=pc．

［35］沃尔特，豪伊．红色资本：中国的非凡崛起与脆弱的金融基础［M］．祝捷，刘骏，译．上海：东方出版中心，2013．

［36］康淑娟，安立仁．知识距离视角下全球价值链网络嵌入与创新能力的关系研究［J］．财经理论与实践，2019，40（4）：107-115．

［37］康志勇，张杰．制度对我国本土制造业企业自主创新的影响：来自中国微观企业的经验证据［J］．研究与发展管理，2010，22（6）：107-115．

［38］施瓦布，戴维斯．第四次工业革命——行动路线图：打造创新型社会［M］．世界经济论坛北京代表处，译．北京：中信出版社，2018．

［39］施瓦布．第四次工业革命：转型的力量［M］．世界经济论坛北京代表处，李菁，译．北京：中信出版社，2018．

［40］赖伟娟，钟姿华．中国与欧、美、日制造业全球价值链分工地位的比较研究［J］．世界经济研究，2017（1）：125-134，137．

［41］李德辉，范黎波，杨震宁．企业网络嵌入可以高枕无忧吗？基于中国上市制造业企业的考察［J］．南开管理评论，2017，20（1）：67-82．

［42］李红阳，王晓娆．嵌入全球价值链可以缓解民营企业的贷款难问题吗？［J］．世界经济研究，2016（12）：83-92．

［43］李强．企业嵌入全球价值链的就业效应研究：中国的经验分析［J］．中南财经政法大学学报，2014（1）：28-35，59．

［44］李玮．全球价值链理论和发展中国家产业升级问题研究［J］．工业技术经济，2017，36（1）：22-31．

［45］李心萍，韩鑫. 弘扬企业家精神　推动高质量发展［EB/OL］.（2021－12－07）. http://baijiahao. baidu. com/s? id＝1718345123151 65&wfr＝spider&for＝pc.

［46］李颖，伊志宏，梁菁. 项目风险、金融负债期限结构与民营企业投资［J］. 宏观经济研究，2015（12）：63-71，78.

［47］李志远，余淼杰. 生产率、信贷约束与企业出口：基于中国企业层面的分析［J］. 经济研究，2013（6）：85-99.

［48］梁婧姝，张燕生. 中国区域金融发展的影响因素研究［J］. 宏观经济研究，2019（7）：14-24，70.

［49］林桂军，何武. 中国装备制造业在全球价值链的地位及升级趋势［J］. 国际贸易问题，2015（4）：3-15.

［50］林毅夫，孙希芳，姜烨. 经济发展中的最优金融结构理论初探［J］. 经济研究，2009，44（8）：4-17.

［51］林毅夫，王燕. 新结构经济学：将“耐心资本”作为一种比较优势［J］. 开发性金融研究，2017，11（1）：3-15.

［52］刘维林，李兰冰，刘玉海. 全球价值链嵌入对中国出口技术复杂度的影响［J］. 中国工业经济，2014（6）：83-95.

［53］兰宏. 全球价值链下的学习障碍和低端锁定研究［D］. 武汉：华中科技大学，2013.

［54］刘志彪. 从全球价值链转向全球创新链：新常态下中国产业发展新动力［J］. 学术月刊，2015，47（2）：5-14.

［55］龙小宁，林志帆. 中国制造业企业的研发创新：基本事实、常见误区与合适计量方法讨论［J］. 中国经济问题，2018（2）：114-135.

［56］卢锋. 产品内分工［J］. 经济学（季刊），2004（4）：59-86.

［57］卢福财，胡平波. 全球价值网络下中国企业低端锁定的博弈分析［J］. 中国工业经济，2008（10）：23-32.

［58］路风. 走向自主创新：寻求中国力量的源泉［M］. 桂林：广西师范大学出版社，2006.

［59］逯新红. RCEP 框架下，拓展东亚东南亚合作新产业新业态新平台：［J］. 中国对外贸易，2022（1）：21-24.

[60] 罗伟，葛顺奇．跨国公司进入与中国的自主研发：来自制造业企业的证据 [J]．世界经济，2015，38（12）：29-53.

[61] 吕越，包雅楠．国内价值链长度与制造业企业创新：兼论中国制造的“低端锁定”破局 [J]．中南财经政法大学学报，2019（3）：118-127.

[62] 吕越，陈帅，盛斌．嵌入全球价值链会导致中国制造的“低端锁定”吗？[J]．管理世界，2018，34（8）：11-29.

[63] 吕越，高媛，田展源．全球价值链嵌入可以缓解企业的融资约束吗？[J]．产业经济研究，2018（1）：1-14，38.

[64] 吕越，黄艳希，陈勇兵．全球价值链嵌入的生产率效应：影响与机制分析 [J]．世界经济，2017，40（7）：28-51.

[65] 厉以宁．自主创新和产业升级：中国制造业的必由之路 [J]．全球化，2013（12）：21-26，123-124.

[66] 孟庆斌，李昕宇，张鹏．员工持股计划能够促进企业创新吗？——基于企员工视角的经验证据 [J]．管理世界，2019，35（11）：209-228.

[67] 马永斌，闫佳．产融结合与制造业企业转型升级 [J]．技术经济与管理研究，2017（3）：110-114.

[68] 毛其淋，许家云．中间品贸易自由化、制度环境与生产率演化 [J]．世界经济，2015，38（9）：80-106.

[69] 聂辉华，江艇，杨汝岱．中国工业企业数据库的使用现状和潜在问题 [J]．世界经济，2012，35（5）：142-158.

[70] 聂辉华，谭松涛，王宇锋．创新、企业规模和市场竞争：基于中国企业层面的面板数据分析 [J]．世界经济，2008（7）：57-66.

[71] 皮建才，赵润之．我国企业在全球价值链中不同攀升路径的比较分析 [J]．国际经贸探索，2017，33（12）：37-51.

[72] 钱锡红，杨永福，徐万里．企业网络位置、吸收能力与创新绩效：一个交互效应模型 [J]．管理世界，2010（5）：118-129.

[73] 乔涵，任庆越．金融资本与科技创新：基于对佩蕾丝“技术—经济范式”的继承与批判 [J]．改革与战略，2021，37（11）：9-17.

[74] 邱立成，康茂楠，刘灿雷．外资进入、技术距离与企业研发创新 [J]．国际贸易问题，2017（9）：142-148，152-153.

［75］全球主要国家数字化转型大盘点［EB/OL］.（2021－11－17）. http://news.sohu.com/a/501761874_120056143.

［76］曲玥. 制造业产业结构变迁的路径分析：基于劳动力成本优势和全要素生产率的测算［J］. 世界经济文汇，2010（6）：66－78.

［77］人力资源社会保障部关于印发“技能中国行动”实施方案的通知［EB/OL］.（2021－07－06）. http://www.gov.cn/zhengce/zhengceku/2021－07/06/content_5622619.htm.

［78］邵宜航，刘仕保，张朝阳. 创新差异下的金融发展模式与经济增长：理论与实证［J］. 管理世界，2015（11）：29－39.

［79］沈国兵，于欢. 中国企业参与垂直分工会促进其技术创新吗？［J］. 数量经济技术经济研究，2017，34（12）：77－93.

［80］沈云竹. 政府补贴对全球价值链地位提升影响研究：基于我国制造业面板数据实证分析［D］. 杭州：浙江大学，2017.

［81］盛斌，陈帅. 全球价值链、企业异质性与企业的成本加成［J］. 产业经济研究，2017（4）：1－16.

［82］盛斌，景光正. 金融结构、契约环境与全球价值链地位［J］. 世界经济，2019，42（4）：29－52.

［83］时磊，田艳芳. FDI 与企业技术“低端锁定”［J］. 世界经济研究，2011（4）：75－80，89.

［84］阿什顿. 工业革命 1760—1830［M］. 李冠杰，译. 上海：上海人民出版社，2020.

［85］陶锋，李诗田. 全球价值链代工过程中的产品开发知识溢出和学习效应：基于东莞电子信息制造业的实证研究［J］. 管理世界，2008（1）：115－122.

［86］田轩. 创新的资本逻辑：用资本视角思考创新的未来［M］. 北京：北京大学出版社，2018.

［87］王岚. 全球价值链嵌入与贸易利益：基于中国的实证分析［J］. 财经研究，2019，45（7）：71－83.

［88］王博雅. 强化创新型人力资本的引领支撑作用［EB/OL］.（2021－06－23）. https://baijiahao.baidu.com/s?id=1703310400503651012&wfr=spider&for=pc.

［89］王莉. 基于技术创新的金融结构比较研究［D］. 杭州：浙江大学，2004.

［90］王三兴，董文静. 中国制造业的分工地位和国际竞争力研究：基于行业上游度和 RCA 指数的测算［J］. 南京财经大学学报，2018（4）：44-52.

［91］王水莲，杜莹莹. 海尔、联想、小米开放式创新模式比较研究［J］. 科技和产业，2017，17（8）：94-98.

［92］王文，牛泽东. 资源错配对中国工业全要素生产率的多维影响研究［J］. 数量经济技术经济研究，2019，36（3）：20-37.

［93］王文成. 全球价值链嵌入对我国企业创新的影响［J］. 改革，2018（6）：152-160.

［94］王玉燕，林汉川，吕臣. 全球价值链嵌入的技术进步效应：来自中国工业面板数据的经验研究［J］. 中国工业经济，2014（9）：65-77.

［95］王直，魏尚进. 祝坤福. 总贸易核算方法：官方贸易统计数据与全球价值链的度量［J］. 中国社会科学，2015（9）：108-127.

［96］王智新，赵景峰. 开放式创新、全球价值链嵌入与技术创新绩效［J］. 科学管理研究，2019，37（1）：74-77.

［97］戈兹曼. 千年金融史：金融如何塑造文明，从 5000 年前到 21 世纪［M］. 北京：中信出版社，2017.

［98］魏浩，白明浩，郭也. 融资约束与中国企业的进口行为［J］. 金融研究，2019（2）：98-116.

［99］魏后凯. 欧美日韩在华制造业投资的区位决定［J］. 中国工业经济，2000（11）：65-73.

［100］尾木藏人. 工业 4.0 第四次工业革命全景图［M］. 北京：人民邮电出版社，2019.

［101］温刚. 弘扬企业家精神　推动企业高质量发展［EB/OL］. (2020-08-21). http://m.gmw.cn/baijia/2020-08/21/34108312.html.

［102］吴群锋，杨汝岱. 网络与贸易：一个扩展引力模型研究框架［J］. 经济研究，2019，54（2）：84-101.

［103］习近平出席中央人才工作会议并发表重要讲话［EB/OL］. (2021-09-28). http://www.gov.cn/xinwen/2021-09/28/content_5639868.htm.

［104］习近平. 努力成为世界主要科学中心和创新高地［EB/OL］. (2021-03-15). http://baijiahao.baidu.com/s?id=1694281231650263758&wfr=spide&for=pc.

［105］习近平. 贯彻落实新时代党的组织路线　不断把党建设得更加坚强有力［EB/OL］.（2020-7-31）. http://baijiahao.baidu.com/s?id=1673720486396983484&wfr=spider&for=pc.

［106］习近平. 深入实施新时代人才强国战略　加快建设世界重要人才中心和创新高地［EB/OL］.（2021-12-15）. http://www.gov.cn/xinwen/2021-12/15/.contant_5660938.htm.

［107］习近平. 在企业家座谈会上的讲话［EB/OL］.（2020-07-21）. https://www.ccps.gov.cn/xxsxk/zyls/202007/t20200721_142450.shtml.

［108］习近平. 在中国科学院第二十次院士大会、中国工程院第十五次院士大会、中国科协第十次全国代表大会上的讲话［EB/OL］.（2021-05-28）. https://www.ccps.gov.cn/xxsxk/zyls/202/05/t202/0529_148977.shtml.

［109］徐向艺，李鑫. 自由现金流、负债融资与企业过度投资：基于中国上市公司的实证研究［J］. 软科学，2008（7）：124-127，139.

［110］徐义国. 现代金融体系的制度逻辑：结构演进、效率变革与要素协同［J］. 中国社会科学院研究生院学报，2018（2）：46-57.

［111］许培源. 贸易品的技术密度、技术吸收能力与技术溢出效应［J］. 国际贸易问题，2010（3）：92-98.

［112］杨小豪. 金融错配与企业技术创新：基于中国制造业上市公司的数据［D］. 武汉：华中科技大学，2018.

［113］杨洋，魏江，罗来军. 谁在利用政府补贴进行创新——所有制和要素市场扭曲的联合调节效应［J］. 管理世界，2015（1）：75-86，98.

［114］杨水利，易正广，李韬奋. 基于再集成的“低端锁定”突破路径研究［J］. 中国工业经济，2014（6）：122-134.

［115］杨慧辉，潘飞，胡文芳. 股权激励对企业科技创新能力的影响［J］. 科研管理，2020，41（6）：181-190.

［116］叶建亮，杨滢. 进口与企业技术进步：来自我国制造业企业的证据［J］. 国际贸易问题，2019（5）：12-21.

[117] 尹伟华. 全球价值链视角下中国制造业出口贸易分解分析：基于最新的 WIDD 数据 [J]. 经济学家，2017 (8)：33-39.

[118] 优素福，锅岛郁. 创新：为什么小国家做得更好？新加坡、芬兰和爱尔兰的快速发展及其背后原因 [M]. 侯小娟，译. 上海：上海交通大学出版社，2016.

[119] 优秀人才队伍如何打造　听听习近平怎么说 [EB/OL]. (2018-08-08). https://www.12371.cn/2018/08/03/ARTI1533289595290766.shtml.

[120] 余东华，田双. 嵌入全球价值链对中国制造业转型升级的影响机理 [J]. 改革，2019 (3)：50-60.

[121] 余泳泽，张莹莹，杨晓章. 创新价值链视角的创新投入结构与全要素生产率分析 [J]. 产经评论，2017，8 (3)：31-46.

[122] 熊彼特. 经济发展理论：对利润、资本、信贷、利息和经济周期的探究 [M]. 叶华，译. 北京：九州出版社，2006.

[123] 张艾莉，尹梦兰. 技术创新、人口结构与中国制造业出口复杂度 [J]. 软科学，2019，33 (5)：29-34.

[124] 张斌，王雅琦，邹静娴. 从贸易数据透视中国制造业升级 [J]. 国际经济评论，2017 (3)：13-27，4.

[125] 张辉. 全球价值链理论与我国产业发展研究 [J]. 中国工业经济，2004 (5)：38-46.

[126] 张会清，翟孝强. 中国参与全球价值链的特征与启示：基于生产分解模型的研究 [J]. 数量经济技术经济研究，2018，35 (1)：3-22.

[127] 张慧明，蔡银寅. 中国制造业如何走出"低端锁定"：基于面板数据的实证研究 [J]. 国际经贸探索，2015，31 (1)：52-65.

[128] 张杰，陈志远，刘元春. 中国出口国内附加值的测算与变化机制 [J]. 经济研究，2013，48 (10)：124-137.

[129] 张杰，居杨雯. 贷款期限结构与中国经济增长 [J]. 世界经济文汇，2017 (5)：1-22.

[130] 张杰，芦哲，郑文平，等. 融资约束、融资渠道与企业 R&D 投入 [J]. 世界经济，2012，35 (10)：66-90.

[131] 张珉，卓越. 全球价值链治理、升级与本土企业的绩效：基于中国制造业企业的问卷调查与实证分析 [J]. 产业经济研究，2010 (1)：31-38.

［132］张烁、吴月．在全社会弘扬工匠精神［EB/OL］．(2021-10-11)．https://m.gmw.cn/baijia/2021-10/11/35221171.html.

［133］张晓波，李钰，杨奇明．中国区域创新创业报告 2016［M］．北京：北京大学出版社，2016.

［134］张璇，刘贝贝，汪婷，等．信贷寻租、融资约束与企业创新［J］．经济研究，2017，52（5）：163-176.

［135］张燕生，肖耿，罗祥国，等．中国未来：佛山模式［M］．北京：中信出版社，2017.

［136］张燕生．建设现代化经济体系　大力推动高质量发展：2018 年全国两会精神解读［EB/OL］．(2018-5-25)．http:/www.71.cn/2018/0525/1002034.shtml.

［137］张燕生，肖耿．政府与市场：中国经验［M］．北京：中信出版社，2017.

［138］张燕生．转换增长动力是现代化新征程的关键一环［J］．全球化，2018（1）：10-28，133.

［139］张燕生．新中国 70 年对外经济贸易的转型发展［J］．全球化，2019（11）：5-21，133.

［140］钟腾，汪昌云．金融发展与企业创新产出：基于不同融资模式对比视角［J］．金融研究，2017（12）：127-142.

［141］朱之鑫，张燕生，马庆斌，等．中国经济高质量发展研究［M］．北京：中国经济出版社，2019.

［142］陈娜，张向前．美国适应创新驱动的科技人才发展机制对中国的启示［J］．科技与经济，2015（6）：79-84.

［143］郭哲，王晓阳．美国的人才吸引战略及其启示［J］．科技管理研究，2019（23）：60-66.

［144］仵凤清，白如雪．创新集群演化生态学分析［J］．数学的实践与认识，2020，50（1）：319-323.

［145］何耀琴，赵慧娟．金融市场对企业技术创新影响研究综述［J］．天津商务职业学院学报，2020，8（6）：21-27，85.

［146］林少真．“宽容失败”是科技人才培养的重要机制：基于职业结构的视角［J］．华侨大学学报（哲学社会科学版），2012（4）：4.

［147］陈光. 如何营造宽容失败的创新环境：企业创新失败的退出机制与政府后续扶持［J］. 产城，2018（10）：24-27.

［148］杨毅. 资本市场支持科技创新“版图”愈加清晰［EB/OL］.(2022-03-02). https://www. financialnews. com. cn/zq/rz/202203/t20220302_240528. html.

［149］张乐. 风险资本如何推动科技创新［J］. 中国经济评论，2020（4）：72-81.

［150］陈宗海. 世界处于百年未有之大变局的丰富内涵［J］. 人民论坛，2021（2）：54-56.

［151］马丹. 股权激励与企业创新［J］. 全国流通经济，2020（16）：134-135.

［152］吴百华. 股权激励的不同类型及其运用［J］. 财经界，2021（34）：90-91.

［153］陈元. 科技与资本［J］. 清华金融评论，2021（1）：14-19.

［154］杨娜，王慧婷. 百年未有之大变局下的全球治理及中国参与［J］. 东北亚论坛，2020，29（6）：39-50，124.

［155］昝秀丽. 助力科技自立自强 资本市场滋养创新力量［N］. 中国证券报，2021-11-04（A01）.

［156］郭蕾，肖淑芳，李雪婧，李维维. 非高管员工股权激励与创新产出——基于中国上市高科技企业的经验证据［J］. 会计研究，2019（7）：59-67.

［157］丁健. 风险投资对中国科技创新企业创新发展的影响［J］. 社会科学战线，2022（2）：246-251.

［158］黄燕飞，陈伟. 深化科技与资本融合 为创新引入金融活水［J］. 中国科技产业，2021（1）：44.

［159］王孝斌. 企业人力资本与技术创新的相互作用研究［J］. 生产力研究，2006（3）：214-215.

［160］邱蕊. 企业人力资本对技术创新的作用［J］. 合作经济与科技，2017（4）：94-9.

［161］黄娅娜，邓洲. “防疫战”中，如何守住中国制造业［N］. 中国经济时报. 2020-2-20（4）.

[162] 魏际刚，刘伟华. 美欧日供应链战略调整及对中国的启示 [EB/OL]. (2020-04-23). http://www.thepaper.cn/newsDetail_forward_7328881.

[163] Caprio, Gerard, Asli Demirgüç-Kunt. The role of long-term finance: theory and evidence [J]. The World Bank Research Observer , 1998, 13(2): 171-89.

[164] Feldman, Maryann P. Knowledge complementarity and innovation[J]. Small Business Economics, 1994, 6(5): 363-72.

[165] Porter M. E., Porter M. P. Location, clusters, and the "new" microeconomics of competition[J]. Business Economics, 1998, 33(1): 7-13.

[166] Gereffi G. The organization of buyer-driven global commodity chains: how US retailers shape overseas production networks [M]//Commodity chains and global capitalism. Westport: Praeger 1994.

[167] Gereffi G., Kaplinsky R. The value of value chains: spreading the gains from globalisation[J]. Special Issue of the IDS Bulletin, 2001.

[168] Gereffi G., Fernandez-Stark K. Global Value Chain Analysis: A Primer[EB/OL]. http://www.researchgate.net/publication/265892395_Global_Value_Chain_Analysis_A_Primer.

[169] Reinert E. S. Competitiveness and its predecessors—a 500-year cross-national perspective[J]. Structural Change and Economic Dynamics, 1995, 6(1): 23-42.

[170] Jensen M. C., Meckling W. H. Theory of firm: managerial behavior, agency costs and ownership structure[J]. Journal of Financial Economics, 1976, 3(4), 305-360.

[171] Chang Ha-Joon. Kicking away the ladder: development strategy in historical perspestive[M]. London: Anthem Press, 2002.

[172] March J. G. Exploration and exploitation in organizational learning [J]. Organization Science, 1991, 2(1): 71-87.

[173] Feldman M. P. The Geography of Innovation[M]. Boston: Kluwer Academic Publishers, 1994.

[174] Alfaro, Laura. Foreign direct investment and growth: does the sector matter? [EB/OL]. https://www.researchgate.net/publication/228966060_Foreign_

Direct_ Investment_ and_ Growth_ does_ the_ sector_ matter. 2003.

[175] He Jie (Jack), Tian Xuan. Finance and corporate innovation: a survey [J]. Asia - Pacific Journal of Financial Studies, 2018, 47(2): 165-212.

[176] Hall B. H., Lerner J. The financing of R&D and Innovation[J]. Handbook of the Economics of Innovation, 2012, 1: 609-639.

100100 1001 0011 0110 110

100100 1001 0011 0110 11010 11001 INNOVATI

1001 0011 0110 11010 11001 INNOVATION

INNOVATION 100100 1001 00

0011 0110 11010 INNOVATION 100100 1001 0011 0110 11010 11001 INNOVATI

0110 11010 INNOVATION 100100 1001 0011 0110 11010 11001 INNOVATI

11010 INNOVATION 100100 100 11010 11001 INNOVATION

100100 1001 0011 0110 11010 110

100100 1001 0011 0110 11010 11001 INNOVATION

100100 1001 0011 0110 11010 11001 INNOVATION